최신 원가회계

정재권 서한결 곽종민

무역경영사

머리말

회계(Accounting)는 경제적 의사결정의 유용성을 제고하는 과학적이고 객관적인 정보입니다. 글로벌 경제에서 경영의 급속한 발전과 전문화로 회계정보의 중요성이 크게 증대되고 있으며, 사회적 역할도 지속적으로 확대되고 있습니다. 국제회계기준(IFRS) 채택, 정부회계의 복식부기 적용, 금융 국제화와 자본시장의 발달, 기업분석 및 기술평가 업무의 발전, 경영 투명성 및 의사결정 유용성 제고를 위한 회계정보시스템(AIS) 구축, IT 기술 발전 등으로 회계업무의 전문화는 더욱 가속화될 것으로 전망됩니다.

원가회계(Cost Accounting)는 회계정보의 근간을 이루고 있으면서, 경제적 의사결정의 핵심 정보로 활용되고 있습니다. 본 교재는 원가회계를 원가경영, 개별원가, 종합원가, 관리원가 등 4개 부문으로 구분하여 원가계산 흐름을 중심으로 기술함으로써 원가회계 학습 및 실무 유용성을 높일 수 있도록 체계적으로 저술하였습니다. 그리고 원가계산준칙, 기업회계기준서 등에 기초하여 학습자 중심으로 다음과 같은 주안점을 갖고 기술하였습니다.

첫째, 원가회계의 구조적 흐름에 맞추어 내용을 체계적으로 쉽게 설명하였고, 핵심 내용은 요점 정리된 도표를 삽입함으로써 원가회계의 기본 개념과 계산, 실무에 유용하게 적용할 수 있도록 기술하였습니다.

둘째, 각 장마다 심화 학습에 필요한 예제 풀이를 본문에 설명하였고, 별도의 연습문제에서 주관식 및 객관식 문제를 수록함으로써 원가회계를 심층적으로 연구하고, 학습 능률을 제고할 수 있도록 기술하였습니다. 특히 자격시험(공인회계사, 세무사, 감정평가사, 경영지도사, 주택관리사, 전산회계 등) 및 공무원 임용시험 등에서 출제된 핵심 문제들을 유형별로 구분하여 다룸으로써 회계학의 종합 수험서로 활용될 수 있을 것으로 기대됩니다.

셋째, 원가회계를 원가경영, 원가흐름 및 종류 등으로 구분하여 섹션별로 편집함으로써 원가회계 강의는 물론, 현업에서 원가회계 관련 직무를 수행하는 실무자들의 연수 교재 등으로 다양하게 활용할 수 있도록 기술하였습니다.

본 교재가 학습자 여러분들에게 원가회계를 체계적으로 연구 및 학습하는데 도움을 주고, 여러분들이 회계 전문가로 성장할 수 있는 동반자적인 역할을 충실히 수행할 수 있기를 기원합니다. 감사합니다.

2021년 新年元旦

차 례

1부 ■ 원가회계와 경영

4부 ■ 관리원가

Up to Date
Cost Accounting

01

원가회계와 경영

01 원가경영

원가(cost)관리는 경영효율성 평가의 필수적 요소이다.
원가경영(cost management)은 경영자가 경제적 의사결정의 유용성을 제고하기 위하여 원가 개념을 갖고 경영 활동을 수행하는 것이다.

1절 경영과 회계

1. 경영

경영은 경영자가 경영목표를 설정하고 경영자원을 조달, 배분하여 영업 활동, 투자 활동, 재무 활동 등 기업의 경영 활동을 수행하고 통제하는 일련의 과정이다. 즉, 경영은 계획, 실행, 평가 등의 단계로 순환하면서 경영목표 달성을 위한 피드백(feedback)에 의해 기업이 지속적으로 성장 및 발전함으로써 계속기업(going concern)을 가능하게 한다.

(1) 계획

계획(plan)은 경영목표를 달성하기 위해 예산, 조직 구성 등의 구체적인 실행 방안을 설정하는 것이다. 경영목표 달성을 위한 의사결정(decision making) 방법은 1차적으로 데이터를 수집 및 분석하여 실행 가능한 대안(alternative)을 설정하고, 경제성을 분석한 후 최적안(optimal solution)을 선택하여 실행하는 것이다. 계획단계에서는 경영목표를 달성하기 위한 방안을 원활히 수행하기 위해 목표 설정, 조직 편성, 인적 및 물적자원을 배치하고 관리하는 작업 등을 총괄적으로 수행하게 된다.

(2) 실행

실행(do)단계에서 기업은 경영목표 달성을 위해 구성원들의 과업(task)을 설정하고, 구성원들이 과업을 수행하는 일련의 과정에서 지휘, 조정, 통제하는 기능을 수행한다. 실행단계에서 기업은 경영목표를 효율적으로 달성하기 위해 조직구성원들에게 동기부여(motivation)를 제공함으로써 구성원들이 효율적으로 과업을 달성할 수 있도록 인적 및 물적자원을 지원(promotion)한다.

(3) 평가

평가(see)는 기업이 설정한 경영목표 대비 성과를 분석하는 단계로 기업의 미래 성장 및 발전을 위한 필수적 단계이다. 평가단계에서는 경영목표와 대비하여 달성된 내용 및 미흡한 내용 등을 구체적으로 분석하고, 향후 기업의 경영목표를 발전적으로 달성하기 위해 개선해야 될 사항 등을 심층적으로 검토하여 미래의 경영계획에 반영하게 되는데 이를 피드백(feedback)이라고 한다.

경영순환

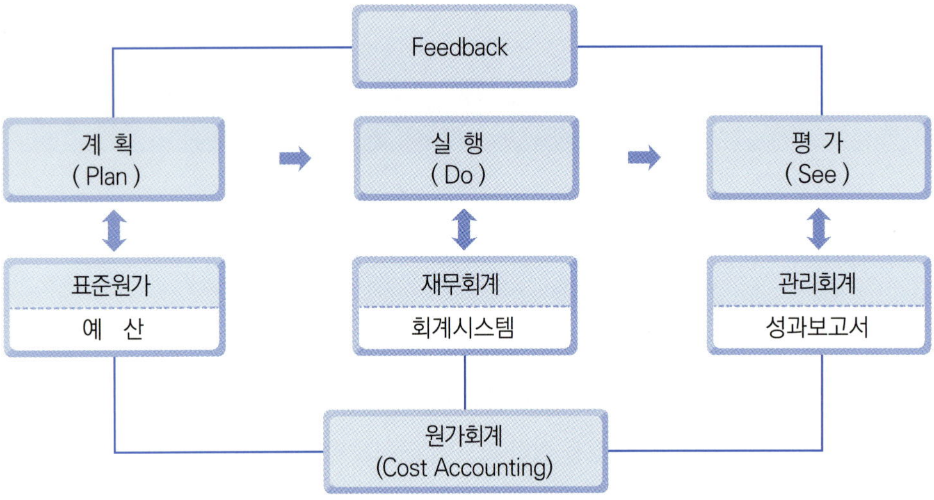

계획, 실행, 평가 등의 경영순환 과정에서 원가회계는 예산(표준원가), 회계시스템(재무회계), 성과보고서(관리회계) 등의 관리 및 통제에 필요한 필수 정보를 각각 제공한다.

2. 경영자

경영자(manager)는 기업경영 활동의 최종 의사결정자이며, 기업경영을 계획, 조직, 지휘, 조정, 통제하는 역할을 수행한다. 기업의 자본과 경영이 분리된 정도를 기준으로 소유경영자, 고용경영자, 전문경영자 등으로 구분한다. 소유경영자는 기업의 자본 출자자가 경영을 직접 수행하는 경영자로 기업가라고도 하며, 소유와 경영이 분리되지 않은 경영 형태로 자본의 조달 및 투자, 운영은 물론 기업경영상의 모든 위험을 직접 부담하면서 경영 활동을 수행한다.

기업이 성장 발전하면서 기업규모가 확대되고 경영 활동이 전문화 되면서 소유경영자인 기업가가 모든 경영 활동을 수행하는 것은 한계에 봉착하게 된다. 이때 기업가는 전문경영인을 고용하여 경영 활동을 위임하게 되는데 이를 고용경영자라고 한다. 고용경영자는 표면적으로는 독립된 경영자의 역할을 수행하지만, 내면적으로는 기업가의 대리인이며, 기업가의 이익을 위하여 위임받은 경영 활동을 수행함으로써 소유와 경영이 형식적으로 분리된 형태를 취한다.

전문경영자는 기업경영에 대한 전문적 지식을 갖추고, 기업의 전반적인 경영 활동을 직접 수행하는 경영자로 기업의 소유주(owner)인 주주들로부터 경영권을 위탁받아 기업을 경영한다. 전문경영자는 기업규모가 대형화되고 경영 활동이 전문화되면서 경영에 필요한 자본은 출자자가 제공하고, 이를 효율적으로 운영 및 관리하는 전문경영자의 필요성이 대두되면서 출현하게 되었다. 전문경영자는 소유와 경영이 실질적으로 분리된 대형 기업에서 전문적인 경영 활동을 수행하고 있으며, 자본 출자기능을 제외한 경영 활동 전반에 걸쳐 포괄적인 책임과 의무를 갖는다. 현대의 기업들은 다수의 주주, 채권자, 투자자, 소비자, 근로자 등 다양한 이해관계자집단과 직접적인 관련을 맺고 있고, 기업의 경영 활동은 사회적으로 지대한 영향을 미친다. 기업의 사회적 또는 공공적 특성을 감안하면 현대기업의 경영은 자본가가 추구하는 투자 자본의 가치 증식뿐만 아니라 기업의 사회적 책임을 수행하는 리더로서 전문경영자의 필요성이 요구된다.

3. 경영자의 사회적 책임

전문경영인(professional manager)에 의해 기업경영이 확대됨에 따라 경영자의 사회적 책임이 핵심 사안으로 대두되었다. 경영자는 기업의 본질적 목적인 이익극대화의 추구뿐만 아니라, 고객, 근로자, 주주, 투자자, 채권자, 정부, 사회공헌 등 다양한 이해관계자집단(stake-holders)의 관점에서 경영 활동을 수행해야만 한다.

피터(J. P. Peter)는 사회적 책임(social responsibilities)을 '경영자가 기업의 직접적인 경제적 · 기술적 이익에 공헌함은 물론, 진일보하여 사회 및 복지를 보호하고 증진시키는 행동을 수행할 의무이다'라고 설명하고 있다. 이러한 기업의 사회적 책임은 기업의 경영환경 변화에 대한 적극적 대응, 윤리적인 기업문화 형성, 장기적 이익, 기업에 대한 신뢰 구축 등과 같은 기업의 성과 및 미래 경쟁력 향상에 영향을 미치고 있다. 경영자는 경영 자원인 사람, 물자, 자본, 정보 등을 효율적으로 관리하여 지속 가능한 발전적 토대를 구축해야할 책임을 수행해야 한다.

(1) 기업 발전에 대한 책임

경영자는 효율적인 경영을 통하여 기업을 유지 · 발전시켜야하는 본질적인 책임이 있다. 기업이 제품과 서비스를 생산하는 경제적 기능은 기업의 본질적인 사회적 역할이므로 이러한 본질적인 기능을 통하여 기업의 이익을 창출하는 정도가 경영자 능력에 대한 사회적 책임완수에 대한 평가기준이 된다. 기업이 지속적으로 성장 · 발전하기 위해서는 구체적이고 실천적인 경영목표와 경영계획 수립이 필요하다.

(2) 근로자 만족도 제고에 대한 책임

기업의 지속 가능한 발전을 위해서는 기업 구성원에 대한 만족도가 제고되어야 한다. 경영자는 근로자의 업무 성취에 대한 동기부여(motivation) 및 성과보상(incentive), 안정적 근로 조건 등의 제도적 측면에서 근로자가 만족하고 업무를 수행할 수 있는 구체적이고 실천적인 보상시스템을 구축해야 한다.

경영자의 사회적 책임

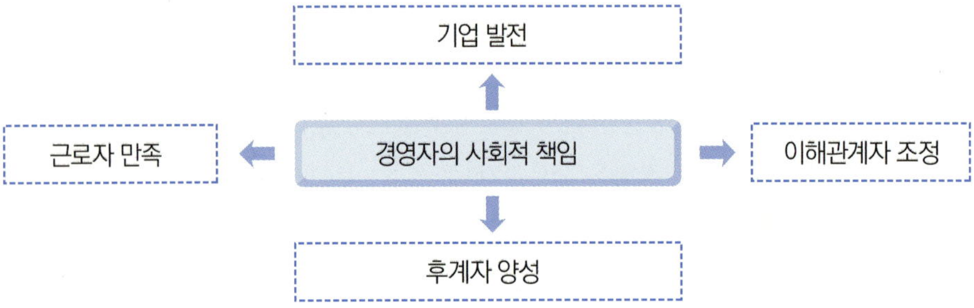

(3) 이해관계자집단의 이해조정에 대한 책임

기업의 경영자는 직접적인 이해관계가 있는 주주, 종업원, 고객, 협력업체, 노동조합 등과 간접적인 이해관계자집단인 국가, 금융기관, 지역사회 등 다양한 이해관계자집단(stake-holders)의 이해를 조정할 책임이 있다. 경영자는 적정한 배당 및 임금, 고객만족, 사회공헌 등의 경영 활동을 통하여 이해관계인을 조정해야만 한다. 각각의 이해관계자집단들은 각 구성원의 이익만을 보호하고 증진시키기 위하여 행동하므로 집단 간의 이해가 상호 상충될 수 있기 때문에 경영자가 이해를 조정하는 사회적 책임을 부담하는 것이다. 경영자는 이해 조정 시에 상법, 정관, 증권거래법, 노동관계법, 공정거래법, 소비자보호법, 환경보호법 등 각종 법규를 준수해야 함은 물론, 시장경제와 자유기업제도의 원리, 기업윤리, 대중의 여론, 정부정책 등을 고려하여 합리적으로 의사결정(decision making)해야 한다.

(4) 후계자 양성에 대한 책임

기업경영은 계속기업(going-concern)의 특성을 갖는다. 기업의 지속 가능한 발전을 위해서는 유능한 경영자를 양성해야만 한다. 국제화 · 전문화된 현대 기업의 경영 특성을 감안하면 기업이 성장 및 발전하기 위해서는 유능한 인재를 양성하는 것이 선결되어야 가능하기 때문이다. 따라서 현대기업은 훌륭한 경영 후계자를 양성함으로써 제품과 서비스의 생산이라는 기업의 본질적인 역할을 효율적으로 창출하고, 사회적 책임에 대한 역할을 수행할 수 있는 거시적인 시각에서의 균형적인 경영이 요구된다.

4. 회계정보

회계(accounting)는 기업의 경영 활동에서 발생한 모든 거래를 수집, 기록, 분석, 보고하는 일련의 과정을 의미하고, 분석한 결과를 회계정보(accounting information)라고 한다. 재무제표(financial statements)는 회계정보를 일정한 기준에 의해 기록, 분석, 작성하여 기업의 이해관계인들에게 유용한 정보를 제공하는 것으로 재무상태표, 포괄손익계산서, 현금흐름표, 자본변동표 등이 있다.

재무제표 종류

재무제표	목 적	구 분
재무상태표 (statement of financial position)	일정 시점의 재무상태	자산, 부채, 자본
포괄손익계산서 (comprehensive income statement)	회계기간의 경영 성과	수익, 비용, 당기순이익, 기타포괄이익, 총포괄이익
현금흐름표 (statement of cash flow)	회계기간의 현금흐름	영업 활동, 재무 활동, 투자 활동
자본변동표 (statement of changes in equity)	회계기간의 자본변동	자본금, 잉여금, 자본조정, 기타포괄손익누계액

경영자는 한정된 자원의 효율적 활용 측면에서 경제적인 의사결정이 필수적이며, 최적해를 결정하기 위해 의사결정에 유용한 정보를 활용해야만 한다. 경영자가 의사결정에 활용하는 정보가 경영정보이며 계량적 정보와 비계량적 정보로 구분한다. 경영자들이 의사결정을 위해 활용 가능한 가장 객관적이고 과학적인 핵심 정보가 회계정보이다.

경영정보 구분

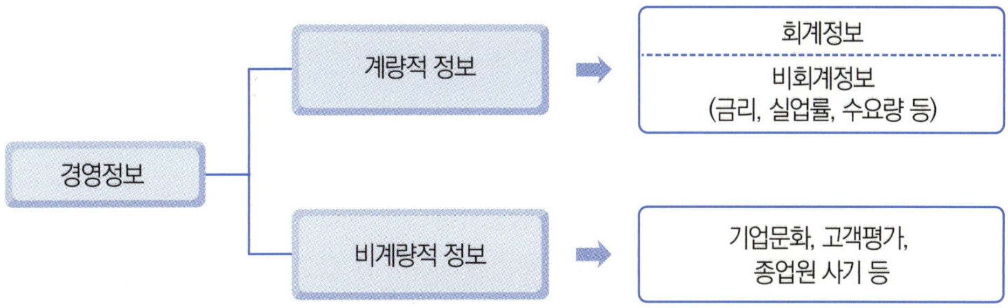

회계정보가 의사결정의 핵심 정보로 유용한 이유는 다음과 같다.

첫째, 회계정보는 화폐단위로 표현되는 구체적인 정보이다. 회계정보는 경영 활동으로 실현된 매출액과 이익 등을 표시하며, 주주에게 배당한 금액을 나타내고 재무상태의 변화를 구체적인 수치로 표현하고 있다.

둘째, 회계정보는 기업의 경영 활동을 표현하는 포괄적인 정보이다. 기업의 경영 활동은 영업 활동, 재무 활동, 투자 활동 등으로 구분하고, 회계정보는 기업의 기획, 생산, 판매, 마케팅, 재무, 인사관리 등 모든 경영 활동에 대한 원가정보와 성과 측정 및 평가에 필요한 포괄적인 정보를 포함하고 있다.

셋째, 회계정보는 기업정보를 분석, 요약한 유용성이 높은 정보이다. 회계정보는 기업의 경제적 거래 내용을 합리적 기준 및 원칙에 따라 기록하고 분석하여 재무제표라는 표준화된 보고서로 정보를 제공함으로써 의사결정의 유용성을 제고한다. 회계는 기업의 모든 경영 활동의 경제적 의사결정에 필요한 핵심 정보를 제공하고 있다.

회계정보 유용성

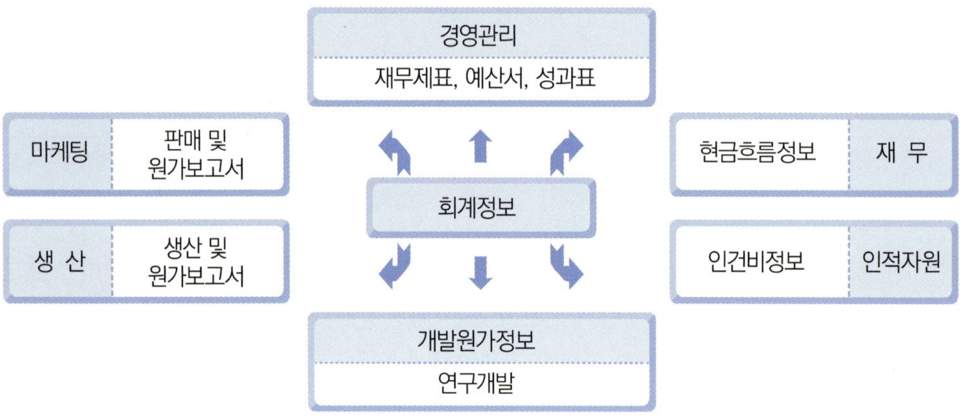

2절 e-비즈니스

회계(accounting)는 경영 활동에 필요한 의사결정정보를 제공하는 시스템으로 경영환경의 변화에 따라 경영목적에 적합한 정보를 적정한 시기에 제공할 수 있도록 시스템이 구비되어야 한다. 현대 기업의 경영환경은 혁신적으로 변화하고 있으며, 경영혁신의 핵심은 정보기술혁명(ICT revolution), 전문화(specialization), 세계화(globalization) 등으로 구분할 수 있다.

1. 정보기술혁명

정보기술의 발전은 자원관리, 생산기술, 구매 및 판매관리 등 경영정보시스템에 혁신적인 변화를 가져왔다. 생산기술 측면에서는 유연생산시스템(Flexible Manufacturing System: FMS), 컴퓨터통합생산(Computer Integrated Manufacturing: CIM) 등의 자동화기술이 발전되면서 기업의 원가구조가 변경되었고, 전사적자원관리시스템(Enterprise Resources Planning: ERP)의 도입은 관리회계시스템의 원가관리, 정보수집 및 분석 등의 의사결정능력을 제고시켰다.

정보는 사람에 의해 생성되고 수집 및 분석되는 기업의 무형자산이다. 기업의 경영에서 정보의 중요성이 증대되면서 인간 중심 경영이 강조되고 있으며, 경영의 정보화가 경영 활동의 핵심 요소로 자리매김하면서 경영정보시스템(Management Information System)이 경영의 핵심으로 성장했다.

정보기술은 정보를 생산 및 가공, 전달, 저장, 활용하는 일체의 기술을 의미한다. 최근에는 정보기술에 부가적으로 디지털기술, 인공위성, 각종 전자매체 등의 기술이 동반 발전함으로써 기업의 경영 활동 및 개인의 라이프 사이클을 혁신적으로 변화시키고 있다.

(1) 경영정보시스템

경영정보시스템(MIS)의 목적은 기업의 의사결정에 유용한 정보를 제공함으로써 경영목표를 효율적으로 달성할 수 있도록 지원하는 경영 활동의 종합지원시스템이다. 경영정보시스템은 기업의 경영 활동에서 운영적 역할, 관리적 역할, 전략적 역할 등 경영의 모든 측면에서 이용되고, 정보의 활용 목적에 따라 임원정보시스템, 의사결정지원시스템, 정보보고시스템, 거래처리시스템 등으로 구분한다.

(2) 컴퓨터 네트워크

기업은 직원 상호간, 고객과 거래업체 등과 네트워크 시스템을 구축하여 정보를 교환하고 업무를 수행한다. 컴퓨터를 이용한 네트워크 시스템은 인트라넷, 기업포털, 유무선 통신망 등을 이용한다. 인트라넷(intranet)은 기업 조직 내의 인터넷을 기반으로 기업 내부의 직원 상호 간에 정보 소통을 촉진시키고, 외부 사용자는 방화벽에 의해 접근이 차단됨으로써 정보의 보안성이 제고된다.

포털(portal)은 네이버(naver), 다음(daum) 등과 같이 인터넷 정보를 사용자의 편리성에 맞추어 제공하는 사이트이고, 기업포털은 기업이 보유하고 있는 모든 정보를 이용자가 편리하게 정보를 검색할 수 있도록 지원하는 통합정보시스템이며, 유무선통신망은 LAN, 모바일장치 등을 통하여 커뮤니케이션이 가능하도록 구축된 시스템이다.

(3) e-비즈니스의 확산

정보기술의 발전으로 탄생한 인터넷(internet)은 기업경영 활동의 모든 것을 네트워크로 연결시켰다. 인터넷을 이용하여 실시간으로 정보를 교환할 수 있게 되었고, 모든 정보를 생산 및 관리하고 의사결정을 지원할 수 있는 정보혁명이 전개되었다.

e-비즈니스는 인터넷과 정보기술(information technology)을 이용하여 구매 - 제조 - 유통 - 판매 - 서비스 등으로 이어지는 비즈니스의 전 과정을 관리하여 경영 활동의 효율성 및 생산성을 향상시키는 활동을 의미한다. 기업은 인터넷을 이용하여 거대한 시장을 만들었으며, 인터넷은 기업과 고객 간의 비즈니스 관계에 큰 변화를 가져왔다. 기업은 새로운 비즈니스 영역을 지속적으로 개발하여 인터넷을 기반으로 한 사업 분야가 크게 확대되었으며, 생산자는 인터넷을 통하여 소비자와의 직접 연결이 가능해졌다.

인터넷을 기반으로 한 e-비즈니스는 고정자산 투자를 최소화할 수 있고, 운영에 있어 시간과 비용을 절감할 수 있어 비즈니스의 효율성을 제고할 수 있으며, 최근에는 스마트 기기 등의 활용이 경영 활동의 모든 분야에 혁신적으로 확산되면서 지속적으로 성장 발전하고 있다. e-비즈니스가 지속적으로 증가하고 있는 이유는 다음과 같다.

첫째, e-비즈니스는 시간과 공간의 개념을 초월하여 경영할 수 있다. 인터넷 시스템을 이용함으로써 지구촌을 대상으로 24시간 경영 활동이 가능하며, 공간적인 제약을 초월하여 비즈니스를 수행할 수 있다.

둘째, e-비즈니스는 원가를 절감할 수 있다. 인터넷 사이트는 회선 사용료만 부담하면 무한정 이용할 수 있어 전 세계인을 대상으로 운영하면서 광고비 등 투자비용을 획기적으로 절감할 수 있다.

셋째, 인터넷을 이용하여 소비자의 구매정보 등 대량정보를 실시간으로 분석하여 활용할 수 있는 장점을 보유하고 있다.

e-비즈니스의 특징

구 분	e-비즈니스	전통적 상거래
유통 과정	공급자 → 고객	공급자 → 도매상 → 소매상 → 고객
거래 지역	지역 제한 없음	제한된 지역
거래 시간	시간 제약 없음	제한된 영업 시간
판매 공간	가상 공간	영업 및 판매 공간 필요
판매 정보	인터넷 수집	영업사원 수집
마 케 팅	맞춤형 개별 마케팅	대중 마케팅
고객 니즈	실시간 대응	실시간 대응에 한계
소요 자본	적은 비용	고정자본 소요(토지, 건물 등)

2. 생산자동화

컴퓨터가 제품의 생산 및 관리시스템에 도입되면서 공장자동화(Factory Automation: FA)로 발전되었다. 공장자동화는 제조시스템과 설계, 공정, 수주 등 생산체계의 관리를 컴퓨터로 일원화함으로써 생산 및 관리 등의 전체 라인을 자동화한 것이다. 국내의 제조 기업들은 고도 성장시대에 산업용 로봇과 공장자동화기술 등의 발전으로 고품질 · 저가격의 상품을 대량 생산함으로써 국제 경쟁력을 강화할 수 있었다.

공장자동화가 진화하여 컴퓨터 통합생산관리시스템인 CIM(Computer Integrated Manufacturing)으로 발전하였다. CIM은 공장자동화시스템과 경영, 판매, 재무, 연구개발, 물류시스템 등의 전 시스템을 통합하여 운영하는 체제이다. 최근에는 CIM에 판매회사, 물류회사 등의 거래처의 정보까지도 통합하여 관리하는 SCM(Supply Chain Management)으로 발전한 공급망관리시스템을 갖추게 되었다. 이와 같이 기업경영의 정보화는 제품 생산기간의 단축, 재고감소 등의 효과가 있어 품질향상을 실현할 수 있게 되었다. 기업의 정보화는 경영의 합리화 및 원가절감은 물론, 고객의 요구(needs)에 맞는 제품을 생산하는 데도 매우 효과적이다.

기업이 제품(용역)을 생산하여 시장에 판매하기 위해서는 제품 생산에 필요한 부품을 적정하게 공급받아야 가능하다. 그리고 해당 부품을 공급하는 업체도 다른 공급 회사로부터 부품을 공급받아야 적시생산이 가능한 것이다. 이와 같이 제품 생산기업을 중심으로 일련의 부품 공급체계가 존재하게 되는데, 상호 연결된 공급망을 효율적으로 관리해야 적기에 부품을 공급받고 적정한 제품을 생산할 수 있다.

인터넷이 활성화된 현대 기업들은 공급망을 전자상거래(인터넷 웹사이트) 시스템을 통하여 관

SCM 체계

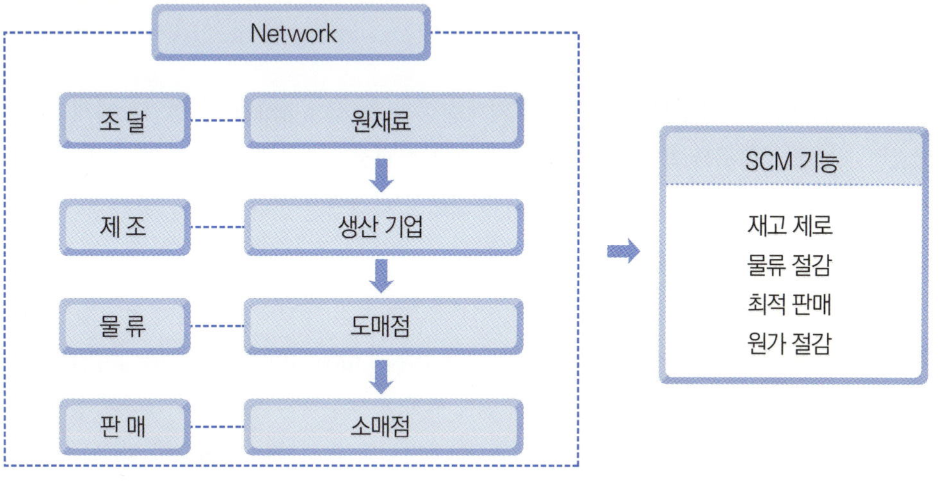

리하고 있다. 이와 같이 인터넷을 통하여 공급망을 관리하는 체계가 SCM이고, 기업의 원가절감과 품질 향상 등에 크게 기여하고 있다. SCM은 기업 외부의 협력업체와 정보 공유 및 기업 내부의 경영정보시스템(MIS)과 연동하여 부품 공급의 효율성을 제고한다. SCM은 협력 업체의 납품 활동이 직접 기업 내부의 시스템과 연동되기 때문에 업무처리의 자동화로 경영개선효과가 기업 전체에 영향을 미치게 된다.

3절 회계정보시스템

회계정보시스템(Accounting Information Systems)은 회계업무에 정보화 기술을 접목하여 회계정보를 기록, 처리, 분석하는 통합된 정보시스템이다. 정보시스템으로서의 회계는 정보이용자들에게 기업 실체에 관한 회계정보를 식별 · 수집 · 처리하여 전달하는 것을 목적으로 한다.

회계업무 + 정보화기술 = 회계정보시스템

전통적인 회계에 대한 개념은 단순히 회계상의 거래를 처리하여 그 결과를 해석하는 기술로 인식했으나, 현대적 의미의 회계는 정보적 관점이 강조되고 있으며 다음과 같은 특징이 있다.

첫째, 회계는 정보기술의 발전과 함께 정보이용자의 의사결정에 유용한 정보를 제공하는 정보시스템으로 인식되고 있다.

둘째, 회계는 기업의 언어(language of business)로서 정보이용자 간의 이해 조정기능을 담당한다.

1. 회계정보와 의사결정

회계정보시스템은 회계정보를 이용하여 의사결정자(decision maker)인 경영자에게 의사결정에 필요한 정보를 제공하는 역할을 한다. 결과적으로 회계정보는 주주, 채권자, 고객, 노조 등 다양한 의사결정자들에게 영향을 미치게 된다. 기업 내의 의사결정은 전략적 계획, 경영 통제, 운영 통제 등의 정보로 구분할 수 있다.

전략적 계획은 최고경영층에 의해 기업의 장기적인 목표 및 전략을 수립하는 결정이다. 전략적인 의사결정을 내리기 위해서는 기업 내부 및 외부 정보가 광범위하게 수집 · 분석되어 제공되어야 한다. 경영통제는 전략적 계획을 달성하기 위해 필요한 세부적인 계획을 수립하여 실행하는 것으로 중간경영층이 전략적 계획에서 설정된 목표나 전략을 달성하는데 필요한 자원을 획득하여 효율적으로 관리하는 과정을 말한다. 그리고 운영통제는 특정 업무나 작업이 효과적으로 수행될 수 있도록 현장에서 운영통제 하는 과정이다.

회계정보시스템과 의사결정

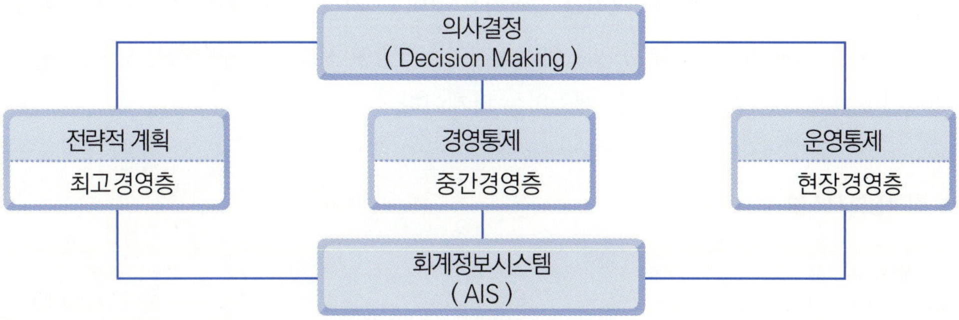

2. 재무회계와 관리회계

회계는 정보이용 및 의사결정의 주체에 따라 재무회계와 관리회계로 구분한다.

재무회계는 기업 내부 및 외부 의사결정자들에게 의사결정에 필요한 회계정보를 제공하기 위한 것이고, 관리회계는 기업 내부의 경영계획 및 통제 등의 목적에 필요한 의사결정을 내리기 위한 회계정보이다. 관리회계는 재무회계정보를 이용하여 의사결정목적에 따라 회계정보를 분석하는 기능을 수행하며, 대외적으로 공표되지는 않는다.

재무회계와 관리회계

구 분	재무회계	관리회계
목 적	기업 외부 이용자	경영 의사결정 지원
측 정	회계상의 거래	기업 내 · 외부의 경영 활동
대 상	거래(역사적 사건)	현재 및 미래의 경영 상황
측정단위	화폐단위	화폐 및 물량단위
작성시점	정기적(재무제표)	필요에 따라 수시 작성
측정 범위	기업의 전체적 실체	의사결정 부문
강제성	GAAP 적용	없음
질적 특성	회계의 질적 특성 충족	목적 적합성, 유용성 등

3. 회계정보시스템의 구성

회계정보시스템은 회계정보이용자들에게 경제적 의사결정 정보를 종합적으로 제공하는 기능을 갖는다. 회계정보시스템의 기능상 구분은 입력(input), 처리(process), 출력(output)의 3단계로 구분할 수 있다. 입력은 회계상의 거래를 입력하는 것이고, 처리는 전산화된 시스템의 설계에 의해 거래 내용을 기록, 분류, 요약 등으로 데이터베이스화하여 시스템을 구성하는 단계이며, 출력은 의사결정에 필요한 회계보고서를 제공하는 단계이다.

회계정보시스템

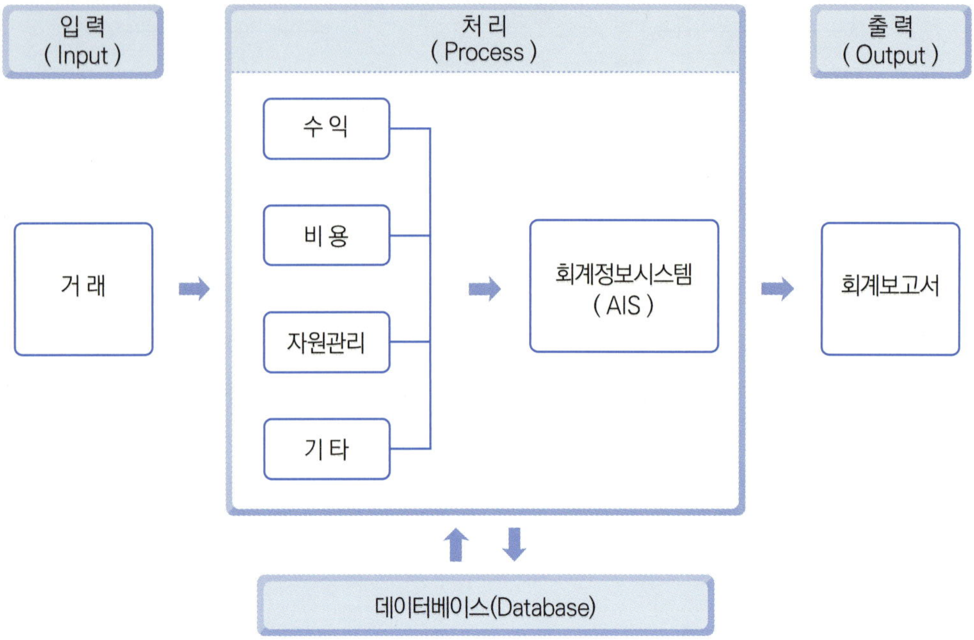

(1) 회계정보시스템 종류

회계정보시스템(AIS)은 정보이용자의 주체에 따라 재무회계시스템과 관리회계시스템 등으로 구분한다. 재무회계시스템(financial accounting system)은 기업 외부의 이해관계자인 주주, 채권자, 고객 등에게 의사결정에 필요한 회계정보를 제공하는 시스템이고, 관리회계시스템(management accounting system)은 기업의 내부 이용자인 경영자, 관리자의 경영 활동 수행에 필요한 의사결정정보를 제공하는 시스템이다. 회계정보시스템은 일반적으로 다음과 같이 구분한다.

회계정보시스템 구분

구 분	종 류	회계정보
재무회계	재무회계시스템	재무제표
관리회계	예산통제시스템	원가회계 / 관리회계
	원가관리시스템	
	투자관리시스템	
기 타	자금관리시스템	관리회계
	세무회계시스템	세무회계
	자산관리시스템	관리회계
	고객관리시스템	

(2) 회계보고서

회계정보시스템에서는 재무제표, 관리회계보고서, 세무 등 특별보고서, 특정 회계정보 등을 기업의 이해관계자들에게 제공함으로써 의사결정 및 업무수행 등에 이용한다.

4절 의사결정

의사결정(decision making)은 경영목적을 달성하기 위한 대체안 중에서 실행 가능한 최적안을 결정하는 것이다. 의사결정은 구성원 개인 및 조직 행동의 모든 측면에서 상호 관련되며, 관리기능도 의사결정에 의해서 수행되고 영향을 미치기 때문에 의사결정은 경영자의 직무 중 핵심사항이라고 할 수 있다. 기업에서 경영자와 조직구성원들의 직무는 의사결정의 연속이다. 그리고 경영관리는 의사결정 과정이며, 관리자의 모든 경영 활동은 의사결정 과정을 통해서 이루어진다.

1. 의사결정 순환 과정

기업은 경영 활동에 필요한 의사결정을 내린 후에 계획을 수립하고 실행하며, 실제 성과를 측정 · 기록 · 보고 · 평가하는 일련의 의사결정 과정에서 필요한 정보를 관리한다.

의사결정 순환

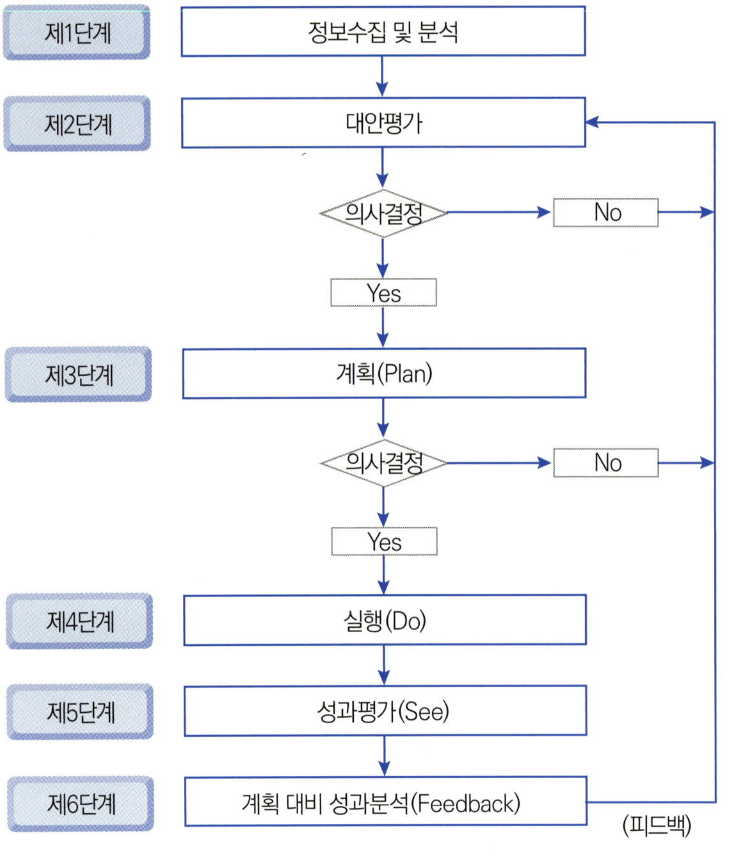

(1) 1단계: 정보수집 및 분석

의사결정은 크게 정규적 의사결정과 예외적 의사결정으로 구분된다. 정규적인 의사결정을 내리는 데 필요한 유용한 정보는 통상적으로 예측될 수 있는 것이기 때문에 기업은 이들 정보를 제공받기 위한 관리시스템을 구축하고 있다. 그러나 예외적인 의사결정은 특별한 연구에 의하여 획득되어지는 특수한 정보를 필요로 하는 경우가 일반적이다.

기업의 회계정보시스템은 의사결정을 위해 요구되는 모든 정보를 항상 제공할 수 있는 것은 아니며, 의사결정에서 얻을 수 있는 효익이 의사결정정보를 획득하는데 소요되는 비용보다 클 때 효율적인 의사결정이 창출되는 것이다. 경영자는 경영 활동에 필요한 의사결정을 함에 있어 이용 가능한 회계정보를 활용한다.

(2) 2단계: 대안평가

경영자는 실행 가능한 대안을 평가하기에 충분한 정보가 축적되면 자료를 분석하여 조직의 목표에 부합하는 최적해를 선택하는 의사결정을 내린다. 만약 자료분석 결과에서 선택할 수 있는 최적해가 발견되지 않으면 1단계로 피드백하여 정보를 추가적으로 수집하고 분석한다.

(3) 3단계: 계획

종합적이고 체계적인 계획(plan)을 수립하는 과정을 예산편성 과정이라고도 하는데, 이는 기업의 다양한 조직이 협력하여 효율적인 업무수행을 위해서 필수적으로 요구되는 과정이다. 예산이 기업의 전체 계획으로 종합되는 것을 종합예산편성이라고 하고, 종합예산편성에는 장 · 단기적인 예산계획이 모두 포함된다.

(4) 4단계: 실행

기업의 경영목표를 효율적으로 달성하기 위해 조직의 각 부문이 종합예산을 편성한 후, 계획이 수립되면 각 부문관리자들은 예산계획을 실행(do)하는데 최선을 다할 책임이 있으며, 실행된 결과는 통제와 성과평가를 위한 정보로 활용 된다.

(5) 5단계: 성과평가

계획의 실제 운영결과인 성과는 회계시스템에서 기록되고 관리 및 평가(see)된다. 관리회계시스템의 회계기록은 재무회계의 정보보다 포괄적이고 실질적인 정보를 포함한다.

(6) 6단계: 계획 대비 성과분석

예산편성 과정은 조직 내의 각 부서 관리자에게 책임을 위양하는 수단이 된다. 기업의 계획수립 과정이 체계적으로 수행되었고, 경영자들이 수립된 계획을 효율적으로 실행하였다면, 이는 기업의 효과적인 통제시스템이 마련되는 계기가 될 수 있을 것이다.

관리회계는 기업의 재무적 통제제도를 구축하는데 기여한다. 재무적 통제제도는 수립된 계획목표가 실제 얼마나 달성되었는지 여부를 결정(성과평가)하고, 실제 성과와 계획목표 간의 차이를 분석(feedback)하여 경영 활동의 효율성을 제고하는 기능을 수행한다.

2. 의사결정지원시스템

의사결정지원시스템(Decision Support System: DSS)은 경영의 모든 활동에서 발생하는 사안을 컴퓨터를 이용하여 의사결정자가 효율적으로 의사결정 할 수 있도록 지원하는 정보체계이다. 컴퓨터시스템의 확산과 함께 기업들은 업무처리를 효율적으로 수행하고, 경영 활동에 필요한 보고서를 작성하기 위한 정보처리시스템을 구축했다. 기업은 컴퓨터시스템을 바탕으로 경영자의 정형적 혹은 비정형적 의사결정을 지원하는 시스템을 개발하여 발전시켜 나가고 있다.

DSS는 데이터베이스(data base), 모델베이스(model base), 사용자 인터페이스(user interface) 등으로 구성된다. 데이터베이스는 회계, 재무, 생산, 재고, 판매, 인력 등 경영의 전반적인 내용을 검색하여 정보를 의사결정에 활용할 수 있도록 해준다. 모델베이스는 의사결정에 필요한 모델을 저장하여 활용하는데 회계모형, 재무모형, 통계분석모형, 그래픽모형 등의 시스템을 구비하여 의사결정 시에 활용하게 된다. 그리고 사용자 인터페이스는 데이터의 입력 및 출력, 정보분석 등에서 사용자와 시스템 간의 의사소통기능을 담당한다.

의사결정지원시스템(DSS) 구성

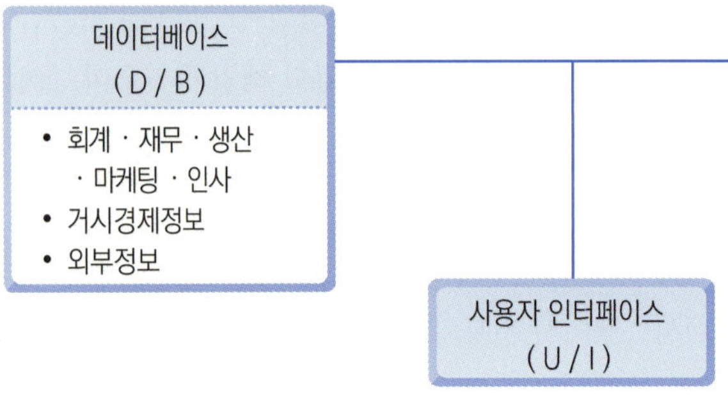

3. 전사적자원관리

전사적자원관리(Enterprise Resource Planning: ERP)는 기업경영의 회계, 생산, 인사 등의 업무 프로세스를 총괄적으로 지원하고, 신속한 의사결정을 지원하는 정보시스템이다. 최근에는 고객정보, 상품정보, 기술개발정보 등 기업의 정보 및 자원관리를 포괄하면서 모든 자원의 흐름을 기업 전체 입장에서 최적 관리할 수 있는 통합정보시스템으로 발전하였다.

ERP의 지원 범위는 회계정보, 생산관리, 판매관리, 구매 및 재고관리, 품질관리, 공장관리, 인사관리, 자산관리, 프로젝트관리, 고객관리 등이며, ERP는 경영을 총괄적으로 관리하는 기능을 갖추고 기업의 통합정보시스템을 효율적으로 구축한 경영정보시스템이다.

ERP의 특징

구 분	내 용
범용성	경영의 총괄적 적용이 가능한 개방성(open system) 보유
실시간 처리	데이터의 온라인(on-line) 처리로 정보이용의 적시성(timeliness) 보유
시스템 통합	상호 관련성 보유한 업무는 통합하여 일괄처리시스템으로 운영되므로 최적의 업무 수행
사용자 편의성 제고	정보 이용자의 편의성 보유(정보 조회, 출력 등)
국제성	다국적기업의 특성, 각국의 회계제도 등을 수용한 범세계적 시스템

ERP 시스템은 각 부문의 시스템이 상호 연동되어 설계되었으며, 각 시스템별로 모듈화되어 있어 기업의 경영환경에 맞추어 시스템을 구축하여 운영할 수 있다.

ERP 시스템의 구성

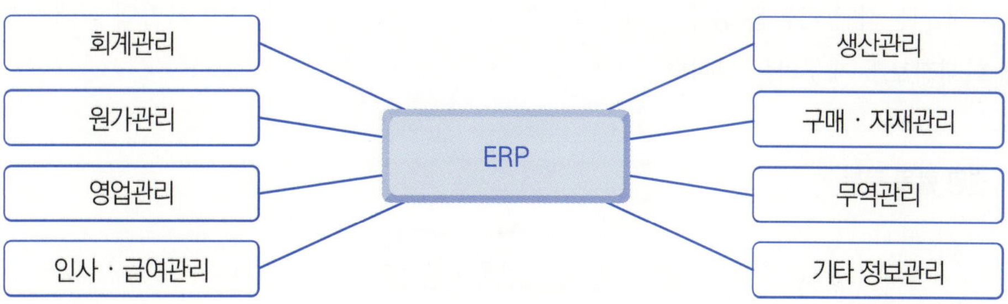

(1) 회계관리

재무회계, 관리회계, 자금관리 등으로 구성된다. 재무회계는 총계정원장, 채권 및 채무, 고정자산, 보고서 작성 등 총괄적 기능을 수행하고, 관리회계는 원가관리, 의사결정 지원시스템, 수익성 등을 분석한다. 자금관리는 자금 수지 및 운영, 위험관리 등의 기능을 갖는다.

(2) 생산관리

제품 생산, 품질, 설비 등의 관리로 구성된다. 제품 생산은 생산계획 수립, 수요, 자재 구매 및 관리 등 제조 활동에 필요한 계획, 실행 및 통제기능을 수행한다. 품질관리는 품질계획, 품질검사 및 행정지원 등의 기능을 갖고, 설비관리는 설비의 예방점검, 이력관리, 통계분석 등 효율적 관리에 필요한 기능을 수행한다.

(3) 영업관리

고객관리, 배송관리, 판매 및 수주관리, 마케팅관리 등 제품의 유통 과정을 총괄적으로 관리하는 기능을 수행한다.

(4) 인사 · 급여관리

인사관리기능으로 인사계획, 채용, 인사고과, 급여, 경비 등의 업무를 총괄적으로 관리한다.

4. 경영과 회계

기업은 재화(용역)를 생산하고 판매함으로써 부가가치를 창출하고, 경영 활동은 회계시스템(accounting system)을 통해 재무정보로 가공되어 정보이용자에게 제공된다.

경영 활동은 영업 활동, 투자 활동, 재무 활동으로 구분된다. 기업은 재무 활동을 통해 자금을 조달하고, 조달된 자금으로 영업 활동 및 투자 활동을 수행함으로써 이익을 창출하여 성장해나간다.

회계의 기본적인 기능은 경제적 의사결정의 유용성을 제고하기 위하여 기업의 이해관계자들에게 회계정보를 제공하는 것이다.

경영 활동 구분

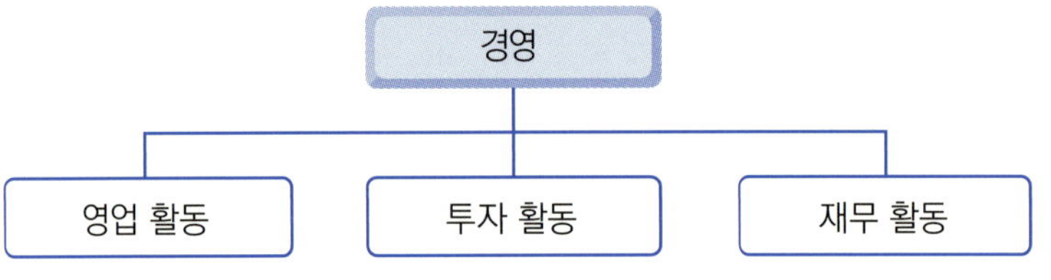

미국회계학회(American Accounting Association: AAA)는 "회계는 정보이용자가 합리적인 의사결정을 할 수 있도록 경제적 정보를 식별하고 측정하여 전달하는 과정이다."라고 정의했다.

미국회계학회의 정의는 회계를 정보시스템(Information System)으로 인식하고, 회계정보의 수요 측면을 강조하였으며, 회계정보의 범위에 비회계정보, 미래에 대한 정보 등을 포함시켰다.

결론적으로 회계정보의 중추적 기능은 의사결정의 유용성(usefulness)을 제고시키는 것으로 정의한 것이다. 현대적 의미의 회계는 의사결정의 유용성 제고를 목적으로 재무제표를 인식하고 회계이론을 전개해 나가고 있다.

경영과 회계

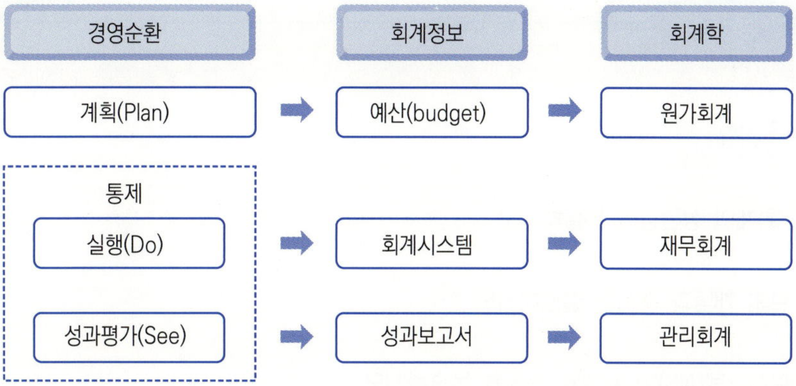
경영순환
회계정보
회계학
계획(Plan)
예산(budget)
원가회계
통제
실행(Do)
회계시스템
재무회계
성과평가(See)
성과보고서
관리회계

연습문제

REVIEW EXERCISES

주 관 식

01 경영과 회계의 상관성을 논술하시오.

02 회계정보의 개념과 특성을 설명하시오.

03 회계정보시스템(AIS)의 체계와 종류를 논술하시오.

04 e-비즈니스의 특성과 회계에 미치는 영향에 대하여 논술하시오.

05 회계정보가 의사결정시스템에 미치는 영향을 논술하시오.

06 의사결정의 순환 과정을 설명하시오.

07 다음을 설명하시오.

① 경영자의 사회적 책임

② 회계정보

③ 전사적자원관리(ERP)

④ 경영정보시스템(MIS)

⑤ 공급망관리시스템(SCM)

⑥ 회계정보시스템(AIS)

⑦ 관리회계시스템(MAS)

⑧ 의사결정지원시스템(DSS)

02 원가

원가는 제품(용역)의 생산에 투입된 경제적 가치를 화폐액으로 측정한 것이다.
원가는 정보이용목적에 따라 재무제표 작성, 경영 활동, 의사결정 등의 목적으로 구분할 수 있다.

1절 원가의 개념

원가(cost)는 제품(용역)의 생산에 투입된 경제적 가치를 화폐액으로 측정한 것이다. 재화(용역)의 생산 및 가치 증대는 원재료 매입, 생산 및 가공, 판매, 재고 등의 경영 활동 전반에 걸쳐서 발생한다.

경영자는 경영의 효율성을 제고하기 위하여 제품(용역) 생산에 투입된 원가뿐만 아니라 경영 활동 및 부문의 세부적인 투입원가에 대한 정보를 필요로 한다. 이와 같이 투입원가정보를 정확히 측정하거나, 원가 보고의 대상이 되는 것을 원가 대상(cost object)이라고 한다. 원가 대상(원가계산 대상)은 제품(용역) 이외에도 활동, 부문, 공정, 프로젝트, 프로그램 등이 될 수 있다.

원가회계에서는 제품(용역) 원가를 정확히 산출할 목적으로 원가 대상별로 원가를 계산하고 분석하여 정보이용목적에 효과적으로 활용하고 있다. 원가계산은 부문별, 활동별, 공정별, 프로젝트 등 생산 및 활동 방법에 따라 정확히 산출할 수 있으며, 이는 제품별원가계산의 전 단계에 해당된다.

1. 원가와 자산

원가는 자산이나 제품(용역)을 취득 및 생산하기 위해 투입된 가치로 정의된다. 특정 자산을 취득하기 위해 지출된 원가는 자산의 취득원가이며, 제품 생산과 관련하여 생산공정에 투입된 재화의 가치는 제조원가이다.

원가는 자산과의 관련성에 따라 소멸원가와 미소멸원가로 구분한다. 기업이 보유한 자산이 생산공정에 투입되어 제품이 완성되는 과정에서 원가의 발생과 변형 · 소멸이 나타나는데 당기의 소멸원가인 매출원가는 당기수익인 매출과 대응된다. 반면에 당기의 미소멸원가인 재고자산은 미래가치를 가지는 자산으로 차기로 이월된다.

원가와 자산의 상관성

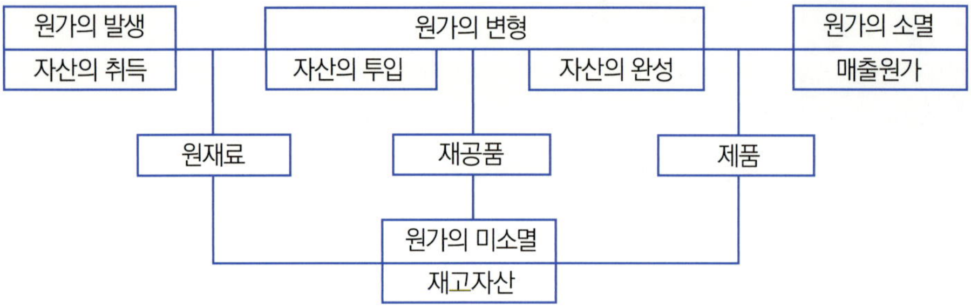

2. 원가와 비용

원가는 제품(용역)을 생산하기 위해 투입된 원가계산상의 개념이고, 비용은 기업의 수익창출에 대응하여 지출된 경제적 가치로 손익계산상의 개념이다. 원가와 비용은 모두 경영 활동과 관련해 소비된 경제적 가치를 의미하나, 원가는 제조 활동에 투입된 가치이고, 비용은 판매 및 관리 활동 등에 지출된 경제적 가치를 의미한다. 제품원가는 판매 시점에서 수익(매출)에 대응하는 비용(매출원가)으로 전환된다. 따라서 원가와 비용은 기업의 경영 활동에 따른 구분이지만, 최종적으로 매출에 대응되어 기업의 이익을 산출하는 핵심 변수로 작용하게 된다.

원가와 비용은 원가계산 및 손익계산목적에 따라 기초원가, 부가원가, 목적비용, 중성비용 등으로 다음과 같이 구분할 수 있다.

원가와 비용

구 분	목 적	종 류	특 성	사 례
원 가	원가계산	기초원가	원가이며 비용	• 재료원가 • 노무원가 • 제조간접원가 • 판매비, 관리비 등
		부가원가	원가이나 비용 아님	• 감가상각이 끝난 유형자산 사용 • 무상취득 원재료 소비 • 자기자본 이자, 사용자 임금 등
비 용	손익계산	목적비용	비용이며 원가	• 재료원가 • 노무원가 • 제조간접원가 • 판매비, 관리비 등
		중성비용	비용이나 원가 아님	• 기부금 • 재료평가차손 • 유가증권평가차손 등

3. 원가 순환

원가(cost)는 재화(용역)의 생산에 투입된 경제적 가치를 화폐액으로 측정한 것이다. 재화의 가치는 매입, 생산, 판매 등 경영 활동 전반에 걸쳐 증대된다. 원가회계(cost accounting)는 재화(용역)에 투입(input)된 경제적 가치를 화폐가치로 인식하여 측정하는 과정(process)을 기록 · 분류하여 포괄손익계산서를 작성하는 회계절차이다.

원가와 재무회계

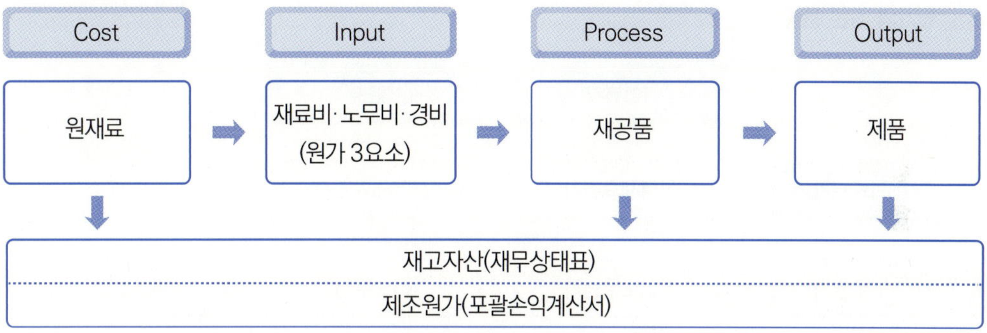

2절 원가의 분류

원가는 정보이용목적에 따라 재무제표작성, 경영계획 및 통제 등의 경영 활동, 의사결정 등의 목적에 따라 구분할 수 있다.

1. 재무제표 작성목적

원가회계는 기본적으로 제품의 매출원가 및 재고자산에 대한 정확한 정보를 제공하여 객관성 있는 유용한 재무제표를 작성하는데 기여하여야 한다. 이와 같은 목적에는 다음과 같은 원가 개념이 유용하다.

(1) 원가의 3 요소

원가는 발생 형태에 따라 재료비 · 노무비 · 경비로 분류하며, 이를 원가의 3요소라고 정의한다. 재료비는 제품의 생산에 필수적인 원재료 등에 투입된 원가이고, 노무비는 제품 생산에 직 · 간접적으로 투입된 근로자의 임금으로 지출된 원가이며, 경비는 재료비와 노무비를 제외한 제조 활동에 투입된 기타의 원가를 의미한다.

그리고 원가는 제품(용역)에 투입된 원가의 추적 가능성 여부에 따라 직접원가(direct costs)와 간접원가(indirect costs)로 구분한다. 직접원가는 특정 제품 혹은 특정 부문에 직접 대응시킬 수 있는 원가로 직접재료원가, 직접노무원가, 직접경비 등이 있다. 간접원가는 제조 및 생산 과정상 발생하기는 하였지만 특정 제품 혹은 특정 부문에 직접 추적할 수 없는 원가로 간접재료원가, 간접노무원가, 간접경비 등이 있다.

원가의 기본 분류

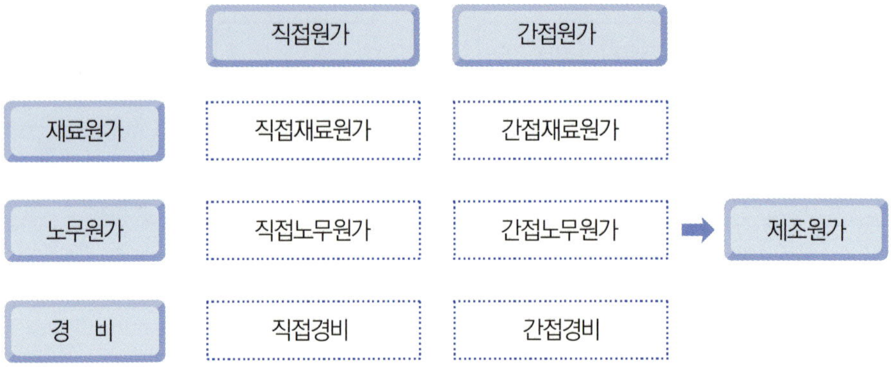

(2) 제조원가와 비제조원가

원가는 제조 활동과의 관련성 여부에 따라 제조원가와 비제조원가로 분류할 수 있다. 제조원가(manufacturing costs)는 제품의 제조 과정에서 발생하는 원가로 제품원가라고도 하며 직접재료원가, 직접노무원가, 제조간접원가(제조원가 3요소) 등이 있다. 제조원가는 투입 원가가 제품 제조 활동의 기본적 요소에 해당하는지 여부에 따라 기초원가와 가공원가로 분류할 수 있다. 기초원가(prime costs)는 제품 제조의 기본이 되는 원가로 직접재료원가와 직접노무원가 등이 해당하고, 가공원가(conversion costs)는 원재료를 제품으로 가공하는 과정에서 발생하는 직접노무원가와 제조간접원가 등이 해당한다.

비제조원가(nonmanufacturing costs)는 제품의 제조 활동과 관계없이 제품의 판매 활동과 일반 관리 활동에서 발생하는 원가로 기간원가라고도 하며, 판매비와 관리비가 이에 속한다. 판매비(selling expense)는 제품을 고객에게 인도하는 활동과 관련된 비용으로 시장조사비, 광고선전비, 판매수수료, 판매원 급여 등이고, 관리비(administrative expense)는 기업조직의 유지 및 관리 등에 지출된 비용으로 임원급여, 사무직급여, 본사의 통신비, 수도광열비, 건물감가상각비 등이 있다.

원가 구성도

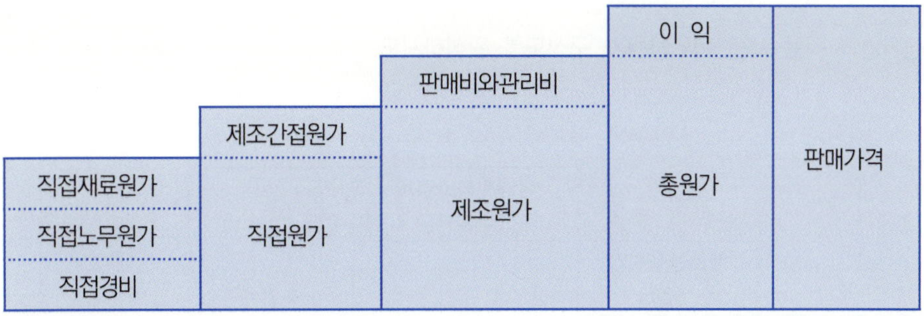

계산식

① 직접원가 = 직접재료원가 + 직접노무원가 + 직접경비

② 제조원가 = 직접원가 + 제조간접원가

③ 총원가 = 제조원가 + 판매비와관리비

④ 판매가격 = 총원가 + 이익

(3) 제품원가와 기간원가

원가는 수익과의 대응 시기에 따라 제품원가와 기간원가로 분류할 수 있다. 제품원가(product costs)는 재고 가능 원가이면서, 제품이 판매 시점에 수익(매출)으로 계상되는 원가이다. 직접재료원가, 직접노무원가, 제조간접원가 등 제조원가가 제품원가에 해당된다. 기간원가(period costs)는 제품원가 이외의 원가로 포괄손익계산서의 비용으로 처리되는 원가이다. 판매비와 관리비 등의 비제조원가에 해당된다.

재무제표작성 목적상의 원가분류

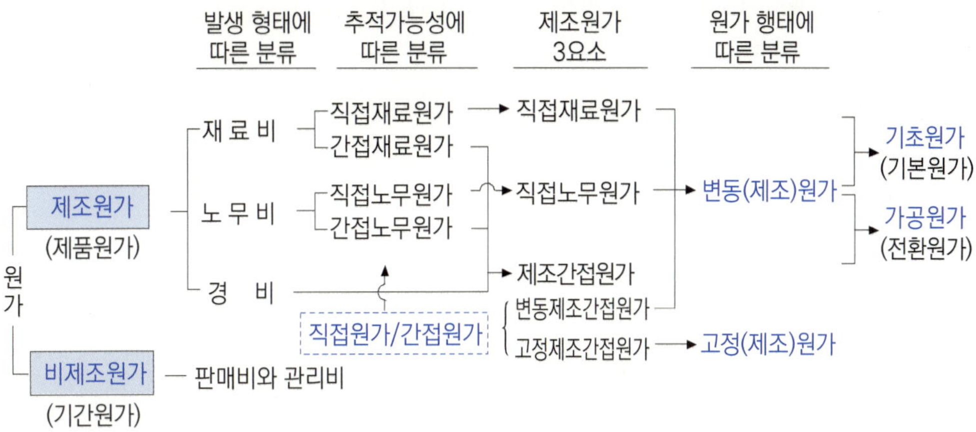

예제

SOLVE PRACTICE PROBLEM

삼성기업의 다음 제품 단위당원가 구성도를 완성하시오.

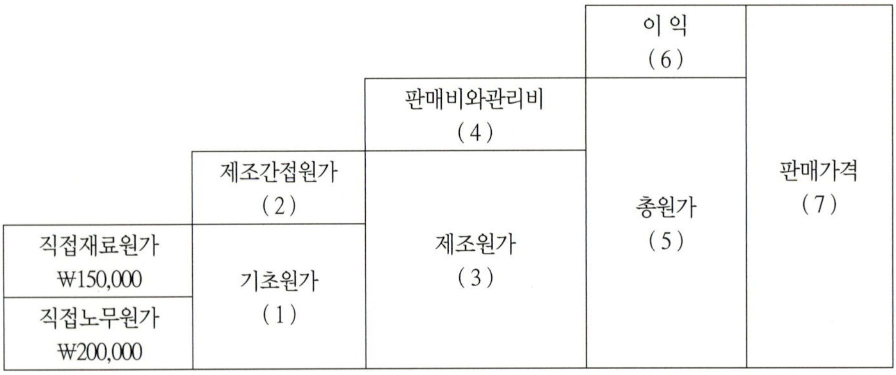

1. 이익은 총원가의 40%이다.
2. 판매비와 관리비는 제조원가의 25%이다.
3. 판매가격은 기초원가의 200%이다.

해답

(1) 기초원가 ₩350,000 = 150,000(직접재료원가) + 200,000(직접노무원가)

(7) 판매가격 ₩700,000 = 350,000(기초원가) × 200%

(5) 총 원 가 ₩500,000

$x + (x \times 0.4) = 700,000 \quad \therefore x = 500,000$

(6) 이익 ₩200,000 = 500,000(총원가) × 40%

(3) 제조원가 ₩400,000

$x + (x \times 0.25) = 500,000 \quad \therefore x = 400,000$

(4) 판매비와관리비 ₩100,000 = 400,000(제조원가) × 25%

(2) 제조간접원가 ₩50,000 = 400,000(제조원가) - 350,000(기초원가)

2. 경영 활동목적

(1) 변동원가와 고정원가

조업도(volume)는 일정 기간 동안의 생산설비 활용도를 의미한다. 조업도는 측정되는 원가대상에 따라 기업 전체를 대상으로 하는 경우에는 제품의 매출액 · 판매량, 공장을 대상으로 하는 경우에는 제품의 생산량, 그리고 원가 부문을 대상으로 하는 경우에는 직접노무원가, 직접노동시간, 기계작업시간 등을 대용하여 측정할 수 있다.

원가 행태(cost behavior)는 조업도의 변동에 따라 원가의 변동 상태를 나타내는 것으로 변동원가, 고정원가, 준변동원가, 준고정원가 등으로 구분한다.

경제학에서는 조업도의 변동에 따라 원가가 체증 또는 체감하는 비선형의 원가함수를 가정하는 반면, 회계학에서는 조업도의 변동에 비례하여 원가가 증감하는 선형원가함수를 가정하고 그 유효범위를 관련 범위(relevant range)로 국한하고 있다. 회계학에서는 선형원가함수의 유용성이 높고, 함수의 정확성도 양호하며, 원가 추정 및 분석이 용이하고 이해하기 쉬운 장점 등이 있어 선형원가함수를 가정하고 있다.

변동원가(variable costs)는 조업도의 변동에 비례하여 증감하는 원가로 직접재료원가, 직접노무원가, 변동제조간접원가 등이 이에 해당된다. 고정원가(fixed costs)는 조업도의 변동과 관계없이 일정하게 발생하는 원가로 보험료, 감가상각비, 재산세, 임차료, 광고비, 연구개발비 등이 있다.

고정원가는 경영자의 의사결정에 따른 재량권이 부여되는지 여부에 따라 확정고정원가(committed fixed costs)와 임의고정원가(discretionary fixed costs)로 분류할 수 있다. 확정고정원가는 법률상의 계약이나 의사결정으로 인해 일정 기간 동안 경영자가 임의로 변동시킬 수 없는 원가로 보험료, 감가상각비, 재산세, 임차료, 리스료, 광고비 등이 있다. 임의고정원가는 경영자가 의사결정으로 그 총액을 변동시킬 수 있는 고정원가로 연구개발비, 교육훈련비 등이 있다.

원가함수 비교

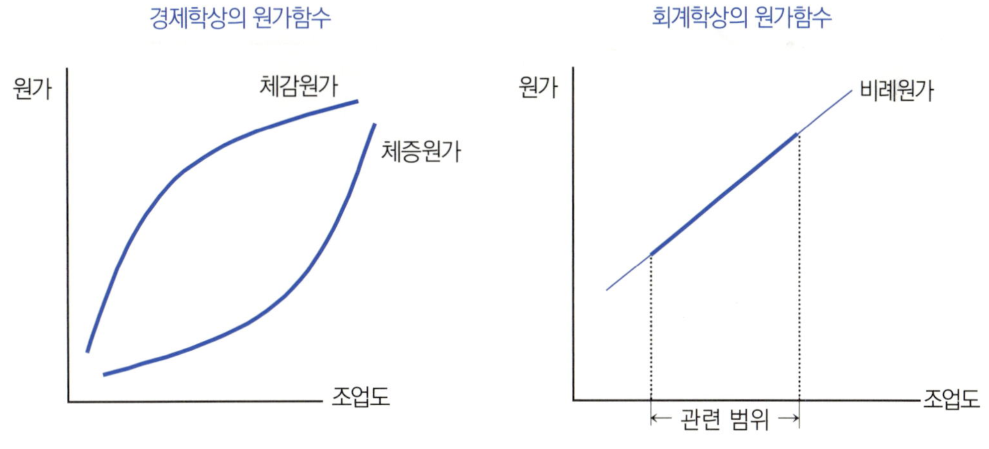

변동원가와 고정원가는 조업도의 변동에 따라 각각 총원가 및 단위원가와 관련한 원가 행태가 다음과 같이 다르게 나타난다.

조업도의 변동에 따른 총원가와 단위원가의 변동

구 분	변 동 원 가	고 정 원 가
총 원 가	조업도의 변동에 비례하여 증감	조업도와 관계없이 일정
단위원가	일 정	체 감

준변동원가(semi-variable costs)는 혼합원가(mixed costs)라고도 하며 고정원가와 변동원가 요소가 혼합된 원가이다. 이는 조업도 수준이 "0"인 상태에서 일정 수준의 고정원가가 발생되며, 이후 조업도에 비례하여 변동원가가 발생함으로써 총원가가 결정되는 원가로 전기료, 전화료, 수도료, 수선비 등이 있다.

준고정원가(semi-fixed costs)는 계단식원가(step costs)라고도 하며, 총원가가 일정 조업도 범위 수준에 따라 고정원가가 결정되는 원가로 감독자 급여, 생산능력 변동에 따른 시설투자에 의한 감가상각비 등이 해당된다.

원가 행태별 원가구분

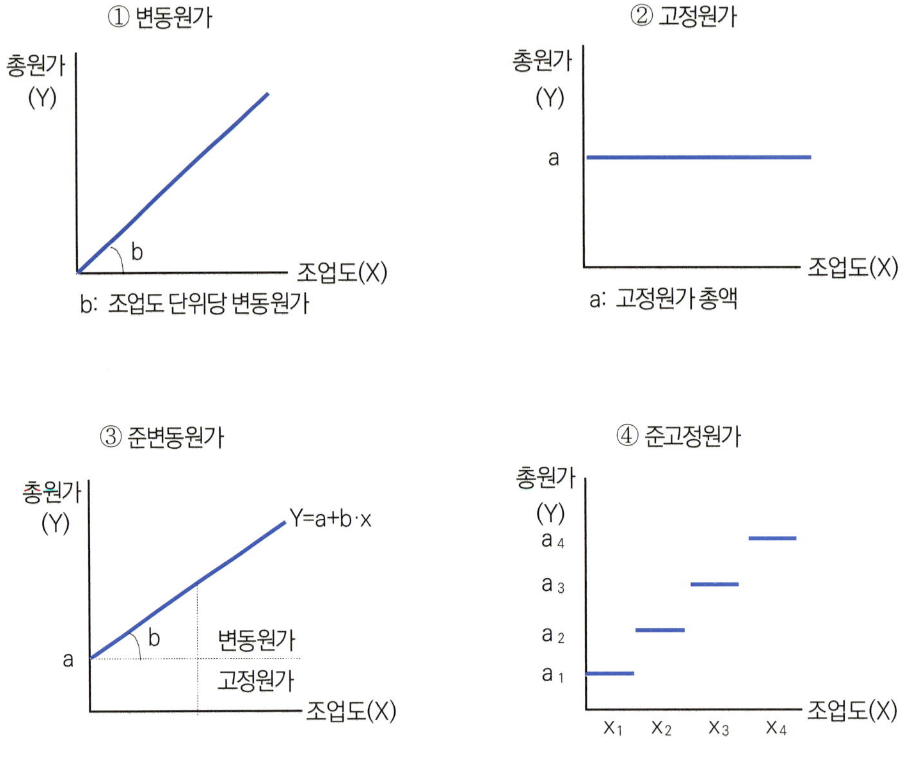

(2) 직접원가와 간접원가

원가는 원가 대상에의 추적 가능성 여부에 따라 직접원가와 간접원가로 구분할 수 있다. 직접원가(direct costs)는 특정 제품이나 부문에의 추적이 가능한 추적가능원가(traceable costs)로 개별원가이며, 직접재료원가 · 직접노무원가 · 부문의 개별원가 등이 이에 속한다.

간접원가(indirect costs)는 특정 제품이나 부문에의 추적이 불가능한 추적불능원가(nontraceable costs)로 공통원가이며, 제조간접원가, 연구개발비, 광고비, 부문공통비 등이 해당된다. 간접원가는 공통원가의 특성을 가지므로 합리적 배부기준을 선정하여 특정 원가대상에 배분하는 절차를 거친다.

(3) 통제가능원가와 통제불능원가

통제가능원가(controllable costs)는 경영자에게 원가 발생규모를 통제할 수 있는 권한이 부여된 원가이며, 경영자의 성과평가 시에 실적을 반영할 수 있다. 이에 대응되는 개념은 통제불능원가(uncontrollable costs)로 관리자의 성과평가에는 반영시키지 않으며, 기업 전체의 성과평가에는 합리적으로 반영할 수 있다.

통제가능원가의 결정 요인은 조직계층과 통제가능기간이다. 조직계층에 따라 영향을 받는 원가로는 접대비, 감가상각비 등이 있다. 이들 원가에 대해 최고 경영층은 통제 가능하나 하위경영자는 통제 불가능하다. 그리고 통제 가능 기간에 영향을 받는 원가로는 광고선전비 등이 있다. 이 원가분류는 부문 경영자의 성과를 평가하는데 유용하다.

성과평가와 원가

구 분	원가 분류	성과평가	비 고
부문의 성과평가	직접원가 (추적가능원가)	반 영	직접재료원가 직접노무원가 부문개별원가
	간접원가 (추적불능원가)	미반영	공통원가 (제조간접원가, 연구개발비)
경영자 성과평가	통제가능원가	반 영	
	통제불능원가	미반영	기업 전체 평가에 반영

3. 의사결정목적

의사결정은 대안(alternative)이 존재하게 되며 과거가 아닌 현재와 미래에 영향을 미치게 된다.

따라서 의사결정과 관련하여 고려되어야 할 원가는 의사결정목적에 적합한 관련원가로 경쟁적 대안 간에 차이가 있는 미래원가이어야 한다.

관련원가(relevant costs)는 특정 의사결정에 직접적으로 관련이 있는 원가로 의사결정 대안 간에 차이가 있는 미래원가를 의미하며, 비관련원가(irrelevant costs)는 특정 의사결정과 관련이 없는 원가로 의사결정 대안 간에 차이가 없는 과거 또는 미래원가를 말한다.

관련원가와 비관련원가 구분

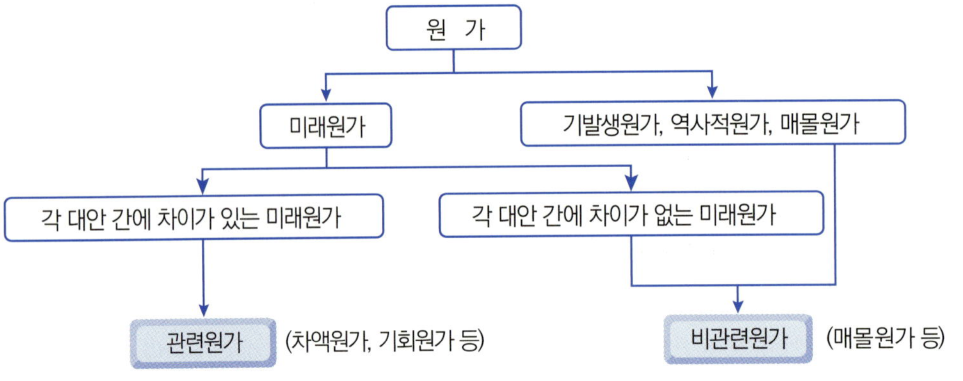

(1) 차액원가

차액원가(differential costs)는 대안 간에 계상된 원가 차액(증분원가, 감분원가)을 의미한다. 의사결정 시 대안 간의 모든 원가를 고려하는 것보다 차액원가정보를 계산하면, 이해하기 쉽고 적시에 의사결정을 내릴 수 있다. 대안 간의 차액수익에서 차액원가를 차감함으로써 차액이익을 계상하고, 의사결정에 적용하게 된다. 차액원가 개념은 경제학상의 한계원가 개념과 근본적으로 일치한다.

(2) 기회원가

기회원가(opportunity costs)는 여러 대안 중 최적안을 선택함으로써 포기된 차선의 대안에서 희생된 잠재적 효익(이익 또는 순현금유입액)을 의미한다. 기회원가는 실제로 지출되지는 않지만 모든 대안들은 기회원가를 갖고 있으므로 의사결정 과정에서 필히 고려해야 할 관련원가이다.

기회원가의 개념은 대체적인 용도를 가지는 한정된 자원의 이용에 주로 적용되며, 여러 대안 중 차선의 대안으로 획득할 수 있었던 포기된 이익을 최선의 선택된 대안에 비교하여 기회원가라고 부른다.

(3) 부가원가

부가원가(imputed costs)는 의사결정에서 인식해야 하는 가치희생은 있으나, 회계장부에 기록되지도 않고 현금지출이 수반되지도 않는 원가(자기자본이자 등)를 말한다. 이는 기회원가 개념과 유사하며 의사결정목적에 적합한(관련) 원가에 해당한다. 부가원가는 현금지출을 수반하지 않고 재무제표 상에도 나타나지 않으나, 원가계산 담당자의 입장에서는 가치가 희생되었다는 점에서 원가로 볼 수 있다. 부가원가를 협의로 해석하는 경우에는 현금지출을 수반하지 않는 이자비용(금융비용)만을 뜻한다. 예를 들면, 자기자본으로 신규투자를 할 경우 그 투자액에 대한 이자비용은 부가원가이다.

(4) 현금지출원가

일반적으로 대부분의 가치 희생은 현금지출을 수반하는 원가이므로, 현금지출원가(outlay costs)는 특정의 의사결정으로 인하여 현재나 가까운 장래에 현금의 지출을 필요로 하는 원가를 말한다. 예컨대 특별주문을 수락하게 되면 주문을 수락하지 않을 경우 회피할 수 있었던 현금지출원가를 발생시키는 것이다. 이 원가 개념은 단기적인 자금관리 측면에서 매우 유용하다.

(5) 회피가능원가

회피가능원가(avoidable costs)는 여러 의사결정 대안 중에 하나의 대안을 선택함으로써 절감되거나 발생이 회피될 수 있는 원가를 의미한다. 따라서 회피가능원가는 대안 간의 차이를 가져오는 관련원가이다. 그러나 회피불능원가는 특정 대안을 선택하는 것과 관계없이 계속해서 발생하는 원가를 말하며, 이 원가는 비관련원가이므로 의사결정 시에 배제되어야 한다.

예를 들면, 특정 부문을 폐쇄하는 경우 그 부문과 관련된 재료원가와 노무원가, 제조간접원가는 회피가능원가이며, 특정 부문의 폐쇄에도 불구하고 계속 발생하는 일부 고정제조간접원가는 회피불능원가이다.

(6) 연기가능원가

연기가능원가(postponable costs)는 단기적인 경영능률에 영향을 미치지 않고 미래로 그 발생을 연기할 수 있는 원가를 의미한다. 예를 들면, 당기의 수선유지비를 대폭 삭감하는 경우 이는 수선을 회피하는 것이 아니라 차기로 수선을 연기하는 것이다. 이 원가 개념은 단기적으로 경영능률을 유지하면서 장기적으로 원가를 배분하는 경우에 유용하다.

(7) 매몰원가

매몰원가(sunk costs)는 과거의 의사결정 결과로 이미 발생된 원가를 의미한다. 매몰원가는 의사결정 대안 간에 차이가 없고 어떤 대안을 선택하더라도 경영자가 통제(회피)불가능한 원가이므로 비관련원가이다. 따라서 매몰원가는 기발생원가, 역사적원가(과거원가)라는 개념과 동일한 개념으로 이용된다.

연습문제

REVIEW EXERCISES

주관식

01 원가 개념을 자산 및 비용 개념과 비교 · 설명하시오.

02 제조원가와 비제조원가의 차이를 설명하시오.

03 변동원가와 고정원가를 비교 · 설명하시오.

04 의사결정목적상의 원가분류에 대하여 논술하시오.

05 다음을 설명하시오.

① 제품원가

② 기간원가

③ 준변동원가

④ 준고정원가

⑤ 차액원가

⑥ 기회원가

⑦ 매몰원가

⑧ 회피가능원가

06 다음의 원가 개념 설명에서 가장 적합한 것을 선택하시오.

제조간접원가	제조원가	제품원가	비제조원가
변동원가	고정원가	직접원가	간접원가
기회원가	차액원가	관련원가	매몰원가
부가원가	통제가능원가	회피가능원가	연기가능원가

① 직접재료원가와 직접노무원가를 제외한 모든 제조원가를 의미하며, 간접재료원가 · 간접노무원가 · 간접경비로 구성된다. ( )

② 조업도의 증감에 비례해서 총원가는 증감하나 단위당원가는 일정하다. ( )

③ 제조 활동과 관련하여 발생하는 모든 생산 요소의 원가(직접재료원가 · 직접노무원가 · 제조간접원가)이다. ( )

④ 조업도의 변동에 관계없이 총원가는 일정하나, 단위당원가는 조업도의 변동에 증감한다. ( )

⑤ 판매를 목적으로 제조된 제품에 대해 부과되는 원가로서, 재고가능원가라고도 한다. ( )

⑥ 특정 원가계산대상에 직접 추적할 수 있는 원가로 제품원가 계산 과정에서 해당 원가를 직접 부과할 수 있다. ( )

⑦ 제조 활동과 직접적인 관련 없이 발생하는 원가로서, 판매비와 관리비가 해당된다. ( )

⑧ 특정 원가 집적 대상에 추적이 불가능한 원가로서, 제품원가 계산 과정에서 원가배분을 필요로 한다. ( )

⑨ 의사결정 시 대안 간에 차이가 나는 미래원가들의 총칭이다. ( )

⑩ 의사결정 시 회계기록은 않지만 원가계산상으로만 가치의 희생을 부가시킨 원가를 의미한다. (예, 신규투자 시 자기자본에 대한 이자비용, 개인사업자의 보수) ( )

⑪ 경제적 자원을 현재의 용도가 아닌 차선의 용도에 사용했더라면 의사결정 시 얻을 수 있었던 최대효익의 측정원가이며, 회계장부에는 기록되지 않는다. ( )

⑫ 특정 부문의 경영자가 원가의 발생을 관리할 수 있으며, 부문경영자의 성과평가 기준이 된다. ( )

⑬ 의사결정 시 특정대안과 다른 대안 간에 원가차액이 있을 경우를 의미하며, 관련원가의 대부분이 해당된다. ( )

⑭ 경영자의 선택에 따라 발생 여부가 결정되는 원가를 의미하며, 특정 제품의 생산 중단 시에 발생한 원가는 회피 가능하다. ( )

⑮ 과거에 발생한 원가로서 현재 또는 미래의 의사결정에 관련이 없는 원가를 의미하며, 역사적원가 또는 과거원가가 해당된다. ( )

⑯ 현재 생산 활동의 능률에 거의 영향을 미치지 않기 때문에 장래로 연기할 수 있는 원가를 의미하며, 예로는 기계설비의 수리비와 검사비가 해당된다. ( )

07 원가 구성도가 다음과 같을 경우, 다음 물음에 답하시오.

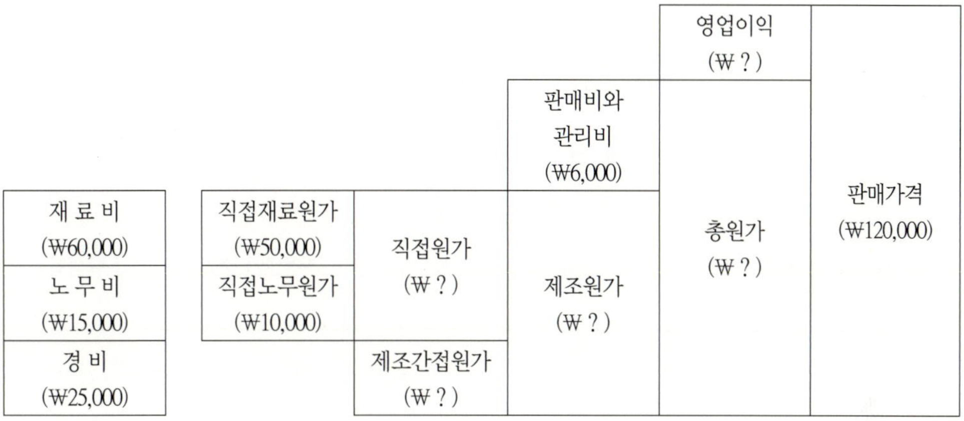

* 제조간접원가 = 간접재료원가 + 간접노무원가 + 간접경비

① 원가의 발생 형태별로 분류할 경우 총제조원가를 계산하시오.

② 제품과의 관련성별로 분류할 경우 제품제조 관련 직접원가와 간접원가를 계산하시오.

③ 기본원가와 가공원가를 계산하시오.

④ 제조원가와 비제조원가(기간원가)를 계산하시오.

⑤ 제조원가, 판매비와 관리비 중 변동원가가 각각 70%와 40%일 경우 총변동원가와 총고정원가를 계산하시오.

⑥ 총원가와 영업이익을 계산하시오.

객관식

01 원가에 대한 설명 중 가장 옳은 것은? ▸ 전산회계 1급

① 직접재료비는 기초원가와 가공원가 모두 해당된다.

② 매몰원가는 의사결정 과정에 영향을 미치는 원가를 말한다.

③ 고정원가는 조업도와 상관없이 일정하게 증가하는 원가를 말한다.

④ 직접원가란 특정한 원가집적 대상에 추적할 수 있는 원가를 말한다.

02 원가 개념에 대한 설명 중 틀린 것은? ▸ 전산회계 1급

① 간접원가란 특정한 원가 대상에 직접 추적할 수 없는 원가이다.
② 회피가능원가는 특정 대안을 선택하지 않음으로써 회피할 수 있는 원가이다.
③ 변동원가는 조업도가 증가할 때마다 원가총액이 비례하여 증가하는 원가이다.
④ 경영자가 미래의 의사결정을 위해서는 과거 지출된 원가의 크기를 고려하여야 함으로 매몰원가 역시 관련원가에 해당한다.

03 다음에서 설명하고 있는 원가를 원가 행태에 따라 분류하고자 할 때 가장 적절한 것은? ▸ 전산회계 1급

관련 범위 내에서 조업도의 변동에 관계없이 총원가가 일정하고, 조업도가 증가함에 따라 단위당원가는 감소한다.

① 변동원가 ② 고정원가 ③ 준변동원가 ④ 준고정원가

04 다음 중 원가의 특성을 설명한 것으로 적합하지 않은 것을 선택하시오.

① 소멸된 원가는 포괄손익계산서상 비용(손실)로 계상되며, 미 소멸된 원가는 재무상태표상의 자산으로 계상한다.
② 원가는 과거에 소비된 것만을 대상으로 한다.
③ 원가는 원가계산 기간에 정상적으로 발생한 것만 대상으로 한다.
④ 원가는 기업의 주된 경영 활동인 구매, 제조, 판매 및 일반관리 활동과 관련하여 나타나는 재화 및 용역의 소비액이다.

05 다음 중 원가에 대한 설명으로 적정하지 않은 것은 무엇입니까?

① 재료원가는 제품제조를 위하여 투입된 재료에 지출된 비용
② 고정원가는 조업도가 증가함에 따라 단위당원가가 감소되는 원가
③ 변동원가는 조업도가 증가함에 따라 총원가가 비례적으로 증가되는 원가
④ 매몰원가는 의사결정 시 감안해야 할 관련원가

06 다음 제조원가에 대한 설명 중에서 내용이 옳지 않은 것을 선택하시오.

① 고정비는 관련 범위 내에서 조업도와 상관없이 일정하다.
② 제품의 단위당 변동비는 조업도에 비례하여 증감한다.
③ 생산 특성상 변동비와 고정비의 구분이 어려운 항목도 있다.
④ 변동비와 고정비의 분류는 원가통제에 유용하다.

07 조업도 수준이 "0"일 때 일정한 값을 가지면서 조업도 수준이 증가함에 따라 증가하는 원가는 무엇이라고 합니까?

① 준변동원가 ② 부가원가 ③ 직접원가 ④ 준고정원가

08 다음 설명 중 단위당 변동원가에 대한 내용으로 적정한 것은 무엇입니까?

① 생산량이 증가하면 감소
② 생산량이 감소하면 증가
③ 관련 범위 내에서 일정
④ 생산량과 관계없이 감소

09 다음 설명 중 원가계산준칙에서 규정하고 있는 원가계산의 일반원칙으로 적정한 것을 선택하시오.

① 제조원가는 제품의 생산량과 관계없이 투입원가만 계산한다.
② 제조원가는 신뢰할 수 있는 객관적인 자료와 증거에 의하여 계산한다.
③ 제조원가는 생산환경에 비추어 기간별 비교가 가능하도록 계산한다.
④ 제조원가는 재료원가에 관련 생산제품에 직접 부과하지는 않는다.

10 다음 설명 중 의사결정목적상의 원가에 대한 설명으로 옳지 않은 것은 무엇입니까?

① 부가원가는 가치의 희생은 있으나, 회계장부에 기록되지 않는 원가이다.
② 매몰원가는 과거 의사결정 결과로 이미 발생된 원가이다.
③ 차액원가는 대안 간의 원가 차액을 의미한다.
④ 기회원가는 실제로 지출되지 않기 때문에 의사결정에서 고려하지 않는다.

11 다음과 같은 조건으로 제품을 생산하고 유통할 때 판매가격은 얼마입니까?

• 직접원가 ₩200,000 • 제조간접비 ₩50,000 • 판매관리비 ₩40,000
• 단, 판매가격은 제조원가에 10% 이익을 가산하여 결정한다.

① ₩315,000 ② ₩250,000 ③ ₩260,000 ④ ₩290,000

12 다음 예시 중 제품원가에 해당하지 않는 것을 선택하시오.

① 제조간접원가 ② 판매비와관리비 ③ 기초원가 ④ 직접원가

13 다음 예시 중 원가계산을 위한 계정의 흐름이 적정하게 기술된 것은 무엇입니까?

① 원가 3요소 ⇨ 재공품 ⇨ 매출원가 ⇨ 제품
② 제조간접비 ⇨ 재공품 ⇨ 제품 ⇨ 매출
③ 제조간접비 ⇨ 재공품 ⇨ 제품 ⇨ 매출원가
④ 원가 3요소 ⇨ 재공품 ⇨ 제품 ⇨ 매출원가

14 다음 자료로 당기제품제조원가와 매출원가를 산출하시오? ▸ 경영지도사

당기재료비	₩450,000	기초재공품	₩50,000	기말재공품	₩35,000
당기노무비	150,000	기초제품	70,000	기말제품	25,000
당기경비	200,000				

	당기제품제조원가	매출원가		당기제품제조원가	매출원가
①	₩800,000	₩845,000	②	₩800,000	₩755,000
③	815,000	840,000	④	815,000	860,000
⑤	845,000	890,000			

15 ㈜원가는 기계장치를 생산, 판매하는 기업으로 사업 첫 해에 다음과 같은 원가가 발생했다. 이 자료를 바탕으로 원가계산을 했을 경우 (가)부터 (마)까지의 설명 중 타당하지 않은 것을 모두 고르면? (단, 기초재공품재고액은 없고, 기말재공품재고액이 ₩10 존재한다.) ▸ CPA

직접재료원가	₩110	간접재료원가	₩30	판매직급여	₩30
직접노무원가	120	간접노무원가	60	관리직급여	70
간접경비	200	광고선전비	20	이자비용	10

(가) 당기제품제조원가는 ₩510이다.
(나) 기본원가(기초원가, prime costs)는 ₩230이다.
(다) 제조간접원가에는 어떤 재료원가도 포함되지 않으므로 간접노무원가와 간접경비를 합한 ₩260이다.
(라) 당기총제조원가는 ₩520으로, 기본원가에 가공원가를 합한 금액이다.
(마) 기간원가는 ₩130으로, 재고가능원가라고 부르기도 한다.

① (가), (나) ② (다), (라) ③ (라), (마)
④ (나), (다), (마) ⑤ (다), (라), (마)

16 여러 제품을 생산하는 ㈜서울은 제조업을 운영한다. 다음 중 제조간접비에 포함시켜야 할 것은? ▸ 9급 서울시

① 기획담당 임원 인건비 ② 공장 수도광열비
③ 특정 제품 주재료 매입운임 및 매입수수료 ④ 특정 라인 작업인력 인건비
⑤ 판매사원의 급료

17 ㈜모닝의 제조간접원가는 가공원가의 20%이다. 만약 직접노무원가가 ₩38,000이고, 직접재료원가가 ₩47,000이면 ㈜모닝의 제조간접원가는 얼마인가? ▸ 감정평가사

① ₩8,750 ② ₩9,500 ③ ₩11,750 ④ ₩17,000 ⑤ ₩21,250

18 2008년 11월 제품생산과 관련하여 발생한 ㈜한강의 직접노무원가는 가공원가의 30%이다. 2008년 11월의 직접재료원가가 ₩52,500이고 제조간접원가가 ₩21,000이라면, 직접노무원가는?

▸ 9급 지방직

① ₩75,000 ② ₩9,000 ③ ₩30,000 ④ ₩6,300

19 다음은 12월 말 결산법인인 ㈜경기의 2008 회계연도 중의 발생원가 및 비용과 관련된 자료이다. 이를 이용하여 가공원가(전환원가)를 계산하면?

▸ 9급 국가직

직접재료원가	₩35,000	직접노무원가	₩30,000
공장건물감가상각비	20,000	본사비품감가상각비	25,000
판매원판매수당	17,000	공장수도광열비	12,000
간접노무원가	18,000	공장소모품비	7,000

① ₩65,000 ② ₩83,000 ③ ₩87,000 ④ ₩122,00

20 공장에서 사용하던 화물차(취득원가 ₩3,500,000, 처분시점까지 감가상각누계액 ₩2,500,000)가 고장이 나서 매각하려고 한다. 동 화물차에 대해 ₩500,000 수선비를 투입하여 처분하면 ₩1,200,000을 받을 수 있지만, 수선하지 않고 처분하면 ₩600,000을 받을 수 있다. 이 경우에 매몰원가는 얼마인가?

▸ 전산회계 1급

① ₩400,000 ② ₩500,000 ③ ₩1,000,000 ④ ₩1,200,000

객관식 해답

1	2	3	4	5	6	7	8	9	10
④	④	②	②	④	②	①	③	②	④
11	12	13	14	15	16	17	18	19	20
①	②	④	④	⑤	②	②	②	③	③

원가 마인드, 합리적인 경제철학, 그리고 행복한 경제생활

원가 마인드(Cost Mind)는 원가를 정확하게 이해하고, 최소의 원가로 최대의 수익을 창출하는 경제원칙을 실현하는 합리적인 경제철학이다.

경제 성장과 발전의 기본 토대는 원가 마인드이다. 경영자는 경제적 의사결정의 유용성을 제고하기 위해 투철한 원가 마인드를 가져야만 한다.

우리는 원가 마인드를 제고함으로써 효용을 극대화할 수 있으며, 행복하고 가치있는 경제생활을 영위할 수 있다.

03 원가회계시스템

원가회계시스템(cost accounting system)은 제품(용역)생산에 투입된 원가를 측정하여 경영 활동에 유용한 원가정보를 제공한다.

1절 원가회계의 개념

원가회계는 산업혁명 이후의 대량생산과 기술혁신, 경영관리기법 등의 발전과 맥락을 같이 하고 있다. 원가회계는 제품과 서비스의 생산에 투입된 경제가치를 계산하는 전문 분야로 제조업, 농업, 서비스업(은행, 보험, 건설, 운수, 정보통신업) 등의 원가계산에 유용성을 제고하고 있다.

미국의 전국회계사협회(National Association of Accountants: NAA)는 "원가회계는 생산한 제품 및 서비스의 원가를 집계하여 상세히 기록 및 보고하는 일련의 체계적인 절차이다. 이는 제품과 서비스의 원가를 인식 · 분류 · 배분 · 집계하는 방법을 포함하며 나아가 사전에 설정된 표준원가와 비교하는 방법까지 포함한다"고 정의하였다.

따라서 원가회계(cost accounting)는 제품이나 서비스의 생산에 투입된 경제가치를 화폐가치로 인식하여 집계하고 분류하여 보고하는 체계적인 절차라고 할 수 있다. 초기의 원가회계는 원가의 구성 요소나 발생 부문, 제품별로 원가를 파악하여 재고자산과 기간손익을 정확히 산출하는 재무

정보이용자 측면의 회계 분류

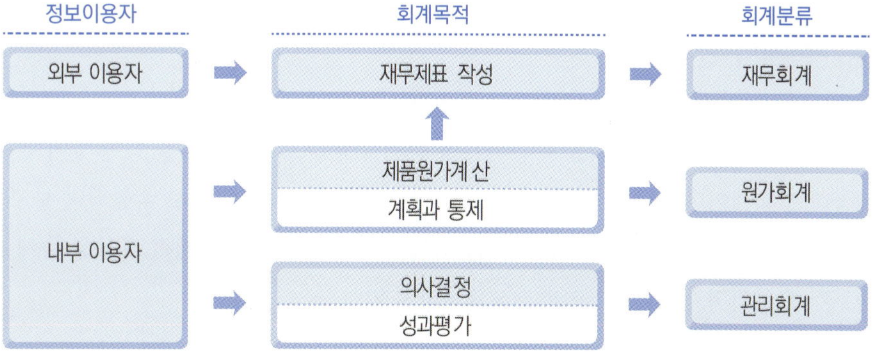

회계 중심의 원가회계였지만, 현대 원가회계는 적용 범위가 확대되어 경영자의 의사결정, 경영계획의 수립 · 통제 등에 유용한 정보를 제공하고 있다.

회계는 회계정보이용자들이 요구하는 정보의 성격에 따라 정보이용자, 회계목적 측면에서 구분하면 재무회계와 원가회계 및 관리회계로 크게 분류된다.

1. 원가회계와 재무회계

원가회계는 제품과 서비스의 원가계산, 경영계획 및 통제에 유용한 정보 제공, 경영자의 의사결정에 필요한 정보를 제공하는 회계이다. 원가회계는 정확한 재무회계정보의 기초가 될 뿐만 아니라 기업경영의 효율성 제고에도 기여하고 있다.

원가회계의 실무지침으로는 "원가계산준칙"이 있고, 원가회계의 보고 범위는 제품이나 부문, 공정, 작업별 등으로 탄력적으로 결정할 수 있으며, 보고 방법도 정례 및 수시로 수행할 수 있다.

재무회계는 기업 외부의 정보이용자들(주주, 채권자, 세무당국, 은행 등)이 경제적인 의사결정을 할 수 있도록 기업의 재무제표와 관련된 정보를 제공하는 회계이다. 재무회계는 회계정보의 유용성으로 목적적합성, 객관성, 비교가능성, 신뢰성 등을 강조한다.

원가회계와 재무회계

구 분	원가회계	재무회계
보고대상	내부 경영자 및 외부 이해관계자	외부 이해관계자(주주, 채권자, 거래처, 정부 등)
보고목적	제품원가계산, 경영계획 수립, 원가통제 및 성과평가	경제적 의사결정의 유용성 제고
보고범위	제품, 부문, 공정 등	기업 전체
보고시기	정기 또는 수시	정기
준거기준	원가계산준칙	K-IFRS / 기업회계기준 등

2. 원가회계와 관리회계

관리회계는 경영자가 경영계획을 수립하거나 통제를 행하고 의사결정을 함에 있어 유용한 정보를 제공하는 회계이다. 관리회계는 정보이용자가 기업 내부의 경영자로 국한되며 보고목적은 의사결정에 초점을 맞추고 있다. 보고 내용은 목적적합성과 합리성, 경제적 효율성 등에 준거한 미래 정보가 요구되며, 일정한 보고양식을 요구하지 않는다.

원가회계와 관리회계

구 분	원가회계	관리회계
보고대상	내부 경영자 및 외부 이해관계자	내부 경영자
보고목적	제품원가계산, 계획과 통제 및 성과평가 중시	의사결정 중시
보고양식	제조원가명세서 등의 일정한 형식 중시	일정한 형식 없음(특수목적별 보고서)
보고내용	과거 실적	미래 전망 정보
준거기준	원가계산준칙	목적적합성, 합리성, 경제적 효율성 강조

2절 원가회계의 목적

원가는 제품이나 서비스를 창출하는 과정에서 투입된 경제적 가치를 화폐로 측정한 것이다. 회계의 전산화로 회계정보는 정보의 단순한 산출보다는 의사결정의 유용성을 제고할 수 있는 정보가치를 보다 강조하게 되었다. 특히 원가회계정보는 기업 외부의 재무제표 정보이용자나 내부의 경영자 모두에게 유용하게 활용되고 있으며, 원가회계는 재무회계와 관리회계에 필요한 원가정보를 제공하고 있다.

원가회계의 목적

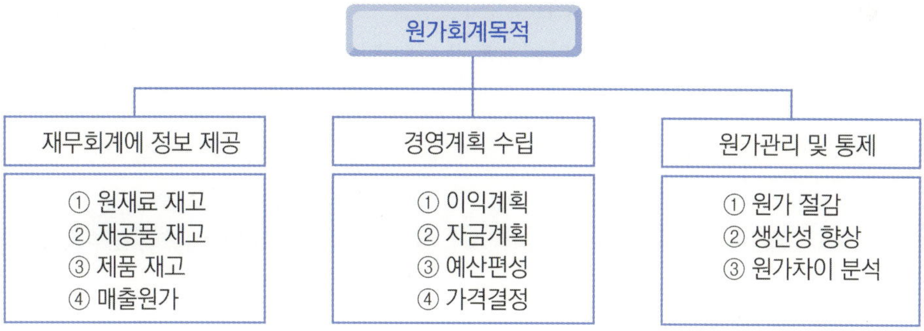

1. 재무회계에 정보 제공

재무회계는 기업 외부의 이해관계자들에게 기업의 재무상태 및 경영 성과에 관한 회계정보를 제공하는 목적으로 작성된다. 원가회계는 제품 원가계산에 의한 재무회계의 핵심정보인 매출원가 및 재고자산에 대한 정보를 제공하고 있다.

매출원가 및 재고자산에 관한 원가정보는 기업의 경영 성과와 재무상태를 분석함에 있어 중요한 변수로서 유용한 회계정보를 창출하는 기반이 된다. 원가회계는 원가의 인식과 배분 · 집계 등의 계산 과정을 거쳐 재무제표 작성에 필수적인 핵심 회계정보를 제공하고 있다.

2. 경영계획 수립

경영계획은 기업의 경영목표를 효율적으로 달성하고자 자원을 투입하고 관리하기 위한 첫 단계이다. 구체적으로는 이익목표를 달성하기 위한 이익계획과 효과적인 자금조달과 운영을 위한 자금계획으로 나누어 볼 수 있다.

경영계획을 구체적인 수치로 표현한 공식적인 보고서가 예산인데 원가회계는 예산의 편성이나 관리, 예산차이분석 등에 유용한 원가정보를 제공해 준다. 특히 기업경영에서 표준원가계산을 적용하고 있는 경우에 예산편성에 유용한 원가정보를 적시에 제공하고, 성과평가 시에 평가기준으로 활용할 수 있다.

3. 원가관리 및 통제

원가관리는 제품이나 서비스를 생산하는 과정에서 발생하는 원가를 효율적으로 관리하고, 원가능률(cost efficiency)을 향상시키기 위한 체계이다.

구체적으로는 조직구성원들의 원가의식을 제고하기 위해 각 원가발생 부문이나 활동별로 원가표준을 설정하고, 실제 발생원가와의 원가차이분석을 통해 원가의 투입 및 관리에 따른 책임 소재를 명확히 하고, 원가관리의 효율성을 제고하기 위한 것이다.

3절 원가회계와 재무제표

원가회계시스템은 원가의 집계 방법, 측정 방법, 계산 방법에 따라 다음과 같이 구분할 수 있으며, 상호 결합된 원가회계시스템의 구축이 가능하다.

1. 개별원가계산과 종합원가계산

원가회계는 생산 형태에 따른 원가계산 방법의 차이에 따라 개별원가계산과 종합원가계산으

원가계산의 종류

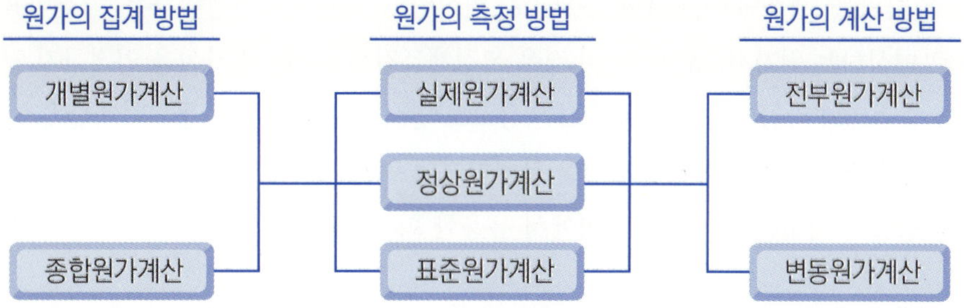

고 구분한다. 개별원가계산은 특정 제조지시서를 발행하여 개별 작업마다 원가를 구분하여 계산하는 원가계산시스템으로 선박, 특수기계, 건물 등 주문생산 및 소량생산 형태에 적합한 원가계산시스템이다. 종합원가계산은 계속적인 제조지시서에 의해 일정한 원가계산 기간 동안 공정 또는 부문별로 원가를 계산하기 때문에 정유업, 화학공업, 제지업, 식품업 등 대량생산 형태에 적합한 원가계산시스템이다.

2. 실제원가계산과 정상원가계산, 표준원가계산

원가회계는 원가의 측정 방법(시점)에 따라 실제원가계산과 정상원가계산, 표준원가계산으로 구분된다. 실제원가계산은 사후적 원가계산으로, 제품의 제조를 끝낸 뒤에 실제로 발생한 원가를 집계하는 원가시스템으로 실제원가계산 결과는 재무제표에 기록 · 보고된다.

정상원가계산은 직접원가인 직접재료원가와 직접노무원가는 실제원가로 계산하고, 제조간접원가는 예정원가로 계산하는 원가계산시스템으로 불완전한 사전원가계산이다.

표준원가계산은 제품 생산 이전에 생산의 효율성을 예상한 원가(표준원가)를 설정한 후, 실제원가를 합리적으로 통제하는 사전원가계산이다.

3. 전부원가계산과 변동원가계산

원가회계는 제품원가의 계산 방법(범위)에 따라 전부원가계산과 변동원가계산으로 나누어진다. 전부원가계산(흡수원가계산)은 제품 생산으로 인해 발생되는 모든 원가를 인식하고 측정하는 원가시스템이다. 전부원가시스템의 주된 목적은 정확한 재고자산의 평가와 매출원가를 산출하여 기간손익의 산정과 재무제표의 작성에 반영하는 재무회계에 회계정보를 제공하는 것이며, 재무회계에서 인정하는 전통적 원가계산 방법이다.

변동원가계산(직접원가계산)은 생산 과정에서 발생하는 모든 원가를 원가 행태에 따라 변동원가와 고정원가로 분류하는 것을 전제로 한다. 직접재료원가, 직접노무원가, 변동제조간접원가 등 변동제조원가만을 제품원가(product costs)로 인식하고 고정제조간접원가는 기간비용(period costs)으로 인식하는 원가시스템이다. 이 경우 고정제조간접원가는 원가성을 인정하지 않으므로 판매비 및 관리비와 마찬가지로 발생 즉시 비용으로 인식한다. 따라서 변동원가계산은 생산량 또는 판매량의 변화가 이익에 미치는 영향을 분석하거나 원가구조의 변화가 판매량이나 이익에 미치는 영향 등을 분석하는 관리회계 측면에서 유용한 회계정보이다.

4. 원가회계시스템

기업의 경영 활동은 수익을 창출하기 위하여 재화(용역)를 생산하는 일련의 과정으로 구매 활동, 생산 활동, 판매 활동, 대금회수 활동 등으로 구분할 수 있다.

원가회계시스템(cost accounting system)은 제품(용역)을 생산하는 과정에서 투입되는 원가를 수집, 측정, 배분, 보고하는 계산절차로 기업경영 활동에 유용한 원가정보를 제공하는 것이다. 원가회계시스템이 유용한 원가정보를 제공하기 위해서는 신뢰할 수 있는 객관적인 자료와 증거에 의하여 원가를 계산하고, 합리적인 배부기준에 따라 제조간접원가(공통원가)를 배분해야 한다.

원가회계는 제품과 서비스의 원가계산, 경영계획 및 통제에 유용한 정보 제공, 경영자의 의사결정에 필요한 정보를 제공하는 회계이다. 원가회계는 정확한 재무회계정보의 기초가 될 뿐만 아니라 기업경영의 효율성 제고에도 기여하고 있다.

원가회계의 실무지침으로는 "원가계산준칙"이 있고, 원가회계의 보고 범위는 제품이나 부문, 공정, 작업별 등으로 탄력적으로 결정할 수 있으며, 보고 방법도 정례 및 수시로 수행할 수 있다.

경영 활동과 원가흐름

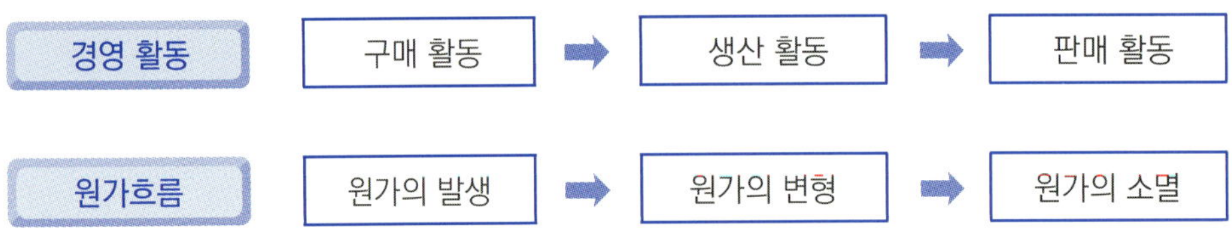

(1) 제조기업의 원가흐름

제조기업은 제품을 생산하기 위하여 원재료를 외부에서 구입하고 노동력, 기타 용역 등을 투입하여 제품을 생산하고, 시장에 판매함으로써 이익을 실현한다. 제품의 생산공정에 투입되는 원재료 · 노동력 · 제조용역 등의 원가가 발생하며, 생산공정에 투입됨으로써 재공품 및 제품과 같은 원가의 변형이 이루어지고, 최종적으로는 매출(수익)에 대응하는 비용 개념인 매출원가로 소멸된다.

생산공정에 투입된 직접재료원가와 직접노무원가, 제조간접원가 등은 당기총제조원가로 재공품계정에 집계된다. 당기제품제조원가는 당기총제조원가에 기초재공품을 가산하고 기말재공품을 차감하여 산출한다. 그리고 매출원가는 당기제품제조원가에 기초제품재고액을 가산하고 기말제품재고액을 차감하여 계산한다.

제조기업의 원가흐름

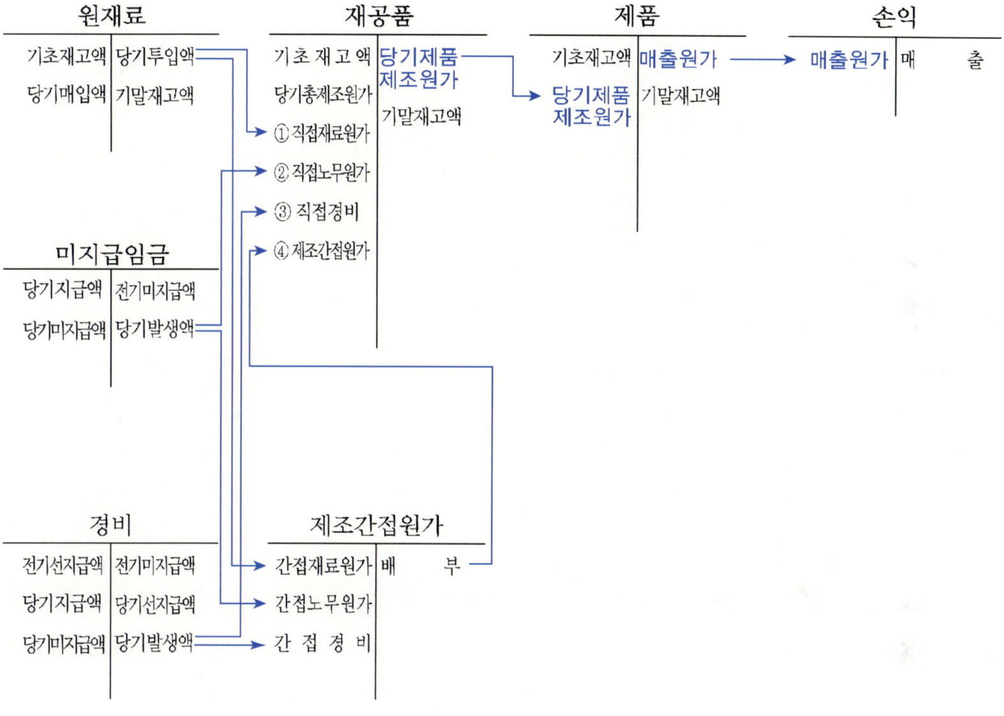

계산식	당기총제조원가 = 직접재료원가 + 직접노무원가 + 제조간접원가 당기제품제조원가 = 기초재공품원가 + 당기총제조원가 − 기말재공품원가 매출원가 = 기초제품재고액 + 당기제품제조원가 − 기말제품재고액

(2) 제조원가명세서

제조원가명세서(statement of cost of goods manufactured)는 재공품계정에 계상된 당기제품제조원가의 계산 내역을 기록한 재무제표의 부속명세서이다.

제조원가명세서

○○기업 　　　　20×1.1.1~20×1.12.31 　　　　(단위: 원)

과목	금액	금액
Ⅰ. 직접재료원가		
1. 기초재고액	×××	
2. 당기매입액	×××	
계	×××	
3. 기말재고액	(×××)	×××
Ⅱ. 직접노무원가		×××
Ⅲ. 제조간접원가		×××
Ⅳ. 당기총제조원가		×××
Ⅴ. 기초재공품재고액		×××
합계		×××
Ⅵ. 기말재공품재고액		(×××)
Ⅶ. 당기제품제조원가		×××

제조원가명세서의 당기제품제조원가(직접재료원가, 직접노무원가, 제조간접원가)는 당기총제조원가에 전기에서 이월된 기초재공품재고액을 가산하고, 차기로 이연되는 기말재공품재고액을 차감하여 계산한다. 제조원가명세서의 작성으로 매출원가에서 가장 큰 비중을 차지하는 당기제품제조원가에 대한 구체적인 원가정보를 정보이용자들에게 제공할 수 있다.

(3) 포괄손익계산서

포괄손익계산서(statement of comprehensive income)는 일정 기간 동안의 당기순손익과 기타포괄손익을 구분하여 기록하며, 기업의 경영 성과를 보고하는 재무제표이다.

포괄손익계산서의 매출원가는 전기에서 이월된 기초제품재고액에 당기제품제조원가를 가산하고, 차기 제품원가로 이연되는 기말제품재고액을 차감하여 계산한다. 매출원가는 기업의 손익계산에 큰 비중을 차지하고 있으며, 그 중에서도 당기제품제조원가의 중요성이 높으므로 제조원가명세서를 재무제표의 부속명세서로 작성하여 공시하도록 규정하고 있다.

포괄손익계산서

○○기업	20×1.1.1. ~ 20×1.12.31.	(단위: 원)
매출액		×××
매출원가		
1. 기초제품재고액	×××	
2. 당기제품제조원가	×××	
계	×××	
3. 기말제품재고액	(×××)	(×××)
매출총이익		×××
기타수익		××
판매비		(××)
관리비		(××)
기타비용		(××)
법인세차감전순이익		×××
법인세등		(××)
당기순이익		×××
기타포괄이익		×××
총포괄이익		×××

예제 SOLVE PRACTICE PROBLEM

삼성기업의 20×1년 12월 중의 생산 및 판매, 재고 관련 자료는 다음과 같다.

생산 활동:	
원재료 매입	₩200,000
직접노무원가 발생	150,000
제조간접원가 발생	240,000

판매 활동:	
매출액	₩800,000
판매비	100,000

재고자산:	기초재고	기말재고
원재료	₩50,000	₩40,000
재공품	200,000	240,000
제품	150,000	100,000

물음 1. 삼성기업의 12월 중의 모든 거래를 분개하고 T-계정에 전기하시오.

2. 제조원가명세서와 포괄손익계산서를 작성하시오.

해답

1. 분개

① 원재료의 매입

(차)	원재료	200,000	(대) 매입채무	200,000

② 직접원재료의 투입

(차)	재공품	210,000	(대) 원재료	210,000

③ 직접노무원가의 발생

(차)	재공품	150,000	(대) 미지급임금	150,000

④ 제조간접원가의 발생

(차)	제조간접원가	240,000	(대) 미지급비용	240,000

⑤ 제조간접원가의 대체

(차)	재공품	240,000	(대) 제조간접원가	240,000

⑥ 제품의 완성

(차)	제품	560,000	(대) 재공품	560,000

⑦ 제품의 판매

(차)	매출원가	610,000	(대) 제품	610,000
	매출채권	800,000	매출	800,000

⑧ 판매비의 발생

(차)	판매비	100,000	(대) 미지급비용	100,000

■ T-계정에 전기

원재료

기초재고	50,000	② 재공품	210,000
① 매입채무	200,000	기말재고	40,000

재공품

기초재고	200,000	⑥ 제품	560,000
② 원재료	210,000	기말재고	240,000
③ 미지급임금	150,000		
⑤ 제조간접원가	240,000		

미지급임금

		③ 재공품	150,000

제품

기초재고	150,000	⑦ 매출원가	610,000
⑥ 재공품	560,000	기말재고	100,000

제조간접원가

④ 미지급비용	240,000	⑤ 재공품	240,000

매출원가

⑦ 제품	610,000		

매입채무

		① 원재료	200,000

매출

		⑦ 매출채권	800,000

미지급비용

		④ 제조간접원가	240,000
		⑧ 판매비	100,000

매출채권

⑦ 매출	800,000		

판매비	
⑧ 미지급비용 100,000	

2. ① 제조원가명세서

제조원가명세서

삼성기업	(20×1.12.1.~12.31.)	(단위: 원)
Ⅰ. 직접재료원가		
1. 기초재고액	50,000	
2. 당기매입액	200,000	
계	250,000	
3. 기말재고액	(40,000)	210,000
Ⅱ. 직접노무원가		150,000
Ⅲ. 제조간접원가		240,000
Ⅳ. 당기총제조원가		600,000
Ⅴ. 기초재공품재고액		200,000
합계		800,000
Ⅵ. 기말재공품재고액		(240,000)
Ⅶ. 당기제품제조원가		560,000

② 포괄손익계산서

포괄손익계산서

삼성기업	(20×1.12.1.~12.31.)	(단위: 원)
매출액		800,000
매출원가		
1. 기초제품재고액	150,000	
2. 당기제품제조원가	560,000	
계	710,000	
3. 기말제품재고액	(100,000)	(610,000)
매출총이익		190,000
판매비		(100,000)
법인세차감전순이익		90,000

4절 유통업 원가흐름

유통업은 상품을 외부에서 구입한 후, 마케팅 기능 등을 추가하여 외부에 판매함으로써 이익을 실현하는 기업 형태이다. 유통업에서는 생산 활동을 하지 않으므로 경영 활동과 원가흐름에서 구매 활동(원가의 발생)과 판매 활동(원가의 소멸)만을 수행한다.

상품의 구매 활동에 의한 매입원가는 취득원가에 인수운임, 보험료, 매입수수료, 하역비, 보관비 등 매입 부대비용을 가산하여 계산한다. 그리고 판매 활동에 의한 매출원가는 기초상품재고액과 당기상품매입액의 합계인 판매 가능 상품원가에서 기말상품재고액을 차감하여 산출한다.

유통업의 원가흐름과 회계처리

상품			매출원가	
기초재고액	매출원가	⟶	매출원가	매출
당기매입원가	기말재고액			

① 상품을 매입한 경우

(차) 상품	×××	(대) 매입채무	×××

② 상품을 판매한 경우

(차) 매출원가	×××	(대) 매출	×××

예제

SOLVE PRACTICE PROBLEM

삼성기업은 20×1년 12월 중에 상품 2,000개를 단위당 ₩10에 매입하여 단위당 판매가격 ₩18에 2,200개를 판매하였다. 상품의 구입 과정에서 인수운임과 하역비가 단위당 ₩2이 발생하였다. 12월 1일 기초상품재고량은 400개이며 이의 단위당원가는 ₩12이었다. 한편 12월 중 ₩10,000의 판매비가 발생하였으나 미지급하였다.

물음 1. 삼성기업의 12월 중의 모든 거래를 분개하고 T-계정에 전기하시오.
2. 포괄손익계산서를 작성하시오.

해답

1. 분개

① 상품의 매입

(차) 상품	24,000	(대) 매입채무	24,000

② 상품의 판매

(차)	매출원가	26,400	(대)	상 품	26,400
	매출채권	39,600		매 출	39,600

③ 판매비의 발생

(차)	판매비	10,000	(대)	미지급비용	10,000

■ T-계정에 전기

매입채무

		① 상품	24,000

상품

기초재고	4,800	② 매출원가	26,400
① 매입채무	24,000	기말재고	2,400

매출원가

② 상품	26,400		

매출채권

② 매출	39,600		

매 출

		② 매출채권	39,600

판 매 비

③ 미지급비용	10,000		

미지급비용

		③ 판매비	10,000

2.

포괄손익계산서

삼성기업 (20×1.12.1.~20×1.12.31.) (단위: 원)

매 출 액		₩39,600
매 출 원 가		
1. 기 초 상 품 재 고 액	₩ 4,800	
2. 당 기 상 품 매 입 액	24,000	
계	₩28,800	
3. 기 말 상 품 재 고 액	(2,400)	(26,400)
매 출 총 이 익		₩13,200
판 매 비		(10,000)
법 인 세 차 감 전 순 이 익		₩3,200

연습문제

REVIEW EXERCISES

주 관 식

01 원가회계의 개념과 기능에 대하여 논술하시오.

02 원가회계와 재무회계를 비교 · 설명하시오.

03 원가회계와 관리회계의 차이를 설명하시오.

04 원가회계의 목적에 대하여 설명하시오.

05 원가계산 방법별로 원가계산을 구분하여 설명하시오.

06 제조기업의 원가흐름에 대하여 논술하시오.

07 원가회계와 재무회계의 상관성에 대하여 설명하시오.

08 다음을 설명하시오.

① 원가회계시스템

② 실제원가계산

③ 정상원가계산

④ 표준원가계산

⑤ 전부원가계산

⑥ 변동원가계산

⑦ 제조원가명세서

⑧ 유통업 원가흐름

09 원가의 흐름

㈜세원철강의 20×1년 4월 중 발생한 생산 및 판매 활동에 관한 자료는 다음과 같다.

1) 재고자산의 내역

	4월 1일	4월 30일
원 재 료	₩3,000	₩2,000
재 공 품	1,500	2,500
제 품	5,000	7,000

2) 원가발생내역

① 재료투입액 ₩10,000

② 공장에서 발생한 총임금 ₩9,000(이 중 ₩1,000은 간접임금)

③ 제조간접원가 발생액 ₩8,000(감가상각비 ₩6,000, 수도광열비 ₩2,000)

3) 판매 관련 내역

① 당월 매출액 ₩30,000

② 판매비와 관리비는 매출액의 10%이다.

물음 (1) 4월 중 생산 및 판매 활동의 흐름을 분개하시오.

(2) 재료, 미지급임금, 제조간접원가, 재공품, 제품의 각 계정에 전기하고 마감하시오.

(3) 제조원가명세서와 포괄손익계산서를 작성하시오.

10 제조원가명세서와 포괄손익계산서 수정

제조기업인 한양공업사는 5월 한달 동안 영업 활동에 대한 다음과 같은 포괄손익계산서를 작성하였다.

포괄손익계산서

(단위: 원)

매출액			₩300,000
원가 및 영업비용:			
재료매입비	₩100,000		
임금 및 급여	50,000	(공장분 60%)	
감가상각비	40,000	(공장분 80%)	
수도광열비	30,000	(공장분 70%)	
여비교통비	8,000	(공장분 80%)	
수선유지비	6,000	(공장분 90%)	
광고선전비	10,000		244,000
순 이 익			₩56,000

원장 확인 결과 재고자산에 대하여 다음과 같은 자료를 파악하였다.

	5. 1	5. 31
재 료	₩10,000	₩20,000
재 공 품	8,000	12,800
제 품	25,000	20,000

물음 (1) 5월의 제조원가명세서를 작성하시오.

(2) 5월의 정확하게 수정된 포괄손익계산서를 작성하시오.

11 T-계정을 이용한 보고서 작성

한일기업의 20×1년 3월의 T-계정과 추가 자료는 다음과 같다.

원 재 료

기초재고	30,000	재공품	270,000
매입	300,000	제조간접원가	10,000
		기말재고	50,000
	330,000		330,000

미지급임금

현금	100,000	재공품	80,000
미지급	5,000	제조간접원가	25,000
	105,000		105,000

제조간접원가

원재료	10,000	재공품	127,000
미지급임금	25,000		
감가상각비	50,000		
전력비	30,000		
보험료	12,000		
	127,000		127,000

재 공 품

기초재고	60,000	제품	450,000
원재료	270,000	기말재고	87,000
미지급임금	80,000		
제조간접원가	127,000		
	537,000		537,000

제 품

기초재고	100,000	매출원가	430,000
재공품	450,000	기말재고	120,000
	550,000		550,000

▣ 추가 자료

① 매출액 ₩800,000

② 판매비와 관리비 ₩110,000

③ 지급이자 ₩40,000, 재고자산평가손실 ₩20,000

④ 재해손실 ₩50,000, 법인세비용 ₩30,000

물음 (1) 3월의 제조원가명세서를 작성하시오.
(2) 3월의 포괄손익계산서를 작성하시오.

객 관 식

01 다음 중 원가회계의 일반적인 특성이 아닌 것은? ▸ 전산회계 1급

① 제품제조원가계산을 위한 원가 자료의 제공
② 기업의 외부 정보이용자에게 정보제공
③ 기업의 경영통제를 위한 원가 자료의 제공
④ 특수의사결정을 위한 원가정보의 제공

02 다음 중 원가회계의 목적과 관련이 없는 것은? ▸ 전산세무 2급

① 경영자들의 각종 의사결정 및 통제에 필요한 자료를 제공한다.
② 일반 재무제표의 작성에 필요한 원가를 집계한다.
③ 경영자에게 원가관리에 필요한 원가 자료를 제공한다.
④ 회계원칙의 기준에 따라 작성되어야 한다.

03 다음은 원가계산준칙에 따른 제조원가 요소의 분류에 대한 설명이다. 틀린 것은? ▸ 전산회계 1급

① 제조원가 요소는 재료비, 노무비 및 경비로 분류한다.
② 회사가 선택하고 있는 원가계산 방법에 따라 직접재료비, 직접노무비 및 제조간접비 등으로 분류할 수 있다.
③ 제조원가 요소와 판매비와 관리비 요소는 구분하여 집계한다.
④ 제조원가 요소와 판매비와 관리비 요소의 구분이 명확하지 아니한 경우에는 판매비와 관리비로 계상한다.

04 원가회계와 관련하여 다음 설명 중 가장 적절치 않은 것은 어느 것인가? ▸ 전산회계 1급

① 제품원가에 고정제조간접비를 포함하는지의 여부에 따라 전부원가계산과 종합원가계산으로 구분된다.
② 제품생산의 형태에 따라 개별원가계산과 종합원가계산으로 구분된다.
③ 원가는 제품과의 관련성(추적가능성)에 따라 직접비와 간접비로 구분된다.
④ 원가는 조업도의 증감에 따라 원가총액이 변동하는 변동비와 일정한 고정비로 분류할 수 있다.

05 제조원가명세서에 대한 다음 설명 중 가장 옳지 않은 것은? ▸ 전산회계 1급

① 제조원가명세서만 보면 매출원가를 계산할 수 있다.
② 상품매매기업에서는 작성하지 않아도 된다.
③ 제조원가명세서에서 당기총제조비용을 알 수 있다.
④ 재공품계정의 변동사항이 나타난다.

06 다음 중 원가의 집계를 위한 원가흐름이 옳은 것은? ▸ 전산세무회계 3급

① 재료비 → 재공품 → 제품 → 매출원가
② 재료비 → 재공품 → 매출원가 → 제품
③ 노무비 → 제품 → 재공품 → 매출원가
④ 재료비 → 제품 → 재공품 → 매출원가

07 제조원가명세서에서 산출된 당기제품제조원가는 손익계산서 작성 시 어떤 항목을 계산하는데 사용되는가? ▸ 전산세무회계 3급

① 영업외수익　② 매출원가　③ 매출액　④ 판매비와 관리비

08 기말재공품은 기초재공품에 비해 ₩500,000 증가하였으며, 제조 과정에서 직접재료비가 차지하는 비율은 60%이다. 당기제품제조원가가 ₩1,500,000이라면, 당기총제조원가에 투입한 가공원가는 얼마인가? ▸ 전산회계 1급

① ₩200,000　② ₩400,000　③ ₩600,000　④ ₩800,000

09 다음 자료에 의하여 제품의 판매가격을 계산하면 얼마인가? ▸ 행자부 9급 세무직

• 직접재료비 ₩200,000	• 직접노무비 ₩300,000
• 직접제조경비 100,000	• 제조간접비 400,000
• 판매관리비는 제조원가의 10%이다.	• 판매이익은 판매원가의 20%이다.

① ₩1,300,000　② ₩1,320,000　③ ₩1,350,000　④ ₩1,370,000

10 다음은 ㈜독도의 20×1 회계연도 말의 제조원가명세서와 손익계산서에서 얻은 자료이다.

기초재료재고액	₩10,000	기말재료재고액	₩20,000
기초재공품재고액	40,000	기말재공품재고액	20,000
기초제품재고액	100,000	당기노무비 발생액	200,000
당기재료비 발생액	140,000	매출원가	460,000
당기경비 발생액	50,000		

아래 설명 중 옳지 않은 것은? ▸ 행정안전부 9급

① 당기의 판매가능제품원가를 계산하기 위하여 기초제품재고에 가산해야 할 당기완성품원가는 ₩410,000이다.
② 당기총제조원가는 ₩390,000이다.
③ 당기재료매입액은 ₩150,000이다.
④ 20×1 회계연도의 기말 대차대조표에 보고해야 할 재고자산가액은 ₩40,000이다.

11 다음 자료를 이용하여 ㈜부산의 총매출액을 산출하면 얼마인가? ▸ 감정평가사

매출총이익	₩2,500,000
당기제품제조원가	8,000,000
기초재공품	700,000
기초제품	1,000,000
기말재공품	850,000
기말제품	1,500,000

① ₩5,500,000 ② ₩7,500,000 ③ ₩8,000,000 ④ ₩8,580,000 ⑤ ₩10,000,000

12 다음은 ㈜백두의 재공품 및 제품 관련 정보이다. ㈜백두의 기말제품재고액은 얼마인가? ▸ 주택관리사

(1) 매출액 ₩180,000
(2) 매출총이익률 20%
(3) 재공품의 기초재고와 기말재고는 없다.
(4) 기초제품재고액 ₩10,000
(5) 당기제조간접원가 ₩40,000
(6) 직접재료원가는 기본원가의 60%이고, 직접노무원가는 가공원가의 50%이다.

① ₩4,000 ② ₩6,000 ③ ₩10,000 ④ ₩12,000 ⑤ ₩14,000

13 다음은 대한상사의 20×1년 3월 중 원가 자료이다.

	2007년 3월 1일	2007년 3월 31일
원재료	₩20,000	₩25,000
재공품	₩35,000	₩30,000
제 품	₩100,000	₩110,000

대한상사의 20×1년 3월 중의 원재료 매입액은 ₩125,000이고, 제조간접원가는 직접노무원가의 50%이었으며, 매출원가는 ₩340,000이었다. 대한상사의 20×1년 3월의 기본원가(prime costs)는 얼마인가? ▸ 세무사

① ₩255,000 ② ₩260,000 ③ ₩265,000 ④ ₩270,000 ⑤ ₩275,000

14 다음은 ㈜한국의 20×1년 7월 원가자료이다.

	20×1년 7월 1일	20×1년 7월 31일
직접재료	₩10,000	₩20,000
재공품	100,000	200,000
제품	100,000	50,000

㈜한국의 20×1년 7월 직접재료매입액이 ₩610,000이고, 매출원가는 ₩2,050,000이다. 가공원가가 직접노무원가의 300%라고 할 때, ㈜한국의 20×1년 7월의 제조간접원가는? ▸ 9급 국가직

① ₩800,000　② ₩1,000,000　③ ₩1,600,000　④ ₩2,000,000

15 ㈜한국은 실제원가계산을 적용하고 있으며, 20×1년 1월의 월초 및 월말 재고자산 금액은 다음과 같다.

	직접재료	재공품	제품
1월 초	₩25,000	₩30,000	₩40,000
1월 말	15,000	20,000	25,000

1월 중에 가공원가는 ₩230,000이 발생하였으며, 재공품계정의 차변합계 금액은 ₩330,000이었다. 20×1년 1월의 직접재료구입액과 매출원가는 각각 얼마인가? ▸ 감정평가사

	직접재료구입액	매출원가
①	₩70,000	₩325,000
②	₩70,000	₩350,000
③	65,000	325,000
④	60,000	325,000
⑤	60,000	350,000

16 다음은 ㈜보성의 20×1년 12월 31일로 종료되는 회계연도의 제조원가와 관련된 자료이다. 기초재공품은 얼마인가? ▸ 9급 국가직

직접재료비	₩50,000	직접노무비	₩40,000
제조간접비	30,000	기말재공품	20,000
당기제품제조원가	130,000	제품제조단가	100

① ₩10,000　② ₩20,000　③ ₩30,000　④ ₩40,000

17 ㈜국세의 4월 매출액은 ₩20,000이며, 매출총이익률은 30%이다. ㈜국세의 공장에서 4월에 발생한 원가 관련 자료는 다음과 같다.

• 재고자산 현황

일 자	직접재료	재공품	제품
4월 1일	₩1,000	?	₩3,000
4월 30일	₩2,000	₩3,000	₩4,000

• 4월에 매입한 직접재료금액은 ₩4,500이다.
• 4월 1일 미지급임금은 ₩2,000이며, 4월 30일 미지급임금은 ₩4,000이다.
• 4월에 지급한 임금은 ₩6,000이다.
• ㈜국세의 공장에서 발생한 임금의 50%는 생산직 종업원의 임금이다.
• 4월에 발생한 제조간접원가 중 임금을 제외한 나머지 부분은 ₩1,500이다.

㈜국세의 4월 1일 재공품 금액은 얼마인가? ▸ 세무사

① ₩2,500 ② ₩3,000 ③ ₩3,500 ④ ₩4,000 ⑤ ₩5,000

18 ㈜한강은 단일 제품을 생산 · 판매하고 있다. 이 회사의 20×1년 12월 한 달 동안 매출총이익은 ₩2,640이며, 당기제품제조원가는 ₩13,600이다. 월초 및 월말 재고자산이 다음과 같을 경우 20×1년 12월의 매출액은?

계정과목	12월 1일	12월 31일
원재료	₩1,000	₩300
재공품	1,120	1,520
제품	1,800	2,080

① ₩15,840 ② ₩16,940 ③ ₩16,540 ④ ₩15,960

19 ㈜세무는 실제원가계산을 사용하고 있으며, 20×1년 원가 자료는 다음과 같다. 20×1년 직접재료 매입액은 ₩21,000이었고, 매출원가는 ₩90,000이었다. 가공원가의 40%가 직접노무원가라면 기초원가(Prime Cost)는? ▸ 세무사

	기초잔액	기말잔액
직 접 재 료	₩3,000	₩4,000
재 공 품	50,000	45,000
제 품	70,000	60,000

① ₩42,000 ② ₩44,000 ③ ₩50,000 ④ ₩53,000 ⑤ ₩55,000

20 ㈜서울은 5월 중 ₩43,000의 직접재료를 구입하였다. 5월 중 제조간접비의 합은 ₩27,000이었고 총제조원가는 ₩106,000이었다. 직접재료의 5월 초 재고가 ₩8,000이었고 5월 말 재고가 ₩6,000이었다면 5월 중 직접노무비는 얼마인가? ▸ 세무사

① ₩34,000 ② ₩38,000 ③ ₩36,000 ④ ₩45,000 ⑤ ₩35,000

객관식 해답

1	2	3	4	5	6	7	8	9	10
②	④	④	①	①	①	②	④	②	④
11	12	13	14	15	16	17	18	19	20
⑤	②	④	②	④	③	⑤	④	①	①

Up to Date
Cost Accounting

02

개별원가

04 요소별원가계산

요소별원가계산은 원가의 발생 형태에 따라 원가를 재료비, 노무비, 경비로 분류하여 인식하고 측정하는 것이다.

원가계산은 일반적으로 원가의 요소별 계산, 부문별 계산, 제품별 계산 등의 3단계로 구분하여 계상되며, 원가계산의 최종 목적은 제품의 단위당원가(@)를 계산하는 것이다.

요소별원가계산 ➡ 부문별원가계산 ➡ 제품별원가계산

요소별원가계산은 원가를 발생 행태에 따라 재료원가, 노무원가, 제조간접원가 등으로 분류하여 인식 · 측정하는 것이고, 부문별원가계산은 원가 요소를 부문이라는 경영단위별로 계상하여 인식 · 측정하는 것으로 원가관리 목적에 유용하다. 그리고 제품별원가계산은 제품이라는 원가대상에 부문별 혹은 제품단위별로 원가를 집계하는 것으로 외부보고목적과 이익관리목적 등에 유용성이 있다. 원가계산에 필요한 제조원가의 구체적인 계정과목들을 예시하면 다음과 같다.

제조원가 분류

- 제조원가
  - 재료비
    - 직접재료원가
      - 주요재료비
      - 매입부품비
    - 간접재료원가
      - 보조재료비
      - 공장소모품비
      - 소모공구기구비품비
  - 노무비
    - 직접노무원가
      - ××작업임금
      - ○○작업임금
    - 간접노무원가
      - 간접작업임금
      - 간접공임금
      - 휴업임금
      - 종업원급여
      - 퇴직급여
  - 경비
    - 직접경비
      - 외주가공비
      - 특허권 사용료
    - 간접경비
      - 복리시설부담금
      - 후생비
      - 감가상각비
      - 임차료
      - 보험료
      - 수선비

1절 재료비

원재료는 제품 생산에 투입할 목적으로 구매하여 보관하고 있는 물품이다. 재료(materials)는 물리적인 변화에 의해 제품화 되고, 원료(raw materials)는 화학적인 변화에 의해 제품화되는 특성이 있다. 그러나 원가계산에서는 재료 혹은 원료 등과 같은 개념상의 구분 없이 "재료"의 개념을 사용하고 있다.

재료는 제품 생산에 투입되는 형태에 따라 주요재료(main materials), 보조재료(subsidiary materials), 부품(parts), 소모공구기구비품(consumable tools, instruments and equipments) 등으로 분류된다.

재료 종류

구 분	특 성	종 류
주요재료	제품의 주요 부분 구성	• 목재(가구) • 밀가루(제과업) • 원단(의류)
보조재료	보조적 소비재료	포장재료, 수선재료, 연료
부품	제품에 부착되는 구성품	• 타이어, 에어백(자동차) • 장식품(가구)
소모공구기구비품	• 내용연수 1년 미만 • 일정 수준의 가액 이하	• 소모공구(드라이버, 스패너) • 기구(전압계, 검사기구) • 비품(의자, 책상, 금고)

1. 재료의 순환

재료는 제품 생산에 투입되는 물품으로, 전통적인 제조업에서는 제품원가 대비하여 재료원가의 비중이 상당히 높은 것이 특징이다. 재료의 구매와 보관 · 출고 · 납품처관리 등 전체의 재료 순환 과정을 통합하여 합리적인 유통 과정을 확립함으로써 생산성 향상은 물론, 재료원가 절감에 기여할 수 있다. 재료의 구매에서부터 생산라인 출고까지의 재료 순환 과정을 분석하면 다음과 같으며, 기업들은 인터넷을 기반으로 전사적자원관리(ERP), 공급망관리(SCM) 등의 자동화시스템을 이용하고 있다.

재료구매 및 출고

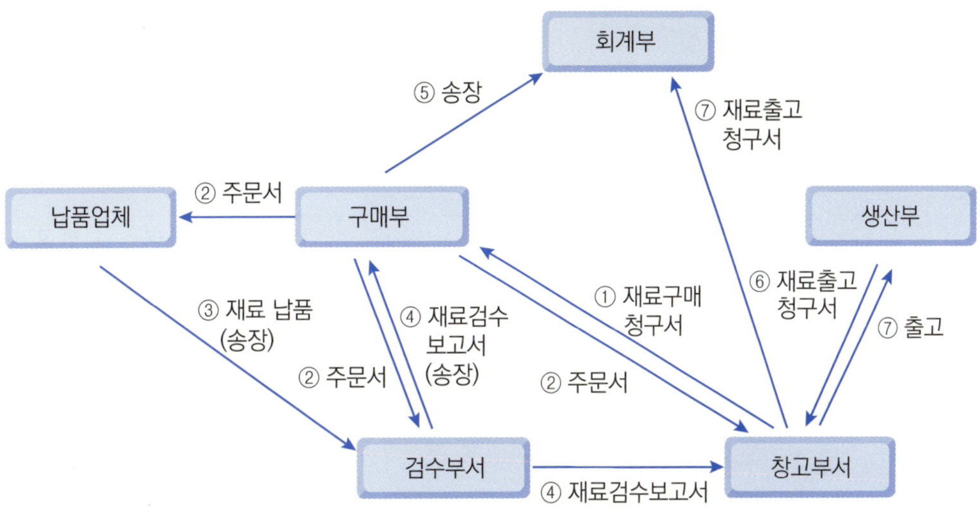

(1) 재료구매

재료를 구매하기 위해서는 재료를 보관 · 관리하는 부서인 창고부서에서 재료구매청구서(purchase requisition)를 구매부에 의뢰하여야 한다. 재료구매청구서에는 재료의 품명, 규격, 품질, 수량, 납기일과 인도장소 등을 기재한 후, 보통 2 부를 작성하여 원본은 구매부로 송부하고, 부본은 창고부서에서 관리한다.

재료구매청구서

(년 월 일) No. ________

구매부장 귀하

주 문 서 ________
인도기일 ________
인도장소 ________

아래의 재료를 구매하여 주시기 바랍니다.

품 명	규 격	수 량	비 고

발행부문 ________ 인

재료의 구매 의뢰를 받은 구매부는 주문서(purchase order)를 발행하여 납품업체에 재료를 주문한다. 주문서에는 재료의 품명, 규격, 품질, 수량, 단가, 금액 및 납품기일과 납품장소, 운송 방법, 대금지급 방법 등을 기재한다.

주 문 서

________ 귀중 (년 월 일) No. ________

________ 번지
________ 회사
대표이사 ________ 인

아래와 같이 주문합니다.

납품기일 ________
납품장소 ________

운 송 방 법 ________
대금지급방법 ________

품 명	규 격	수 량	단 가	금 액	비 고

발행부문 ________ 인

주문서는 보통 4 부를 작성하여 원본은 납품업체, 부본 2 부는 창고부서와 검수부서에 각각 송부하고, 부본 1 부는 구매부에서 관리한다.

(2) 재료검수

검수부서는 납품된 재료와 송장을 주문서 사본과 대조하여 확인한 후, 재료검수보고서(receiving report)를 작성한다. 재료검수보고서에는 재료의 품명, 규격, 품질, 수량, 금액 및 거래처와 송장번호, 검수일자, 검수장소 등을 기재한다.

재료검수보고서

(년 월 일)

No. ________

주 문 서 ________ 검수장소 ________

송 장 ________ 수 입 처 ________

검수일자 ________

품 명	규 격	수 량	금 액	비 고

검수부문 ________ 인

재료검수보고서는 보통 3 부를 작성하여 원본과 송장은 구매부, 부본 1부 및 구매 재료는 창고부서로 송부 및 인도하고, 부본 1부는 검수부서에서 관리한다. 구매부는 검수부서에서 송부한 송장과 재료검수보고서를 주문서와 대조 확인하고, 송장을 회계부서로 송부한다.

(3) 재료출고

창고부서는 입고된 재료를 재료구매청구서, 재료검수보고서 등에 의해 최종적으로 확인하고 창고에 보관 · 관리한다. 입고된 재료는 훼손 및 멸실, 분실 등에 유의하여 안전하게 관리하여야 한다.

재료는 생산부서가 재료출고청구서(material requisition) 또는 출고전표를 작성하여 창고부서

재료출고청구서

(년 월 일)

No. ________

제조지시서 No. ________ 인도장소 ________

차 변 과 목 ________

품 명	규 격	수 량	단 가	금 액	비 고

검수부문 ________ 인

에 출고를 요청함으로써 생산라인에 출고된다. 재료출고청구서에는 출고재료의 품명, 규격, 수량, 단가, 금액과 인도장소 등을 기재한다.

재료출고청구서는 보통 2부를 작성하여 원본은 창고부서로 송부하고 부본은 생산부서에서 관리한다. 창고부서는 재료출고 시에 재료출고청구서에 출고 수량을 기입하여 회계부서로 송부한다.

재료의 구매 청구에서 생산라인 출고까지의 전체적인 재료 순환 과정에 따른 회계 및 장부의 기록을 정리하면 다음과 같다.

재료비 회계흐름

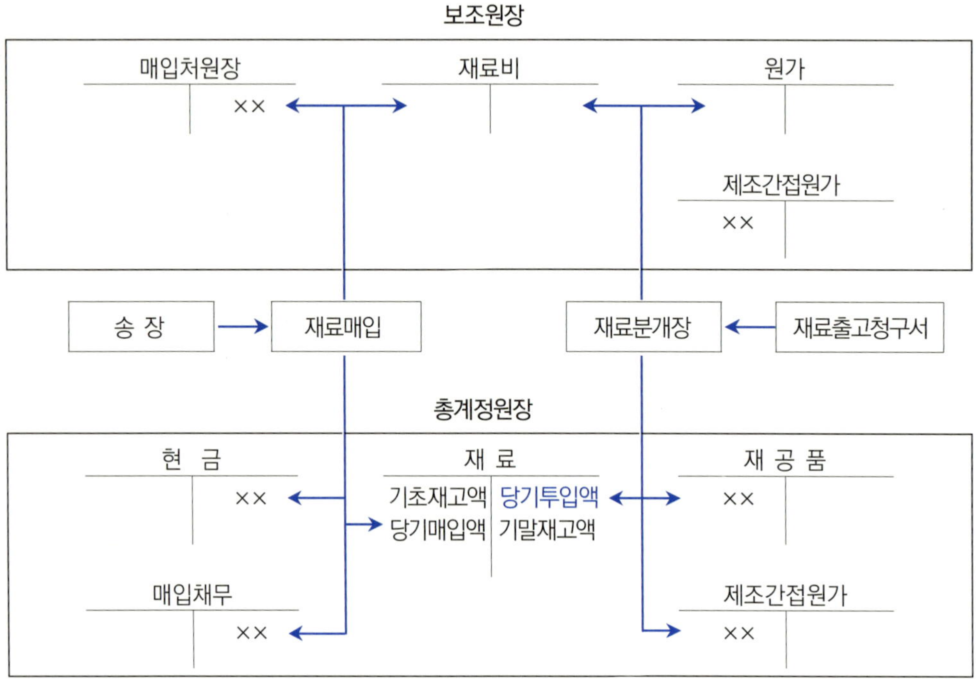

2. 재료매입

재고자산은 취득원가와 순실현가치 중 낮은 금액으로 측정(저가주의)하며, 재고자산의 취득원가는 매입원가, 전환원가 및 재고자산을 현재의 장소에 현재의 상태로 이르게 하는데 발생한 기타 원가 모두를 포함한다.[1)]

재료의 매입액은 당기에 투입되는 재료원가와 기말재료재고액의 평가에 영향을 미치고, 그 결과가 최종적으로 당기순이익에 영향을 미치게 된다. 일반적으로 재료의 매입액은 재료의 매입가

1) 부록 2 「기업회계기준서 제1002호」 9, 10 재고자산의 측정

격 이외에 재료매입과 관련하여 지출되는 모든 부대비용을 합산한 금액이다.[2] 재료매입과 관련된 부대비용에는 외부에 지급되는 매입수수료, 인수운임, 보험료, 하역비 등이 있으며, 내부 부대비용은 검수비, 정리비, 선별비, 보관비 등이 있다.

실무적으로 재료매입액은 재료매입가격에 외부에 지급되는 부대비용만을 가산하여 계상하고 있다.

재료매입액 = 재료매입가격 + 부대비용

3. 재료비 계산

생산에 투입된 재료원가는 재료별로 투입된 수량과 단가(@)를 곱하여 계산한다.

재료비 = 재료투입량 × 단가(@)

(1) 재료투입량

재료의 투입량을 계산하는 방법은 계속기록법, 실지재고조사법, 역산법 등이 있다. 원가계산준칙에서는 소비수량을 계산할 때 계속기록법을 우선 적용하고, 필요 시에 실지재고조사법이나 역산법 등을 이용하도록 규정하고 있다.

실무적으로 정확한 원가계산을 위해서는 계속기록법을 사용하되, 보완적으로 재료의 효율적인 재고관리를 위해서는 실지재고조사법, 효과적인 재료관리를 위해서는 역산법 등을 별도로 적용하거나 상호 병행하여 관리할 수 있다.

① 계속기록법

계속기록법(perpetual inventory system)은 재료의 입 · 출고 시마다 재료원장에 계속 기록함으로써 재료의 소비량을 장부상으로 계산하는 방법이다.

기말재고량 = 기초재고량 + 당기매입량 − 당기투입량

2) 『기업회계기준서 제1002호』 10 재고자산의 취득원가
재고자산의 매입원가는 매입가격에 수입관세와 제세금(과세당국으로부터 추후 환급받을 수 있는 금액은 제외), 매입운임, 하역료 그리고 완제품, 원재료 및 용역의 취득 과정에 직접 관련된 기타 원가를 가산한 금액이다. 매입할인, 리베이트 및 기타 유사한 항목은 매입원가를 결정할 때 차감한다.

계속기록법은 재료별 소비량과 재고량을 정확히 계산할 수 있어 재료원가를 정확히 계산할 수 있고, 재료의 장부 재고량과 실제 재고량을 비교함으로써 재료 감손량을 쉽게 파악할 수 있어 재고관리에 유용하며, 재료의 낭비와 부정을 예방할 수 있는 장점이 있다. 그러나 기장 사무에 시간과 비용이 많이 소요된다는 단점이 상존하고 있다.

② 실지재고조사법

실지재고조사법(periodic inventory system)은 원가계산기말의 실제 재료재고량을 조사한 후 이를 기초재고량과 당기매입량의 합산 수량에서 차감하여 재료의 투입량을 계산하는 방법이다.

당기 투입량 = 기초재고량 + 당기매입량 – 기말재고량

실지재고조사법은 손쉽게 재료 투입량을 계산할 수 있으나, 재료의 실제소비량과 감손량을 구분할 수 없고, 재료의 부문별 · 제품별 소비량을 파악할 수 없으며 원가계산기말까지 원가계산이 지연되는 등의 단점이 있다.

③ 역산법

역산법(retrograde method)은 제품단위당 재료의 표준투입량을 추정하고, 이를 제품생산량에 곱하여 재료의 소비량을 역산하는 방법이다.

추정 재료투입량 = 제품생산량 × 제품단위당 표준재료투입량

역산법은 추정 재료투입량을 파악함으로써 능률적인 재료관리에 기여한다는 장점은 있으나, 표준투입량의 추정이 주관적이며 별도의 추정 재료투입량 계산절차를 거쳐야 한다는 점 등으로 인해 지속적으로 역산법을 적용하기가 어려운 한계점이 있다.

(2) 재료단가(@)

재료원가는 재료의 매입원가를 기준으로 계산한다. 재료의 매입단가가 항상 일정하다면 재료원가의 계산은 매우 수월하지만, 현물시장의 특성상 재료의 매입단가는 항상 변동하기 때문에 재료원가 계산 시에 기준으로 적용할 단가(@)를 결정하는 것은 원가회계에서 매우 중요한 사안이다.

재료의 단가를 계산하는 방법에는 물량 및 원가흐름의 가정에 따라 개별법, 선입선출법, 이동평균법, 총평균법 등의 방법을 택할 수 있다.[3] 우리나라의 기업회계기준서는 후입선출법을 재고자산 평가 방법에서 제외하고 있다. 이는 후입선출법에 의해 평가된 재고자산이 시장가치를 적정하게 반영하지 못하게 되고, 결과적으로 재무상태표의 재고자산이 과소 계상될 수 있는 등의 문제점을 초래할 수 있기 때문이다.

재료 단가(@)계산 방법

구 분	적 용	단가(@)계산	유용성
개별법	개별단가	매입단가 = 투입단가	원가계산 정확
선입선출법			시장가치 반영
이동평균법	가중평균단가	매입금액 / 재고수량	계산 복잡
총평균법	총평균단가	총매입금액 / 총매입수량	원가계산 지연

① 개별법

개별법(specific identification method)은 재료의 매입단가가 다르면 이를 구분하여 관리하고, 출고 시에 해당 재료의 매입단가를 개별적으로 투입 금액으로 적용하는 방법이다. 개별법은 매입재료와 투입재료의 물량과 원가흐름을 일치시킴으로써 정확한 재료원가를 계산할 수 있는 장점이 있으나, 재료의 종류가 많고 매입단가가 다양한 경우에는 적용에 한계가 있다.

② 선입선출법

선입선출법(first-in, first-out method: FIFO)은 재료의 매입단가가 다른 경우 재료가 매입된 순서대로 생산에 투입된다는 가정 하에 먼저 매입한 재료의 매입단가를 재료원가 산정에 적용하는 방법이다.

선입선출법은 매입재료와 투입의 물량과 원가흐름을 거의 일치시키고, 재료단가의 시장가치를 합리적으로 반영하는 효과가 있는 등의 장점이 있으나, 재료의 입 · 출고가 빈번한 경우에 계산이 복잡하고, 동일 제품에 상이한 재료원가가 적용되어 제품원가가 달라질 수 있다는 단점이 있다.

③ 이동평균법

이동평균법(moving average method)은 재료의 매입단가가 다른 경우 매입할 때마다 평균단가를 계산하여 재료의 투입단가로 적용하는 방법이다. 평균단가는 재료원장의 최종 재고수량과 금액에 매입재료의 수량과 금액을 가산한 후 총재료금액을 총재료수량으로 나누어 계산한다.

3) 「원가계산준칙 제9조 ③항」 재료의 소비가격은 취득원가에 의하여 계산하며, 동일재료의 취득원가가 다를 경우에는 개별법 · 선입선출법 · 후입선출법 · 이동평균법 또는 총평균법 등의 방법을 적용하여 계산한다. 그러나 「기업회계기준서 제1002호」는 재고자산 평가 방법에서 후입선출법을 제외하여 인정하지 않고 있다.

이동평균법은 계속기록법 하에서만 적용이 가능하고, 물가 변동에 따라 제품원가가 변동되는 위험을 줄여 주는 장점은 있으나, 재료매입이 빈번하고 매입가격이 상호 다른 경우에는 투입단가를 계산하기가 번거로운 단점이 있다.

④ 총평균법

총평균법(weighted average method)은 원가계산기말에 총평균단가를 계산한 후, 투입단가로 적용하는 방법이다. 총평균단가는 재료원장의 입고 란의 총매입금액(기초재고액 + 당기매입액)을 총수량(기초재고량 + 당기매입량)으로 나누어 계산한다.

총평균법은 재료 투입단가의 계산이 간편하다는 장점은 있으나, 원가계산기말에 가서야 재료의 투입단가를 확정지을 수 있어 원가계산이 지연될 수 있고, 실지재고조사법 하에서만 적용이 가능하다는 단점이 있다.

예제 SOLVE PRACTICE PROBLEM

삼성기업의 20×1년 12월 중 재료의 거래에 관한 자료는 다음과 같다.

12월	1일	전월이월	400개	@100	₩40,000
	5일	매입	200개	@110	₩22,000
	10일	출고	300개		
	15일	매입	200개	@ 90	₩18,000
	25일	출고	200개		

물음 다음에 제시한 방법으로 재료원장을 작성하고, 당월의 소비액과 12월 말 재료 재고액을 계산하시오. (단, 장부상의 재고량과 실제 재고량은 일치)

1. 선입선출법
2. 이동평균법
3. 총평균법

해답

1. 재료원장(선입선출법)

일자		적 요	입 고			출 고			재 고		
			수량	단가	금액	수량	단가	금액	수량	단가	금액
12	1	전월이월	400	100	40,000				400	100	40,000

	5	매 입	200	110	22,000				400	100	40,000
									200	110	22,000
	10	출 고				300	100	30,000	100	100	10,000
									200	110	22,000
	15	매 입	200	90	18,000				100	100	10,000
									200	110	22,000
									200	90	18,000
	25	출 고				100	100	10,000			
						100	110	11,000	100	110	11,000
									200	90	18,000
	31	차월이월				100	110	11,000			
						200	90	18,000			
			800		80,000	800		80,000			
1	1	전월이월	100	110	11,000						
			200	90	18,000						

• 재료소비액(재료원가) ₩51,000 • 재료재고액 ₩29,000

2. 재료원장(이동평균법)

일자		적 요	입 고			출 고			재 고		
			수량	단가	금액	수량	단가	금액	수량	단가	금액
12	1	전월이월	400	100	40,000				400	100	40,000
	5	매 입	200	110	22,000				600	103.3*	62,000
	10	출 고				300	103.3	31,000	300	103.3	31,000
	20	매 입	200	90	18,000				500	98*	49,000
	25	출 고				200	98	19,600	300	98	29,400
	31	차월이월				300	98	29,400			
			800		80,000	800		80,000			
1	1	전월이월	300	98	29,400						

* 이동평균단가(@): (₩40,000 + ₩22,000) ÷ (400개 + 200개) = @103.3
(₩31,000 + ₩18,000) ÷ (300개 + 200개) = @98

• 재료소비액(재료원가) ₩50,600 • 재료재고액 ₩29,400

3. 재료원장(총평균법)

일자		적 요	입 고			출 고			재 고		
			수량	단가	금액	수량	단가	금액	수량	단가	금액
12	1	전월이월	400	100	40,000				400		
	5	매 입	200	110	22,000				600		
	10	출 고				300	100	30,000	300		

	20	매 입	200	90	18,000				500		
	25	출 고				200	100	20,000	300	100	30,000
	31	차월이월				300	100	30,000			
			800		80,000	800		80,000			
1	1	전월이월	300	100	30,000						

• 총평균단가(@) : (₩ 40,000 + ₩ 22,000 + ₩ 18,000) ÷ (400개 + 200개 + 200개) = @ 100
• 재료소비액(재료원가) ₩50,000 • 재료재고액 ₩30,000

2절 노무비

노무비(labor costs)는 제품생산에 투입된 노동력의 가치를 화폐단위로 측정한 것이고, 임금은 근로자에게 노동력 제공에 대한 반대급부로 지급하는 금액이다. 노동력은 그 특성상 고용과 동시에 투입되는 것이므로 일정 기간의 지급임금과 노무비는 거의 일치하게 된다. 그러므로 실무에서는 노무비와 임금을 동일한 개념으로 사용하고 있다.

1. 노무비의 분류

노무비는 지급 형태와 발생 형태, 제품과의 관련성 여부 등에 따라 다음과 같이 분류할 수 있다.

(1) 지급 형태에 따른 분류

① 임금

임금(wages)은 생산 현장에서 생산에 직접 투입된 근로자에게 지급되는 대가로 기본급 이외에 시간외 수당, 위험수당, 특별작업수당 등의 가급금이 있다. 임금은 월급(salary), 상여금, 성과급, 수당(allowance) 등으로 지급된다.

② 잡급

잡급(miscellaneous wages)은 공장의 정규직이 아닌 임시직공, 일용근로자 등에게 지급되는 대가로 주로 일급, 시간급, 성과급 등으로 지급된다.

③ 상여금

상여금(bonus)은 생산 현장과는 직접적인 관련 없이 회사의 전체 근로자에게 지급된다. 상여금에는 정기상여금과 특별상여금이 있는데, 정기상여금은 임금 성격이 강하지만 특별상여금은 성과급이나 이익분배급과 같은 성격을 갖는다.

④ 퇴직금

퇴직금은 근로기준법 또는 노사협약에 근거한 퇴직급여규정에 의해 종업원이 퇴직할 때 지급하는 보수이다. 원가계산 시에는 기업이 부담하여야 할 연간 퇴직급여충당금전입 추정액을 원가계산기간에 분할하여 원가에 산입한다.

⑤ 복리후생비

복리후생비는 근로자의 고용과 함께 기업이 부담하는 비용으로 사회보험료(국민연금, 건강보험, 고용보험, 산재보험), 문화오락비, 체육활동지원비 등이 있다.

(2) 제품 관련성에 따른 분류

① 직접노무원가

직접노무원가(direct labor costs)는 투입된 노동력이 특정 제품의 생산에 투입된 노동력으로 추적이 가능한 경우에 적용하는 원가로 생산 근로자에게 지급하는 임금 등이 이에 해당한다.

② 간접노무원가

간접노무원가(indirect labor costs)는 투입된 노동력이 특정 제품 생산과의 관련성이 추적되지 않거나, 타제품 등의 생산에 공통적으로 투입된 원가로 합리적인 배부기준에 따라 제품 또는 부문에 배부(allocation)를 해야만 하는 공통원가이다. 예를 들면, 공장장 등에 지급하는 임금과 수선, 운반, 용수, 동력, 창고보관 등을 담당하는 간접공에게 지급하는 임금 등이 있다.

(3) 발생 형태에 따른 분류

① 주노무비

주노무비(main labor costs)는 임금, 잡급, 상여금 등 근로자가 제공하는 노동력의 대가로 지급하는 금액이다.

② 부노무비

부노무비(sub-labor costs)는 노동력의 안정적인 확보 측면에서 노동력의 조달, 유지, 관리 활동 등과 관련된 비용이다. 예를 들면, 근로자 모집 관련 광고비, 여비, 교육훈련비, 퇴직금, 복리후생비 등이다.

2. 노무비 계산

노무비는 계산목적에 따라 지급임금과 소비임금으로 구분한다. 지급임금은 재무회계의 영역에 속하는 것으로 노동력의 제공 대가로 근로자에게 지급한 금액이고, 소비임금은 원가회계의 영역에 속하는 것으로 제품 생산에 투입된 노동력의 대가로 지급된 금액이다.

(1) 지급임금

지급임금은 기본급에 가급금을 가산하여 일정 기간(월별, 주별, 일별)을 단위로 계산한다. 기본급은 시간급 또는 성과급에 따라 작업시간이나 작업량에 지급임률을 곱하여 계산할 수 있다. 작업시간이나 작업량은 출근표나 작업량 보고서를 기초로 계산하며, 지급임률은 근로자에게 지급하는 노무단가로 능력이나 경력에 따라 다양하게 결정된다.

> 지급임금 = 기본급 + 가급금
> 시간제 기본급 = 작업시간 × 지급임률
> 성과 기본급 = 작업량 × 지급임률

(2) 소비임금

소비임금은 실제 작업시간 또는 실제 작업량에 소비임률을 곱하여 계산한다.

> 소비임금 = 실제 작업시간(량) × 소비임률

① 작업시간

작업시간은 특정 제품의 생산에 투입되었는지, 혹은 여러 제품의 생산에 투입되었는지 등에 따라 직접작업시간과 간접작업시간으로 구분되며, 이는 각각 직접노무원가와 간접노무원가 계산의 기초자료가 된다.

작업시간은 생산 현장의 작업시간보고서(time ticket)에 의해 작업자별, 작업종류별 등으로 작

작업시간보고서

작업시간보고서

(년 월 일)

작업자명 ____________ 제조지시서 No. ____________

소속부문 ____________ 작 업 종 류 ____________

개시시간	종료시간	작업시간	임 률	금 액

____________ 인

업 개시와 종료, 작업시간 등을 기록하여 파악한다.

② 소비임률

소비임률은 생산에 투입된 노동력에 지급하는 노무단가로 작업시간과 함께 소비임금을 결정하는 요인이다. 소비임률에는 실제임률과 예정임률이 있으며 각각 개별임률과 평균임률로 나눌 수 있는데 일반적으로는 예정평균임률을 적용한다.

실제임률은 실제 노무원가를 실제 작업시간으로 나누어 계산하고, 개인별로 적용하는 개별임률과 공장 전체, 특정 직종 및 작업 · 부문별로 적용할 수 있는 평균임률 등이 있다. 예정임률은 예상되는 실제임률을 추정하는 것으로 실제임률과 같이 개별임률과 평균임률로 구분하여 계산한다.

$$\text{(예정)개별임률} = \frac{\text{일정 기간의 지급임금}}{\text{일정 기간의 작업시간}}$$

$$\text{(예정)평균임률} = \frac{\text{일정 기간의 지급임금총액}}{\text{일정 기간의 총작업시간}}$$

3. 노무비의 회계처리

지급임금 관련한 회계처리는 각 근로자별로 임금계산표를 작성해서 기본급 및 가급금과 기타 제수당의 합계액에서 연금이나 소득세 · 보험료 등을 차감한 순지급 임금액을 계산한 후, 내역을 임금지급장에 기입한다. 임금지급장은 원가계산기말(보통 매월)에 마감하여 각 란의 합계액을 총계정원장에 전기한다. 노무원가의 회계처리 과정은 다음과 같다.

소비임금과 관련한 회계처리는 작업시간보고서상의 직접작업시간에 해당하는 원가원장과 임금분개장에, 간접작업시간에 해당하는 소비임금은 제조간접원가원장과 임금분개장에 기입한다. 임금분개장은 매월 마감하여 총계정원장의 재공품 및 제조간접원가계정에 합계 전기한다.

노무비 회계흐름

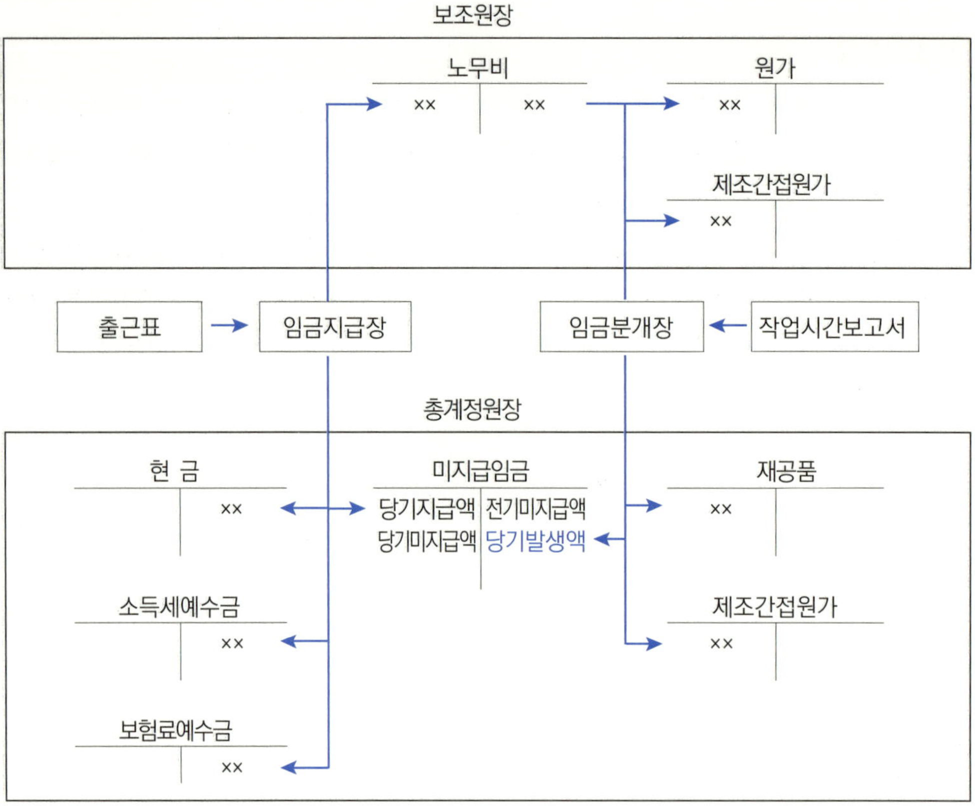

예제

SOLVE PRACTICE PROBLEM

삼성기업의 20×1년 12월 중에 발생한 임금에 관한 자료는 다음과 같다.

(1) 11월 말 미지급임금은 ₩20,000이다.

(2) 12월의 임금지급 내역은 다음과 같다.

지급임금 내역		₩300,000
공제액		
소득세예수금	₩20,000	
보험료예수금	10,000	(30,000)
순현금지급액		₩270,000

(3) 12월의 임금 지급액 중 직접공임금은 ₩250,000이고, 간접공임금은 ₩100,000이다.

물음 미지급임금계정을 작성하고 마감하시오.

해답

① 임금지급

(차)	미 지 급 임 금	300,000	(대)	현 금	270,000
				소 득 세 예 수 금	20,000
				보 험 료 예 수 금	10,000

② 소비임금 기입

(차)	재 공 품	250,000	(대)	미지급임금	350,000
	제 조 간 접 원 가	100,000			

미지급임금

현 금	270,000	전월이월	20,000
소득세예수금	20,000	재공품	250,000
보험료예수금	10,000	제조간접원가	100,000
차월이월	70,000		
	370,000		370,000

3절 경 비

경비(expenses)는 제품 생산에 투입된 경제가치 중 재료원가와 노무비를 제외한 모든 원가를 의미한다. 경비는 재료원가 및 노무원가와 달리 원가 인식 대상을 명확히 할 수 없고, 기업의 업종이나 규모에 따라 원가의 성격과 내용이 복잡하고 다양하게 발생한다. 예를 들면, 경비는 전기료, 가스수도료, 운임, 감가상각비, 수선비, 소모품비, 세금공과, 임차료, 보험료 등으로 구분할 수 있으며, 각 기업의 특성에 따라 지출액이 큰 항목을 중심으로 발생 형태에 따라 비목을 자유롭게 설정하여 이용할 수 있다.

경비는 특정 제품의 생산 관련 여부에 따라 직접경비(direct expenses)와 간접경비(indirect expenses)로 구분한다. 직접경비는 발생한 원가를 특정 제품에 직접 배부할 수 있는 원가로 외주가공비, 특허권 사용료, 특수기계 임차료 및 감가상각비 등이 있다. 간접경비는 여러 제품 생산에 투입된 공통경비로 특정 제품별로 추적이 어려워 합리적인 배부절차가 요구되는데 복리후생비, 감가상각비, 가스수도료, 임차료, 보험료, 수선비 등 대부분의 경비가 간접경비에 속한다.

1. 경비의 계산

경비는 지급 및 발생 등의 특성에 따라 지급경비, 월할경비, 측정경비, 발생경비 등으로 구분하여 계산할 수 있다.

(1) 지급경비

지급경비는 원가계산 기간 중에 실제로 지급한 금액으로 생산에 투입된 외주가공비, 복리후생비, 운임, 수선비, 여비교통비 등이 있다.

지급경비의 지급액은 당월 지급액에 전월 선급액과 당월 미지급액을 가산한 후 당월 선급액과 전월 미지급액을 차감하여 계산한다.

경 비 지 급 표

_______ 월분 (년 월 일)

비 목	당월지급액	전 월		당 월		당월소비액
		미지급액 (−)	선급액 (+)	미지급액 (+)	선급액 (−)	

(2) 월할경비

월할경비는 1년, 6개월, 3개월 등과 같이 일정 기간 단위에 걸쳐 발생하는 총경비액을 원가계산 목적으로 월별로 그 발생액을 균등 부담하도록 하는 경비이다. 월할경비는 감가상각비, 임차료, 보험료, 세금과 공과 등이 있다.

경 비 월 할 표

(년 상반기)

비 목	금 액	월 수	월 할 액					
			1월	2월	3월	4월	5월	6월

(3) 측정경비

측정경비는 원가계산기말에 계량기 등에 의해 측정한 자원의 실제 소비량을 기준으로 경비 지급액을 계산한다. 측정경비는 가스료, 전기료, 수도료 등이 있으며, 일반적으로 당월의 측정액과 소비액은 일치하지 않으므로 지급경비와는 차이점이 있다.

경비측정표 _______ 월분 (년 월 일)					
비 목	전월검침량	당월검침량	당월소비량	단 가	금 액

(4) 발생경비

발생경비는 원가계산 기간에 발생하였으나, 그 발생액을 실사에 의해서만 파악이 가능하고 지출되지 않는 경비로 재료감모손실, 공손비 등이 있다.

경비발생표 _______ 월분 (년 월 일)				
비 목	발생 부문	적 요	금 액	비 고

2. 경비의 회계처리

원가계산기간 동안 경비의 지급은 경비지급전표를 증빙서류로 현금출납장과 일반분개장에 기입하고 해당 계정에 전기한다.

경비소비액은 경비지급표, 경비월할표, 경비측정표, 경비발생표 등의 작성으로 확정된 후, 직접경비는 해당 제품의 원가 원장에 기입하고, 간접경비는 제조간접원가 원장에 각각 기입한다.

경비 회계흐름

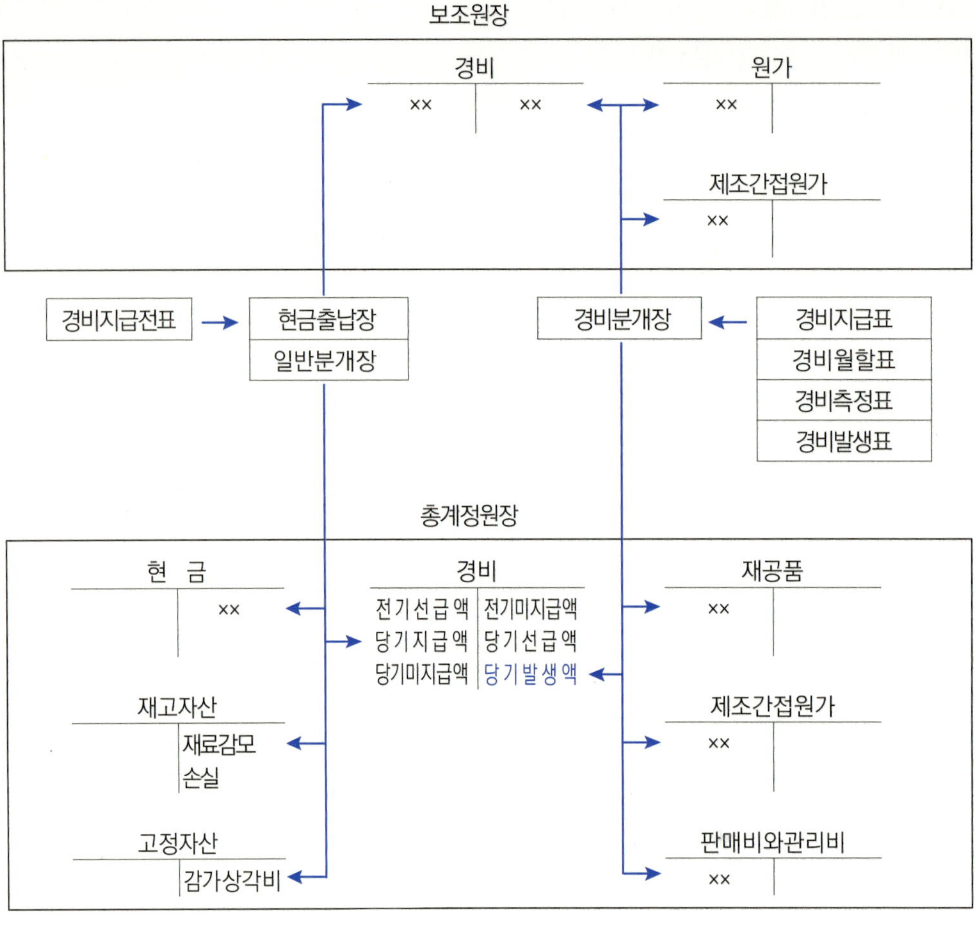

예제

SOLVE PRACTICE PROBLEM

삼성기업의 20×1년 12월 중의 경비에 관한 자료는 다음과 같다.

(1) 수 선 비:	당월지급액	₩50,000	당월선급액	₩20,000
	당월미지급액	₩10,000		
(2) 외주가공비:	당월지급액	₩70,000	전월미지급액	₩20,000
	전월선급액	₩30,000		
(3) 보 험 료:	당월지급액	₩100,000	전월미지급액	₩30,000
	당월미지급액	₩20,000		

(4) 가 스 료: 당월지급액 ₩50,000 당월측정액 ₩60,000

(5) 재료감모손실: ₩20,000(전액 정상적인 것임)

물음 12월의 경비 발생 내역을 근거로 경비분개장을 작성하시오.
단, 경비는 직접경비를 제외하고 제조 부문에 70%, 판매 부문에 30% 배분한다.

해답

경비분개장

경비 분류	원가 요소	차 변			대변 합계
		재공품	제조간접원가	판매비와관리비	
지급경비	수선비		₩28,000	₩12,000	₩40,000
	외주가공비	₩80,000			80,000
월할경비	보험료		63,000	27,000	90,000
측정경비	가스료		42,000	18,000	60,000
발생경비	재료감모손실		20,000		20,000
	합 계	₩80,000	₩153,000	₩57,000	₩290,000

(1) 수선비
당월지급액 ₩50,0000 + 당월미지급액 ₩10,000 - 당월선급액 ₩20,000 = ₩40,000

(2) 외주가공비
당월지급액 ₩70,000 + 전월선급액 ₩30,000 - 전월미지급액 ₩20,000 = ₩80,000

(3) 보험료
당월지급액 ₩100,000 + 당월미지급액 ₩20,000 - 전월미지급액 ₩30,000 = ₩90,000

연습문제

REVIEW EXERCISES

주관식

01 계속기록법의 장점을 실지재고조사법 및 역산법과 비교하여 설명하시오.

02 재료의 구매 및 생산 투입과 관련한 순환 과정을 설명하시오.

03 지급임금과 소비임금의 차이를 설명하시오.

04 지급경비, 월할경비, 측정경비, 발생경비를 각각 설명하시오.

05 다음을 설명하시오.

① 부문별원가계산

② 제품별원가계산

③ 실지재고조사법

④ 선입선출법

⑤ 소비임률

⑥ 요소별원가계산

06 재료비의 계산

광운회사의 20×1년 1월 중 재료에 관한 자료는 다음과 같다. 단, 기초재료는 없다.

1월 2일	구입	1,000개	@₩4.00	₩4,000
14일	구입	6,000개	@₩5.00	₩30,000
15일	출고	3,000개		
18일	구입	4,000개	@₩5.50	₩22,000
20일	출고	6,000개		
25일	구입	4,000개	@₩6.00	₩24,000

이 회사는 재료소비량의 계산 방법으로 계속기록법을 적용하고 있다.

물음 선입선출법 및 이동평균법을 사용하여 재료의 당월소비액과 월말재고액을 계산하시오.

07 노무비의 계산

고려회사의 20×1년 4월 중 임금에 관한 자료이다.

(1)

항 목	3월 미지급액	4월 총지급액	4월 미지급액
임 금	₩700	₩5,000	₩1,800

(2) 소득세 ₩300, 의료보험료 ₩600, 종업원대여금 ₩700을 차감한 잔액은 현금으로 지급하였다.

(3) 당기발생액 중 직접노무원가는 ₩4,000이고 제조간접원가는 ₩2,100이다.

물음 (1) 상기 내용을 분개하시오.
(2) 미지급임금계정을 마감하시오.

08 경비의 계산

삼일회사의 20×1년 4월 중 경비에 관한 자료는 다음과 같다.

(1) 수 선 비: 당월 지급액 ₩12,000 당월 미지급액 ₩6,000
(제조 부문 90%, 영업 부문 10%)

(2) 외주가공비: 당월 지급액 ₩60,000 전월 미지급액 ₩8,000
당월 미지급액 ₩8,000

(3) 전 력 비: 당월 지급액 ₩15,000 당월 측정액 ₩20,000
(제조 부문 70%, 영업 부문 30%)

(4) 수도광열비: 당월 지급액 ₩19,000 당월 측정액 ₩25,000
(제조 부문 60%, 영업 부문 40%)

(5) 공장기계 감가상각비: ₩180,000(당 회계연도분, 정액법)

(6) 보 험 료: ₩90,000(당 회계연도분) (제조 부문 60%, 영업 부문 40%)

(7) 재고감모손실: 월초 재고액 ₩80,000 당월 매입액 ₩130,000
당월 소비액 ₩120,000 월말 재고액(실제) ₩70,000
(단, 재고감모손실은 정상적인 것임)

물음 위의 경비 발생내역을 경비분개장에 기입하고, 4월 말의 합계분개를 표시하시오.

객관식

01 다음 예시 중 재료비 계산에 있어 실지재고조사법은 적용이 곤란하고, 계속기록법만 적용할 수 있는 단가(@) 기록법을 선택하시오.

① 이동평균법 ② 총평균법 ③ 선입선출법 ④ 개별법

02 삼성기업의 5월 재료에 관한 자료가 다음과 같을 때 재료 소비액을 계산하면 얼마입니까?

기초재료재고액	₩100,000
월말재료재고액	30,000
3월 재료 매입액	200,000
매입환출액	20,000

① ₩270,000 ② ₩250,000 ③ ₩280,000 ④ ₩300,000

03 다음 예시 중 당기 노무원가로 계산할 수 없는 것은 무엇입니까?

① 전기에 노무비를 지급하고 당기에 근로를 제공한 경우
② 당기에 근로를 제공하고 당기에 노무비를 지급한 경우
③ 차기에 노무비를 지급하기로 약정하고 당기에 근로를 제공한 경우
④ 차기에 근로를 제공하기로 약정하고 당기에 노무비를 지급한 경우

04 삼성기업의 다음 자료를 이용하여 노무원가를 계산하면 얼마입니까?

당월 노무비 지급액	₩200,000
당월 노무비 미지급액	50,000
전월 노무비 미지급액	30,000
차월 노무비 선급액	20,000

① ₩240,000 ② ₩250,000 ③ ₩200,000 ④ ₩220,000

05 다음의 경비에 대한 설명 중 적정하지 않은 것을 선택하시오.

① 시간에 비례하여 발생하는 경비는 실제시간에 단가를 곱하여 계산한다.
② 당해 기간에 실제 발생한 원가를 계산한다.
③ 제조 활동과 관련 없는 비제조경비는 간접경비이다.
④ 제조원가 중에 재료비 및 노무비를 제외한 모든 원가를 총칭한다.

06 삼성기업의 다음 자료를 이용하여 제조경비에 계상해야 할 당월 전력비를 계산하면 얼마입니까?

당월 지급액	₩200,000
당월 측정액	300,000
당월 측정액 중 70%가 제조부 소비전력	

① ₩140,000 ② ₩200,000 ③ ₩210,000 ④ ₩300,000

07 원가의 발생 형태에 따라 제품의 원가를 계산하기 위한 방법 중 요소별원가계산의 범위에 속하지 않는 것은? ▸ 전산세무회계 3급

① 재료비 계산 ② 재공품 계산 ③ 제조경비 계산 ④ 노무비 계산

08 제품 제조 과정에서 나타나는 재료비에 관한 설명 중 옳은 것은? ▸ 서울시

① 재료는 선입선출법에 의하여 출고되는 것을 원칙으로 한다.
② 재료비는 제품계정 차변으로 대체된다.
③ 재료비는 유형자산으로 대차대조표에 기입된다.
④ 재료비는 제조간접비계정의 대변에 대체된다.
⑤ 재료비는 재료계정 대변에 기입된다.

09 제조경비를 제조원가에의 산입 방법에 따라 분류할 경우 경비항목의 연결이 옳지 않은 것은? ▸ 행정자치부

① 지급제조경비 - 외주가공비, 복리후생비, 수선비
② 측정제조경비 - 전기료, 수도료, 가스료
③ 월할제조경비 - 특허권사용료, 임차료, 운반비
④ 발생제조경비 - 재료감모손실, 반품차손비, 공손비

10 다음 중 일반적으로 제조원가에 포함되지 않는 것은? ▸ 전산회계 1급

① 보조재료비 ② 간접노무비
③ 공장건물에 대한 임차료 ④ 판매수수료

11 재고자산의 원가흐름 가정에 대한 다음의 설명 중 옳지 않은 것은? ▸ 감정평가사

① 재고자산의 매입가격이 상승할 때 후입선출법을 적용하면 선입선출법보다 항상 매출원가가 더 많이 계상된다.
② 후입선출법을 사용하면 경영자의 불건전한 구매습관을 조장할 수 있다.

③ 개별법을 적용하면 경영자가 이익조작을 할 수 있다.
④ 선입선출법을 적용하면 재고감모가 없을 때 계속기록법과 실지재고조사법의 기말상품가액이 동일하게 산출된다.
⑤ 재고자산의 매입가격이 상승할 때 선입선출법을 사용하면 수익과 비용이 적정하게 대응되기 곤란하다.

12 기초에서 기말까지 물가가 지속적으로 상승하고 있는 가운데 계속하여 매출이 이루어지고 기초에 비하여 기말재고자산의 수량이 감소하지 않은 경우, 매출총이익을 가장 크게 표시하는 재고자산의 원가결정 방법부터 순서대로 나열한 것은? (단, 재고청산이 없다고 가정한다.) ▸ 감정평가사

① 선입선출법 - 이동평균법 - 총평균법 - 후입선출법
② 선입선출법 - 총평균법 - 이동평균법 - 후입선출법
③ 총평균법 - 선입선출법 - 이동평균법 - 후입선출법
④ 이동평균법 - 선입선출법 - 총평균법 - 후입선출법
⑤ 선입선출법 - 후입선출법 - 총평균법 - 이동평균법

13 한국채택국제회계기준은 재고자산 원가배분 방법으로 후입선출법(LIFO)의 사용을 금지하였다. 그 이유는 후입선출법에 대한 여러 가지의 비판 때문일 것이다. 다음의 후입선출법에 대한 비판 중 타당하지 않은 것은? ▸ 공인회계사

① 물가가 지속적으로 상승하는 경제 하에서 재무상태표의 재고자산금액이 재고자산의 공정가치와 큰 차이가 있을 수 있어서 재무제표이용자의 의사결정을 오도할 수 있다.
② 물가가 지속적으로 상승하는 경제 하에서 오래전에 구입한 재고자산의 재고층(inventory layer)이 청산되면 수익비용대응 구조가 왜곡된다.
③ 물가가 지속적으로 상승하는 경제 하에서 경영진이 재고자산의 매입을 중단하거나 연기하는 방법으로 당기순이익을 증가시키는 등 이익조정의 가능성이 높다.
④ 물가가 지속적으로 상승하는 경제 하에서 후입선출법 하에서의 당기순이익이 선입선출법 하에서의 당기순이익보다 적어지는데, 이는 후입선출법이 수익비용의 대응을 왜곡하는 일례이다.
⑤ 일반적인 기업의 경영 활동에서 실제물량흐름이 후입선출일 가능성은 크지 않다.

14 ㈜부산은 회계기말에 실지재고조사법에 따라서 재고자산의 수량을 결정하고 있다. 다음은 20×1년 동안의 재고자산 입·출고에 관한 내용이다.

일자	내용	단가	수량	합계
1월 1일	기초재고	@₩100	100	₩10,000
3월 5일	매 입	@₩150	150	₩22,500

7월 12일	매 출		130	
11월 5일	매 입	@₩200	100	₩20,000
12월 24일	매 출		170	

㈜부산의 기말재고자산 시가가 ₩7,000일 경우 다음 중 옳지 않은 것은? ▸ 공인회계사

① ㈜부산이 재고자산의 원가결정 방법으로 평균법을 사용할 경우 재고자산 기말재고액은 ₩7,000이다.

② ㈜부산이 재고자산의 원가결정 방법으로 선입선출법을 사용할 경우 재고자산평가충당금 ₩3,000이 계상된다.

③ ㈜부산이 재고자산의 원가결정 방법으로 후입선출법을 사용할 경우 재고자산평가손실이 계상되지 않는다.

④ 재고자산의 기말 시가가 ₩7,000일 경우 재고자산평가충당금의 크기는 후입선출법, 평균법, 선입선출법의 순서로 작아진다.

⑤ ㈜부산이 재고자산의 원가결정 방법으로 후입선출법을 사용할 경우 재고자산 기말재고액은 ₩5,000이다.

15 다음 자료에 의하여 당기 원재료매입액을 계산하면 얼마인가? ▸ 국가직 9급

매출원가 ₩1,500,000　직접노무비 ₩200,000　제조간접비 ₩200,000

	기 초	기 말
원 재 료	₩150,000	₩100,000
제 품	250,000	200,000
재 공 품	100,000	150,000

① ₩950,000　② ₩1,050,000　③ ₩1,000,000　④ ₩1,100,000

16 ㈜세무는 7월에 근로자 A에게 노무비 ₩100,000을 현금지급하였고, 근로자 B에게는 노무비 ₩30,000을 미지급하였다. 근로자 A에게 지급한 노무비 중 선급노무비 ₩50,000이 포함되어 있다면 ㈜세무가 7월에 인식해야 할 회사 전체 노무비 발생액은 얼마인가? ▸ 전산회계 1급

① ₩20,000　② ₩120,000　③ ₩80,000　④ ₩180,000

17 ㈜산천은 재고자산에 대해 계속기록법과 후입선출법을 적용하고 있다. 다음은 20×1년 1월 1일 ~ 12월 31일 동안의 상품의 입출고내역, 구입단가 등을 요약한 자료의 일부이다.

		입고			출고			잔고		
		수량	단가	금액	수량	단가	금액	수량	단가	금액
1월 1일	기초상품	50	@100	5,000				50	@100	5,000
4월 15일	매입	100	@120	12,000				150		
7월 1일	매출				130	?	?	20	?	?

기말실사 결과 상품기말재고는 17개였다. 당사는 장부상 기말재고수량의 5%까지는 정상적인 감모손실로 인정하고 있다. 다음의 서술 중 옳지 않은 것은? ▸ 공인회계사

① 후입선출법 사용 시 20×1년 매출원가는 ₩15,000이다.
② 후입선출법 사용 시 20×1년 기말상품재고는 ₩1,700이다.
③ 평균법 사용 시 20×1년 7월 1일 매출에 대한 분개와 함께 매출원가 ₩14,729에 대해서도 분개한다.(평균단가 계산 시 소수점 둘째 자리에서 반올림)
④ 선입선출법 사용 시 20×1년 후입선출법보다 영업이익을 ₩380 더 작게 보고한다.
⑤ 선입선출법 사용 시 20×1년 기말상품재고는 ₩2,040이다.

18 12월 말 결산법인인 ㈜대한의 5월 중 상품매매에 관한 자료는 다음과 같으며, 5월 말 상품의 실제 재고수량은 30개로 확인되었다. ㈜대한은 상품의 원가흐름에 대한 가정으로 선입선출법을 적용하고 있다. ㈜대한의 5월 말 상품재고액을 계속기록법의 경우와 실지재고조사법의 경우로 나누어 제시한 것으로서 옳은 것은?

일 자	거 래	수 량	1개당 매입단가	금 액
5월 1일	월 초 재 고	20개	₩1,000	₩20,000
5월 10일	매 입	40개	₩1,200	₩48,000
5월 15일	매 출	50개	-	-
5월 20일	매 입	70개	₩1,500	₩105,000
5월 25일	매 출	50개	-	-

	계속기록법	실지재고조사법
①	₩32,000	₩32,000
②	40,000	40,000
③	32,000	40,000
④	45,000	45,000
⑤	34,000	32,000

19 다음 자료를 근거로 11월 중의 제조경비 소비액을 계산하면 금액은 얼마인가?

> (가) 11월 중에 수선비 ₩200,000을 지급하였다. 전월 미지급액은 ₩30,000이며, 당월 미지급액은 ₩50,000이다.
> (나) 제조 공장 기계시설에 대한 연간 화재보험료는 ₩360,000이며, 월별로 균등 배분한다.
> (다) 11월 중에 공장에서 지급한 전기료는 ₩12,000이고, 그 중 10월 중 전기료는 ₩1,000이다.
> (라) 11월 중에 발생한 비정상 감모손은 ₩3,000이다.

① ₩321,000 ② ₩325,000 ③ ₩292,000 ④ ₩264,000 ⑤ ₩261,000

20 단일제품을 생산 및 판매하는 ㈜갑을의 개업 첫 달 영업 결과는 다음과 같다.

> • 생산량은 450개이며, 판매량은 300개이다.
> • 제품의 단위당 판매가격은 ₩7,000이다.
> • 판매관리비는 ₩100,000이다.
> • 초변동원가계산에 의한 영업이익은 ₩125,000이다.
> • 변동원가계산에 의한 영업이익은 ₩350,000이다.
> • 전부원가계산에 의한 영업이익은 ₩500,000이다.
> • 제조원가는 변동원가인 직접재료원가와 직접노무원가, 고정원가인 제조간접원가로 구성되어 있다.
> • 월말 재공품은 없다.

당월에 발생한 총제조원가는 얼마인가? ▸ 공인회계사

① ₩1,800,000 ② ₩1,875,000 ③ ₩2,100,000 ④ ₩2,250,000 ⑤ ₩2,475,000

객관식 해답

1	2	3	4	5	6	7	8	9	10
①	②	④	③	③	③	②	⑤	③	④
11	12	13	14	15	16	17	18	19	20
①	①	④	④	②	③	④	④	⑤	④

이병철 회장(삼성그룹)의 경영 신조

1. 신용을 금쪽같이 지켜라
2. 사람을 온전히 믿고 맡겨라
3. 판단은 신중하게, 결정은 신속하게
4. 근검절약을 솔선수범하라
5. 메모광이 되어라
6. 세심하게 일하라
7. 행하는 자 이루고, 가는 자 닿는다
8. 신상필벌을 정확히 지켜라
9. 전문가의 말을 경청하라
10. 사원들을 일류로 대접하라

05 원가배부

제조간접원가는 간접재료원가, 간접노무원가, 간접경비를 원가 요소별로 각 계정에 계상한 후, 합리적 배부기준에 따라 재공품계정에 배부하기 위해 설정된 통제계정이다.

1절 제조간접원가

제조간접원가계정은 제조간접원가에 속하는 원가(간접재료원가, 간접노무원가, 간접경비)를 원가 요소별로 각 계정에서 계상하고, 재공품계정에 배부하기 위하여 설정되는 통제계정이다. 제조간접원가계정은 개별원가계산을 하는 경우에 설정되며, 종합원가계산을 하는 경우에는 원칙적으로 사용하지 않는다.

재공품계정의 차변에는 직접재료원가, 직접노무원가, 직접경비, 제조간접원가 등이 대체되고, 대변에는 당기제품제조원가가 기입된다. 이 재공품계정의 잔액은 재공품의 마감 잔액을 나타내는 것이기 때문에 재무상태표의 재고자산으로 계상된다.

제조간접원가의 재공품 대체

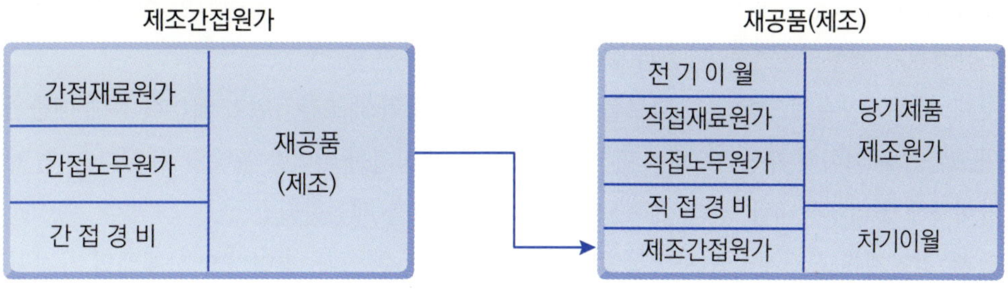

1. 제조간접원가 배부

제품생산과 관련한 직접원가인 직접재료원가, 직접노무원가, 직접경비 등은 제품원가 산출 목적상 원가배부 대상인 특정 부문이나 제품에 직접 부과된다. 그러나 간접재료원가, 간접노무원가,

간접경비 등의 제조간접원가는 합리적인 배부기준과 배부율에 의해 원가배부 대상인 부문, 제품 등에 배부해야 한다.

원가배부(cost allocation)는 제조간접원가를 원가배부 대상에 할당하는 것으로 원가배부 대상은 원가계산의 측정단위로 부문, 사업부, 제품 등이며, 원가배부 시에는 논리적 타당성, 합리성, 공정성 등을 고려하여 합리적인 배부기준을 결정해야 한다.

구체적인 원가배부기준으로는 인과관계기준, 수혜기준, 부담능력기준, 공정성(공평성)기준 등이 있다.

제조간접원가 배부기준

구 분	배부기준	적 용	유용성
인과관계기준	원가발생 인과관계	제조간접원가	합리성 보유
수혜기준	경제적 효익의 규모	공통원가 보조원가	효익의 상충
부담능력기준	원가부담능력	매출액	수월성 보유
공정성기준	공정성 및 공평성	논리적 타당성	포괄적 개념

2. 제조간접원가 배부의 목적

직접원가는 특정 제품이나 작업별로 추적이 가능하지만, 간접원가(수도광열비, 수선유지비, 감가상각비, 보험료 등)는 특정 제품이나 작업과의 상관성을 추적하는데 한계가 있다. 따라서 제조직접원가는 원가배부 대상에 직접 배부할 수 있지만, 제조간접원가는 원가와 원가배부 대상의 부담능력, 수혜 정도 등의 합리적인 배부기준을 고려하여 배분해야 한다. 정확한 원가계산을 위한 제조간접원가 배부의 목적은 다음과 같다.

첫째, 정확한 재무보고를 위한 정보를 제공한다. 합리적인 제조간접원가 배부를 통해 매출원가와 재고자산을 정확히 계산함으로써 결과적으로 기업의 정확한 이익을 측정할 수 있다. 기업의 이해관계자에게 재무상태와 경영 성과에 관한 유용한 정보를 제공한다.

둘째, 경영계획과 경제적 의사결정의 유용성을 제고할 수 있다. 경영자가 신제품의 가격결정, 특별주문의 수락 여부, 제품라인의 유지 · 폐지, 부품의 자가제조 혹은 외주가공(outsourcing) 등을 결정할 때 유용한 정보를 제공한다.

셋째, 구성원의 동기부여와 성과평가의 유용성을 제고한다. 원가배부가 적정하게 되면 원가 발생에 책임이 있는 부문이나 경영자의 동기를 유발시키고, 부문의 성과평가에 유용한 정보를 제공한다.

2절 제조간접원가의 제품별 배부

실제원가계산은 직접재료원가와 직접노무원가의 실제발생액을 제품에 직접 부과하고, 제조간접원가의 실제배부액은 실제배부율을 적용하여 계산한다. 정상원가계산은 직접재료원가와 직접노무원가는 실제발생액을 기준으로 제품에 부과하고, 제조간접원가의 예정배부액은 예산으로 설정된 제조간접원가 예정배부율을 적용하여 계산한다. 표준원가계산은 모든 원가를 변동예산상의 표준원가를 적용하여 제품원가를 계산한다.

원가속성에 따른 원가계산 방법

구 분	실제원가계산	정상원가계산	표준원가계산
직접재료원가	실제발생원가	실제발생원가	표준원가
직접노무원가	실제발생원가	실제발생원가	표준원가
제조간접원가	실제발생원가	예정배부원가	표준원가

제조간접원가인 간접재료원가, 간접노무원가, 간접경비 등은 통제계정인 제조간접원가계정에 대체된 후에 부문, 제품 등의 원가배부 대상에 합리적인 배부기준에 의해 배부된다.

제조간접원가의 배부절차

배부기준 결정 → 배부율 계산 (제조간접원가 ÷ 배부기준) → 배부액 계산 (배부기준금액 × 배부율)

제조간접원가 배부액의 계산은 제조간접원가의 배부기준과 배부율의 결정이 선행되어야 한다. 배부액 계산은 제조간접원가의 배부기준에 따라 제조간접원가 배부율이 변동되며, 제조간접원가 배부율이 제조간접원가 배부액의 결정에 영향을 미치기 때문이다.

1. 제조간접원가 배부기준

제조간접원가의 배부기준은 금액기준, 시간기준, 생산량기준 등이 있다. 제조간접원가 배부율은 배부율의 계산 범위에 따라 공장 전체 배부율과 부문별 배부율, 계산 시점에 따라 실제배부율과 예정배부율 등을 적용하고 있다.

제조간접원가 배부기준과 배부율

- 제조간접원가 배부기준
  - 실제배부법
    - 금액기준
      - 직접재료원가 배부법
      - 직접노무원가 배부법
      - 직접원가 배부법
    - 시간기준
      - 직접노동시간 배부법
      - 기계작업시간 배부법
    - 생산량기준 — 생산량 배부법
  - 예정배부법 — 직접작업시간 배부법, 기계시간 배부법 등
- 제조간접원가 배부율
  - 계산범위기준: 공장전체 배부율, 부문별 배부율
  - 계산시점기준: 실제배부율, 예정배부율

제조간접원가의 배부기준은 금액, 시간, 생산량 등을 적용하고 있으며, 실무에서는 금액기준, 시간기준 등이 주로 이용된다.

(1) 금액기준

금액기준은 제품 생산에 투입된 원가 비중 및 중요도 등을 감안하여 직접재료원가, 직접노무원가 등의 직접원가를 배부기준으로 설정하여 배부하는 방법이다.

① 직접재료원가 배부법

직접재료원가 배부법은 제조간접원가의 발생이 직접재료의 투입과 인과관계가 높거나, 총제조원가 대비 직접재료원가의 비중이 큰 경우에 적용하는 것이 합리적이다. 예를 들면, 제품 생산에서 직접재료비 비중이 높은 가구, 경공업 등의 제조업에서 채택할 때 유용성이 높은 배부기준이다.

직접재료원가 배부법은 계산이 간편하고 적용이 용이한 장점은 있으나, 일반적으로 제조간접원가는 직접재료원가에 비례하여 발생하는 경우는 드물고, 직접재료원가의 가격변동이 제조간접원가에 직접적으로 영향을 미치는 경우가 많아 인과관계가 약한 측면이 있다.

② 직접노무원가 배부법

직접노무원가 배부법은 노동집약적 산업, 직접노무원가의 비중이 높은 기업, 임률이 거의 같은 경우 등의 생산 형태에서 제조간접원가를 배부할 때 적용하는 것이 합리적이다.

직접노무원가 배부법은 계산이 간편하고 이해하기 쉬운 장점이 있는 반면, 최근 생산시설 자동화 등으로 총제조원가 대비 직접노무원가의 비중이 감소하는 경향이 있는 점 등을 감안하면 배부기준으로서 한계점을 내포하고 있다.

③ 직접원가 배부법

직접원가 배부법은 제품 생산에 투입된 직접원가 총액(직접재료원가 + 직접노무원가 + 직접경

비)을 기준으로 제조간접원가를 배부하는 방법으로 특정 원가에 대한 가중치를 평가하기 어려운 경우에 종합적인 측면에서 적용 가능하다.

(2) 시간기준

시간기준은 제품생산에 투입된 직접노동시간, 기계작업시간 등을 제조간접원가의 배부기준으로 설정하는 방법이다. 시간기준은 감가상각비, 수선비, 복리후생비 등 생산 과정에서 발생하는 대부분의 제조간접원가가 시간과 인과관계가 높기 때문에 비교적 합리적인 방법이다.

① 직접노동시간 배부법

직접노동시간 배부법은 제조간접원가에서 노동시간과 밀접한 관계가 있는 복리후생비, 교육훈련비 등 간접노무원가의 비중이 높은 노동집약적인 기업에서 적용하는 것이 합리적이다. 직접노동시간 배부법은 노동시간과 인과관계가 낮아 제조간접원가의 비중이 높은 생산시설 자동화, 자본집약 등의 기업은 적용에 한계가 있다.

② 기계작업시간 배부법

기계작업시간 배부법은 기계의 운전시간을 기준으로 제조간접원가를 배부하는 방법이다. 기계작업시간 배부법은 생산에 투입된 기계의 종류(수)가 적은 기업에 적용할 수 있으며, 제조간접원가 중에 기계작업시간과 인과관계가 높은 감가상각비, 수선비 등 간접경비의 비중이 높은 자본집약적 생산 형태의 기업에서 적용하는 것이 합리적이다. 현대의 기업들이 기술집약적 산업으로 발전하면서 설비투자 증가로 인하여 제조간접원가의 비중이 확대됨에 따라 기계작업시간 배부법이 합리적인 배부기준으로 활용되면서 이용도가 제고되고 있다.

(3) 생산량기준

생산량기준은 제품의 생산량을 기준으로 제조간접원가를 배부하는 방법이다. 일반적으로 기업의 생산 제품과 제조간접원가 간의 인과관계는 매우 낮기 때문에 적용에 한계점이 있으나, 단일제품이나 유사제품을 생산하면서 생산 및 가공공정 등이 유사한 대량생산시스템을 구축하고 있는 기업에 적용할 수 있는 배부기준이다.

예제

SOLVE PRACTICE PROBLEM

현대상사의 20×1년 12월 중의 생산에 관한 실제 발생 자료는 다음과 같다.

	공장 전체	제조지시서(No.1)
직접재료원가	₩400,000	₩100,000
직접노무원가	500,000	200,000
제조간접원가	900,000	?
직접노동시간	240시간	60시간
기계작업시간	400시간	100시간
생 산 량	10,000개	3,000개

물음 다음의 제조간접원가 배부기준을 이용하여 제조지시서(No.1)에 배부되는 제조간접원가를 계산하시오.

1. 직접재료원가
2. 직접노무원가
3. 직접노동시간
4. 기계작업시간
5. 생산량

해답

1. 제조간접원가 실제배부율 $= \frac{₩900,000}{₩400,000} = 2.25$(직접재료원가 배부법)

   제조간접원가 실제배부액 = 2.25 × ₩100,000 = ₩225,000

2. 제조간접원가 실제배부율 $= \frac{₩900,000}{₩500,000} = 1.8$(직접노무원가 배부법)

   제조간접원가 실제배부액 = 1.8 × ₩200,000 = ₩360,000

3. 제조간접원가 실제배부율 $= \frac{₩900,000}{240\text{시간}} = 3,750$(직접노동시간 배부법)

   제조간접원가 실제배부액 = 3,750 × 60시간 = ₩225,000

4. 제조간접원가 실제배부율 $= \frac{₩900,000}{400\text{시간}} = 2,250$(기계작업시간 배부법)

   제조간접원가 실제배부액 = 2,250 × 100시간 = ₩225,000

5. 제조간접원가 실제배부율 $= \frac{₩900,000}{10,000\text{개}} = 90$(생산량 배부법)

   제조간접원가 실제배부액 = 90 × 3,000개 = ₩270,000

2. 제조간접원가 배부율

제조간접원가 배부율은 제조간접원가 총액을 배부기준으로 나누어 계산하는데, 배부율은 배부기준과 함께 제조간접원가 배부액을 결정하는 핵심 요인이다. 제조간접원가 배부율은 배부기준에 따라 공장 전체 배부율과 부문별 배부율, 실제배부율과 예정배부율 등으로 구분된다.

(1) 공장 전체 배부율과 부문별 배부율

공장 전체 배부율은 공장에서 발생하는 제조간접원가 총액을 단일 배부기준을 설정하여 적용하는 방법이다. 따라서 공장 전체 배부율은 제조 부문과 보조 부문을 포함하여 공장 전체에 적용할 수 있으므로 부문별로 제조간접원가 배부율을 산출할 필요는 없다.

$$\text{공장 전체 배부율} = \frac{\text{공장 전체 제조간접원가}}{\text{(단일)배부기준}}$$

공장 전체 배부율은 적용하기 쉬운 장점이 있으나, 원가배분 대상인 제조간접원가의 구성이나 성격의 다양성을 무시하고 부문 상호 간의 용역수수 관계를 고려하지 않기 때문에 정확한 제품원가계산에 한계가 있다.

부문별 배부율은 생산 현장에 여러 제조 관련 부문이 존재하면서 보조 부문 제조간접원가를 제조 부문에 배부하거나, 제조 부문 제조간접원가를 제품별로 배부할 때 이용하는 배부율이다.

$$\text{부문별 배부율} = \frac{\text{부문별 제조간접원가}}{\text{부문별 배부기준}}$$

부문별 배부율은 부문별 배부 요소로 특성이 다른 제조간접원가별로 적합한 배부율을 적용할 수 있어 정확한 원가계산과 효과적인 원가관리에 기여하는 장점이 있다. 그러나 부문 간의 원가배부기준인 수혜규모, 원가 부담능력 등이 명확하지 않을 경우에는 원가계산의 정확성이 저하될 수 있다. 제조간접원가에 대한 공장 전체 배부 과정과 부문별 배부 과정을 비교하면 다음과 같다.

제조간접원가의 제품별 · 부문별 배부

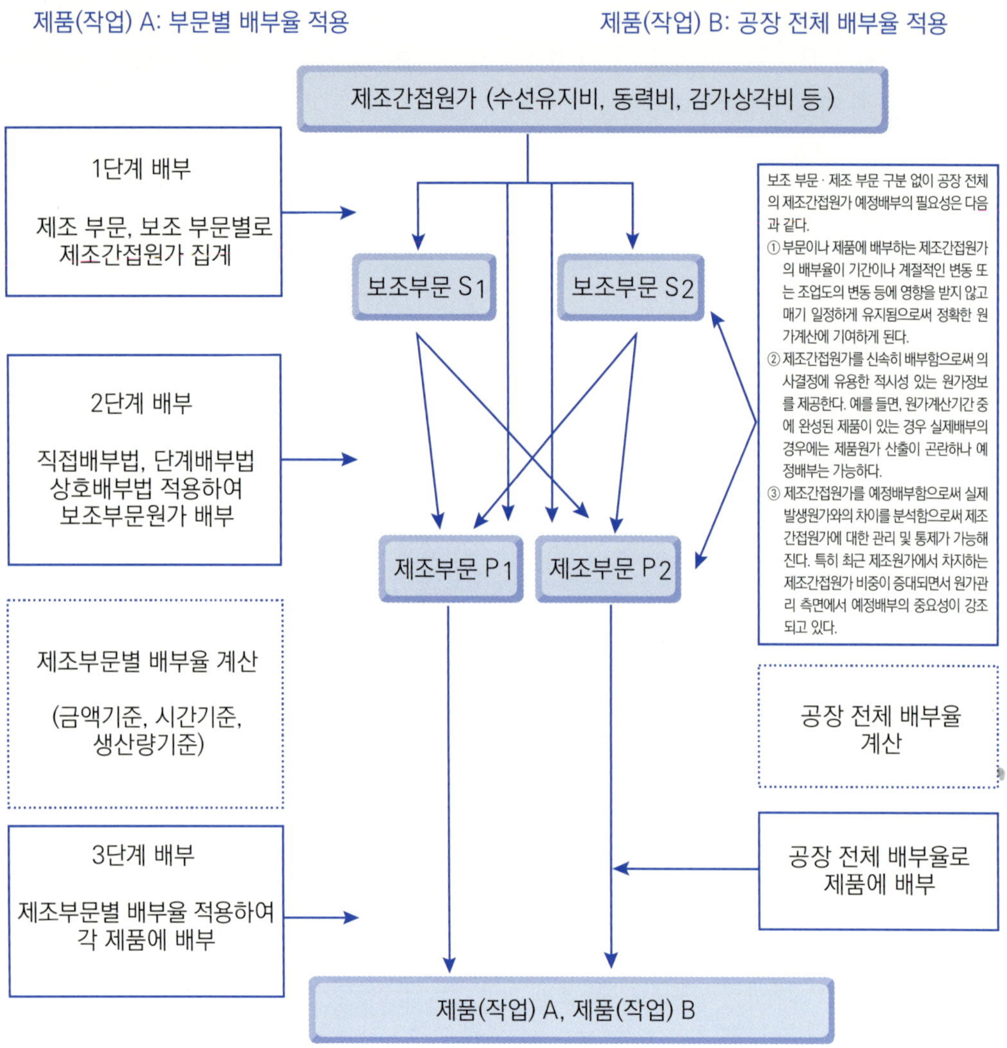

(2) 실제배부율과 예정배부율

실제배부율은 일정 기간의 실제 제조간접원가 총액을 동 기간의 실제 배부기준으로 나누어 계산한 것이다. 실제 배부기준은 금액기준과 시간기준이 주로 이용된다.

$$\text{실제배부율} = \frac{\text{실제 제조간접원가 총액}}{\text{실제배부기준}}$$

예정배부율은 일정 기간의 제조간접원가 예산액을 동 기간의 예정배부기준으로 나누어 계산하며, 예정배부기준은 시간기준이 주로 이용된다. 제조간접원가 예산 편성 시에 기준조업도를 기준으로 작업시간, 노동시간 등이 많이 이용되기 때문이다.

$$\text{예정배부율} = \frac{\text{제조간접원가 예산액}}{\text{예정배부기준}}$$

공장 전체 배부율과 부문별 배부율은 실제배부 및 예정배부와 결합하여 적용될 수 있으며, 공장 전체 실제배부율과 공장 전체 예정배부율, 그리고 부문별 실제배부율과 부문별 예정배부율로 구분된다.

제조간접원가 배부율

- 실제배부율
  - 공장 전체 실제배부율
  - 부문별 실제배부율
- 예정배부율
  - 공장 전체 예정배부율
  - 부문별 예정배부율

예제

SOLVE PRACTICE PROBLEM

한국기업은 두 개의 제조 부문을 구축하고, 각 부문에서 제품 A와 B를 생산 · 판매하고 있다. 20×1년의 제조부문별 예산제조간접원가는 다음과 같다.

구 분	제조 부문 1	제조 부문 2
예산제조간접원가	₩1,000,000	₩3,000,000

제품 A와 B의 연간 생산량은 각각 300개와 400개이다. 제품 A와 B의 1 단위를 생산하는데 투입된 직접노동시간 및 기계작업시간은 각각 다음과 같다.

	제품 A	제품 B
제조 부문 1의 직접노동시간	4시간	5시간
제조 부문 2의 직접노동시간	6	5
합 계	10시간	10시간
제조 부문 2의 기계작업시간	4시간	6시간

물음 직접노동시간을 기준으로 공장 전체 예정배부율과 부문별 예정배부율을 계산하시오.

해답

1. 공장 전체 예정배부율: $\frac{₩4,000,000}{7,000시간}$ = 571(직접노동시간 배부기준)

7,000시간 = 3,000시간(제품 A 300개 × 10시간) + 4,000시간(제품 B 400개 × 10시간)

2. 부문별 예정배부율

제조 부문 1: ₩1,000,000 ÷ 3,200시간 = 312.5(직접노동시간 배부기준)
3,200시간 = (300개 × 4시간) + (400개 × 5시간)

제조 부문 2: ₩3,000,000 ÷ 3,800시간 = 789(직접노동시간 배부기준)
3,800시간 = (300개 × 6시간) + (400개 × 5시간)

3절 제조간접원가의 예정배부

제조간접원가의 실제 배부는 제품 제조 과정에서 실제로 소비된 제조간접원가를 실제 배부기준을 이용하여 각 부문이나 제품에 배부하는 것으로 다음과 같은 문제점을 갖고 있다.

첫째, 제조간접원가 실제배부율은 실제 제조간접원가의 구성이나 실제배부기준인 조업도의 변동에 영향을 많이 받는다. 특히 고정제조간접원가의 비중이 증가함에 따라 실제배부율이 크게 변동하게 된다.

둘째, 제조간접원가를 실제 배부할 경우에는 원가정보의 집계가 완료되는 시점인 원가계산기말 혹은 월말까지 원가계산이 지연됨으로써 경영자 등 정보이용자에게 적시성 있는 원가회계정보를 제공하지 못하게 된다.

제조간접원가의 예정배부는 제조간접원가 실제 배부 방법을 보완하기 위한 방법으로 예정제조간접원가와 예정배부기준을 합리적으로 결정하여 예정배부율을 계산하고, 이를 근거로 각 부문별 · 제품별로 제조간접원가를 배부하는 방법이다. 제조간접원가 예정 배부의 필요성은 다음과 같다.

첫째, 부문이나 제품에 배부하는 제조간접원가의 배부율이 기간이나 계절적인 변동 또는 조업도의 변동 등에 영향을 받지 않고 매기 일정하게 유지됨으로써 정확한 원가계산에 기여하게 된다.

둘째, 제조간접원가를 신속히 배부함으로써 의사결정에 유용한 적시성 있는 원가정보를 제공한다. 예를 들면, 원가계산기간 중에 완성된 제품이 있는 경우 실제 배부의 경우에는 제품원가 산출이 곤란하나 예정 배부는 가능하다.

셋째, 제조간접원가를 예정 배부함으로써 실제 발생원가와의 차이를 분석함으로써 제조간접원가에 대한 관리 및 통제가 가능해진다. 특히 최근에는 제조원가에서 차지하는 제조간접원가 비중이 증대되면서 원가관리 측면에서 예정 배부의 중요성이 강조되고 있다.

1. 제조간접원가의 예정 배부 방법

제조간접원가의 예정 배부는 일정 기간의 제조간접원가 예산액을 동기간의 예정총배부기준으로 나누어 예정배부율을 계산하고, 예정배부율에 제품별(제조지시서별) 실제배부기준을 곱하여 제조간접원가 예정배부액을 산출한다.

제조간접원가의 예정배부액은 예정배부율의 산정이 매우 중요하고, 이는 제조간접원가 예산액과 예정배부기준을 어떻게 설정하느냐에 따라 영향을 받게 된다.

제조간접원가 예산액은 조업도에 따라 다른 원가 행태를 보이는 고정제조간접원가 예산액과 변동제조간접원가 예산액으로 구분하여 원가함수 형태로 추정하여야 한다.

제조간접원가 예산액 = 고정제조간접원가 예산액 + 변동제조간접원가 예산액 ※ 변동제조간접원가 예산액 = 변동제조간접원가 예정배부율 × 예정배부기준

(1) 예정조업도

예정배부기준은 예정조업도로 기준조업도라고도 하며 제조간접원가의 예산편성 시에 기준이 되는 조업도이다. 조업도는 제조간접원가의 발생과 높은 인과관계를 갖고 있고, 그 추정이 용이해야 하므로 일반적으로 직접노동시간이나 기계작업시간 등이 적용된다.

예정조업도는 경영자의 기대조업 수준을 반영하는 것으로 이론적 조업도, 실제적 조업도, 평균조업도, 실제기대조업도 등으로 구분한다.

이론적 조업도(theoretical capacity)는 최고의 능률로 작업을 하는 경우 달성 가능한 최대조업도이며, 실제적 조업도(practical capacity)는 회피불능작업시간을 제외한 달성 가능한 최대조업도이다. 또한 평균조업도(normal capacity)는 장기간에 걸친 경기변동이나 계절적인 변동을 감안한 평준화된 조업도이다. 실제기대조업도(expected actual capacity)는 예산연도의 예상판매량을 기초로 예상된 예산조업도로 가장 많이 이용되는 조업도이다.

(2) 제조간접원가 예정배부율

예정배부기준이 확정되면 제조간접원가 예산액을 예정배부기준으로 나누어 제조간접원가 예정배부율을 계산한다. 제조간접원가 예정배부율은 공장 전체나 제조부문별로 예정배부율을 산출하여 제조간접원가 예정배부에 적용할 수 있다.

$$\text{제조간접원가 예정배부율} = \frac{\text{제조간접원가 예산액}}{\text{예정배부기준}}$$

(3) 제조간접원가 예정배부액

제품별(제조지시서별) 제조간접원가 예정배부액은 제조간접원가 예정배부율에 제조지시서별 실제배부기준을 곱하여 계산한다.

제품별(제조지시서별) 제조간접원가 예정배부액
= 제조간접원가 예정배부율 × 제품별(제조지시서별) 실제배부기준

예제

SOLVE PRACTICE PROBLEM

한국회사는 두 개의 제조 부문을 가지고 제품 A와 B를 생산 · 판매하고 있다. 20×1년의 제조부문별 예산제조간접원가는 다음과 같다.

	제조 부문 1	제조 부문 2
예산제조간접원가	₩1,000,000	₩3,000,000

제품 A와 B의 연간 생산량은 각각 300개와 400개이다. 제품 A와 B의 1단위를 생산하는데 투입된 직접노동시간 및 기계작업시간은 각각 다음과 같다.

	제품 A	제품 B
제조 부문 1의 직접노동시간	4시간	5시간
제조 부문 2의 직접노동시간	6	5
합 계	10시간	10시간
제조 부문 2의 기계작업시간	4시간	6시간

물음 1. 직접노동시간을 기준으로 공장 전체 예정배부율과 부문별 예정배부율을 계산하시오.

2. 한국회사의 제조 부문 1은 직접노동시간을 기준으로, 제조 부문 2는 기계작업시간을 기준으로 부문별 제조간접원가 예정배부율을 계산한다고 가정하고, 각 제품에 배부되는 제조간접원가를 계산하시오.

해답

1. 예정배부율

① 공장 전체 예정배부율: $\frac{₩4,000,000}{7,000\text{시간}}$ = ₩571(직접노동시간)

7,000시간 = 3,000시간(제품 A 300개 × 10시간) + 4,000시간(제품 B 400개 × 10시간)

② 부문별 예정배부율

제조 부문 1: ₩1,000,000 ÷ 3,200시간 = ₩312.5(직접노동시간)

제조 부문 2: ₩3,000,000 ÷ 3,800시간 = ₩789(직접노동시간)

2. 제조간접원가

① 제조 부문 1의 제조간접원가 예정배부율: $\frac{₩1,000,000}{3,200\text{시간}}$ = ₩312.5(직접노동시간)

직접노동시간: 3,200시간 = (300개 × 4시간) + (400개 × 5시간)

제조 부문 2의 제조간접원가 예정배부율: $\frac{₩3,000,000}{3,600\text{시간}}$ = ₩833(기계작업시간)

기계작업시간: 3,600시간 = (300개 × 4시간) + (400개 × 6시간)

② 제조간접원가의 제품별 예정배부액

제품 A: 300개 × [(4시간 × ₩312.5) + (4시간 × ₩833)] ≒ ₩1,375,000

제품 B: 400개 × [(5시간 × ₩312.5) + (6시간 × ₩833)] ≒ ₩2,625,000

2. 제조간접원가 배부차이와 회계처리

예정배부율을 사용하여 제조간접원가 통제계정에서 재공품계정으로 배부되는 제조간접원가 예정배부액은 통상 실제로 발생한 제조간접원가액(제조간접원가 실제발생액)과 일치하지 않고 차이가 발생한다. 이 같은 제조간접원가 배부차이는 원가계산 말이나 결산시점에서 차이의 원인을 파악하여 실제발생액으로 조정을 하여야 한다. 그 이유는 재무제표가 실제로 발생한 원가를 기초로 작성되기 때문이다.

예정배부액이 실제발생액보다 적은 경우에는 과소 배부로 불리한 제조간접원가 배부차이가 발생하며, 예정배부액이 실제발생액을 초과한 경우에는 과대 배부로 유리한 제조간접원가 배부차이가 발생한다.

제조간접원가 배부차이

- 과소 배부한 경우

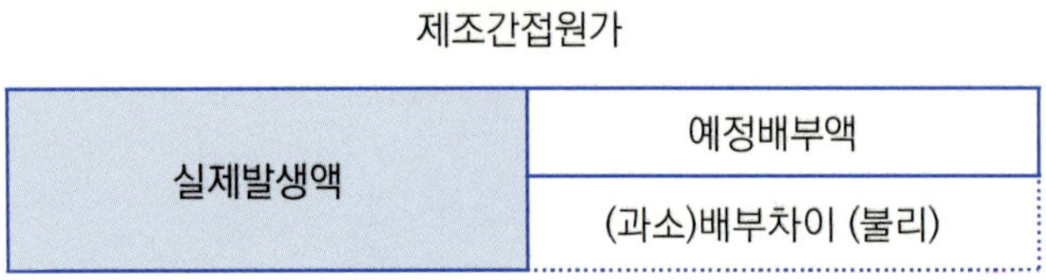

- 과대 배부한 경우

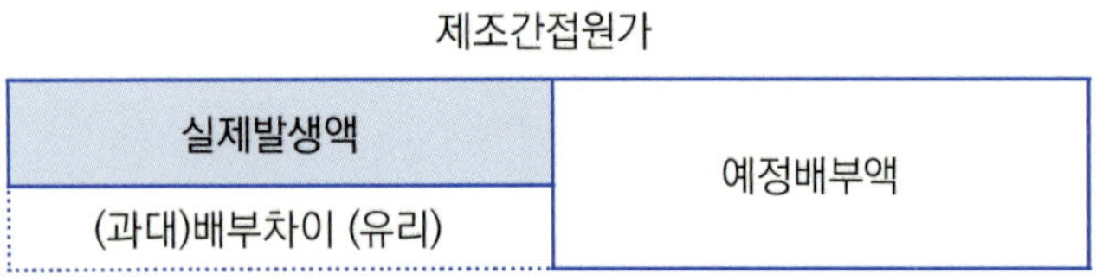

제조간접원가 배부차이의 발생 원인이 정상적인 경우에는 원가성이 있으므로 매출원가가감법이나 비례배분법으로 조정하며, 비정상적인 경우에는 원가성이 없으므로 영업외손익법으로 조정한다.

제조간접원가 배부차이의 회계처리

배부차이의 원인	조정 방법	제조간접원가	
		과소 배부	과대 배부
정상적인 경우	매출원가가감법 (소액인 경우)	매출원가에 가산	매출원가에서 차감
	비례배분법 (거액인 경우)	기말재공품, 제품, 매출원가에 가산	기말재공품, 제품, 매출원가에서 차감
비정상적인 경우	영업외손익법	영업외비용	영업외수익

(1) 매출원가가감법

매출원가가감법은 제조간접원가 배부차이를 당기 판매제품의 매출원가에서 조정하는 방법으로 배부차이액이 소액이거나 기말재공품 및 제품이 소액인 경우에 유용한 방법이다.

과소 배부의 경우에는 불리한 배부차이이므로 매출원가에 가산하며, 과대 배부의 경우에는 유리한 배부차이로 매출원가에서 차감한다.

① 과소 배부

(차) 매 출 원 가 ××× (대) 제 조 간 접 원 가 ×××

② 과대 배부

(차) 제조간접원가 ×××　(대) 매출원가 ×××

(2) 비례배분법

비례배분법은 제조간접원가 배부차이를 기말재공품과 기말제품 및 매출원가에서 조정하는 방법으로 배부차이액이 비교적 거액이거나, 기말재고자산금액이 매출원가에 비해 중요한 경우 원가차이의 정확한 배부를 기할 때 유용한 방법이다. 비례배분 방법에는 총원가 비례배분법과 제조간접원가 비례배분법이 있다.

총원가 비례배분법은 제조간접원가 배부차이를 기말재공품 · 기말제품 및 매출원가의 총원가에서 각 원가가 차지하는 상대적인 비율에 따라 배분하는 방법으로, 직접재료원가나 직접노무원가도 배부차이의 배분에 고려된다는 단점이 있다.

제조간접원가 비례배분법은 제조간접원가 배부차이를 기말재공품, 기말제품, 매출원가 각각에 포함된 제조간접원가 예정배부액의 비율에 따라 배분하는 방법으로 총원가 비례배분법보다 비교적 정확하고 합리적이다.

① 과소 배부

(차)			(대)	
	재공품	×××	제조간접원가	×××
	제품	×××		
	매출원가	×××		

② 과대 배부

(차)			(대)	
	제조간접원가	×××	재공품	×××
			제품	×××
			매출원가	×××

(3) 영업외손익법

영업외손익법은 제조간접원가 배부차이의 원인이 비정상적인 경우 영업외손익에서 조정하는 방법으로, 제조간접원가의 과소 배부액은 영업외비용으로, 과대 배부액은 영업외수익으로 회계처리한다.

① 과소 배부

(차) 영업외비용 ×××　(대) 제조간접원가 ×××

② 과대 배부

(차) 제조간접원가 ×××　(대) 영업외수익 ×××

예제

SOLVE PRACTICE PROBLEM

삼성기업의 20×1년 말 현재 재공품 및 제품의 기말잔액은 각각 ₩500,000, ₩700,000이고 매출원가는 ₩1,300,000이다. 그리고 이에 포함된 제조간접원가 예정배부액 ₩1,200,000의 내용은 다음과 같다.

재 공 품	₩300,000
제 품	300,000
매 출 원 가	600,000

한편 20×1년에 실제로 발생한 제조간접원가는 ₩1,000,000이었다.

물음 1. 제조간접원가 배부차이를 계산하시오.

2. 이 배부차이를 매출원가가감법과 비례배분법을 사용하여 제조간접원가계정을 마감하는 분개를 하시오.
3. 제조간접원가 배부차이가 비정상적인 원인에서 비롯되었다고 가정하여 제조간접원가계정을 마감하는 분개하시오.

해답

1.

제조간접원가 실제발생액	₩1,000,000
제조간접원가 예정배부액	1,200,000
배부차이(과대 배부)	₩200,000

2. ① 매출원가가감법

(차) 제 조 간 접 원 가 200,000 (대) 매 출 원 가 200,000

② 비례배분법

• 총원가 비례배분법

계 정	총원가	배분비율	배분액
재 공 품	₩500,000	20%	₩40,000
제 품	700,000	28	56,000
매출원가	1,300,000	52	104,000
	₩2,500,000	100%	₩200,000

(차) 제 조 간 접 원 가	200,000	(대) 재 공 품	40,000
		제 품	56,000
		매 출 원 가	104,000

• 제조간접원가 비례배분법

계 정	제조간접원가 예정배부액	배분비율	배분액
재 공 품	₩300,000	25%	₩50,000
제 품	300,000	25	50,000
매출원가	600,000	50	100,000
	₩1,200,000	100%	₩200,000

(차)	제 조 간 접 원 가	200,000	(대) 재 공 품	50,000
			제 품	50,000
			매 출 원 가	100,000

③ 영업외손익법

(차)	제 조 간 접 원 가	200,000	(대) 영 업 외 수 익	200,000

연습문제

REVIEW EXERCISES

주관식

01 제조간접원가의 배부 방법 및 목적을 논술하시오.

02 제조간접원가의 제품별 배부 방법을 설명하시오.

03 제조간접원가의 배부기준 및 배부율에 대하여 논술하시오.

04 제조간접원가 예정배부의 필요성을 논술하시오.

05 제조간접원가 배부차이의 회계처리를 설명하시오.

06 다음을 설명하시오.

① 원가배부

② 직접재료원가 배부법

③ 직접원가 배부법

④ 시간기준 배부법

⑤ 제조간접원가 배부율

⑥ 실제배부법/실제배부율

⑦ 예정배부법/예정배부율

07 제조간접원가의 예정배부

광주회사는 제조간접원가를 제1부문에서는 직접노동시간을 제2부문에서는 기계작업시간을 기준으로 예정배부하고 있다. 20×1년의 생산 및 원가 자료는 다음과 같다.

	예 산		실 제	
	제1부문	제2부문	제1부문	제2부문
직접노동시간	10,000시간	12,000시간	9,000시간	13,000시간
기계작업시간	15,000	18,000	16,000	17,000
제조간접원가	₩300,000	₩360,000	₩320,000	₩340,000

제조지시서 #101에 대한 실제 자료는 다음과 같다.

	제1부문	제2부문
직접노동시간	4,000시간	3,000시간
기계작업시간	3,000	7,000
제조간접원가	₩60,000	₩80,000
직접노무원가	100,000	120,000

물음 (1) 각 부문별 제조간접원가 예정배부율을 계산하시오.

(2) 제조지시서 #101에 배부되는 제조간접원가 예정배부액을 계산하시오.

(3) 제조간접원가 배부차이를 계산하고, 배부차이를 매출원가에서 조정하는 분개를 하시오.

08 제조간접원가 배부차이의 회계처리

청주회사는 제조간접원가 예정배부율을 이용하여 제조간접원가를 예정배부하고 있다. 20×1년의 생산 및 원가 관련 자료는 다음과 같다.

	예 산	실 제
기계작업시간	40,000시간	45,000시간
직접노동시간	20,000	18,000
제조간접원가	₩2,400,000	₩2,500,000
재공품재고	-	1,200,000
제품재고	-	1,800,000
매출원가	-	7,000,000

물음 (1) 기계작업시간과 직접노동시간을 기준으로 제조간접원가 예정배부율을 계산하시오.

(2) 기계작업시간과 직접노동시간을 배부기준으로 하여 제조간접원가 배부차이를 계산하시오.

(3) 기계작업시간을 기준으로 한 제조간접원가가 배부차이를 매출원가가감법으로 회계처

리하여 제조간접원가계정을 마감하는 분개를 하시오.

(4) 직접노동시간을 기준으로 한 제조간접원가 배부차이를 총원가 비례배분법으로 회계처리하여 제조간접원가계정을 마감하는 분개를 하시오.

객관식

01 원가배부의 목적에 관한 설명 중 틀린 것은? ▸ 전산세무회계 1급

① 자원배분 및 투자의사결정에 유용한 자료제공에 있다.
② 책임원가계산제도의 형성에 따른 조직구성원에 대한 동기부여에는 관련이 없다.
③ 내부 및 외부 이해관계자에게 원가에 관한 적정한 보고를 하는 데 있다.
④ 원가의 타당성을 판단하는 데 중요한 역할을 한다.

02 제조간접비의 예정배부에 관한 내용으로 옳지 않은 것은? ▸ 행자부 9급

① 제조간접비 예정배부액과 실제배부액의 차액은 재공품계정에 대체한다.
② 제품의 제조원가는 예정배부액으로 계산한다.
③ 예정배부액은 실제배부기준에 예정배부율을 곱하여 계산한다.
④ 제조간접비를 예정배부하여도 재무제표에는 실제원가로 보고한다.

03 한 연구 결과에 의하면, 기계 위주의 제조환경에서 외부 구입부품이나 재료비가 큰 비중을 차지하고 있는 전자업계에서는 품목별 제조간접원가의 배부율이 직접노무비의 500%에까지 이른다는 사실을 보여주고 있다. 이는 제조 활동에 기계 관련 자원의 소비가 큰 비중을 차지하는 대신 직접노무비가 상대적으로 작게 발생하기 때문이다. 이와 같이 기계 위주의 제조환경에서 직접노무비나 직접노동시간을 배부기준으로 사용할 경우 공장의 관리자에게 초래될 수 있는 상황으로 적절하지 않은 것은? ▸ 세무사

① 직접노무비가 많이 소요되는 작업이나 부품의 생산을 회피하고 외부의 공급업자들에게 지나치게 의존하려는 경향을 발견할 수 있다.
② 제조원가에서 큰 비중을 차지하는 재료비나 경비에 대해 적절한 관리 활동을 하는 것보다는 오히려 직접노동시간을 통제하는 데 더 많은 관심을 가지게 된다.
③ 제조현장의 작업을 가급적이면 간접노무로 분류하지 않고 직접노무로 분류함으로써 과도한 제조간접비부담을 줄이려고 할 것이다.
④ 종업원의 증가를 억제한다는 기업의 목표가 설정된 경우에는 제품설계단계에서부터 직접노동시간의 감소를 유도하여 궁극적으로는 감량경영과 자동화를 증진시키는데 기여할 수 있다.

⑤ 직접노무비를 파악하고 집계하는 데 소요되는 관리비용이 과도하게 소요된다면 직접노무비를 제품에 직접 추적시키는 것보다는 제조간접비계정에 포함시켜 제품별로 배부하는 것이 원가효익의 관점에서 적절하다.

04 제조간접비와 관련한 자료가 다음과 같을 경우 제조간접비 실제발생액은 얼마인가?

▸ 전산회계 1급

- 제조간접비 예정배부율: 기계작업시간당 ₩200
- 제조지시서의 기계작업시간: 60,000시간
- 제조간접비 과대 배부: ₩300,000

① ₩12,000,000 ② ₩11,700,000 ③ ₩12,300,000 ④ ₩60,000,000

05 다음 원가계산 및 원가배분과 관련된 설명으로 적합하지 않은 것은? ▸ 기업회계 1급

① 종합원가계산에서 선입선출법을 이용하는 경우 기말재공품의 완성도를 실제보다 높게 적용하면 완성품환산량과 완성품원가는 과대 평가된다.

② 종합원가계산의 경우, 기초재공품이 없을 때 선입선출법과 평균법에 의한 완성품환산량은 동일하다.

③ 보조부문원가를 단계배분법(step-down method)으로 배분할 경우, 배분순서에 따라 배분 결과는 달라진다.

④ 기말재공품원가가 기초재공품원가에 비하여 증가하였다면 당기발생 제조원가는 당기제품제조원가보다 크다.

06 당월 중에 완성된 제품의 제조간접비 예정배부액은 ₩30,000이었으나 월말에 밝혀진 제조간접비 실제발생액은 ₩32,000이다. 과소 배부액에 대한 회계처리로 옳은 분개는? ▸ 행자부 9급

① (차)	제조간접비배부차이	2,000	(대) 제 조 간 접 비	2,000
② (차)	제 조 간 접 비	2,000	(대) 제조간접비배부차이	2,000
③ (차)	재 공 품	2,000	(대) 제 조 간 접 비	2,000
④ (차)	제 조 간 접 비	2,000	(대) 재 공 품	2,000

07 A사는 제조간접원가를 예정배부하는 개별원가계산을 사용하며, 배부차이는 모두 매출원가에서 조정하는 방식을 이용한다. 당기 중에 발생한 원가는 직접재료원가 ₩300,000, 직접노무원가 ₩400,000, 제조간접원가 ₩250,000이다. 한편 당기 중에 완성품으로 대체된 금액은 ₩1,000,000이며, 미완성 상태인 작업(기말재공품)이 존재한다. 제조간접원가 배부액이 직접노무원가의 50%이고, 기초재공품원가가 ₩120,000일 경우, 기말재공품에 배부된 제조간접원가가 ₩5,000이라면 기말재공품원

가 중 직접재료원가는 얼마인가? ▸ 감정평가사

① ₩5,000 ② ₩15,000 ③ ₩20,000 ④ ₩40,000 ⑤ ₩70,000

08 ㈜서로는 자동차를 생산하고 있다. 회사는 승용차를 생산하는 부문과 승합차를 생산하는 부문을 이익중심점으로 운영하고, 그 밖에 이들 생산 부문을 지원하는 자재부와 시설관리부를 두고 있다. 자재부는 시설관리부를 위해 자재를 구입하여 주고, 시설관리부는 자재부의 시설을 관리한다. 갑과 을은 각각 승용차와 승합차 생산 부문을 책임지고 있는데, 부문별 성과평가를 앞두고 신경이 매우 곤두서 있는 상태다. 아래의 원가 자료를 부문 간 배부기준으로 사용하여 직접배부법 또는 상호배부법에 의해 부문별원가계산을 하려 한다. 아래의 원가 자료를 제외하고 승용차와 승합차 생산 부문 간에 다른 모든 사항이 동일하다면 다음 중 타당한 것은? (단, 지원 부문인 자재부와 시설관리부의 배부대상원가는 각각 ₩100이다) ▸ 공인회계사

〈부문 간 배부기준 자료〉

사용부서 / 공급부서	자재 부문	시설관리 부문	승용차 부문	승합차 부문	합계
자재 부문	-	₩5	₩45	₩50	₩100
시설관리 부문	₩10	-	₩30	₩60	₩100

① 갑에게는 직접배부법, 을에게는 상호배부법이 유리하다.
② 갑에게는 상호배부법, 을에게는 직접배부법이 유리하다.
③ 갑, 을 모두 직접배부법이 유리하다.
④ 갑, 을 모두 상호배부법이 유리하다.
⑤ 갑, 을 모두 어떤 방법을 사용하든 유리하거나 불리하지 않다.

09 ㈜호남은 두 종류의 제품(X와 Z)을 생산하고 있다. 이 회사의 원가담당자는 간접비 중 엔지니어링 변경원가에 관심을 가지고 있다. 1회 엔지니어링 변경에 소요되는 원가는 ₩600이다. 제품별 생산량, 엔지니어링 변경횟수, 기계시간은 다음과 같다.

항목	X제품	Z제품
생산량	1,000단위	1,000단위
엔지니어링 변경횟수	14회	6회
생산량 단위당 기계시간	1시간	2시간

엔지니어링 변경원가를 엔지니어링 변경횟수가 아닌 기계시간을 기준으로 배부한다면, X제품에 과대 배부 혹은 과소 배부되는 금액은 얼마인가? ▸ 공인회계사

① ₩15,000 과소 배부 ② ₩14,400 과대 배부 ③ ₩12,200 과소 배부
④ ₩ 7,200 과대 배부 ⑤ ₩ 4,400 과소 배부

10 ㈜수지는 제품 A와 제품 B를 생산하고 있는데 두 제품은 모두 제조 부문 X와 제조 부문 Y를 거쳐야 한다. 제조 부문 X에서 발생한 제조간접원가는 각 제품이 소비한 기계시간을 기준으로 배부하고, 제조 부문 Y에서 발생한 제조간접원가는 각 제품이 소비한 노무시간을 기준으로 배부한다. 또한 각 제조 부문의 제조간접원가는 월별로 실제 배부한다.

다음은 5월 중 제품 A와 제품 B를 생산하는 데 각각 소비한 기계시간과 노무시간, 그리고 각 제품에 최종적으로 배부된 제조간접원가 자료이다.

구분	제품 A	제품 B	합계
기계시간	10시간	30시간	40시간
노무시간	90시간	60시간	150시간
제조간접원가배부액	₩870,000	₩930,000	₩1,800,000

제조 부문 X에서 5월 중 발생한 제조간접원가는 얼마인가? ▸ 공인회계사

① ₩600,000 ② ₩720,000 ③ ₩800,000 ④ ₩960,000 ⑤ ₩1,080,000

객관식 해답

1	2	3	4	5	6	7	8	9	10
②	①	③	②	①	①	①	①	⑤	①

스티브 잡스(애플 회장)의 경영철학

1. 경영은 기존 질서와 "철저히 다르게"
2. 잘 할 수 있는 분야를 선정하고 직접 몸으로 뛰어라
3. 항상 새로운 것에 주의를 기울이고 포기하지 마라
4. 기술력을 과신하기보다는 눈 높이에 맞춰라

06 부문별원가계산

부문별원가계산은 요소별원가에서 계산된 원가 요소를 발생 부문 또는 형태별로 분석한 후, 원가 발생 부문별로 인식하고 측정한다.

1절 부문별원가계산 개념

부문별원가계산은 요소별원가계산에서 원가의 발생 형태별로 원가 요소들을 파악한 후, 그것들을 원가 발생 장소인 원가 부문별로 인식하고 분류 · 집계하는 계산절차로 제품별원가계산의 전 단계에 해당한다.

부문별원가계산의 유용성은 원가의 발생 장소인 원가 부문별원가계산으로 제품의 정확한 원가 산정에 기여할 수 있고, 원가 부문 및 부문경영자의 성과에 대한 효율적인 평가가 가능한 것이다.

1. 부문별원가계산의 목적

제품의 정확한 원가계산, 원가관리 및 통제를 위해서는 제조간접비가 발생한 부문별로 분류 · 집계하여 적정한 절차를 거쳐 제품에 배부하여야 하며, 이 절차는 개별원가계산과 종합원가계산에서 공통적으로 적용된다. 부문별원가계산의 목적은 다음과 같다.

(1) 부문별 및 제품별 정확한 원가계산

개별원가계산의 경우 원가 요소 중 직접재료원가와 직접노무원가는 개별원가로서 제품별로 원가의 인식과 부과가 가능하나, 제조간접원가는 다수의 부문과 제품에 공통으로 발생하는 공통원가이므로 제품원가의 정확한 계산을 위해 합리적인 배부기준에 의해 부문별로 제조간접원가를 배부해야 한다.

제조간접원가의 배부 시에 제품원가를 정확히 계산하기 위해서는 단일의 공장 전체 배부율을 적용하기보다는 원가 발생 장소인 원가 부문별로 다수의 부문별배부율을 적용하는 것이 합리적이다.

(2) 부문별 및 제품별 효율적인 원가관리

원가를 부문별로 인식하고 측정하는 것은 부문이나 부문경영자의 원가 발생에 대한 책임 소재를 명확히 할 수 있어 효율적으로 관리할 수 있다.

원가관리의 목적을 효과적으로 달성하기 위해서는 성과평가와 연계되어야 하는데, 부문의 성과평가 시에는 추적가능원가를 적용하고, 부문경영자의 성과평가 시에는 통제가능원가를 이용해야 한다.

2. 원가 부문의 설정

원가 부문(cost department)은 원가 발생을 인식하고 집계하는 원가계산 조직상의 최소단위를 의미하는데, 원가계산목적을 효과적으로 달성하기 위하여 업종, 규모, 관리능력, 경제성 등을 충분히 감안하여 부문별로 원가를 관리 및 조정해야 한다.

구체적인 원가 부문의 설정기준으로는 조직 부문과 생산기술 부문 등을 들 수 있다. 조직 부문에 의한 원가 부문의 설정은 업무에 대한 권한과 책임을 갖고 있는 부서에서 원가 발생에 대한 권한과 책임을 갖도록 하는 것으로, 원가 부문의 설정과 원가능률을 파악하는데 유용하며 특히 책임회계의 기반을 제공할 수 있다.

생산기술에 의한 원가 부문 설정은 기계의 종류나 생산공정의 특성 · 작업장소 등을 고려하는 것으로, 생산 현장에서 발생되는 원가를 정확히 계산하는 데 유익하다.

제조간접원가는 제조간접원가의 발생 부문을 거쳐 최종 원가배부 대상인 제품에 배부되는데, 부문은 제품의 직접 생산 여부에 따라 다음과 같이 제조 부문(production department)과 보조 부문(auxiliary department)으로 구분된다. 제조 부문은 다시 주경영 부문과 부경영 부문으로, 보조 부문은 보조경영 부문과 공장관리 부문으로 구분할 수 있다.

원가 부문의 분류

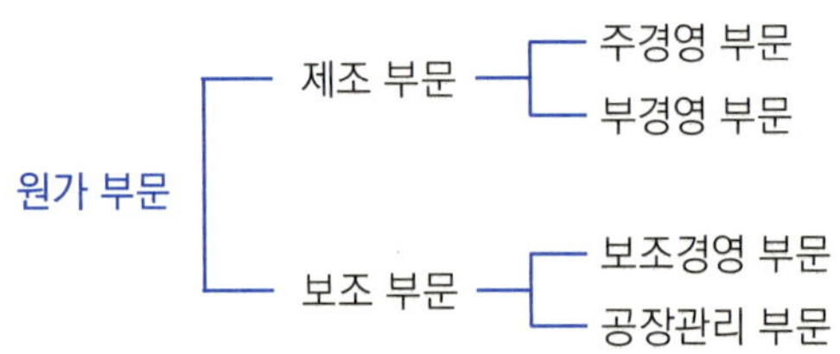

① 제조 부문

제조 부문은 직접적으로 제품을 제조하는 부서로 일반적으로 제품의 종류나 제조 활동의 증가로 부문의 수는 증가한다. 주경영 부문은 주된 제품의 제조를 담당하는 부서로 기계 제조업의 주조부, 단조부, 선반부, 조립부 등이 해당된다. 부경영 부문은 주된 제품 이외의 부차적인 제품을 제조하거나 가공을 담당하는 부서로 부산물 가공이나 포장재를 제조하는 부서 등이 해당된다.

② 보조 부문

보조 부문은 직접적으로 제품제조를 담당하지는 않지만 제조 부문에 용역을 제공하거나 공장 관리기능 등을 담당하는 부서이다. 보조경영 부문은 제조 부문에 자기 부서의 용역을 제공하는 부서로 수선부, 동력부, 운반부, 검사부 등이 있으며, 공장관리 부문은 공장 전체의 관리기능을 담당하는 부서로 공장 사무부, 자재부, 노무관리부, 시험연구부 등이 속한다.

2절 부문별원가계산 절차

부문의 제조간접원가는 제품(또는 부문)에 대한 공통비적 특성을 갖기 때문에 원가계산 시에 다음과 같이 3단계 배부절차를 거치며, 부문별원가계산의 회계처리흐름은 다음과 같다.

- 1단계 배부: 원가배부 대상인 제조간접원가를 부문개별원가와 부문공통원가로 구분한 후, 합리적인 배부기준에 의해 관련 제조 부문과 보조 부문에 각각 배부한다.
- 2단계 배부: 보조 부문에 계상된 보조 부문 원가를 제조 부문과의 인과관계 등을 측정하여 관련 제조 부문에 배부한다.
- 3단계 배부: 제조 부문에 집계된 제조간접원가를 제품별 배부기준에 따라 제조 부문별 제조간접원가배부율을 적용하여 관련 제품에 배부한다.

부문별원가계산 흐름

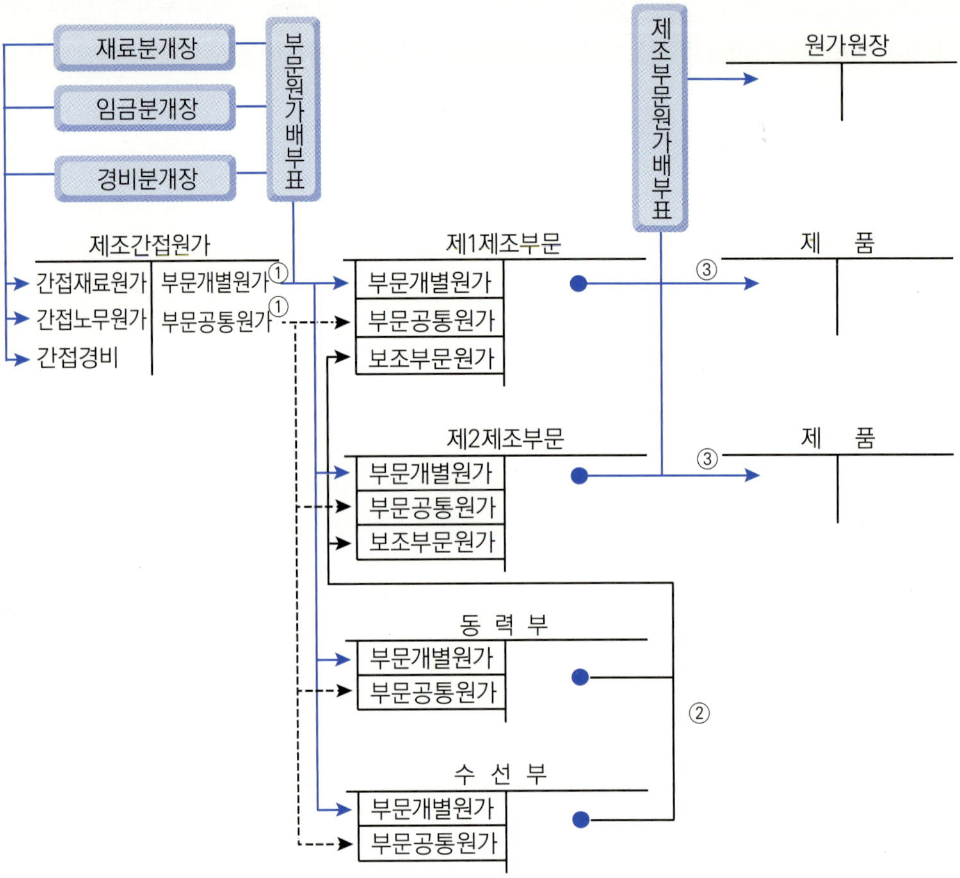

주: ①, ②, ③의 원가배부 과정을 각각 ①단계, ②단계, ③단계 배부라고 부른다.

1. 제조간접원가의 부문별 배부

원가를 제조 부문과 보조 부문에 합리적으로 배부하기 위해서는 특정 원가 부문에의 추적가능성(traceability) 여부에 따라 배부 대상 원가인 제조간접원가를 부문개별원가와 부문공통원가로 나누어 각 부문에 배부하여야 한다.

(1) 부문개별원가

부문개별원가는 특정 부문에 개별적으로 발생하여 부문별로 추적이 가능한 원가이므로 해당 부문에 직접 부과하며 배부 과정을 거치지 않는다. 예를 들면, 특정 부문 감독자의 급료나 수선유지비, 기계감가상각비, 소모품비 등이다.

(2) 부문공통원가

부문공통원가는 다수의 부문에서 공통적으로 발생한 원가로 부문을 특정하여 원가를 부과하는 것이 불가능한 원가이므로 합리적인 배부기준에 따라 각 부문에 배부해야 한다. 예를 들면, 간접재료원가, 간접노무원가, 공장의 건물감가상각비, 건물임차료와 보험료, 검사비, 운반비 등이다.

부문공통원가를 각 원가 부문에 배부할 때 적용하는 배부기준은 두 가지 원칙을 갖고 설정되어야 하며, 부문공통원가의 합리적인 배부기준은 다음과 같다.

첫째, 배부기준은 배부되는 각 부문에 공통으로 적용할 수 있는 공통성을 가져야 하며, 각 부문의 재료소비량, 건물 면적, 가액, 검사원의 작업시간 등을 적용하는 것이 일반적이다.

둘째, 부문공통원가와 배부기준 간에 인과관계가 있어야 한다. 예를 들면, 공장 건물감가상각비의 배부기준 설정은 종업원 수와 같이 인과관계가 미약한 배부기준은 적절하지 못하며, 건물의 점유면적, 가액 등과 같이 인과관계가 높은 배부기준은 합리적인 설정이 된다.

부분공통원가 배부기준

부문공통원가	(부문별) 배부기준
간접재료원가	각 부문의 추정소비량 또는 각 부문의 직접재료원가
간접노무원가	각 부문 종업원의 작업시간 수 또는 직접노무원가
재료보관비	각 부문에의 출고액
건물감가상각비	각 부문의 점유면적 또는 건물의 가액
기계장치감가상각비, 기계장치보험료	각 부문의 기계장치 가액
건물수선비, 부동산임차료, 건물보험료, 건물재산세	각 부문의 점유면적
공장소모품비 · 연료비	각 부문의 추정소비량
복리후생비	각 부문의 종업원 수
동력비	각 부문의 기계의 마력 × 운전시간
운반비	중량 × 운반거리
가스 · 수도료 · 전기료	각 부문의 소비량(또는 추정량)
시험연구비	각 부문의 직접작업시간
종업원모집비	각 부문의 종업원 수 또는 직접작업시간
전화료	각 부문의 전화대수 혹은 통화량

부문원가는 부문개별원가와 부문공통원가로 구분하여 기록한 후, 부문공통원가 및 보조부문원가를 배부기준에 의해 각 부문에 원가를 배부하여 다음의 부문원가배부표를 작성한다.

부문원가배부표

원가요소	배부기준	금액	제조 부문		보조 부문	
			제1제조	제2제조	동력부	공장사무부
부문개별원가 간접재료원가 간접노무원가 기타경비						
소 계						
부분공통원가 감가상각비 공장보험료 복리후생비						
소 계						
부문원가 합계 동력부 공장사무부						
제조부문원가 합계						

예제 SOLVE PRACTICE PROBLEM

삼성기업의 공장은 2개의 제조 부문과 3개의 보조 부문으로 구성되어 있으며, 공장에서 발생한 제조간접원가자료는 다음과 같다.

(1) 부문개별원가 (간접노무원가)

제1제조 부문	₩400,000	제2제조 부문	₩600,000	동 력 부 문	₩200,000
수 선 부 문	₩100,000	공장사무부문	₩100,000		

(2) 부문공통원가

보 험 료	₩100,000	복리후생비	₩80,000	전 기 료	₩40,000

(3) 부문공통원가 배부기준

구분	제1제조 부문	제2제조 부문	동력부	수선부	공장사무부
점유면적	300㎡	100㎡	200㎡	250㎡	150㎡
종업원수	100명	50명	25명	35명	40명
전력사용량	60kw	40kw	100kw	20kw	30kw

물음 1. 부문공통원가의 각 부문별 배부액을 계산하시오.

2. 삼성기업의 부문원가배부표를 작성하시오.

해답

1. 부문공통원가 배부액 계산

① 보험료: 점유면적

제1제조 부문 $₩100,000 \times \frac{300}{1,000} = ₩30,000$

제2제조 부문 $₩100,000 \times \frac{100}{1,000} = ₩10,000$

동　력　부 $₩100,000 \times \frac{200}{1,000} = ₩20,000$

수　선　부 $₩100,000 \times \frac{250}{1,000} = ₩25,000$

공장사무부 $₩100,000 \times \frac{150}{1,000} = ₩15,000$

② 복리후생비: 종업원 수

제1제조 부문 $₩80,000 \times \frac{100}{250} = ₩32,000$

제2제조 부문 $₩80,000 \times \frac{50}{250} = ₩16,000$

동　력　부 $₩80,000 \times \frac{25}{250} = ₩8,000$

수　선　부 $₩80,000 \times \frac{35}{250} = ₩11,200$

공장사무부 $₩80,000 \times \frac{40}{250} = ₩12,800$

③ 전기료: 전력사용량

제1제조 부문 $₩40,000 \times \frac{60}{250} = ₩9,600$

제2제조 부문 $₩40,000 \times \frac{40}{250} = ₩6,400$

동　력　부 $₩40,000 \times \frac{100}{250} = ₩16,000$

수　선　부 $₩40,000 \times \frac{20}{250} = ₩3,200$

공장사무부 $₩40,000 \times \frac{30}{250} = ₩4,800$

2. 부문원가배부표

(단위: 원)

원가 요소	배부기준	금 액	제조부문		보조부문		
			제1부문	제2부문	동력부	수선부	공장사무부
부문개별원가							
간접노무원가		1,400,000	400,000	600,00	200,000	100,000	100,000
부문공통원가							
보 험 료	점유면적	100,000	30,000	10,000	20,000	25,000	15,000
복리후생비	종업원수	80,000	32,000	16,000	8,000	11,200	12,800
전 기 료	전력사용량	40,000	9,600	6,400	16,000	3,200	4,800
소 계		220,000	71,600	32,400	44,000	39,400	32,600
부문원가 합계		1,620,000	471,600	632,400	244,000	139,400	132,600

3절 보조부문원가의 배부

제조 부문은 보조 부문의 용역을 제공받아 제품 생산을 직접 수행하는 부문으로 제품생산과의 관련성이 높아 제조 부문의 제조간접원가를 제품에 배부하는 것은 용이하다. 그러나 보조 부문은 직접적으로 제품생산을 수행하는 것이 아니라 제조 부문의 제품생산을 단순히 지원하는 역할을 수행함으로써 간접적으로 제품생산에 기여하므로 제품과의 인과관계를 모색하는데 한계가 있어 보조 부문의 원가를 제품에 배부하는 것은 쉽지 않은 것이 현실이다.

1. 보조부문원가의 배부기준

보조 부문에 계상된 부문원가는 제품을 생산하는 제조 부문 및 타 보조 부문 등에 배부하여야 한다.(2단계 배부) 보조 부문의 원가배부기준 및 방법의 적정성과 합리성은 제품의 정확한 원가계산과 특정 부문의 성과평가 등에 영향을 미치기 때문에 배부기준을 합리적으로 설정해야만 한다. 보조부문원가의 배부기준은 제조 부문이나 타 보조 부문에 제공하는 용역의 특성 등을 감안하여 설정하는 것이 일반적이다.

보조부문원가 배부기준

보조부문원가	보조부문원가의 (제조 부문으로) 배부기준
동력부문비	(각 제조 부문) 동력소비량 또는 기계의 마력수×운전시간
용수부문비	(각 제조 부문) 용수소비량 등
수선부문비	(각 제조 부문) 수선액 등
운반부문비	(각 제조 부문) 운반물품의 중량 · 운반거리 · 운반횟수 등
검사부문비	(각 제조 부문) 검사시간 등
시험연구비, 공장사무부문비	(각 제조 부문) 직접작업시간수, 생산수량 등
재료부문비	(각 제조 부문) 출고재료의 가액, 수량, 중량 등
노무부문비	(각 제조 부문) 종업원수, 직접작업시간, 임금 등
재료관리부문비	(각 제조 부문) 출고재료의 횟수, 중량

2. 보조부문원가의 배부 방법

(1) 보조부문원가의 원가 행태별 배부

보조부문원가의 배부 방법에는 보조부문원가의 원가 행태를 고려하는지 여부에 따라 단일배부율법과 이중배부율법으로 구분하여 적용한다.

① 단일배부율법

단일배부율법(single rate method)은 보조부문원가를 원가 행태별로 구분하지 않고 단일배부기준에 의해 배부하는 방법이다.

② 이중배부율법

이중배부율법(dual rate method)은 보조부문원가를 원가 행태별로 구분한 후, 변동원가와 고정원가를 각각 다른 배부기준을 적용하여 배부하는 방법이다. 구체적으로 변동원가는 실제 작업시간을 적용하고, 고정원가는 최대 작업시간을 배부기준으로 적용한다. 이중배부율법은 단일배부율법에 비해 보다 정교한 원가배부 방법으로 원가 부문의 계획이나 통제 또는 성과평가에 유용한 정보를 제공한다.

예제 SOLVE PRACTICE PROBLEM

삼성기업은 2개의 제조 부문과 2개의 보조 부문이 있으며, 보조 부문은 수선부와 동력부이다. 수선부의 변동원가는 ₩200,000, 고정원가는 ₩300,000이며, 동력부의 변동원가는 ₩150,000, 고정원가는 ₩250,000이다. 수선부와 동력부는 2개의 제조 부문에 용역을 제공하고 있으며 관련 자료는 다음과 같다.

구 분	제조 부문	
	제 1 부문	제 2 부문
동력사용량	600kwh	900kwh
실제수선시간	600시간	400시간
최대수선시간	1,650시간	1,350시간

물음 1. 단일배부율법에 의해 동력부의 원가를 제조 부문에 배부하시오.
2. 이중배부율법에 의해 수선부의 원가를 제조 부문에 배부하시오.

해답

1. 단일배부율법

	동력사용량	배부율	배부액
제 1 부문	600 kwh	40 %	₩160,000
제 2 부문	900	60	240,000
합 계	1,500 kwh	100 %	₩400,000

2. 이중배부율법

	변동원가			고정원가			합계
	실제수선 시간	배부율	배부액	최대수선 시간	배부율	배부액	
제 1 부문	600 시간	60 %	₩120,000	1,650 시간	55 %	₩165,000	₩285,000
제 2 부문	400	40	80,000	1,350	45	135,000	215,000
합 계	1,000 시간	100 %	₩200,000	3,000 시간	100 %	₩300,000	₩500,000

(2) 보조부문 상호간의 용역수수를 반영한 배부

보조부문원가 배부 시 보조 부문 상호간의 용역수수를 반영하는 정도에 따라 직접배부법, 단계배부법, 상호배부법 등으로 구분하여 적용할 수 있다.

① 직접배부법

직접배부법(direct allocation method)은 각 보조 부문 상호간의 용역수수는 반영하지 않고, 모든 보조부문원가를 제조 부문과의 용역제공 정도를 감안하여 제조 부문에 직접 배부하는 방법이다. 직접배부법은 각 보조 부문 상호간의 용역수수가 없거나, 그 비중이 미약한 경우에 적용할 수 있는 방법이다.

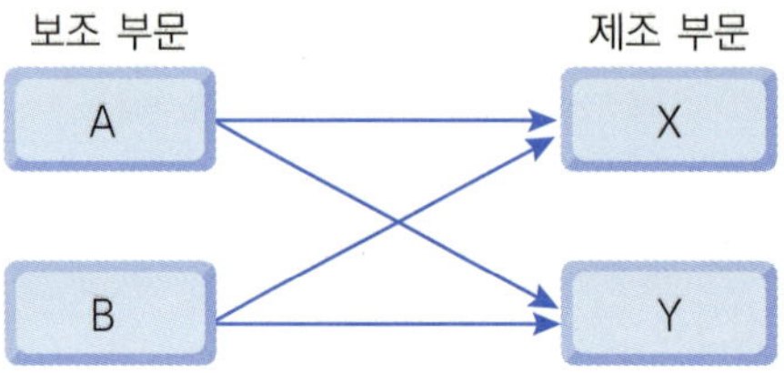

② 단계배부법

단계배부법(step-down allocation method)은 보조부문비 배부 시에 각 보조 부문 상호간의 용역수수를 보조 부문이 용역을 제공하는 제조 부문이나 타 보조 부문에 제공하는 용역의 양이 크고 작음을 감안하여 순차적으로 배부하는 방법이다.

단계배부법은 부문 상호간의 용역수수를 일부 인정하고 있으므로 직접배부법보다 합리적인 측면이 있으나, 보조부문비의 배부 순서를 결정해야 하는 어려움이 있다.

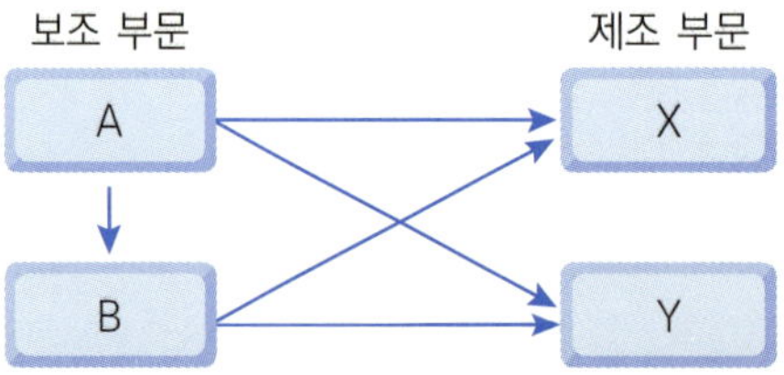

③ 상호배부법

상호배부법(reciprocal allocation method)은 교차배부법 또는 이중배부법이라고도 하며, 먼저 보조부문원가를 제조 부문 및 타 보조 부문에 각 부문 상호간의 용역수수 정도를 감안하여 순차적으로 배부한 후에 각 보조 부문에 배부된 금액을 용역제공 정도를 감안하여 제조 부문에 배부하는 방법이다.

상호배부법은 각 보조 부문 상호간의 용역수수 정도를 적정하게 고려함으로써 단계배부법 대비하여 정확한 원가배분을 할 수 있고, 배부 순서 결정에 따르는 위험도 회피할 수 있는 합리적인 방법이다.

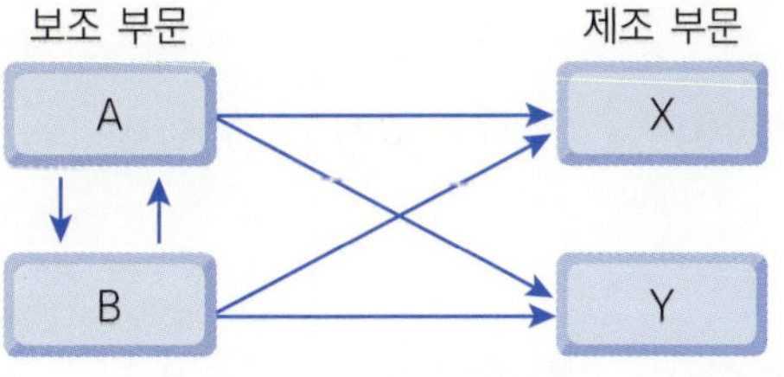

보조부문원가의 배부 방법

구 분	직접배부법	단계배부법	상호배부법
개 념	보조부문원가를 타 보조 부문에는 배부하지 않고 제조 부문에만 배부	보조부문원가를 배부 순서에 따라 순차적으로 타 보조 부문과 제조 부문에 배부	보조 부문 상호간 용역수수 관계를 반영하여 보조부문 원가를 타 보조 부문과 제조 부문에 배부
용역수수관계	반영하지 않음	일부 반영	전부 반영
적 용	• 보조 부문의 용역이 전부 제조 부문에 제공 • 보조 부문 상호간의 용역 수수 비중이 적은 경우	보조 부문의 용역이 타 보조 부문에 순차적으로 제공되는 경우	보조 부문 상호간 용역수수 관계가 존재하는 경우
장 점	• 계산 용이 • 배부 순서를 결정할 필요 없음	보조 부문 상호간의 용역수수관계 일부 인식	• 정확한 보조부문원가 배분 • 배부 순서를 결정할 필요 없음
단 점	원가계산의 정확성 저하	• 합리적인 배부 순서 결정의 어려움 • 배부순서 결정 오류 시, 직접배부법 대비 정확성 저하	계산 복잡

예제

SOLVE PRACTICE PROBLEM

삼성기업의 생산은 2개의 제조 부문과 3개의 보조 부문으로 구성되어 있다. 이 공장에서 발생한 제조간접원가 자료는 다음과 같다.

(1) 부문개별원가 (간접노무원가)

제1제조 부문	₩400,000	제2제조 부문	₩600,000	동 력 부 문	₩200,000
수 선 부 문	₩100,000	공장사무부문	₩100,000		

(2) 부문공통원가

보 험 료	₩100,000	복리후생비	₩80,000	전 기 료	₩40,000

(3) 부문공통원가 배부기준

구분	제1제조 부문	제2제조 부문	동력부	수선부	공장사무부
점유면적	300㎡	100㎡	200㎡	250㎡	150㎡
종업원수	100명	50명	25명	35명	40명
전력사용량	60kw	40kw	100kw	20kw	30kw

(4) 각 부문의 제조간접원가와 부문 상호간의 용역수수관계

이용 부문 / 제공 부문	제조 부문		보조 부문			합계
	제1부문	제2부문	동력부	수선부	공장사무부	
동 력 부	40%	50%	-	10%	-	100%
수 선 부	40	30	20%	-	10%	100
공장사무부	40	40	10	10	-	100

물음 다음 배부 방법을 이용하여 보조부문원가를 각 제조 부문에 배부하시오.

1. 직접배부법
2. 단계배부법
3. 상호배부법

해답

* 각 제조 부문과 보조 부문의 부문원가 합계는 p. 127의 「부문원가배부표」 참조

1. 직접배부법

	제조부문		보조부문			합계
	제1부문	제2부문	동력부	수선부	공장사무부	
부문원가 합계	₩471,600	₩632,400	₩244,000	₩139,400	₩132,600	₩1,620,000
보조부문원가 배부						
동 력 부	₩108,444[1]	₩135,556	(₩244,000)	-	-	
수 선 부	79,657[2]	59,743	-	(₩139,400)	-	
공장사무부	66,300[3]	66,300	-	-	(₩132,600)	
합 계	₩726,001	₩893,999	₩0	₩0	₩0	₩1,620,000

1) $₩244,000 \times \frac{0.4}{0.4+0.5} = ₩108,444$

2) $₩139,400 \times \frac{0.4}{0.4+0.3} = ₩79,657$

3) $₩132,600 \times \frac{0.4}{0.4+0.4} = ₩66,300$

2. 단계배부법

	제조부문		보조부문			합계
	제1부문	제2부문	공장사무부	수선부	동력부	
부문원가 합계	₩471,600	₩632,400	₩132,600	₩139,400	₩244,000	₩1,620,000
보조부문원가 배부						
동 력 부	97,600[1]	122,000	-	24,400	(244,000)	
수 선 부	81,900[2]	61,425	20,475	(₩163,800)	-	
공장사무부	76,538[3]	76,537	(153,075)	-	-	
합 계	₩727,638	₩892,362	₩0	₩0	₩0	₩1,620,000

1) $₩244,000 \times \frac{0.4}{0.4+0.5+0.1} = ₩97,600$

2) $₩163,800 \times \frac{0.4}{0.4+0.3+0.1} = ₩81,900$

3) $₩153,075 \times \frac{0.4}{0.4+0.4} = ₩76,538$

3. 상호배부법

동력부의 원가를 A, 수선부의 원가를 B, 공장사무부의 원가를 C라 하면 보조 부문 간에 다음 식이 성립한다.

A = ₩244,000 + 0.2B + 0.1C

B = ₩139,400 + 0.1A + 0.1C

C = ₩132,600 + 0.1B

위의 연립방정식을 풀면 A는 ₩295,920, B는 ₩184,093, C는 ₩151,009가 된다.

A, B, C 보조부문원가를 각 제조 부문에 배분하면 다음과 같다.

	제조부문		보조부문			합계
	제1부문	제2부문	동력부	수선부	공장사무부	
부문원가 합계	₩471,600	₩632,400	₩244,000	₩139,400	₩132,600	₩1,620,000
보조부문원가 배부						
동 력 부	₩118,368[1)]	₩147,960	(₩295,920)	₩29,592	-	
수 선 부	73,637[2)]	55,228	36,819	(184,093)	₩18,409	
공장사무부	60,404[3)]	60,403	15,101	15,101	(151,009)	
합 계	₩724,009	₩895,991	₩0	₩0	₩0	₩1,620,000

1) $₩295,920 \times \frac{0.4}{0.4+0.5+0.1} = ₩118,368$

2) $₩184,093 \times \frac{0.4}{0.4+0.3+0.2+0.1} = ₩73,637$

3) $₩151,009 \times \frac{0.4}{0.4+0.4+0.1+0.1} = ₩60,404$

연습문제

REVIEW EXERCISES

주관식

01 부문별원가계산의 목적을 논술하시오.

02 부문별원가계산의 기본절차 및 흐름을 설명하시오.

03 직접배부법, 단계배부법, 상호배부법 등을 비교 · 설명하시오.

04 다음을 설명하시오.

① 부문개별원가

② 부문공통원가

③ 단일배부율법

④ 이중배부율법

⑤ 제조 부문/보조 부문

05 부문원가의 1단계 배부

청원회사 공장 부문들의 부문개별원가와 부문공통원가의 배부기준은 다음과 같다.

부문원가 미배부표

부문원가 \ 부문	제조 부문		보조 부문			합계
	제1부문	제2부문	공장사무부	동력부	수선부	
부 문 개 별 원 가						
간 접 재 료 원 가	₩10,000	₩8,500	₩4,500	₩7,200	₩3,800	₩34,000
간 접 노 무 원 가	13,000	7,000	6,200	8,000	5,800	40,000
소 계	₩23,000	₩15,500	₩10,700	₩15,200	₩9,600	₩74,000
부 문 공 통 원 가						
복 리 후 생 비						₩22,000
기계감가상각비						54,000
전 기 료						76,000
소 계						₩152,000
부 문 원 가 합 계						₩226,000

부문공통원가 배부기준

	제조 부문		보조 부문			합 계
	제1부문	제2부문	공장사무부	동력부	수선부	
종 업 원 수	8명	7명	4명	2명	1명	22명
전 력 사 용 량	60kw	30kw	20kw	12kw	30kw	152kw
기 계 가 액	₩10,000	₩8,000	₩6,000	1,000	₩2,000	₩27,000

물음 (1) 부문공통원가의 배부기준을 결정하시오.

(2) 제조간접원가의 부문원가배부표를 작성하시오.

06 제조간접원가의 배부

현대상사는 2개의 제조 부문과 2개의 보조 부문으로 원가계산 조직이 이루어져 있다. 20×1년도 각 부문별 제조간접원가와 조업도는 다음과 같이 발생하였다.

1. 제조 부문

	절단부	연마부	합 계
① 제조간접원가	₩160,000	₩240,000	₩400,000
② 조업도			
- 직접노동시간	600시간	400시간	1,000시간
- 기계작업시간	800	1,200	2,000

2. 보조 부문

	S_1	S_2	합 계
① 제조간접원가	₩120,000	₩80,000	₩200,000
- 변동제조간접원가	100,000	20,000	
- 고정제조간접원가	20,000	60,000	
② 조업도			
- 예산조업도	1,000kwh	120시간	
- 실제조업도	800	100	

3. 보조 부문의 용역제공 자료

	제 조 부 문		
	절단부	연마부	합 계
① S_1			
- 최대조업도	600kwh	400kwh	1,000kwh
- 실제조업도	400	400	800
② S_2			
- 실제조업도	80시간	20시간	100시간

4. ① 보조부문원가는 직접배부법을 적용하여 제조 부문에 배분한다.
   ② 부문별 제조간접원가배부율 계산 시, S_1 보조부문원가는 이중배부율법, S_2 보조부문원가는 단일배부율법을 사용하여 제조 부문에 배분한다.
   ③ 절단부는 기계작업시간, 연마부는 직접노동시간을 기준으로 부문별 제조간접원가배부율을 계산한다.

물음 (1) 공장 전체의 제조간접원가배부율을 계산하시오.(직접노동시간 이용)
(2) 부문별 제조간접원가배부율을 계산하시오.
(3) 상기 2가지 방법 중 합리적인 방법은 어느 것인지를 설명하시오.

07 보조부문원가의 배부 방법

개별원가계산제도를 채택하고 있는 ㈜통일공업사는 2개의 제조 부문(P_1, P_2)과 2개의 보조 부문(S_1, S_2)으로 구성되어 있다. 20×1년도 12월 중 부문별원가 및 조업 자료와 제조지령서 #105의 자료는 다음과 같다.

1. 부문별 제조간접원가 배부표

	보조 부문		제조 부문		합 계
	S_1	S_2	P_1	P_2	
부문개별원가	₩50,000	₩60,000	₩160,000	₩200,000	₩470,000
부문공통원가	40,000	20,000	40,000	90,000	190,000
합 계	₩90,000	₩80,000	₩200,000	₩290,000	₩660,000

2. 용역제공비율

용역사용 부문 / 용역제공 부문	보조 부문		제조 부문	
	S_1	S_2	P_1	P_2
S_1	-	10%	40%	50%
S_2	20%	-	20	60

3. 제조지시서 #105(A제품 100개 생산)의 자료

	P_1	P_2	합 계
직접재료원가	₩45,000	₩22,000	₩67,000
직접노무원가	10,000	25,000	35,000
직접노동시간	20시간	45시간	65시간
기계작업시간	60	20	80

4. 제조 부문의 직접노동시간과 기계작업시간

	P_1	P_2	합 계
직접노동시간	600시간	1,600시간	2,200시간
기계작업시간	1,300	400	1,700

물음 (1) 직접배부법을 이용하여 보조부문원가를 제조 부문에 배부하시오.

(2) 단계배부법을 이용하여 보조부문원가를 제조 부문에 배부하시오.(단, $S_1 \rightarrow S_2$의 순서로 배부)

(3) 상호배부법을 이용하여 보조부문원가를 제조 부문에 배부하시오.

(4) 다음 2종류의 제조간접원가배부율을 계산하시오.

① 공장 전체의 제조간접원가배부율(직접노동시간 기준)

② 제조부문별 제조간접원가배부율(P_1은 기계작업시간, P_2는 직접노동시간 기준)

(5) 제조지시서 #105(A제품)의 개별원가계산서를 작성하시오.

(직접배부법을 적용하고, [물음] (4)의 제조부문별 제조간접원가배부율 기준 이용)

객관식

01 다음 중 부문비 계산 대상은? ▸ 행자부 9급

① 매출원가 ② 재공품 ③ 제조간접비 ④ 제품

02 다음 중 보조부문비 배부 방법이 아닌 것은? ▸ 전산회계 1급

① 총원가비례법(요소별비례법) ② 단계배부법
③ 직접배부법 ④ 상호배부법

03 다음은 원가계산준칙의 내용이다. 일치하지 않는 규정은? ▸ 기업회계 1급

① 원가 부문은 원가 요소를 분류 · 집계하는 계산상의 구분으로서 제조 부문과 보조 부문으로 구분한다.
② 원가의 부문별 계산은 원가 요소를 제조 부문과 보조 부문에 배부하고, 보조부문비는 직접배부법 · 단계배부법 또는 상호배부법 등을 적용하여 각 제조 부문에 합리적으로 배부한다.
③ 비정상적으로 발생한 원가차이는 회계연도의 매출원가와 기말재고자산에 배분한다.
④ 제조간접비의 표준은 부문별 또는 작업단위별로 일정 기간에 발생할 제조간접비의 예정액으로 산정한다.

04 원가의 부문별 계산절차 순서로 올바른 것은? ▸ 행자부 9급

㉠ 부문공통비 각 부문에 배부	㉡ 보조부문비 제조 부문에 배부
㉢ 부문직접비 각 부문에 부과	㉣ 제조부문비 각 제품에 배부

① ㉠ - ㉡ - ㉢ - ㉣ ② ㉡ - ㉢ - ㉣ - ㉠
③ ㉢ - ㉠ - ㉡ - ㉣ ④ ㉣ - ㉡ - ㉢ - ㉠

05 다음은 부문별원가계산에 관한 설명이다. 가장 적합하지 않은 것은? ▸ 전산세무 1급

① 원가 부문은 원가 요소를 분류 · 집계하는 계산상의 구분으로서 제조 부문과 보조 부문으로 구분한다.
② 제조 부문은 직접 제조작업을 수행하는 부문을 말하며 제조 활동 등에 따라 세분할 수 있다.
③ 보조 부문은 직접 생산 활동을 수행하지 아니하고 제조 부문을 지원 · 보조하는 부문으로서 그 수행하는 내용에 따라 세분할 수 있다
④ 부문별원가계산이 완료되면, 부문별원가를 매출원가계정에 대체한다.

06 보조부문비를 제조 부문에 배부할 때 보조 부문 간의 용역수수관계를 완전하게 고려하는 방법으로 보조부문비를 제조 부문뿐만 아니라 보조 부문 간에도 배부하는 방법은? ▸ 행자부 9급

① 직접배부법 ② 간접배부법
③ 상호배부법 ④ 계단식배분법

07 다음 중 부문비배분법의 설명으로 틀린 것은? ▸ 전산회계 1급

① 단계배분법은 보조 부문 간의 용역제공을 일부만 고려하는 방법이다.
② 직접배분법은 보조 부문 상호간에 주고받는 용역의 정도를 고려하지 않는다.
③ 상호배분법은 보조 부문 상호간의 용역수수를 전부 고려하는 가장 정확한 원가배분방식이다.
④ 상호배분법은 직접배분법과 단계배분법의 절충적인 중간 형태이다.

08 ㈜한우물은 단계배부법을 이용하여 보조 부문 제조간접비를 제조 부문에 배부하고자 한다. 각 부문별 원가발생액과 보조 부문의 용역공급이 다음과 같을 경우 수선 부문에서 절단 부문으로 배부될 제조간접비는 얼마인가?(단, 전력 부문부터 배부한다고 가정함) ▸ 전산회계 1급

구 분	제조 부문		보조 부문	
	조립 부문	절단 부문	전력 부문	수선 부문
자기 부문 제조간접비	₩200,000	₩400,000	₩200,000	₩360,000
전력 부문 동력공급(kw)	300	100	-	100
수선 부문 수선공급(시간)	10	40	50	-

① ₩160,000 ② ₩200,000 ③ ₩244,000 ④ ₩320,000

09 보조부문원가를 직접배분법에 의해 제조 부문에 배부할 경우 절단 부문에 배부되는 보조부분원가의 합계는? ▸ 국가직 9급

	제조 부문		보조 부문	
	A(절단)	B(조립)	동력 부문	수선 부문
배분전원가	₩80,000	₩50,000	₩30,000	₩40,000
동력사용량	40	20	-	40
수선횟수	5	3	2	

① ₩32,000 ② ₩37,000 ③ ₩40,000 ④ ₩45,000

10 다음 자료에 의하여 A제조 부문비 합계액을 계산하면 얼마인가? ▸ 행자부 9급
(보조부문비의 배부는 상호배부법에 의할 것)

구분	A제조 부문	B제조 부문	동력 부문	수선 부문
자기 부문 발생액	₩140,000	₩80,000	₩47,000	₩40,000
동력부문비 배부기준	40%	40%	-	20%
수선부문비 배부기준	50%	25%	25%	-

① ₩174,200 ② ₩178,800 ③ ₩179,500 ④ ₩190,000

11 ㈜서로는 자동차를 생산하고 있다. 회사는 승용차를 생산하는 부문과 승합차를 생산하는 부문을 이익중심점으로 운영하고, 그 밖에 이들 생산 부문을 지원하는 자재부와 시설관리부를 두고 있다. 자재부는 시설관리부를 위해 자재를 구입하여 주고, 시설관리부는 자재부의 시설을 관리한다. 갑과 을은 각각 승용차와 승합차 생산 부문을 책임지고 있는데, 부문별 성과평가를 앞두고 신경이 매우 곤두서 있는 상태다. 아래의 원가 자료를 부문 간 배부기준으로 사용하여 직접배부법 또는 상호배부법에 의해 부문별원가계산을 하려 한다. 아래의 원가 자료를 제외하고 승용차와 승합차 생산 부문 간에 다른 모든 사항이 동일하다면 다음 중 타당한 것은? ▸ 공인회계사
(단, 지원 부문인 자재부와 시설관리부의 배부대상원가는 각각 ₩100이다.)

〈부문 간 배부기준자료〉

공급부서 \ 사용부서	자재 부문	시설관리 부문	승용차 부문	승합차 부문	합계
자재 부문	-	₩5	₩45	₩50	₩100
시설관리 부문	₩10	-	₩30	₩60	₩100

① 갑에게는 직접배부법, 을에게는 상호배부법이 유리하다.
② 갑에게는 상호배부법, 을에게는 직접배부법이 유리하다.
③ 갑, 을 모두 직접배부법이 유리하다.
④ 갑, 을 모두 상호배부법이 유리하다.
⑤ 갑, 을 모두 어떤 방법을 사용하든 유리하거나 불리하지 않다.

12 대한회사는 제조 부문(성형, 조립)과 보조 부문(수선, 동력)을 이용하여 제품을 생산하고 있으며, 제조 부문과 보조 부문에 관련된 자료는 다음과 같다.

제공부문	제조 부문		보조 부문		합계
	성 형	조 립	수 선	동 력	
수 선	400시간	200시간	100시간	400시간	1,100시간
동 력	4,000kW	4,000kW	8,000kW	2,000kW	18,000kW

수선 부문와 동력 부문에 집계된 부문원가는 각각 ₩160,000, ₩80,000이다. 대한회사는 상호배분법을 사용하여 보조부문원가를 제조 부문에 배분한다. 조립 부문에 배분될 보조부문원가는 얼마인가?
▸ 세무사

① ₩80,000 ② ₩95,000 ③ ₩110,000 ④ ₩125,000 ⑤ ₩145,000

13 ㈜한강은 두 개의 제조 부문(P_1, P_2)과 두 개의 보조 부문(S_1, S_2)으로 운영된다. 회사는 상호배부법을 이용하여 보조부문비를 제조 부문에 배부하고 있으며, 각 보조 부문의 용역제공비율은 다음과 같았다.

보조 부문	제조 부문		보조 부문	
	P_1	P_2	S_1	S_2
S_1	50%	30%	-	20%
S_2	40%	40%	20%	-
부문비	?	?	X	?

두 개의 보조 부문(S_1, S_2)으로부터 P_1에 배부된 금액은 ₩50,000이고, P_2에 배부된 금액은 ₩40,000이었다. 부문비 배부 전 S_1에 집계된 원가(X)는 얼마인가? ▸ 공인회계사

① ₩37,500 ② ₩38,200 ③ ₩47,200 ④ ₩52,500 ⑤ ₩57,200

14 다음 자료에 의하여 보조부문비를 단계배부법으로 배부할 경우 제1제조 부문비의 합계는?(단, 수선부문비를 먼저 배부한다.) ▸ 행정안전부 9급

비목	배부기준	제조 부문		보조 부문	
		제1제조 부문	제2제조 부문	동력 부문	수선 부문
자기 부문 발생액		₩100,000	₩80,000	₩40,000	₩20,000
보조부문비 배부					
동력부문비	kwh	5,000	4,000	-	1,000
수선부문비	시간	100	50	50	-

① ₩25,000 ② ₩105,500 ③ ₩122,500 ④ ₩135,000

15 서울제조는 두 개의 서비스 부문과 두 개의 제조 부문으로 구성되어 있다. 다음은 각 부문에 대한 자료이다.

	서비스 부문		제조 부문	
	일반관리	청소	압축	연마
간접원가	₩80,000	₩60,000	₩75,000	₩92,000
종업원 수	30명	60명	360명	180명
점유면적	18,000m²	25,000m²	60,000m²	90,000m²

서울제조는 일반관리부문원가를 종업원 수로 먼저 배부하고 그리고 청소부문원가를 점유면적으로 배부하는 단계별배부법을 사용한다. 서비스 부문의 원가를 배부하고 난 후 압축 부문의 총간접원가

는 얼마인가? ▸ 감정평가사

① ₩152,333 ② ₩168,550 ③ ₩150,200 ④ ₩155,700 ⑤ ₩169,332

16 ㈜행복자동차는 한 개의 보조 부문(수선 부문)과 두 개의 제조 부문(조립 부문과 도장 부문)으로 구성되어 있다. 수선 부문은 제조 부문에 설비수선 용역을 제공하고 있는데, 각 제조 부문에 대한 최대공급노동시간과 실제공급노동시간 그리고 수선부문발생원가는 다음과 같다.

	조립 부문	도장 부문	합 계
최대공급노동시간	500시간	700시간	1,200시간
실제공급노동시간	500시간	500시간	1,000시간

	수선 부문
변동원가	₩40,000
고정원가	₩12,000
합계	₩52,000

보조 부문(수선 부문)의 원가를 공급노동시간을 기준으로 이중배부율법을 적용하여 제조 부문에 배부한다고 할 때 조립 부문에 배부될 원가는? ▸ 국가직 9급

① ₩5,000 ② ₩20,000 ③ ₩25,000 ④ ₩27,000

17 부문별 개별원가계산을 채택하고 있는 대한조선의 다음 원가계산 자료를 이용하여 화물선에 배부될 제조간접비를 구하시오. ▸ 세무사

(1) 제조간접비에 대한 부문비 내역

제조 부문		보조 부문		
제1공정	제2공정	수선부	동력부	생산관리부
₩3,800,000	₩3,200,000	₩1,100,000	₩900,000	₩2,000,000

(2) 보조부문비의 배부는 단계(계단식)배부법을 사용하며, 보조 부문 상호간의 배부순서는 생산관리, 동력, 수선 부문의 순으로 하여 다음의 배부기준에 의한다.

	제1공정	제2공정	수선부	동력부
생산관리부	40%	40%	15%	5%
동력부	50	40	10	-
수선부	60	40		

(3) 제품별 제조간접비 배부를 위한 공장별 작업시간집계표

	제1공정	제2공정
화물선	800시간	400시간
유조선	500	300
군함	700	300
	2,000시간	1,000시간

① ₩4,686,000 ② ₩4,595,000 ③ ₩4,400,000 ④ ₩4,690,000 ⑤ ₩4,658,000

18 한일세무법인은 계약건별로 추적이 가능한 원가는 직접비로 파악하고, 간접비에 대해서는 복수의 간접비집합으로 분류한 다음 각각의 간접비배부율을 적용하여 원가계산을 한다. 다음 자료를 토대로 한일해운의 세무조정계약건에 대한 원가를 산출하시오. ▸ 세무사

(1) 직접노무비: 한일해운의 계약건과 관련하여 책임세무사 200시간, 담당세무사 400시간이 투입되었으며, 관련 자료는 다음과 같다.

구 분	인 원 수	연간총투입시간(조업도)	연간급여
책임세무사	10명	1,600시간 × 10명 = 16,000시간	₩800,000,000
담당세무사	40	1,600시간 × 40명 = 64,000	1,600,000,000
계		80,000시간	₩2,400,000,000

(2) 한일해운의 세무조정계약건에서 발생된 직접노무비 이외의 직접비: ₩2,600,000

(3) 간접비는 연간 총 ₩496,000,000이며, 관련 자료는 다음과 같다.

가. 일반관리비(세무사 총투입시간에 비례하여 배분)	₩240,000,000
나. 보험료(세무사 직접노무비에 비례하여 배분)	96,000,000
다. 비서실운영비(책임세무사 투입시간에 비례하여 배분)	160,000,000
계	₩496,000,000

① ₩22,600,000 ② ₩27,750,000 ③ ₩26,300,000 ④ ₩35,300,000 ⑤ ₩27,200,000

※ 다음 자료에 의하여 문제 19번과 20번에 답하시오. ▸ 공인회계사

㈜동운은 두 개의 제조 부문(P_1, P_2)과 세 개의 보조 부문(S_1, S_2, S_3)을 가지고 있으며, 부문 간의 용역수수관계와 보조 부문의 원가 자료는 다음과 같다.

사용 부문 / 공급 부문	제조 부문		보조 부문			합계
	P_1	P_2	S_1	S_2	S_3	
S_1	4,000단위	3,000단위	0단위	1,500단위	1,500단위	10,000단위
S_2	5,000단위	4,000단위	1,000단위	0단위	0단위	10,000단위
S_3	4,000단위	5,000단위	1,000단위	0단위	0단위	10,000단위
변동원가	?	?	₩300,000	₩200,000	₩100,000	?
고정원가	?	?	₩500,000	₩100,000	₩200,000	?

㈜동운은 동일한 생산 수준을 유지하면서 보조 부문 S_1의 용역을 모두 외부로부터 구입하고자 하며, 이 경우에 보조 부문 S_1의 고정원가 10%, 보조 부문 S_2의 고정원가 5%, 보조 부문 S_3의 고정원가 5%가 각각 감소할 것으로 예상된다.

19 보조 부문 S_1의 용역을 모두 외부로부터 구입하는 경우, ㈜동운이 필요로 하는 보조 부문 S_1의 용역은 몇 단위인가?

① 9,600단위 ② 9,700단위 ③ 9,800단위 ④ 9,900단위 ⑤ 10,000단위

20 보조 부문 S_1의 용역을 모두 외부로부터 구입하는 경우, ㈜동운이 외부구입으로 인한 손실을 발생시키지 않고 지급할 수 있는 보조용역 S_1의 최대 구입금액은 얼마인가?

① ₩365,000 ② ₩375,000 ③ ₩385,000 ④ ₩395,000 ⑤ ₩405,000

객관식 해답

1	2	3	4	5	6	7	8	9	10
③	①	③	③	④	③	④	④	④	④
11	12	13	14	15	16	17	18	19	20
①	②	①	④	③	③	③	⑤	②	④

"And that government of the people, by the people, for the people, shall not perish from the earth."

– Abraham Lincoln

전 가난한 집에서 태어나 정상적인 학교 교육을 받지 못했습니다.
사업을 하다 두 번 망했고, 선거에서는 여덟번 낙선했습니다.
사랑하는 여인을 잃고 정신병원 신세를 지기도 했습니다.
제가 운이 나쁜 사람이라고요? 글쎄요…
참, 하나를 빼먹었군요.
저는 인생 막바지에 미국의 16대 대통령이 되었습니다.
제 이름은 링컨입니다.

– 에이브라함 링컨(미국 대통령)

07 개별원가계산

개별원가계산은 성능·규격·품질 등이 서로 다른 다양한 종류의 제품을 각 개별 작업별로 원가를 계산한 후, 개별 제품별로 원가를 계산한다.

1절 단순개별원가계산

개별원가계산(job order costing)은 성능, 규격, 품질 등이 서로 다른 여러 종류의 제품을 각 개별 작업별로 원가를 계산한 후, 개별 제품별로 원가를 계산하는 방법이다. 개별원가계산은 제품을 주문에 의해 소량으로 생산하는 업종에 적합한 원가계산 방법이다. 예를 들면 조선업, 기계공업, 항공기 제조업, 건설업 등에 적합하며, 서비스업(회계법인 · 법무법인 · 컨설팅업체 · 병원 등)에도 적용 가능하다.

단순개별원가계산은 부문별원가계산을 거치지 않고 요소별원가계산에서 직접 제품별원가계산을 수행하는 방법이다. 원가계산의 정확성 측면에서는 부문별원가계산을 수행하는 것이 바람직하기는 하지만, 기업규모가 영세하거나 부문별원가계산의 경제성이 낮은 경우 등에 채택할 수 있는 개별원가계산 방법이다.

1. 개별원가계산 절차

개별원가계산은 본질적으로 원가 부담자별로 계산하기 때문에 원가 요소를 직접원가와 간접원가로 구분하고, 직접원가는 관련 생산 제품의 원가를 직접 부과하고, 공통적으로 투입된 제조간접원가는 합리적인 배부기준을 적용하여 관련 제품의 원가로 배부한다. 따라서 개별원가계산은 제조간접원가의 제품(작업)별 배부가 매우 중요하며, 원가계산시점의 완성원가는 당기제품제조원가이고 미완성원가는 기말재공품원가이므로 기말재공품의 계산은 별도로 하지 않는다.

개별원가계산의 절차

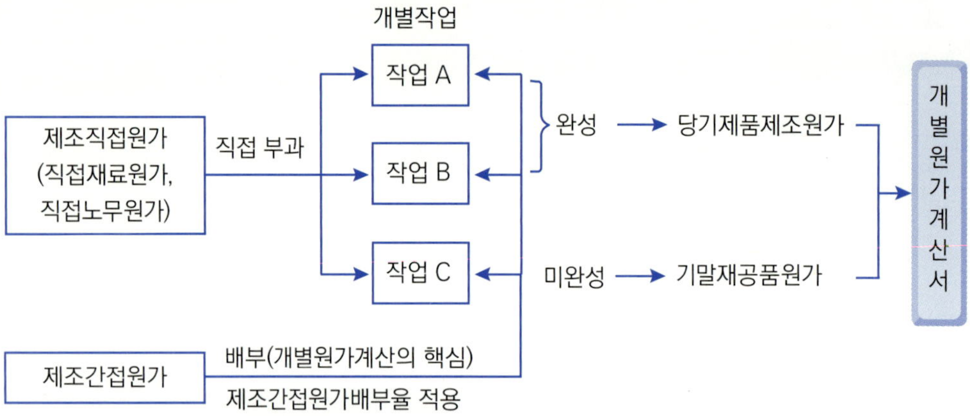

주) ① 제조원가를 개별 작업별로 구분하여 작업원가표에 계상
② 투입원가를 직접원가와 간접원가로 구분하여 계산
- 직접원가: 직접재료원가, 직접노무원가(개별 작업에 직접 부과)
- 제조간접원가: 제조간접원가배부율을 적용하여 각 작업에 배부

③ 당기제품제조원가와 기말재공품원가 계산
- 당기제품제조원가: 완제품에 투입된 원가(포괄손익계산서의 매출원가에 반영)
- 기말재공품원가: 생산 과정에 투입된 미완성품에 대한 원가(재무상태표의 재고자산에 반영)

④ 제조지시서

제조지시서 제 호

주 문 자 ________ 20×1년 월 일 발행 납품장소 ________
주문서번호 ________ 납품기일 ________
주 문 일 자 ________ 인도방법 ________

품 명	규 격	수 량	착 수 일	완료일	비 고

귀하 발행자 인

개별원가계산은 소량 · 다품종 생산에 적합한 원가계산 방법으로 다음과 같은 특징이 있다.

첫째, 개별원가계산은 특정제조지시서(specific production order)를 발행하여 제품의 원가를 개별적으로 계산한다.

둘째, 개별원가계산에서는 제조원가 요소를 직접원가와 간접원가로 구분하여 제품원가를 계산한다.

셋째, 개별원가계산에서는 원가가 제조지시서별로 계산되므로 기말재공품의 원가는 별도로 계산하지 않는다.

개별원가계산표

원가계산표

주 문 자	________	제조지시서 No.	________
제 품 명	________	제 조 착 수 일	________
규격명세서 No.	________	제 조 완 료 일	________
제 조 수 량	________	제품인도예정일	________

직접재료원가			직접노무원가			제조간접원가		
일자	적 요	금액	일자	적 요	금액	일자	적 요	금액
	(재료출고청구서 번호)			(작업시간표 번호)			(제조간접원가 예정배부율에 의거)	
합계			합계			합계		

구분	실 제	예 산	차 이	비 고
직접재료원가 직접노무원가 제조간접원가				
제 조 원 가				
제 조 수 량				
단 위 당 원 가				

2. 개별원가계산의 원가흐름

개별원가계산은 특정 제조지시서에 의해 개시되며, 특정 제조지시서에 근거한 개별원가계산표(job-cost sheet)를 작성함으로써 원가계산이 완료된다. 특정 제조지시서는 품질, 규격 등이 다른 개별 제품의 제조나 특정 작업을 제조 부서에 지시하는 양식이다.

그리고 개별원가계산표는 개별 제품 생산에 투입된 원가를 계산하는 양식으로 총계정원장의 재공품계정, 보조원장인 원가원장 등에서 계상된 원가명세를 근거로 기록한다.

개별원가계산의 원가흐름

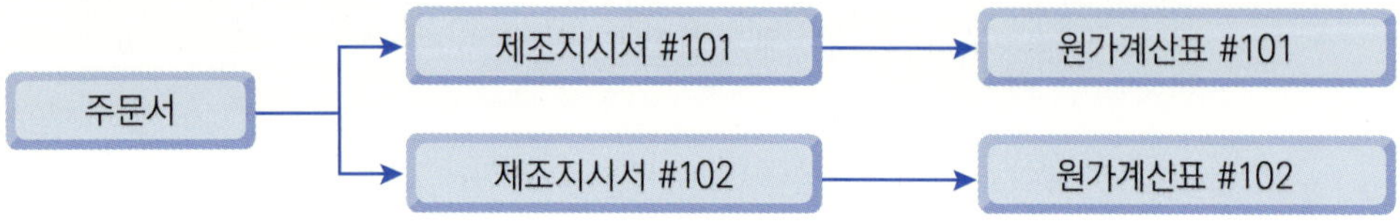

보조원장

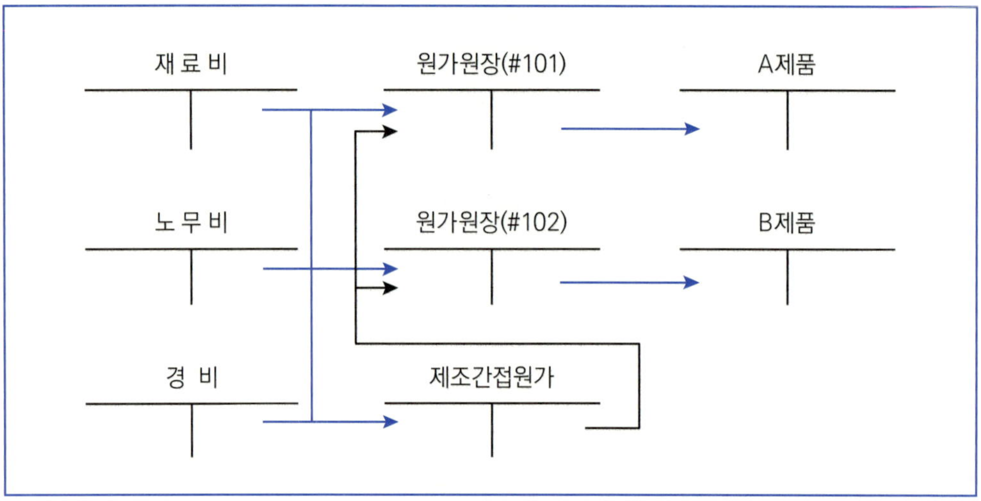

총계정원장

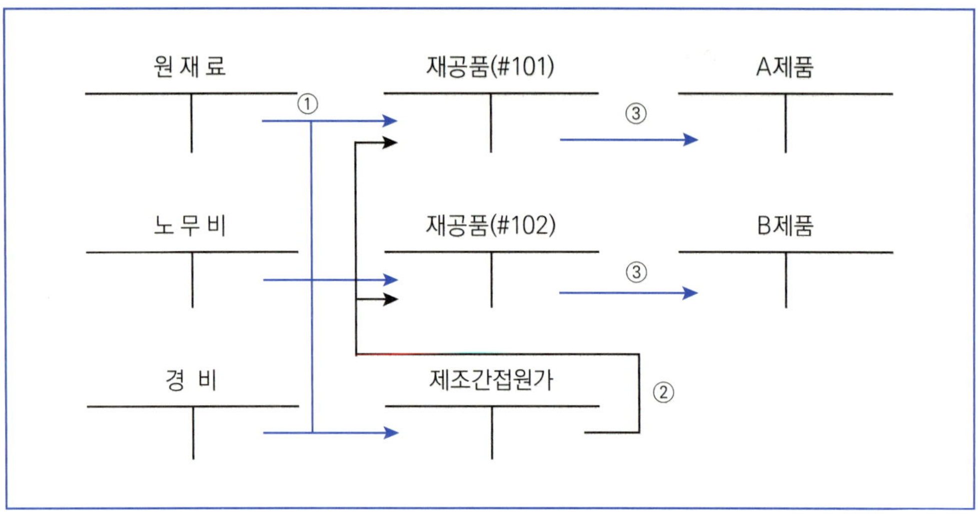

예제

SOLVE PRACTICE PROBLEM

현대상사는 개별원가계산을 적용하고 있다. 금년 1월 1일 현재 미완성된 작업 #101의 발생원가는 ₩40,000이었다. 1월 중에 작업 #101은 완료되었으며, 작업 #102는 착수되었다. 1월 중에 작업별로 계상된 제조 직접원가는 다음과 같다.

구 분	#101	#102	합 계
직접재료원가	₩0	₩20,000	₩20,000
직접노무원가	10,000	15,000	25,000
합 계	₩10,000	₩35,000	₩45,000

① 1월 1일 현재의 원재료 재고액은 ₩4,000이며, 1월 중의 원재료 매입액은 ₩30,000이다. 1월 중에 발생한 제조간접원가(₩39,000)의 내역은 다음과 같다.

간접재료원가	₩10,000	간접노무원가	₩5,000
감가상각비	10,000	보험료	6,000
전기료	8,000		

② 제조간접원가는 직접노무원가를 기준으로 각 작업(#101, #102)에 배부하고 있으며, 1월 초의 제품 재고는 없었다.

물음 1. 1월 중에 발생한 거래를 분개하고, T-계정에 전기하시오.
2. 개별원가계산표를 작성하시오.

해답

1. 분개

①	(차)	원 재 료	30,000	(대)	매 입 채 무	30,000
②	(차)	재 공 품 #102	20,000	(대)	원 재 료	30,000
		제 조 간 접 원 가	10,000			
③	(차)	재 공 품 #101	10,000	(대)	미 지 급 임 금	30,000
		재 공 품 #102	15,000			
		제 조 간 접 원 가	5,000			
④	(차)	제 조 간 접 원 가	24,000	(대)	감 가 상 각 비	10,000
					보 험 료	6,000
					전 기 료	8,000
⑤	(차)	재 공 품 #101	15,600	(대)	제 조 간 접 원 가	39,000
		재 공 품 #102	23,400			

(주) 제조간접원가의 (실제)배부율: $\frac{₩39,000}{₩25,000} \times 100 = 156\%$

작업 #101의 제조간접원가 ₩10,000 × 156% = ₩15,600

작업 #102의 제조간접원가 ₩15,000 × 156% = ₩23,400

⑥ (차) 제품 #101 ₩65,600 (대) 재공품 #101 ₩65,600

원재료

차변		대변	
기초	4,000	②	30,000
①	30,000		

미지급임금

차변		대변	
		③	30,000

제조간접원가

차변		대변	
②	10,000	⑤	39,000
③	5,000		
④	24,000		

재공품 #101

차변		대변	
기초	40,000	⑥	65,600
③	10,000		
⑤	15,600		

재공품 #102

차변		대변	
②	20,000	기말	58,400
③	15,000		
⑤	23,400		

제 품

차변		대변	
⑥	65,600		

매입채무

차변		대변	
		①	30,000

감가상각비

차변		대변	
		④	10,000

보험료

차변		대변	
		④	6,000

전기료

차변		대변	
		④	8,000

2.

개별원가계산표

구분	작업 #101	작업 #102	합 계
기 초 재 공 품	₩40,000	₩0	₩40,000
직접재료원가	0	20,000	20,000
직접노무원가	10,000	15,000	25,000
제조간접원가	15,600	23,400	39,000
합 계	₩65,600	₩58,400	₩124,000

2절 부문별 개별원가계산

부문별 개별원가계산은 요소별원가계산에서 부문별원가계산을 거친 후, 제품별원가계산을 수행하는 방법이다. 부문별 개별원가계산은 원가계산의 정확성이 제고되고, 원가관리의 효율성 제고 등의 장점이 있기 때문에 대부분의 기업들이 선호하는 방법이다.

부문별 개별원가계산의 원가흐름

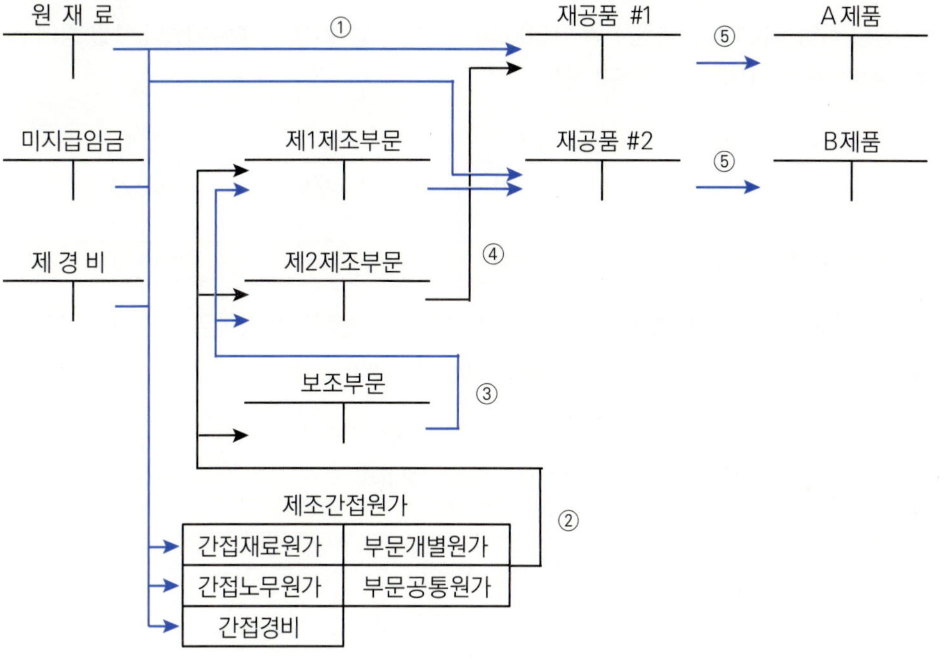

부문별 개별원가계산의 원가흐름과 절차는 기본적으로 단순개별원가계산과 차이는 없으나, 제조간접원가를 부문별로 집계하여 계산하는 차이점이 있다. 부문별 개별원가계산의 절차 및 원가흐름을 요약하면 다음과 같다.

① 요소별원가계산을 통해 직접원가는 제조지시서별 재공품계정에 계상한다.

② 간접원가는 제조간접원가계정에 대체한다.

③ 제조간접원가를 부문개별원가와 부문공통원가로 분류한 후, 부문개별원가는 각 제조 부문과 보조 부문에 직접 부과하고, 부문공통원가는 합리적인 배부기준에 의해 각 부문에 배부한다.(1단계 배부)

④ 각 보조 부문에 계상된 제조간접원가를 제조 부문에 배부한다.(2단계 배부)

⑤ 제조 부문에 집계된 제조간접원가를 합리적인 배부기준을 적용하여 제조지시서별 재공품계정에 배부한다.(3단계 배부)

⑥ 당기제품제조원가를 계산한다. 제조지시서별로 완성된 재공품의 원가를 제품계정으로 대체한다.

예제

SOLVE PRACTICE PROBLEM

현대상사는 개별원가계산을 적용하고 있다. 금년 1월 중에 작업 #101은 완료(금년 1월 1일 현재 미완성된 작업 #101의 발생원가 ₩40,000)되었으며, 작업 #102는 착수되었다. 1월 중에 작업별로 계상된 제조 직접원가는 다음과 같다.

구 분	#101	#102	합 계
직접재료원가	₩0	₩20,000	₩20,000
직접노무원가	10,000	15,000	25,000
합 계	₩10,000	₩35,000	₩45,000

1월 1일 현재의 원재료 재고액은 ₩4,000이며, 1월 중의 원재료 매입액은 ₩30,000이다. 1월 중에 발생한 제조간접원가(₩39,000)의 내역은 다음과 같다.

간접재료원가	₩10,000	간접노무원가	₩5,000
감가상각비	10,000	보험료	6,000
전기료	8,000		

그리고 현대상사의 공장은 2개의 제조 부문과 2개의 보조 부문으로 구성되어 있으며, 제조간접원가는 부문별로 집계하여 배부하고 있다. 1월 중의 제조간접원가는 다음과 같으며 직접노동시간을 기준으로 제조지시서별로 배부한다.

(1) 부문개별원가

	제1제조 부문	제2제조 부문	동력부	수선부	합 계
간접재료원가	₩4,000	₩4,000	₩1,000	₩1,000	₩10,000
간접노무원가	2,000	1,500	1,000	500	5,000

(2) 부문공통원가

감 가 상 각 비	₩10,000	보 험 료	₩6,000	전 기 료	₩8,000

(3) 부문공통원가 배부기준

	제1제조 부문	제2제조 부문	동력부	수선부
기 계 가 액	₩200,000	₩200,000	-	-
점 유 면 적	100㎡	140㎡	40㎡	20㎡
전력사용량	30kw	40kw	10kw	-

(4) 보조부문원가는 직접배부법에 의해 제조 부문에 배부한다.

	제1제조 부문	제2제조 부문
동 력 부	40%	60%
수 선 부	50	50

(5) 1월 중 각 제조 부문의 직접노동시간은 다음과 같다.

	#101	#102	합 계
제1제조 부문	100시간	140시간	240시간
제2제조 부문	125	200	325

물음 1. 부문원가배부표를 작성하시오.
2. 1월 중에 발생한 거래를 분개하고, T-계정에 전기하시오.
3. 개별원가계산표를 작성하시오.

해답

1. **부문원가배부표**

원가 요소	배부기준	금액	제조 부문		보조 부문	
			제1부문	제2부문	동력부	수선부
부 문 개 별 원 가						
간 접 재 료 원 가		₩10,000	₩4,000	₩4,000	₩1,000	₩1,000
간 접 노 무 원 가		5,000	2,000	1,500	1,000	500
소 계		₩15,000	₩6,000	₩5,500	₩2,000	₩1,500
부 문 공 통 원 가						
감 가 상 각 비	기계가액	₩10,000	₩5,000	₩5,000	-	-
보 험 료	점유면적	6,000	2,000	2,800	₩800	₩400
전 기 료	전력사용량	8,000	3,000	4,000	1,000	-
소 계		₩24,000	₩10,000	₩11,800	₩1,800	₩400
부 문 원 가 합 계		₩39,000	₩16,000	₩17,300	₩3,800	₩1,900
동 력 부			₩1,520	₩2,280		
수 선 부			950	950		
제조 부문원가 합계		₩39,000	₩18,470	₩20,530		

2. 분개

		차변 계정	금액		대변 계정	금액
①	(차)	원 재 료	30,000	(대)	매 입 채 무	30,000
②	(차)	재 공 품 #102	20,000	(대)	원 재 료	30,000
		제 조 간 접 원 가	10,000			
③	(차)	재 공 품 #101	10,000	(대)	미 지 급 임 금	30,000
		재 공 품 #102	15,000			
		제 조 간 접 원 가	5,000			
④	(차)	제 조 간 접 원 가	24,000	(대)	감 가 상 각 비	10,000
					보 험 료	6,000
					전 기 료	8,000
⑤	(차)	제 1제조 부문	6,000	(대)	제 조 간 접 원 가 (부문개별원가)	15,000
		제 2제조 부문	5,500			
		동 력 부	2,000			
		수 선 부	1,500			
⑥	(차)	제 1제조 부문	10,000	(대)	제 조 간 접 원 가 (부문공통원가)	24,000
		제 2제조 부문	11,800			
		동 력 부	1,800			
		수 선 부	400			
⑦	(차)	제 1제조 부문	2,470	(대)	동 력 부	3,800
		제 2제조 부문	3,230		수 선 부	1,900
⑧	(차)	재 공 품 #101	7,696	(대)	제 1제조 부문	18,470
		재 공 품 #102	10,774			
⑨	(차)	재 공 품 #101	7,896	(대)	제 2제조 부문	20,530
		재 공 품 #102	12,634			
⑩	(차)	제 품 #101	65,592	(대)	재 공 품 #101	65,592

(주) ① 제조간접원가의 배부

- 제1제조 부문의 제조간접원가 배부율: $\frac{₩18,470}{240시간}$ = ₩76.96(직접노동시간)
- 제2제조 부문의 제조간접원가 배부율: $\frac{₩20,530}{325시간}$ = ₩63.17(직접노동시간)

② 제1제조 부문의 제조간접원가 배부

- 작업 #101: 100시간 × ₩76.96 = ₩7,696
- 작업 #102: 140시간 × ₩76.96 = ₩10,774

③ 제2제조 부문의 제조간접원가 배부

- 작업 #101: 125시간 × ₩63.17 = ₩7,896
- 작업 #102: 200시간 × ₩63.17 = ₩12,634

원재료

기초	4,000	②	30,000
①	30,000		

미지급임금

		③	30,000

제조간접원가

②	10,000	⑤	15,000
③	5,000	⑥	24,000
④	24,000		

제1제조부문

⑤	6,000	⑧	18,470
⑥	10,000		
⑦	2,470		

제2제조부문

⑤	5,500	⑨	20,530
⑥	11,800		
⑦	3,230		

재공품 #101

기초	40,000	⑩	65,592
③	10,000		
⑧	7,696		
⑨	7,896		

재공품 #102

②	20,000	기말	58,408
③	15,000		
⑧	10,774		
⑨	12,634		

제품

⑩	65,592 (#101)		

매입채무

		①	30,000

동력부

⑤	2,000	⑦	3,800
⑥	1,800		

수선부

⑤	1,500	⑦	1,900
⑥	400		

감가상각비

		④	10,000

보험료

		④	6,000

전기료

		④	8,000

3. **개별원가계산표**

	작업 #101 (완성)	작업 #102 (미완성)	합 계
기 초 재 공 품	₩40,000	₩0	₩40,000
직 접 재 료 원 가	0	20,000	20,000
직 접 노 무 원 가	10,000	15,000	25,000
제조간접원가(배부액)			
제1제조 부문	7,696	10,774	18,470
제2제조 부문	7,896	12,634	20,530
합 계	₩65,592	₩58,408	₩124,000

3절 정상개별원가계산

정상개별원가계산(normal job-order costing)은 각 개별 작업에 직접재료원가, 직접노무원가는 실제원가로 부과하고, 제조간접원가는 예정배부율에 의해 예정배부하는 원가계산 방법이다. 정상개별원가계산은 실제원가계산과 대비하여 다음과 같은 장점을 갖는다.

첫째, 원가정보를 적시에 제공할 수 있다. 제조간접원가에 대한 예정배부로 실제제조간접원가가 확정될 때까지 원가계산이 지연되지 않아 작업 종료 후 신속하게 원가계산을 수행할 수 있다.

둘째, 제조간접원가의 예정 및 실제 발생 간의 차이를 분석하여 합리적인 원가관리가 가능하다. 최근 총제조원가 대비 제조간접원가의 비중이 증대되고 있어 제조간접원가의 효율적인 관리가 강조되고 있다. 정상개별원가계산 하에서 제조간접원가의 배부차이를 분석할 수 있으며, 배부차이 금액, 발생원인, 발생에 대한 책임 등을 명확히 함으로써 합리적인 원가관리가 가능해진다.

셋째, 제품 원가계산에 일시적인 제조간접원가의 변동에 의한 영향을 사전에 제거할 수 있다. 제조간접원가 예정배부율은 연도별로 결정되므로 제품원가계산 시에 월별 조업도의 변동이나 실제 발생되는 제조간접원가의 변동 등으로 인한 영향을 받지 않는다

제조간접원가의 배부차이를 분석하는 방법은 무배분법(매출원가가감법, 영업외손익법, 이연법)과 비례배분법(총제조원가 비례배분법, 제조간접원가 비례배분법) 등이 있다.

제조간접원가 배부차이의 처리

구 분	특 징	종 류	배부차이 조정
무배분법	재고자산(제품, 재공품)의 제조간접원가를 예정배부액으로 계상	매출원가 가감법	매출원가에 가감
		영업외손익법	영업외손익 계상
		이연법	조정하지 않고 이연
비례배분법	매출원가와 재고자산(제품, 재공품)에서 배부차이 조정	총원가 비례배분법	기말재공품, 기말제품, 매출원가 총액에 비례 배분
		제조간접원가 비례배분법	기말재공품, 기말제품, 매출원가에 포함된 배부제조간접원가에 비례 배분

예제

SOLVE PRACTICE PROBLEM

현대상사는 정상개별원가계산을 적용하고 있다. 금년 1월 중에 작업 #101은 완료(금년 1월 1일 현재 미완성된 작업 #101의 발생원가 ₩40,000)되었으며, 작업 #102는 착수되었다. 1월 중에 작업별로 계상된 제조 직접원가는 다음과 같다.

구 분	#101	#102	합 계
직접재료원가	₩0	₩20,000	₩20,000
직접노무원가	10,000	15,000	25,000
합 계	₩10,000	₩35,000	₩45,000

① 현대상사에서 예산제조간접원가는 실제직접노무원가를 기초로 제조간접원가 예정배부율을 계산하여 제조간접원가를 작업별로 배부하고 있다. 예산제조간접원가는 ₩450,000이고, 실제직접노무원가는 ₩300,000이다.

② 1월 중에 발생한 제조간접원가(₩39,000)의 내역은 다음과 같다.

간접재료원가	₩10,000	간접노무원가	₩5,000
감가상각비	10,000	보 험 료	6,000
전 기 료	8,000		

물음 1. 제조간접원가예정배부율을 계산하고 작업별 제조간접원가 배부액을 계산하시오.

2. 정상개별원가계산표를 작성하시오.

3. 제조간접원가 배부차이를 계산하고, 배부차이를 총원가비례배분법에 의해 회계처리하는 분개를 하시오.

해답

1. ① (공장전체)제조간접원가 예정배부율

$$\frac{\text{예산제조간접원가 ₩450,000}}{\text{실제직접노무원가 ₩300,000}} \times 100 = 150\%$$

②

	# 101	# 102
직접노무원가	₩10,000	₩15,000
예정배부율	150%	150%
제조간접원가 예정배부액	₩15,000	₩22,500

2.

정상개별원가계산표

	# 101	# 102	합 계
기초재공품	₩40,000	₩0	₩40,000
직접재료원가	0	20,000	20,000
직접노무원가	10,000	15,000	25,000
제조간접원가	15,000	22,500	37,500
합 계	₩65,000	₩57,500	₩122,500

3. ① 제조간접원가 배부차이

제조간접원가

차변		대변	
간접재료원가	10,000	재공품(예정배부)	37,500
간접노무원가	5,000	제조간접원가 배부차이	1,500
제 좌	24,000		
	39,000		39,000

② 총원가비례배분법

계정	총원가	배분비율	배분액
재공품(#102)	₩57,500	46.94%	₩704
제 품(#101)	65,000	53.06	796
	₩122,500	100%	₩1,500

③ 분개

(차)			(대)	
	재 공 품	704	제조간접원가(배부차이)	1,500
	제 품	796		

연습문제

REVIEW EXERCISES

주관식

01 개별원가계산의 개념과 특징을 설명하시오.

02 정상개별원가계산의 장점을 실제원가계산과 비교하여 설명하시오.

03 개별원가계산의 원가흐름에 대하여 논술하시오.

04 제조간접원가의 배부차이 분석 방법에 대하여 설명하시오.

05 다음을 설명하시오.

① 제조지시서

② 부문별 개별원가계산

③ 무배분법

④ 비례배분법

⑤ 미완성원가

06 개별원가계산의 원가흐름

송파회사는 개별원가계산시스템을 채택하고 있다. 20×1년 3월 중 작업 #301의 생산 활동 자료는 다음과 같으며 3월 중 모든 작업을 완료하였다.

(1) 원재료의 외상매입액은 ₩200,000이다.
(2) 원재료 투입액은 ₩180,000로 모두 직접재료이다.
(3) 노무원가 발생액은 ₩500,000으로 그중 간접노무원가는 ₩150,000이다.
(4) 기타 제조간접원가는 ₩250,000이다.

(5) 제조간접원가는 직접노무원가의 120%로 배부된다.

(6) 재고자산계정의 자료는 다음과 같다.

	기초재고액
원재료	₩20,000
재공품	50,000

물음 (1) 3월 중의 거래를 분개하시오.

(2) T-계정을 이용하여 다음을 계산하시오.

① 원재료 기말재고액

② 당기제품제조원가

③ 제조간접원가 배부차이

07 단순개별원가계산

경기회사는 개별원가계산시스템을 채택하고 있다. 20×1년 3월 1일 재고자산계정의 기초잔액은 다음과 같다.

	기초재고액
원재료	₩100,000
재공품	
#201	20,000
#202	30,000

이 회사는 3월 중 작업 #201, #202를 모두 완료하였다.

3월 중 생산 활동에 관한 거래는 다음과 같다.

(1) 원재료의 현금매입액은 ₩500,000이다.

(2) 원재료 총투입액은 ₩200,000인데 #201에 ₩80,000 #202에 ₩90,000이 투입되었다.

(3) 노무원가의 총발생액은 ₩300,000인데 #201에 ₩120,000, #202에 ₩130,000이 발생하였고, 직접노동시간은 #201은 2,000시간, #202는 3,000시간이다.

(4) 기타 제조간접원가는 ₩100,000이다.

(5) 제조간접원가는 직접노동시간당 ₩30으로 배부된다.

(6) 제조간접원가 배부차이는 매출원가계정에서 조정한다.

(7) 당기의 매출액은 ₩700,000이다.

물음 (1) 3월 중의 거래를 분개하고, T-계정에 전기하시오.

(2) 개별원가계산표를 작성하시오.

08 부문별 개별원가계산

강동회사는 개별원가계산시스템을 채택하고 있다. 이 회사는 두 개의 제조 부문과 두 개의 보조 부문으로 구성되어 있으며, 제조간접원가는 부문별로 집계하여 배부하고 있다. 4월 1일 현재 미완성된 작업 #301의 원가는 ₩10,000이었다. 4월 중에 작업 #301이 완성되었고, 작업 #302는 제조에 착수하였다. 생산 활동 관련 자료는 다음과 같다.

(1) 4월 중의 원재료 투입액은 다음과 같다.

	작업 #301	작업 #302
A재료	₩100,000	₩200,000
B재료	200,000	120,000

(2) 4월 중 발생한 직접노무원가는 다음과 같다.

	작업 #301		작업 #302	
제1제조 부문	140시간	(@₩700)	160시간	(@₩700)
제2제조 부문	150시간	(@₩800)	170시간	(@₩800)
	290시간		330시간	

(3) 4월 중 발생한 제조간접원가는 다음과 같다.

① 부문개별원가

	제1제조 부문	제2제조 부문	동력부	공장사무부	합 계
간접재료원가	₩50,000	₩45,000	₩20,000	₩30,000	₩145,000
간접노무원가	60,000	40,000	10,000	10,000	120,000
기 타 경 비	10,000	20,000	10,000	5,000	45,000

② 부문공통원가

감 가 상 각 비	₩50,000	공 장 보 험 료	₩80,000	복 리 후 생 비	₩20,000

(4) 부문공통원가의 배부기준은 다음과 같다.

	제1제조 부문	제2제조 부문	동력부	공장사무부
기계가액	₩200,000	₩300,000	-	-
점유면적	1,500㎡	2,000㎡	200㎡	300㎡
종업원수	80명	90명	10명	20명

(5) 보조부문원가는 다음 비율에 따라 직접배부법으로 제조 부문에 배부한다.

	제1제조 부문	제2제조 부문
동 력 부	30%	70%
공장사무부	40	60

(6) 제조간접원가는 직접노동시간을 기준으로 각 작업에 배부한다.

(7) 작업 #301의 완성량은 1,000개이다.

물음 (1) 부문원가배부표를 작성하시오.
(2) 부문별 제조간접원가배부율을 계산하고, 작업별 제조간접원가배부액을 계산하시오.
(3) 개별원가계산표를 작성하고 작업 #301의 제품단위당 제조원가를 계산하시오.

09 정상개별원가계산

삼성회사는 정상개별원가계산시스템을 채택하고 있다. 부문별 제조간접원가 예정배부율은 제1부문은 직접노동시간을, 제2부문은 기계작업시간을 기준으로 계산하고 작업별로 배부하고 있다. 20×1년의 예산 및 실제자료는 다음과 같다.

	예 산	실 제
제조간접원가		
제 1 부 문	₩200,000	₩220,000
제 2 부 문	300,000	280,000
직접노동시간		
제 1 부 문	4,000시간	3,800시간
제 2 부 문	4,000	3,600
기계작업시간		
제 1 부 문	7,000시간	6,500시간
제 2 부 문	7,500	7,200

4월중에 작업별로 집계된 원가 자료는 다음과 같다.

	#401		#402	
직접재료원가	₩50,000		₩65,000	
직접노무원가				
제 1 부 문	500시간	(@₩50)	400시간	(@₩55)
제 2 부 문	450	(@₩45)	400	(@₩40)
기계작업시간				
제 1 부 문	500시간		600시간	
제 2 부 문	600		500	
생 산 량	1,000개		1,100개	

물음 (1) 제조간접원가의 부문별 예정배부율을 계산하시오. 단, 제1부문은 직접노동시간을, 제2부문은 기계작업시간을 기준으로 한다.
(2) 작업별 제조간접원가 예정배부액을 계산하여 정상개별원가계산표를 작성하고, 각 작업별 제품단위당 제조원가를 계산하시오.

(3) 직접노동시간을 기준으로 계산된 20×1년도 공장 전체 예정배부율과 배부액을 계산하고 제조간접원가 배부차이를 계산하라. 또한 배부차이를 매출원가 가감법으로 회계처리 하는 분개를 하시오.

10 제조간접비 배부(정상원가계산) 문제

▸ 공인회계사

㈜한강은 경쟁적인 시장에서 한 종류의 선박을 제조하여 판매하고 있다. 원가는 재료비와 제조간접비(Overhead: OH) 두 가지로 구성된다. OH는 선박제조에 쓰이는 기계설비 및 인력과 관련된 원가가 대부분으로 모두 고정비라고 가정하자. ㈜한강은 기계설비의 사용시간, 즉 기계시간에 근거하여 OH를 배부한다. 선박 한 대당 예상 및 실제 소요기계시간은 2시간이라고 하자. ㈜한강은 연초에 파악한 예상기대조업도(주문 및 생산량)를 바탕으로 산정한 예정배부율을 이용하여 제품에 OH를 배부하고 있다. 작년 20×0년에 대한 요약자료는 아래와 같다.

	20×0년
제조간접비예상액	₩56,000
예상기대조업도	800대
실행가능총기계시간	2,000시간
실제조업도	700대
실제제조간접비발생액	₩56,000

㈜한강은 올 20×1년에도 생산용량 및 OH예상액이 전년도와 동일할 것으로 보고 있다. 그러나 20×1년의 예상기대조업도는 연초에 700대로 파악되었다. 이하 모든 물음에서는 언급되지 않은 기타 비용들은 무시하시오.

(주의: 계산 과정이 필요한 응답에 대해서는 그 계산내용을 명료하게 보여야 하며, 소수점 2자리까지 계산하시오.)

물음 (1) 한 고객이 20×0년에 선박 5대를 주문하였다고 하자. 이 5대의 선박에 배부된 OH를 계산하시오.

(2) 선박 한 대당 재료비는 ₩20이라고 상정하자. 20×1년 중에 ㈜한강의 마케팅담당자 중 한명인 홍길동은 기존 고객인 ㈜일호, ㈜이호 그리고 ㈜삼호와 20×1년도 주문에 대해 협의했다. 시장경쟁의 증가로 인해 ㈜한강은 상당한 가격인하 압력을 받고 있는 상황이고, 충분한 유휴생산능력을 갖고 있다. 세 고객은 각기 20×0년처럼 1대씩의 선박을 주문하려 한다. ㈜일호와는 협상이 잘 되어 20×0년도와 마찬가지로 대당 ₩103의 가격을 제의 받았으나 ㈜이호는 대당 ₩101을 그리고 ㈜삼호는 대당 ₩99의 가격을 홍길동에게 제시했다. ㈜한강에서 고객과의 주문체결 권한은 마케팅 담당자에게 있다. 마케팅 담당자는 자신이 체결한 주문건들로부터 발생한 매출총이익(손실)금액에 의해 평가받는데, 특히 그 금액의 10%를 보너스로 받는다고 상정하자. 3개의 제안 각각에 대해

① ㈜한강의 입장에서 유리 또는 불리의 여부를 설명하시오.
② 홍길동이 주문을 체결할 것인지 여부를 설명하시오.

객관식

01 다음 중 개별원가계산에 가장 적합한 업종이 아닌 것은? ▸ 전산회계 1급

① 화학공업 ② 항공기제작업 ③ 조선업 ④ 건설업

02 개별원가계산에 대한 다음의 설명 중 가장 옳지 않은 것은? ▸ 전산회계 1급

① 개별 작업에 대한 추적가능성을 중시하여 원가를 구분한다.
② 제조간접비 배부가 원가계산의 핵심이라 할 수 있다.
③ 종합원가계산에 비해 원가기록업무가 비교적 단순하고 경제적이다.
④ 종합원가계산과 비교할 때보다 정확한 원가계산이 가능하다.

03 개별원가계산제도의 설명으로 적절치 않은 것은? ▸ 경영지도사

① 직 · 간접비를 구별할 필요가 없다.
② 원가집계단위는 개별제품이다.
③ 기말재공품원가는 자동적으로 계산된다.
④ 다품종 소량 주문생산방식에 적용된다.
⑤ 제조지시서(명세서)별로 원가를 산정하는 방법이다.

04 개별원가의 장점이 아닌 것은? ▸ 전산세무 1급

① 제품별 정확한 원가계산이 가능하다.
② 제품별 손익분석과 계산이 용이하다.
③ 각 작업별로 원가를 계산하므로 비용과 시간이 절약된다.
④ 개별원가별로 원가계산을 하므로 개별제품별 효율성을 높일 수 있다.

05 정상개별원가계산 시 제조간접비를 예정배부할 경우 예정배부계산식으로 옳은 것은? ▸ 전산세무회계 2급

① 배부기준의 실제발생액×예정배부율 ② 배부기준의 실제발생액×실제배부율
③ 배부기준의 예정발생액×예정배부율 ④ 배부기준의 예정발생액×실제배부율

06 개별원가계산제도에서 제조간접비를 예정배부하는 경우에 그 배부차액을 처리하는 다음의 방법 중 차기의 손익에 직접적으로 영향을 미칠 수 있는 것은? ▸ 전산세무 1급

① 영업외손익에 계상하는 방법 ② 충당금계정에 계상하는 방법
③ 특별손익에 계상하는 방법 ④ 매출원가, 제품, 재공품에 안분하는 방법

07 ㈜대한은 사업 첫 해에 정상개별원가계산을 사용하며, 제조간접비는 직접노무시간기준으로 배부한다. 제조간접비 배부차이 조정 전 매출원가에 포함된 제조간접비 배부액은 ₩1,400,000이다. 다음의 자료를 사용하여 제조간접비 배부차이를 매출원가에서 전액 조정한다면, 정상개별원가계산의 영업이익과 실제개별원가계산의 영업이익의 차이는 얼마인가? ▸ 세무사

예상총제조간접비	₩2,500,000	예상총직접노무시간	500,000시간
실제총제조간접비	₩1,800,000	실제총직접노무시간	300,000시간

① 정상개별원가계산이 영업이익이 ₩20,000 만큼 더 적다.
② 정상개별원가계산이 영업이익이 ₩50,000 만큼 더 적다.
③ 정상개별원가계산이 영업이익이 ₩100,000 만큼 더 많다.
④ 정상개별원가계산이 영업이익이 ₩300,000 만큼 더 많다.
⑤ 영업이익에 차이가 없다.

08 ㈜용인은 정상원가계산을 적용하고 있으며 20×1년의 원가 자료는 다음과 같다.

• 제조간접비 예산	₩350,000
• 정상조업도(직접노동시간)	10,000시간
• 제조간접비 실제발생액	₩360,000
• 실제직접노동시간	10,500시간

20×1년의 제조간접비 배부차이는? ▸ 기업회계 1급

① ₩7,500 과소 배부 ② ₩7,500 과다 배부 ③ ₩2,500 과소 배부 ④ ₩2,500 과다 배부

09 ㈜현대는 20×1년 초에 설립되었으며 정상원가계산(normal costing)을 적용하고 있다. 제조간접비는 직접노무시간을 기준으로 예정배부한다. 회사는 제조간접비 배부차이를 기말재고자산 및 매출원가에 포함된 제조간접비 예정배부액에 비례하여 안분한다. 당기에 기말재공품, 기말제품 및 매출원가에는 1:3:4의 비율로 제조간접비가 각각 예정배부되었고, 기말재공품에 차감하여 조정된 배부차이는 ₩2,500이었다. 당기의 실제 제조간접비는 ₩180,000이고, 실제 직접노무시간은 총 1,250시간이었다면, 제조간접비 예정배부율은 직접노무시간당 얼마인가? ▸ 공인회계사

① ₩144 ② ₩160 ③ ₩168 ④ ₩170 ⑤ ₩178

10 ㈜한국은 개별원가계산을 적용하고 있으며 직접작업시간을 기준으로 제조간접원가를 예정배부한다. 20×4년 제조간접원가 예정배부율은 직접작업시간당 ₩65이다. 20×4년 실제 발생한 제조간접원가는 ₩1,500,000이었고, 제조간접원가가 ₩200,000 과소배부된 것으로 나타났다. 20×4년의 실제조업도는 예정(예산)조업도의 80%였다. 20×4년의 제조간접원가 예산금액은 얼마인가?

▸ 감정평가사

① ₩1,250,000 ② ₩1,300,000 ③ ₩1,460,000 ④ ₩1,520,000 ⑤ ₩1,625,000

11 가람에어㈜의 작업내용이다. 항공기 제작과 관련하여 9월 중에 발생한 원가 자료와 생산량은 다음과 같다. B항공기의 제품 단위당원가는 얼마인가? ▸ 기업회계 1급

	A항공기	B항공기	C항공기	합 계
직접재료비	₩30,000	₩30,000	₩40,000	₩100,000
직접노무비	60,000	40,000	100,000	200,000
제품생산량	5대	4대	8대	17대

• 9월 중에 제조간접비 발생액은 ₩160,000이다. 회사는 직접노무비를 기준으로 제조간접비를 배부한다.

① ₩20,000 ② ₩23,500 ③ ₩25,000 ④ ₩25,500

12 다음 자료에 의하여 작업 #1의 제조원가를 계산하면 얼마인가? 단, 제조간접비 실제발생액은 직접노무비 실제발생액을 기준으로 제품에 배부한다. ▸ 행자부 9급

	직접재료비	직접노무비	제조간접비
작업 #1	₩4,000	₩8,000	?
작업 #2	2,000	6,000	?
계	₩6,000	₩14,000	₩8,400

① ₩16,800 ② ₩15,800 ③ ₩15,600 ④ ₩20,400

13 JP회사는 정상원가시스템 하에서 개별원가계산을 사용한다. 20×4년 4월 동안 이 회사의 재공품계정의 내역은 다음과 같다.

> 기초잔액: ₩4,000, 직접재료비: ₩24,000, 직접노무비: ₩16,000
> 제조간접비: ₩12,800, 제품계정으로의 대체액: ₩48,000

JP회사는 제조간접비를 제품에 배부할 때 예정제조간접비율을 사용하며 당기의 제조간접비 예정배부율은 직접노무비의 80%이다. 당기에 새로 시작한 작업 #5를 완성하는 데 예정된 직접노무비는 ₩3,000이지만 당기에 투입된 실제 직접노무비는 ₩2,000이다. 작업 #5에 지금까지 투입된 직

접재료비는 얼마인가? ▸ 세무사

① ₩3,300 ② ₩5,200 ③ ₩8,000 ④ ₩8,800 ⑤ ₩16,000

14 ㈜개성은 정상개별원가계산을 채택하고 있다. 20×1년 1월 재공품 기초금액은 ₩20,000이다. 1월 중 직접재료원가 ₩80,000, 직접노무원가 ₩60,000, 제조간접원가 ₩57,000이 실제 발생하였다. 제조간접원가는 직접노무원가의 90%를 배부하고 있다. 동 기간 동안 완성품계정으로 대체된 금액(당기제품제조원가)은 ₩204,000이다. 1월 말 현재 유일한 재공품인 #101에 제조간접원가가 ₩2,700 배부되었다면 #101의 직접재료원가는 얼마인가? ▸ 주택관리사

① ₩3,000 ② ₩4,000 ③ ₩4,100 ④ ₩4,300 ⑤ ₩7,300

15 우진회사는 개별원가계산제도를 채택하고 있다. 제품A의 제조와 관련한 다음의 자료를 토대로 당기에 발생한 제품A의 직접재료원가를 구하면 얼마인가? ▸ 세무사

- 당기총제조원가: ₩6,000,000
- 당기제품제조원가: ₩4,900,000
- 제조간접원가는 직접노무원가의 60%가 배부되었는데 이는 당기총제조원가의 25%에 해당한다.

① ₩4,125,000 ② ₩2,000,000 ③ ₩4,500,000 ④ ₩3,600,000 ⑤ ₩900,000

16 ㈜한국은 20×4년에 선박 제조업을 개시하였으며, 20×4년 생산 및 원가 자료는 아래와 같다. ㈜한국은 직접작업시간을 기준으로 제조간접원가를 예정배부하고 있다. 20×4년도에 발생한 실제 제조간접원가는 총 ₩400,000이고, 예정 제조간접원가는 ₩320,000이며, 예정 직접작업시간은 4,000시간이었다. LNG선은 완성된 즉시 선주에게 인도되었으며, 유람선은 20×4년 말까지 인도되지 않았다. 제조간접원가 배부차이를 총원가기준으로 배분할 때 LNG선의 매출원가는 얼마인가?

▸ APP

구 분	LNG 선	유람선	화물선	합 계
직접재료원가(₩)	340,000	244,000	126,000	710,000
직접노무원가(₩)	180,000	220,000	130,000	530,000
실제 직접작업시간	1,500	1,200	1,800	4,500
완성도(%)	100	100	70	-

① ₩410,000 ② ₩480,000 ③ ₩532,000 ④ ₩574,000 ⑤ ₩656,000

17 부문별 개별원가계산을 채택하고 있는 대한조선의 다음 원가계산자료를 이용하여 화물선에 배부될 제조간접비를 구하시오. ▸ 세무사

(1) 제조간접비에 대한 부문비 내역

구 분	제조 부문		보조 부문		
	제1공장	제2공장	수선부	동력부	생산관리부
금 액	₩3,800,000	₩3,200,000	₩1,100,000	₩900,000	₩2,000,000

(2) 보조부문비의 배부는 단계(계단식)배부법을 사용하며, 보조 부문상호간의 배부순서는 생산관리, 동력, 수선 부문의 순으로 하여 다음의 배부기준에 의한다.

구 분	제1공장	제2공장	수선부	동력부
생산관리부	40%	40%	15%	5%
동 력 부	50	40	10	-
수 선 부	60	40	-	

(3) 제품별 제조간접비 배부를 위한 공장별 작업시간 집계표

구 분	화물선	유조선	군 함	합 계
제 1 공 장	800시간	500시간	700시간	2,000시간
제 2 공 장	400	300	300	1,000

① ₩4,686,000 ② ₩4,595,000 ③ ₩4,400,000 ④ ₩4,690,000 ⑤ ₩4,658,000

18 ㈜한국은 정상개별원가계산을 사용하고 있으며, 제조간접원가 배부기준은 기계시간이다. 회사는 20×4년 초에 연간 제조간접원가를 ₩600, 기계시간을 200시간으로 예상하였다. 20×4 회계연도 중 수행한 작업과 관련된 정보는 다음과 같다.

(1) 당기 중 세 가지 작업 #101, #102, #103을 착수하여, #101과 #102를 완성하였고, #103은 기말 현재 작업 중에 있다.
(2) 당기 중 ₩800의 원재료를 구입하였고 기말 현재 ₩280의 원재료가 재고로 남아 있다.
(3) 당기 중 지급한 노무원가는 ₩700이며, 기초 미지급노무원가는 ₩40, 기말 미지급노무원가는 ₩100이었다.
(4) 당기 중 발생한 제조경비는 총 ₩560이며, 이는 감가상각비 ₩260, 임차료 ₩200, 수도광열비 ₩100으로 구성되어 있다.
(5) 당기 중 작업별 실제 발생 원가 자료와 실제 사용된 기계시간은 다음과 같다.

구 분	#101	#102	#103	합계
직접재료원가	₩200	₩200	₩100	₩500
직접노무원가	₩300	₩160	₩260	₩720
기계시간	90시간	63시간	27시간	180시간

(6) 기초재고자산은 없었고, 작업 #101은 당기 중에 ₩1,100에 판매되었으나 작업 #102는 기말 현재 판매되지 않았다.

㈜한국은 기말에 제조간접원가 배부차이를 전액 매출원가에 조정한다. ㈜한국의 20×4년 매출총이익은 얼마인가? ▸ 공인회계사

① ₩ 250 ② ₩ 270 ③ ₩ 290 ④ ₩ 310 ⑤ ₩ 330

19 ㈜카이는 고객의 주문에 따라 고급 카메라를 생산하고 있다. 고객은 외부 표면재료 및 도료 등을 선택할 수 있지만, 카메라의 기본적인 조립 및 가공 작업은 주문별로 차이가 없다. 이러한 점을 감안하여 ㈜카이는 재료원가에 대해서는 주문별로 집계하는 개별원가계산 방식을 적용하고, 가공원가에 대해서는 종합원가계산 방식을 적용하는 소위 혼합원가계산(hybrid costing)을 사용하고 있다. 가공원가는 공정 전체를 통해 균등하게 발생하며, 동 원가는 종합원가계산 방식을 적용할 때 사용하는 원가흐름 가정은 선입선출법이다. ㈜카이의 4월 생산 및 원가 관련 자료는 다음과 같다.

(1) 월초 재공품

주문번호	#101
수 량	200 개
직접재료원가	₩1,500,000
가공원가	960,000
가공원가 완성도	80%

(2) 당월 주문 및 생산 착수

주문번호	#105	#206	#207
수 량	200개	100개	150개

(3) 당월 발생원가

주문번호	#101	#105	#206	#207	합 계
직접재료원가	₩500,000	₩1,800,000	₩3,200,000	₩2,400,000	₩7,500,000
가공원가	(?)	(?)	(?)	(?)	₩4,092,000

(4) 월말 재공품

주문번호	#105	#207
수량	200개	150개
가공원가 완성도	50%	60%

4월 완성품원가는 얼마인가? ▸ 공인회계사

① ₩5,436,000 ② ₩6,556,000 ③ ₩7,396,000 ④ ₩7,896,000 ⑤ ₩7,956,000

20 대한회사는 개별원가계산시스템을 채택하고 있다. 제조간접원가의 예정배부율은 직접노무원가의 150%이다. 제조간접원가의 배부차이는 매월 말 매출원가계정에서 조정한다. 추가정보는 다음과 같다.

(1) 작업 #701만이 20×4년 2월 말에 작업이 진행 중이며 원가는 다음과 같다.

직접재료원가	₩8,000
직접노무원가	4,000
제조간접원가배부액	6,000
	₩18,000

(2) 작업 #702, #703, #704, #705는 20×4년 3월 중에 작업이 시작된 것이다.

(3) 20×4년 3월 중에 작업에 투입된 직접재료원가는 ₩52,000이다.

(4) 20×4년 3월 중에 발생한 직접노무원가는 ₩40,000이다.

(5) 20×4년 3월 중 제조간접원가의 실제 발생액은 ₩64,000이다.

(6) 20×4년 3월 말 현재 진행 중인 작업은 #705뿐이며 이 작업과 관련된 직접재료원가는 ₩5,600, 직접노무원가는 ₩3,600이다.

대한회사가 20×4년 3월 중에 생산한 제품의 당기제품제조원가는 얼마인가? ▸ 세무사

① ₩155,400 ② ₩156,000 ③ ₩155,200 ④ ₩159,400 ⑤ ₩170,000

객관식 해답

1	2	3	4	5	6	7	8	9	10
①	③	①	③	①	④	①	②	②	⑤
11	12	13	14	15	16	17	18	19	20
④	①	②	④	②	⑤	③	①	④	①

Up to Date
Cost Accounting

03

종합원가

프란치스코(Jorge Mario Bergoglio, Francis) 교황의 행복 10계명

1. 다른 사람의 삶을 인정하라
2. 타인에게 관대해져라, 고인물은 썩기 마련이다
3. 마음의 평온을 유지하라
4. 여가를 즐겨라, 아이들과 많이 놀아주되 소비주의에 빠지는 것을 경계하라
5. 일요일은 가족과 함께 보내라, 가족과 식사 할 때는 TV도 잠시 꺼두자
6. 젊은 사람을 위한 일자리를 만들어라
7. 환경을 보존하라
8. 부정적으로 생각하지 마라
9. 타인의 믿음을 존중하라
10. 평화를 위해 힘써라

08 종합원가계산

종합원가계산은 원가계산의 최종 단계인 제품별 원가계산으로 1개 이상의 제조공정을 거쳐 발생된 제품원가를 인식하여 계산하는 방법이며, 동종 제품을 연속적으로 대량생산하는 업종에 적합한 원가계산방식이다. 특히, 종합원가계산은 원가계산기간과 생산 종료 시점의 불일치로 기말재공품이 존재하므로 배분대상 제조원가를 완성품과 기말재공품에 적정하게 배분하는 것이 중요하다

1절 종합원가계산 개념

종합원가계산(process costing)은 동종의 표준화된 제품을 하나 이상의 제조공정을 통하여 연속적으로 대량생산하는 형태에 적합한 원가계산 방법이다.

개별원가계산과 종합원가계산

구 분	개별원가계산	종합원가계산
적용 생산 형태	• 주문생산 • 다품종 소량생산 • 정량 생산방식 제품	• 대량생산 • 동종제품, 연속공정 생산방식
원가계산기간	중요하지 않음	중요(월, 분기, 반기, 연간)
제조지시서	특정제조지시서	계속제조지시서
원가계산표	개별원가계산표	제조원가보고서
원가구분	• 직접원가: 제품별 부과 • 간접원가: 배부기준	• 직접재료원가 • 가공원가
단위당원가(@)	개별제조원가 ÷ 제품 수량	제조원가 ÷ 제품 수량
기말재공품의 평가	원가계산표에서 계산	기말재공품 완성품환산량 × 단위당원가(@)
원가흐름 가정	필요 없음	• 선입선출법 • 평균법
해당 업종	건설, 조선, 항공, 용역서비스업 등	시멘트, 식품가공, 정유화학 등
장 점	① 보다 정확한 원가계산 가능 ② 제품별 손익분석 및 계산 용이	① 경제적이며 간단 ② 책임회계 및 통제 용이

	③ 작업원가표로 효율성 통제 및 미래 작업 평가	
단 점	① 상세한 기록 필요 ② 오류 발생 가능성 보유	① 원가의 부정확성 보유 ② 손익 비교 문제 ③ 작업 내용에 관계없이 공정 착수비 평균화

종합원가계산은 개별원가계산과 비교하면 다음과 같은 특징을 갖고 있다.

첫째, 종합원가계산은 원가계산 기간 중에 투입된 총제조원가를 산출물인 제품의 총생산량으로 나누어 제품의 단위당원가(@)를 계산하고, 개별원가계산은 개별제품 및 작업별로 원가를 인식하여 제품별 혹은 작업별 원가를 계산한다.

둘째, 종합원가계산은 생산공정의 연속성으로 인해 생산 종료시점과 원가계산기간이 불일치하게 된다. 따라서 원가계산기말에 제품(완성품)과 기말재공품이 존재하게 되므로 배분대상 제조원가(기초재공품원가 + 당기제조원가)를 제품과 기말재공품에 합리적으로 배분하여야 한다.

셋째, 기말재공품의 평가는 당기제품제조원가(완성품원가) 결정에 영향을 미친다. 반면에 개별원가계산은 제품 생산 및 작업이 종료된 시점에서 제품별로 원가를 계산할 수 있다.

1. 종합원가계산 종류

종합원가계산은 제품의 종류, 공정의 수, 공정별 계산 대상 등에 따라 다음과 같이 분류할 수 있다.

종합원가계산의 분류

구 분	원가계산	적합 업종
제 품	단순종합원가계산	제철, 채탄, 석유 채취
	공정별원가계산	화학, 펄프, 시멘트, 전기기구
	조별원가계산	자동차, 식료품, 제약, 완구
	등급별원가계산	제지, 유리, 주물, 양조업
	연산품원가계산	정유, 낙농, 정육업
공 정	단일공정원가계산	공정 수가 하나인 경우
	공정별원가계산	공정 수가 복수인 경우
계산 대상	전원가 요소 공정별원가계산	총 제조원가를 공정별로 계산
	가공원가 공정별원가계산	가공원가만을 공정별 계산(전선, 방적, 제분업 등)

2. 종합원가계산 절차

종합원가계산은 주로 공정별로 원가계산을 수행하고, 세부적으로 5단계의 순서를 거쳐 계산한다.

종합원가계산의 5단계절차

1 단계: 각 공정의 물량흐름 파악

↓

2 단계: 원가요소별 완성품환산량 계산

↓

3 단계: 원가요소별 배분대상원가 계산

↓

4 단계: 원가요소별 완성품환산량 단위당원가(@) 계산

↓

5 단계: 완성품과 기말재공품에 원가배분

(1) 1단계: 물량흐름 파악

재공품

기초재공품량	×××	완성품량	×××
당기투입량	×××	기말재공품량	×××
합계	×××	합계	×××

제조공정상의 물량은 총투입량과 총산출량으로 구분한다. 총투입량은 기초재공품량과 당기투입량을 합산한 수량이며, 총산출량은 완성품량과 기말재공품량의 합계로 총투입량과 총산출량은 항상 일치한다. 물량흐름은 원가계산 기간 동안에 인식해야 할 전체적인 물량을 파악하는데 유용하며, 완성품환산량을 산출하는 기초 자료를 제공한다.

(2) 2단계: 완성품환산량 계산

완성품환산량(equivalent units)은 재공품에 투입된 원가를 감안하여 재공품의 제품 완성도(생산 진척도)를 계산한 후, 재공품량에 완성도를 곱하여 환산한 가상적 완성품량이다. 완성품환산량

은 종합원가계산 절차 4단계의 완성품환산량 단위당원가 계산과 5단계의 완성품 및 기말재공품의 원가를 배분하는 기준이 된다.

완성품환산량 = 재공품량 × 완성도(진척도)

예를 들어, 원재료는 생산 개시시점에서 전량 투입되고, 가공원가는 완성도에 따라 투입된다면, 완성품환산량 계산은 직접재료원가의 완성도는 100%로 계산하고, 가공원가는 완성도를 감안하여 계산함으로써 원가요소별 완성품환산량을 계산할 수 있다.

(3) 3단계: 배분대상원가 계산

배분대상원가는 원가흐름의 처리 방법에 따라 결정된다. 선입선출법인 경우에는 기초재공품원가가 완성품원가에 대체되므로 당기제조(투입)원가만이 배분 대상이 되고, 평균법인 경우에는 기초재공품원가에 당기제조(투입)원가를 가산한 금액이 배분 대상이 된다.

(4) 4단계: 완성품환산량 단위당원가(@) 계산

종합원가계산의 원가 요소는 직접재료원가와 가공원가로 구성되기 때문에 각각의 완성도에 따라 완성품환산량이 결정되므로 3단계의 원가요소별 배분대상원가를 2단계의 원가요소별 완성품환산량으로 나누어 원가요소별 완성품환산량 단위당원가(@)를 계산한다.

(5) 5단계: 완성품과 기말재공품에 원가배분

4단계의 원가요소별 완성품환산량 단위당원가에 2단계의 원가요소별 완성품환산량을 곱하여 완성품원가와 기말재공품원가를 계산한다. 선입선출법인 경우에 완성품원가는 기초재공품원가(전기분)와 당기제조원가(기초재공품의 당기추가원가 + 당기제조(투입)원가로 구성되며, 기말재공품원가는 당기제조(투입)원가로만 구성된다. 평균법인 경우에는 기초재공품원가와 당기제조(투입)원가의 구분없이 제품생산이 진행되는 것으로 보아 완성품 및 기말재공품원가를 계산한다.

3. 제조원가보고서

제조원가보고서는 종합원가계산 절차에 근거하여 원가계산을 정확히 수행하기 위해 작성하는 보고서이다. 보고서 형식에 따라 원가계산의 목적인 단위당원가(@)를 계산하고, 산출된 원가요소별(직접재료원가, 가공원가) 단위당원가를 적용하여 완성품원가 및 기말재공품원가를 계산한다. 기말재공품은 재무상태표의 재고자산에 반영되고, 완성품원가는 포괄손익계산서의 매출원가(당기제품제조원가)에 반영된다.

원가흐름의 회계처리(선입선출법과 평균법)에 따라 종합원가계산의 제조원가보고서 양식을 살펴보면 다음과 같다.

제조원가보고서

	선입선출법				평 균 법			
	Ⅰ. 물량흐름	Ⅱ. 완성품환산량			Ⅰ. 물량흐름	Ⅱ. 완성품환산량		
	물량	전공정 원가	직접재료 원가	가공 원가	물량	전공정 원가	직접재료 원가	가공 원가
기초재공품	×××				×××			
당기투입량	×××				×××			
합 계	×××				×××			
완성품량					×××	×××	×××	×××
-기초재공품(추가)완성분	×××	–	×××	×××		–	–	–
-당기투입완성분	×××	×××	×××	×××		–	–	–
기말재공품	×××	×××	×××	×××	×××	×××	×××	×××
합 계	×××	○○○	○○○	○○○	×××	○○○	○○○	○○○
기초재공품원가	₩×××	–	–	–	₩×××	₩×××	₩×××	₩×××
당기제조원가	×××	₩×××	₩×××	₩×××	×××	×××	×××	×××
Ⅲ. 배분대상원가	₩×××				₩×××	₩×××	₩×××	₩×××
÷완성품환산량		÷○○○	÷○○○	÷○○○		÷○○○	÷○○○	÷○○○
Ⅳ. 완성품환산량 단위당원가(@)		₩××	₩××	₩××		₩××	₩××	₩××

선입선출법

Ⅴ. 원가 배분

1. 완성품원가

-기초재공품원가(전기분)	₩×××
-기초재공품 당기추가원가(완성품환산량×@)	×××
-당기투입완성품원가(완성품량×@)	×××
합 계	₩×××

2. 기말재공품원가(완성품환산량×@)

-전공정원가	₩×××
-직접재료원가	×××
-가공원가	×××
합 계	₩×××

평균법

Ⅴ. 원가 배분

1. 완성품원가(완성품량×@) ₩×××

2. 기말재공품원가(완성품환산량×@)

-전공정원가	₩×××
-직접재료원가	×××
-가공원가	×××
합 계	₩×××

2절 종합원가계산의 원가흐름

원가흐름은 제품 생산에 투입된 총원가가 변형되어 산출된 완성품 및 기말재공품원가로 계상되는 원가계산의 전체적인 절차를 의미한다. 제품 생산에 투입된 총원가는 기초재공품원가와 당기제조원가의 합계액이고, 생산 과정을 거쳐 완성품원가와 기말재공품원가로 계상되므로 원가흐름은 다음의 등식으로 나타낼 수 있다.

> 기초재공품원가 + 당기제조원가 = 완성품원가 + 기말재공품원가

개별원가계산은 특정 제품 혹은 작업별로 완성품 및 기말재공품원가를 계산하는 것이 가능하므로 제품 생산에 투입된 총원가를 완성품과 기말재공품에 배분할 필요가 없다. 그러나 종합원가계산은 대량생산이라는 생산시스템의 특성 때문에 완성품 및 기말재공품의 원가를 개별원가계산과 같이 특정 제품(작업)별로 계산하는 것이 불가능하므로 특정 원가계산 기간의 제조원가를 공정별 완성도에 따라 완성품 및 기말재공품에 배분하여야 한다. 원가배분 시에 기말재공품의 평가방법에 따라 완성품의 평가액이 변동되므로 종합원가계산에서 기말재공품의 평가 방법은 대단히 중요하다.

기말재공품의 평가 방법에는 선입선출법 · 평균법(원가흐름의 회계처리)이 있는데 이 방법들은 완성품환산량의 계산과 배분대상원가 및 완성품원가와 기말재공품원가의 계산에 영향을 미치게 된다.

종합원가계산 절차

단계별	평균법	선입선출법
1. 물량흐름 계산	기초재공품 + 당기투입량 = 완성품량 + 기말재공품량 (선입선출법은 기초재공품 및 당기투입완성분으로 구분)	
2. 완성품환산량 계산	당기 작업량 (총완성품환산량)	당기중 작업량 (당기 완성품환산량)
3. 배부대상원가 계산	총원가 (기초재공품원가 + 당기제조원가)	당기제조원가만 인정
4. 완성품환산량 단위당원가(@) 계산	총원가(3단계) ÷ 완성품환산량(2단계)	당기제조원가(3단계) ÷ 완성품환산량(2단계)
5. 완성품원가와 기말재공품원가 계산	완성품환산량 × 단위당원가(@)	완성품환산량 × 단위당원가(@) (단, 완성품원가에 기초재공품원가 추가 가산)

1. 선입선출법

선입선출법(first in, first out)은 재료 및 재공품이 생산에 투입된 순서를 기준으로 먼저 투입된 물량이 먼저 제품으로 완성된다고 가정하는 물량흐름으로 기초재공품 수량이 먼저 완성된 후, 당기투입량이 완성되며, 당기투입량 중 미완성량이 기말재공품이 된다. 따라서 선입선출법의 원가흐름은 기초재공품원가가 먼저 완성품원가를 구성하며, 당기제조원가는 완성품 및 기말재공품원가로 각각 배분하게 된다. 결과적으로 선입선출법에서 완성품원가는 기초재공품원가와 당기제조원가로 구성되지만, 기말재공품원가는 당기제조원가만으로 구성된다.

선입선출법 원가흐름

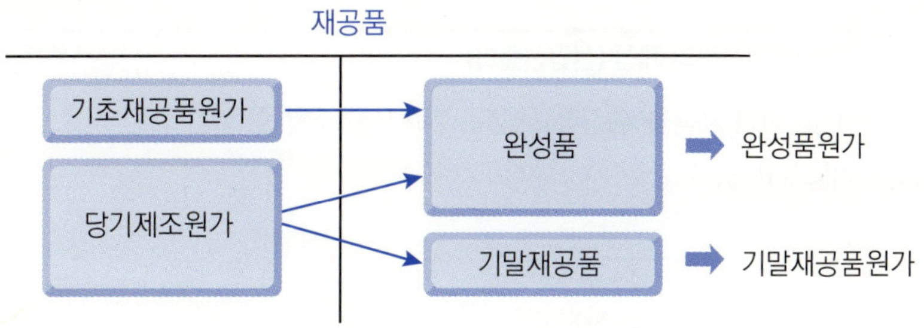

완성품환산량은 당기의 재공품을 완성품과 동일 단위로 환산하는 것으로, 선입선출법의 경우에는 완성품량을 기초재공품(추가)완성분과 당기투입완성분으로 구분하여 완성품환산량을 계산한다. 기초재공품 추가완성분의 완성품환산량은 기초재공품의 전기 완성도 및 당기의 추가완성도와 원가요소별 투입시점 및 방법을 감안하여 산출하게 된다. 당기투입완성분의 완성품환산량은 원가요소별로 당기투입완성품량에 항상 100%를 곱하여 계산한다. 그리고 기말재공품의 완성품환산량은 당기의 완성도와 원가요소별 투입시점 및 방법을 고려하여 산출하게 된다.

선입선출법은 평균법에 비해 계산 과정이 복잡한 점은 있으나, 원가흐름과 물량흐름을 일치시킬 수 있고, 기초재공품원가와 당기제조원가를 구분하여 배분함으로써 전기와 당기의 원가 성과를 구분하여 분석하는데 유용하다.

선입선출법에 의한 물량 및 원가흐름

<table>
<tr><th>물 량</th><th>원 가</th><th colspan="2">물 량</th><th colspan="2">원 가</th></tr>
<tr><td rowspan="2">기초재공품량</td><td>기초재공품원가</td><td rowspan="3">완
성
품
량</td><td rowspan="2">기초재공품
완성분</td><td rowspan="3">완
성
품
원
가</td><td>기초재공품
원가(전기분)</td></tr>
<tr><td rowspan="3">당기제조원가</td><td>기초재공품
당기추가원가</td></tr>
<tr><td rowspan="2">당기투입량</td><td>당기투입
완성분</td><td>당기투입
완성품원가</td></tr>
<tr><td colspan="2">기말재공품량</td><td colspan="2">기말재공품원가</td></tr>
</table>

예제 완성품환산량의 계산 (선입선출법)

SOLVE PRACTICE PROBLEM

대한회사는 단일공정에서 제품을 생산하고 있다. 20×1년 12월 중 생산 관련 자료는 다음과 같으며 선입선출법을 이용하고 있다.

구 분	물량흐름
기초재공품	2,000개
당기투입량	8,000
기말재공품	3,000

물음 다음 각 경우의 완성품환산량을 계산하시오.

1. 재료와 가공원가는 공정의 진행에 따라 균등하게 투입된다. 기초재공품의 완성도는 60%, 기말재공품의 완성도는 80%이다.
2. 재료는 공정의 개시시점에서 전량 투입되며, 가공원가는 공정의 완성도에 따라 균등하게 투입된다. 기초재공품의 완성도는 40%, 기말재공품의 완성도는 50%이다.
3. 재료는 공정의 50% 시점에서 전량 투입되고, 가공원가는 공정의 완성도에 따라 균등하게 투입된다. 기초재공품의 완성도는 30%, 기말재공품의 완성도는 70%이다.
4. 재료는 공정의 90% 시점에서 전량 투입되고, 가공원가는 공정의 진행 정도에 따라 균등하게 발생한다. 기초재공품의 완성도는 30%, 기말재공품의 완성도는 70%이다.

해답

1.

	Ⅰ. 물량흐름	Ⅱ. 완성품환산량	
		직접재료원가	가공원가
기초재공품(60%)	2,000개		
당기투입량	8,000		
합 계	10,000개		
완성품량			
기초재공품(추가)완성분	2,000개	800개	800개
당기투입완성분	5,000	5,000	5,000
기말재공품(80%)	3,000	3,000	2,400
합 계	10,000개	8,200개	8,200개

2.

	Ⅰ. 물량흐름	Ⅱ. 완성품환산량	
		직접재료원가	가공원가
기초재공품(40%)	2,000개		
당기투입량	8,000		
합 계	10,000개		
완성품량			
기초재공품(추가)완성분	2,000개	-	1,200개
당기투입완성분	5,000	5,000개	5,000
기말재공품(50%)	3,000	3,000	1,500
합 계	10,000개	8,000개	7,700개

3.

	Ⅰ. 물량흐름	Ⅱ. 완성품환산량	
		직접재료원가	가공원가
기초재공품(30%)	2,000개		
당기투입량	8,000		
합 계	10,000개		
완성품량			
기초재공품(추가)완성분	2,000개	2,000개	1,400개
당기투입완성분	5,000	5,000	5,000
기말재공품(70%)	3,000	3,000	2,100
합 계	10,000개	10,000개	8,500개

4.

	Ⅰ. 물량흐름	Ⅱ. 완성품환산량	
		직접재료원가	가공원가
기초재공품(30%)	2,000개		
당기투입량	8,000		
합 계	10,000개		
완성품량			
기초재공품(추가)완성분	2,000개	2,000개	1,400개
당기투입완성분	5,000	5,000	5,000
기말재공품(70%)	3,000	-	2,100
합 계	10,000개	7,000개	8,500개

2. 평균법

평균법(weighted average)은 전기에 이미 착수된 기초재공품의 완성도는 감안하지 않고, 기초재공품을 포함한 당기의 전체 투입량이 생산에 착수되어 완성품과 기말재공품이 평균적으로 완성되는 것으로 가정한다. 그렇기 때문에 평균법은 당기에 투입된 총제조원가를 기초재공품원가와 당기제조원가로 구분하지 않고 가중평균하여 완성품 및 기말재공품원가를 계산한다. 평균법은 완성품환산량을 계산할 때 투입 순서에 관계없이 평균을 적용하여 기초재공품원가와 당기제조원가를 계산한다.

평균법 원가흐름

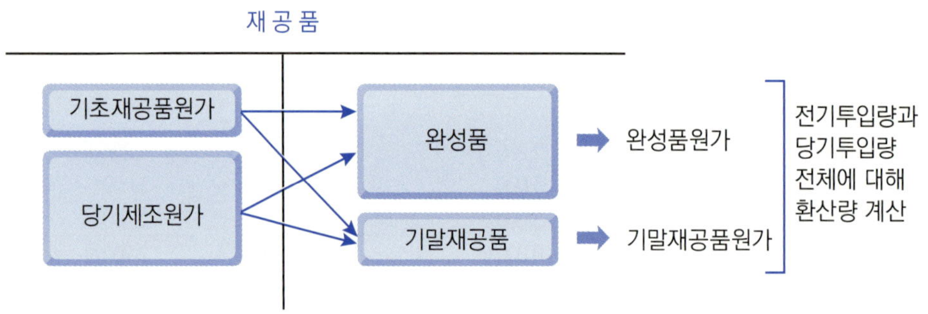

완성품환산량은 선입선출법과 마찬가지로 당기의 재공품을 완성품과 동일 단위로 환산하는 것으로, 평균법의 경우에는 완성품의 완성품환산량과 기말재공품의 완성품환산량을 계산한다. 완성품의 완성품환산량은 원가요소별로 당기완성품량에 항상 100%를 곱하여 산출하며, 기말재공품의 완성품환산량은 당기의 완성도와 원가요소별 투입시점 및 방법을 고려하여 계산한다.

평균법은 계산 과정이 간단하여 실무에서 널리 적용되고 있으나, 특정 원가계산기간의 원가 성과를 적절히 반영하지 못할 뿐만 아니라 원가계산 기간별로 기초재공품원가와 당기제조원가의

평균법에 의한 물량 및 원가흐름

물 량	원 가	물 량	원 가
기초재공품량 + 당기투입량	기초재공품원가 + 당기제조원가	완성품량 (모두 당기에 투입되어 완성되는 것으로 가정)	완성품원가
		기말재공품량	기말재공품원가

단위당원가 계산이 원가 요소의 가격변동, 생산성 등의 차이로 인해 일치하지 않을 수 있다는 한계가 있다.

예제 **완성품환산량의 계산 (평균법)** SOLVE PRACTICE PROBLEM

대한회사는 단일공정에서 제품을 생산하고 있다. 20×1년 12월 중 생산 관련 자료는 다음과 같으며 평균법을 이용하고 있다.

구 분	물량흐름
기초재공품	2,000개
당기투입량	8,000
기말재공품	3,000

물음 다음 각 경우의 완성품환산량을 계산하시오.

1. 재료와 가공원가는 공정의 진행에 따라 균등하게 투입된다. 기초재공품의 완성도는 60%, 기말재공품의 완성도는 80%이다.
2. 재료는 공정의 개시시점에서 전량 투입되며, 가공원가는 공정의 완성도에 따라 균등하게 투입된다. 기초재공품의 완성도는 40%, 기말재공품의 완성도는 50%이다.
3. 재료는 공정의 50% 시점에서 전량 투입되고, 가공원가는 공정의 완성도에 따라 균등하게 투입된다. 기초재공품의 완성도는 30%, 기말재공품의 완성도는 70%이다.
4. 재료는 공정의 90% 시점에서 전량 투입되고, 가공원가는 공정의 진행 정도에 따라 균등하게 발생한다. 기초재공품의 완성도는 30%, 기말재공품의 완성도는 70%이다.

해답

1.

	Ⅰ. 물량흐름	Ⅱ. 완성품환산량	
		직접재료원가	가공원가
기초재공품(60%)	2,000개		
당기투입량	8,000		
합 계	10,000개		
완성품량	7,000개	7,000개	7,000개
기말재공품(80%)	3,000	2,400	2,400
합 계	10,000개	9,400개	9,400개

2.

	Ⅰ. 물량흐름	Ⅱ. 완성품환산량	
		직접재료원가	가공원가
기초재공품(40%)	2,000개		
당기투입량	8,000		
합 계	10,000개		
완성품량	7,000개	7,000개	7,000개
기말재공품(50%)	3,000	3,000	1,500
합 계	10,000개	10,000개	8,500개

3.

	Ⅰ. 물량흐름	Ⅱ. 완성품환산량	
		직접재료원가	가공원가
기초재공품(30%)	2,000개		
당기투입량	8,000		
합 계	10,000개		
완성품량	7,000개	7,000개	7,000개
기말재공품(70%)	3,000	3,000	2,100
합 계	10,000개	10,000개	9,100개

4.

	Ⅰ. 물량흐름	Ⅱ. 완성품환산량	
		직접재료원가	가공원가
기초재공품(30%)	2,000개		
당기투입량	8,000		
합 계	10,000개		
완성품량	7,000개	7,000개	7,000개
기말재공품(70%)	3,000	-	2,100
합 계	10,000개	7,000개	9,100개

3절 공정별원가계산

제조기업들은 일반적으로 두 개 이상의 공정을 통해 제품을 생산하고 있다. 공정별원가계산을 채택할 경우에 다음 사항에 유의해야 한다.

첫째, 기업이 2개 이상의 연속된 제조 공정을 통하여 제품을 생산하는 경우에 전 공정의 완성품은 중간 제품의 형태로 차기 공정으로 대체되므로 전 공정의 완성품원가는 차기 공정의 제조원가를 구성하게 된다.

둘째, 전 공정의 원가는 차기 공정에서 투입되는 원가와는 성격이 다르기 때문에 독립된 원가항목(전공정대체원가)으로 처리하여 차기 공정의 원가를 계산한다.

공정별원가계산

재공품(제1공정)

차변	대변
기초재공품	**완성품원가** **(차공정대체원가)**
재료원가 가공원가	
	기말재공품

재공품(제2공정)

차변	대변
기초재공품	완성품원가 (당기제품제조원가)
전공정대체원가 자공정 재료원가 자공정 가공원가	
	기말재공품

(제1공정의 완성품원가(차공정대체원가) → 제2공정의 전공정대체원가)

일반적인 공정별원가계산의 절차는 다음과 같다.

① 공정개별원가(특정의 공정에서 단독으로 발생)와 공정공통원가(둘 이상의 공정에서 발생)로 구분한다.

② 공정개별원가는 해당 공정에 직접부과하고, 공정공통원가는 합리적인 배부기준에 따라 각 공정에 배부한다.

③ 배부된 각 공정원가에 기초재공품원가를 가산하고, 기말재공품원가, 부산물원가 등을 공제하여 완성품원가를 계산한다.

④ 보조부문원가는 부문별원가계산 방법에 따라 각 공정에 배부한다.

공정별원가계산 절차도

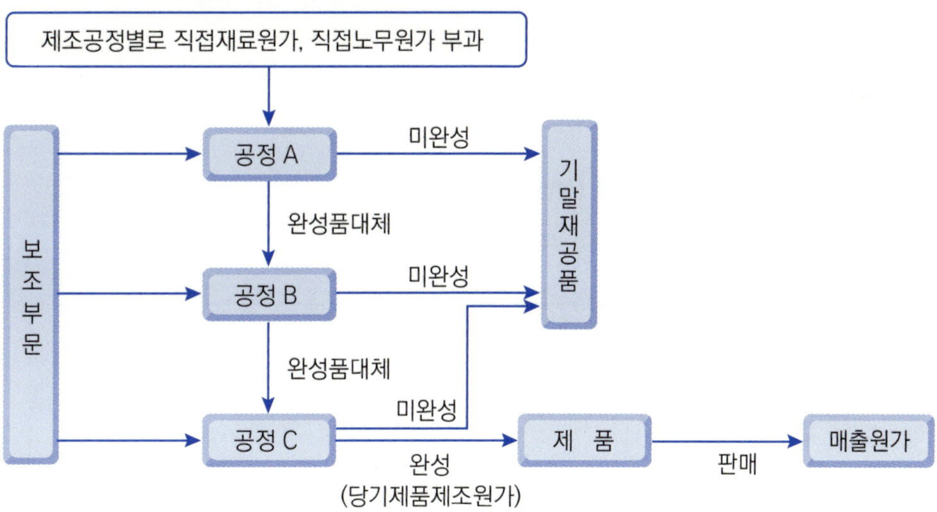

공정별원가계산은 모든 제조원가를 공정별로 원가를 계산하는 전원가 요소 공정별원가계산과 제조원가 중에 직접재료원가를 제외한 가공원가만을 공정별로 계산하는 가공원가 공정별원가계산으로 구분할 수 있다.

1. 전원가 요소 공정별원가계산

전원가 요소 공정별원가계산은 여러 공정을 거쳐 계속해서 재료가 투입되는 경우에 각 공정별로 전체 원가를 계산하여 제품원가를 계산하는 원가계산 방법으로, 재료원가와 가공원가를 구분하지 않고 동일한 전원가 요소로 계산한다.

이 경우 전공정의 완성품원가는 차공정의 전공정원가(transferred-in costs)로 대체되고, 전공정원가(직접재료원가와 가공원가로 구성)는 차공정의 착수시점에서 모두 투입되는 직접재료원가와 동일하다고 가정(완성도 100%)하여 원가계산 처리한다.

2. 가공원가 공정별원가계산

가공원가 공정별원가계산은 주요 재료가 공정의 착수시점에서 모두 투입되고, 이후 공정에서는 가공원가만 투입하여 제품원가를 계산하는 원가계산 방법이다.

이 경우 직접재료원가는 단일 공정의 단순종합원가계산을 적용하는 것과 동일하고, 기말재공품 평가 시에는 다음 사항을 유의해야 한다.

① 직접재료원가의 완성품량은 최종 공정의 완성품량을 적용한다.
② 직접재료원가의 기초재공품량은 개별공정의 기초재공품량의 합계이다.
③ 직접재료원가의 기말재공품량은 개별공정의 기말재공품량의 합계이다.
④ 직접재료가 공정의 착수시점에서 모두 투입되므로 직접재료량에 대한 기말재공품의 완성도는 항상 100%이다.

공정별원가계산의 물량 및 원가흐름 (선입선출법)

재공품

〈제1공정〉

<table>
<tr><th>물량</th><th>원가</th><th colspan="2">물량</th><th colspan="2">원가</th></tr>
<tr><td rowspan="3">기초재공품량</td><td>기초재공품원가</td><td rowspan="4">완성품량</td><td rowspan="2">기초재공품
완성분</td><td rowspan="4">완성품원가</td><td>기초재공품
원가(전기분)</td></tr>
<tr><td rowspan="4">당기제조원가</td><td>기초재공품
당기추가원가</td></tr>
<tr><td rowspan="2">당기투입
완성분</td><td rowspan="2">당기투입
완성품원가</td></tr>
<tr><td rowspan="2">당기투입량</td></tr>
<tr><td colspan="2">기말재공품량</td><td colspan="2">기말재공품원가</td></tr>
</table>

재공품

〈제2공정〉

<table>
<tr><th>물량</th><th colspan="2">원가</th><th colspan="2">물량</th><th colspan="2">원가</th></tr>
<tr><td rowspan="2">기초재공품량</td><td colspan="2">기초재공품원가</td><td rowspan="3">완성품량</td><td>기초재공품
완성분</td><td rowspan="3">완성품원가</td><td>기초재공품
원가(전기분)</td></tr>
<tr><td rowspan="4">당기제조원가</td><td>전공정
원가</td><td rowspan="2">당기투입
완성분</td><td>기초재공품
당기추가원가</td></tr>
<tr><td rowspan="3">당기투입량</td><td rowspan="3">당기제조
원가</td><td>당기투입
완성품원가</td></tr>
<tr><td colspan="2" rowspan="2">기말재공품량</td><td rowspan="2">기말
재공품
원가</td><td>전공정원가</td></tr>
<tr><td>자공정원가</td></tr>
</table>

공정별원가계산의 물량 및 원가흐름 (평균법)

재공품

〈제1공정〉

<table>
<tr><th>물량</th><th>원가</th><th>물량</th><th>원가</th></tr>
<tr><td rowspan="2">기초재공품량
+
당기투입량</td><td rowspan="2">기초재공품원가
+
당기제조원가</td><td>완성품량</td><td>완성품원가</td></tr>
<tr><td>기말재공품량</td><td>기말재공품원가</td></tr>
</table>

재공품

〈제2공정〉

<table>
<tr><th>물량</th><th>원가</th><th>물량</th><th colspan="2">원가</th></tr>
<tr><td rowspan="3">기초재공품량
+
당기투입량</td><td rowspan="3">기초재공품원가
+
당기제조원가
전공정원가
+
자공정원가</td><td>완성품량</td><td colspan="2">완성품원가</td></tr>
<tr><td rowspan="2">기말재공품량</td><td rowspan="2">기말
재공품
원가</td><td>전공정원가</td></tr>
<tr><td>자공정원가</td></tr>
</table>

예제

SOLVE PRACTICE PROBLEM

현대상사는 2개의 연속된 공정을 거쳐 완제품을 생산하고 있다. 원재료 A는 제1공정의 초기에 전량 투입되고, 다른 원재료 B는 제2공정의 51% 시점에서 전량 투입된다. 가공원가는 제2공정 전체를 통하여 균등하게 투입한다. 제1공정의 완성품은 즉시 제2공정으로 대체되며, 제2공정의 완성품은 제품계정으로 대체된다.

20×1년 12월의 생산 및 원가 관련 자료는 다음과 같다.

(1) 생산 관련 자료

	제1공정	제2공정
기초재공품	2,000개(40%)	3,000개(50%)
당기투입량	4,000	5,000
완 성 품 량	5,000	6,000
기말재공품	1,000(80%)	2,000(60%)

(2) 원가 관련 자료

	제1공정	제2공정
기초재공품원가		
전공정원가	-	₩120,000
직접재료원가	₩60,000	-
가공원가	40,000	30,000
당기제조원가		
직접재료원가	₩800,000	₩600,000
가공원가	200,000	200,000

물음 1. 선입선출법과 평균법을 이용하여 제1공정의 완성품원가와 기말재공품원가를 계산하시오.
2. 제1공정 완성품이 제2공정에 대체되는 분개를 하시오.

해답

1. 완성품원가와 기말재공품원가 계산

① 선입선출법

제조원가보고서(제1공정)

	Ⅰ. 물량흐름	Ⅱ. 완성품환산량	
		직접재료원가	가공원가
기초재공품(40%)	2,000개		
당기투입량	4,000		
합 계	6,000개		

완성품량(차공정대체량)			
기초재공품완성분	2,000개	-	1,200개
당기투입완성분	3,000	3,000개	3,000
기말재공품(80%)	1,000	1,000	800
합 계	6,000개	4,000개	5,000개
기초재공품원가	₩100,000	-	-
당기제조원가	1,000,000	₩800,000	₩200,000
Ⅲ. 배분대상원가	₩1,100,000		
Ⅳ. 완성품환산량 단위당원가(@)		₩200	₩40

Ⅴ. 원가의 배분

1. 완성품원가(차공정대체원가)		
기초재공품원가	₩100,000	
기초재공품 당기추가원가	48,000	(1,200개 × ₩40)
당기제조완성품원가	720,000	(3,000개 × ₩240)
합 계	₩868,000	
2. 기말재공품원가		
직접재료원가	₩200,000	(1,000개 × ₩200)
가공원가	32,000	(800개 × ₩40)
합 계	₩232,000	

② 평균법

제조원가보고서(제1공정)

	Ⅰ. 물량흐름	Ⅱ. 완성품환산량	
		직접재료원가	가공원가
기초재공품(40%)	2,000개		
당기투입량	4,000		
합 계	6,000개		
완성품량(차공정대체량)	5,000개	5,000개	5,000개
기말재공품(80%)	1,000	1,000	800
합 계	6,000개	6,000개	5,800개
기초재공품원가	₩100,000	₩60,000	₩40,000
당기제조원가	1,000,000	800,000	200,000
Ⅲ. 배분대상원가	₩1,100,000	₩860,000	₩240,000
Ⅳ. 완성품환산량 단위당원가(@)		₩143.34	₩41.38

Ⅴ. 원가의 배분

1. 완성품원가(차공정대체원가)	₩923,600	(5,000개 × ₩184.72)
2. 기말재공품원가	₩176,400	(1,000개 × ₩143.34 + 800개 × ₩41.38)

2. 분개

① 선입선출법

(차)	재공품(제2공정)	868,000	(대)	재공품(제1공정)	868,000

② 평균법

(차)	재공품(제2공정)	923,600	(대)	재공품(제1공정)	923,600

물음 1. 선입선출법과 평균법을 이용하여 제2공정의 완성품원가와 기말재공품원가를 계산하시오.
2. 제2공정 완성품이 제품계정으로 대체되는 분개를 하시오.

해답

1. 완성품원가와 기말재공품원가의 계산

① 선입선출법

제조원가보고서(제2공정)

	Ⅰ. 물량흐름	Ⅱ. 완성품환산량		
		전공정원가	직접재료원가	가공원가
기초재공품(50%)	3,000개			
당기투입량	5,000			
합 계	8,000개			
완 성 품 량				
기초재공품완성분	3,000개	-	3,000개	1,500개
당기투입완성분	3,000	3,000개	3,000	3,000
말재공품(60%)	2,000	2,000	2,000	1,200
합 계	8,000개	5,000개	8,000개	5,700개
기초재공품원가	₩150,000	-	-	-
당기제조원가	1,668,000	₩868,000	₩600,000	₩200,000
Ⅲ. 배분대상원가	₩1,818,000			
Ⅳ. 완성품환산량 단위당원가(@)		₩173.6	₩75	₩35.1

Ⅴ. 원가의 배분

1. 완성품원가

기초재공품원가	₩150,000	
기초재공품 당기추가원가	277,600	(3,000개 × ₩75) + (1,500개 × ₩35.1)
당기제조완성품원가	851,100	(3,000개 × ₩283.7)
합 계	₩1,278,700	

2. 기말재공품원가

전공정원가	₩347,200	(2,000개 × ₩173.6)
직접재료원가	150,000	(2,000개 × ₩75)
가공원가	42,100	(1,200개 × ₩35.1)
합 계	₩539,300	

② 평균법

제조원가보고서(제2공정)

	Ⅰ. 물량흐름	Ⅱ. 완성품환산량		
		전공정원가	직접재료원가	가공원가
기초재공품(50%)	3,000개			
당기투입량	5,000			
합 계	8,000개			
완 성 품 량	6000	6000개	6000개	6000개
기말재공품(60%)	2,000	2,000	2,000	1,200
합 계	8,000개	8,000개	8,000개	7,200개
기초재공품원가	₩150,000	₩120,000	-	₩30,000
당기제조원가	1,723,600	923,600	₩600,000	200,000
Ⅲ. 배분대상원가	₩1,873,600	₩1,043,600	₩600,000	₩230,000
Ⅳ. 완성품환산량 단위당원가(@)		₩130.45	₩75	₩31.94

Ⅴ. 원가의 배분

1. 완성품원가	₩1,424,340	(6,000개 × ₩237.39)
2. 기말재공품원가		
전공정원가	₩260,900	(2,000개 × ₩130.45)
직접재료원가	150,000	(2,000개 × ₩75)
가공원가	38,360	(1,200개 × ₩31.94)
합 계	₩449,260	

2. 분개

① 선입선출법

(차) 제 품 1,278,700 (대) 재공품(제2공정) 1,278,700

② 평균법

(차) 제 품 1,424,340 (대) 재공품(제2공정) 1,424,340

보 론 기말재공품원가 계산 (공식법)

기말재공품원가는 다음의 공식을 적용하여 간단하게 계산할 수 있다. 이 경우 완성품원가는 선입선출법 · 평균법의 공식에 의해 기말재공품원가를 우선 계산한 후, 총원가(기초재공품원가+당기제조원가)에서 기말재공품원가를 차감하여 산출한다.

$$\text{기말재공품원가} = \text{배분대상원가} \times \frac{\text{기말재공품 완성품환산량}}{\text{완성품환산량 합계}}$$

선입선출법

$$\text{기말재공품원가} = \text{당기제조원가} \times \frac{\text{기말재공품 완성품환산량}}{\text{완성품량} - \text{기초재공품 완성품환산량} + \text{기말재공품 완성품환산량}}$$

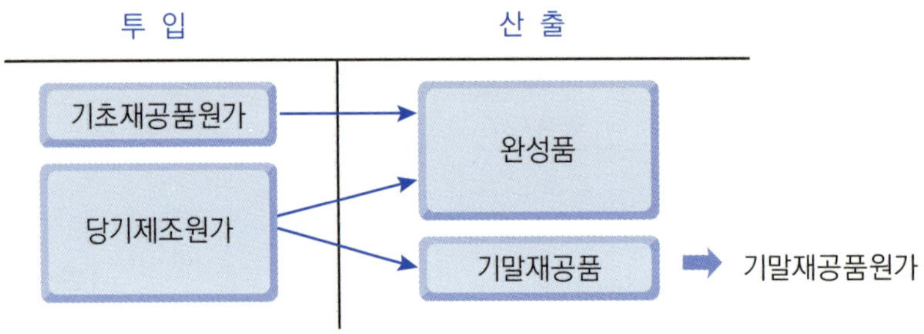

평균법

$$\text{기말재공품원가} = (\text{기초재공품원가} + \text{당기제조원가}) \times \frac{\text{기말재공품 완성품환산량}}{\text{완성품량} + \text{기말재공품 완성품환산량}}$$

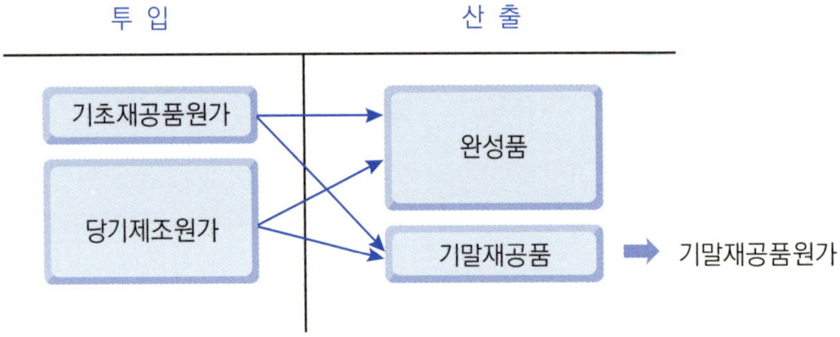

연습문제

REVIEW EXERCISES

주관식

01 종합원가계산의 특징을 개별원가계산과 비교 · 설명하시오.

02 종합원가계산 절차에 대하여 논술하시오.

03 종합원가계산의 원가흐름 가정인 선입선출법과 평균법을 비교 · 설명하시오.

04 공정별종합원가계산의 종류와 기능을 논술하시오.

05 다음을 설명하시오.

① 물량흐름

② 완성품환산량

③ 완성품원가

④ 제조원가보고서

⑤ 전원가 요소 공정별원가계산

06 완성품환산량의 계산

청풍회사는 단일공정에서 제품을 생산하고 있다. 20×1년 5월 중 생산 관련 자료는 다음과 같다.

	물량흐름
기초재공품	1,000개
당기투입량	9,000
기말재공품	2,000

물음 (1) 재료는 공정의 개시시점에서 50%가 투입되고, 나머지는 공정 말에 투입된다. 가공원가는 공정의 진행 정도에 따라 균등하게 발생한다. 기초재공품의 완성도는 30%이고, 기말재공품의 완성도는 60%이다.

① 선입선출법을 적용하여 완성품환산량을 계산하시오.

② 평균법을 적용하여 완성품환산량을 계산하시오.

(2) 재료는 공정의 개시시점에서 50%가 투입되고, 나머지 재료와 가공원가는 공정의 진행 정도에 따라 균등하게 투입되고 발생한다. 기초재공품의 완성도는 60%이고, 기말재공품의 완성도는 70%이다.

① 선입선출법을 적용하여 완성품환산량을 계산하시오.

② 평균법을 적용하여 완성품환산량을 계산하시오.

07 완성품환산량 단위당원가의 계산

경기회사는 단일공정으로 제품을 생산하고 있다. 20×2년 5월의 생산 관련 자료는 다음과 같다.

	물량흐름	직접재료원가 A	직접재료원가 B	가공원가
기초재공품	3,000개	₩40,000	₩75,000	₩82,200
당기투입량	10,000	200,000	325,000	217,800
기말재공품	4,000			

재료 A는 공정의 개시시점에 전량 투입되고 재료 B는 공정의 55%시점에서 전량 투입된다. 가공원가는 공정의 잔행 정도에 따라 균등하게 발생한다. 기초재공품의 완성도는 50%이고, 기말재공품의 완성도는 60%이다.

물음 선입선출법을 적용하여 완성품환산량 단위당원가를 계산하시오.

08 제조원가보고서 작성

경기회사는 단일공정으로 제품을 생산하고 있다. 재료는 공정의 개시시점에 모두 투입되고, 가공원가는 공정의 진행 정도에 따라 균등하게 발생한다. 20×1년 5월의 생산 관련 자료는 다음과 같다.

	물량흐름	직접재료원가	가공원가
기초재공품(40%)	4,000개	₩50,000	₩40,000
당기투입량	16,000	150,000	155,800
기말재공품(60%)	5,000		

물음 (1) 선입선출법을 적용하여 5월의 제조원가보고서를 작성하시오.

(2) 평균법을 적용하여 5월의 제조원가보고서를 작성하시오.

09 공정별원가계산

강남회사는 두 개의 연속된 공정을 통하여 제품을 생산하고 있다. 재료는 공정의 개시시점에서 모두 투입되며, 가공원가는 공정의 진행에 따라 균등하게 발생한다. 충청회사는 종합원가계산시스템을 채택하고 있으며 선입선출법을 적용하고 있다. 20×1년 5월 중 생산 및 원가 관련 자료는 다음과 같다.

(1) 생산 관련 자료

	제1공정	제2공정
기초재공품	1,000개 (20%)	2,000개 (40%)
당기투입량	9,000	8,000
완성품량	8,000	6,000
기말재공품	2,000 (40%)	4,000 (30%)

(2) 원가 관련 자료

	제1공정	제2공정
기초재공품원가		
전공정원가	-	₩10,000
직접재료원가	₩20,000	20,000
가공원가	30,000	40,000
당기제조원가		
직접재료원가	90,000	80,000
가공원가	103,200	128,000

물음 (1) 5월 중의 제1공정 제조원가보고서를 작성하시오.

(2) 5월 중의 제2공정 제조원가보고서를 작성하시오.

10 가공원가 공정별원가계산

송파회사는 가공원가 공정별종합원가계산시스템을 채택하고 있다. 재료는 공정의 개시시점에서 모두 투입하며 이후에는 2개의 공정을 거쳐 제품을 생산하고 있다. 가공원가는 공정의 진행에 따라 균등하게 발생한다. 이 회사는 물량의 흐름과 동일하게 원가를 집계 · 배분하고 있다. 20×1년 5월 중의 생산 및 원가 관련 자료는 다음과 같다.

(1) 생산 관련 자료

	제1공정	제2공정
기초재공품	1,000개 (30%)	3,000개 (40%)
당기투입량	9,000	7,000
완성품량	7,000	8,000
기말재공품	3,000 (40%)	2,000 (20%)

(2) 원가 관련 자료

	제1공정		제2공정
기초재공품원가			
직접재료원가	₩120,000		
가 공 원 가		₩200,000	₩240,000
당 기 제 조 원 가			
직접재료원가	₩450,000		
가 공 원 가		316,000	396,000

물음 (1) 5월 중의 직접재료원가에 대한 제조원가보고서를 작성하시오.
(2) 5월 중의 제1공정에 대한 제조원가보고서를 작성하시오.
(3) 5월 중의 제2공정에 대한 제조원가보고서를 작성하시오.

객관식

01 다음은 개별원가계산제도와 비교한 종합원가계산제도의 설명이다. 틀린 것은? ▸ 경영지도사

① 작업 또는 제품별로 손익비교가 어렵다.
② 재공품, 제품재고액 평가는 단위당원가에 완성품환산량을 곱하여 계산한다.
③ 책임회계 및 통제가 용이하다.
④ 작업기록이 복잡하여 오류가 발생할 가능성이 높고 회계기록 비용이 많이 든다.
⑤ 일정 기간 동안의 총원가를 작업수량으로 나누어 단위당원가를 계산한다.

02 다음은 종합원가계산에 대한 설명이다. 틀린 것은? ▸ 전산회계 1급

① 조선업 같은 주문생산에 유리하다.
② 원가를 재료비와 가공비로 구분하여 계산한다.
③ 원가계산을 하기 위해 완성품환산량의 개념이 필요하다.
④ 연속하여 반복적으로 생산하는 제품 형태에 적합하다.

03 다음 중 종합원가계산 방법들에 대한 설명으로 틀린 것은? ▸ 전산세무 2급

① 조별종합원가계산 – 동종의 제품을 여러 단계의 제조공정에서 생산하는 경우
② 단일종합원가계산 – 얼음제조업 등 하나의 제품을 하나의 공정에서 제조하는 경우
③ 연산품종합원가계산 – 동일한 재료를 투입하여 동일한 공정에서 이종제품을 생산하는 경우
④ 등급품종합원가계산 – 동일한 재료를 투입하여 동일한 공정에서 동종제품을 생산하는 경우

04 종합원가계산이 적합한 업종은? ▶ 경영지도사

① 시멘트 제조업 ② 가구제조업 ③ 조선업
④ 설비제조업 ⑤ 특별주문인쇄업

05 소금제조업, 얼음제조업과 같이 단일공정을 통해서 대량의 동질적인 제품을 생산하는 방식에 적합한 원가계산 방법은? ▶ 행자부 9급

① 등급별원가계산 ② 공정별종합원가계산
③ 단일종합원가계산 ④ 개별원가계산

06 다음은 종합원가계산에서 원가를 기말재공품과 완성품에 배부하기 위한 절차이다. 올바른 순서는? ▶ 전산회계 1급

ⓐ 완성품환산량 단위당원가의 계산	ⓑ 완성품과 기말재공품의 원가계산
ⓒ 물량흐름의 파악	ⓓ 배부될 원가의 요약
ⓔ 완성품환산량의 계산	

① ⓔ－ⓐ－ⓒ－ⓓ－ⓑ ② ⓒ－ⓔ－ⓓ－ⓐ－ⓑ
③ ⓓ－ⓔ－ⓐ－ⓒ－ⓑ ④ ⓓ－ⓒ－ⓔ－ⓐ－ⓑ

07 평균법을 이용하여 종합원가계산을 수행하는 회사에서 기말재공품의 완성도를 실제보다 높게 평가할 경우 미치는 영향으로 적합한 것은? ▶ 기업회계 1급

① 완성품원가는 과소평가되고 기말재공품원가는 과대평가된다.
② 완성품원가는 과대평가되고 기말재공품원가는 과소평가된다.
③ 완성품원가와 기말재공품원가 모두 과대평가된다.
④ 완성품원가와 기말재공품원가 모두 과소평가된다.

08 다음 중 기말재공품 평가 시 사용되는 평균법과 선입선출법에 대한 설명으로 옳지 않은 것은? ▶ 공인회계사

① 선입선출법을 이용하여 종합원가계산을 수행하는 회사가 기말재공품의 완성도를 실제보다 과대평가할 경우 완성품환산량가 완성품원가는 과대평가된다.
② 기초재공품이 존재하지 않을 경우에는 평균법과 선입선출법에 의한 완성품환산량이 같지만, 기초재공품이 존재할 경우에는 평균법에 의한 완성품환산량이 선입선출법에 의한 완성품환산량보다 크다.
③ 선입선출법은 평균법에 비해 실제 물량흐름에 충실한 원가흐름의 가정이며, 당기의 성과를 이전의 기간과 독립적으로 평가할 수 있어 계획과 통제목적에 유용한 방법이다.

④ 정상적인 공손수량은 평균법을 적용하나 선입선출법을 적용하나 동일하며, 정상적인 공손원가는 완성품과 기말재공품원가에 가산되나 비정상적인 공손원가는 영업외비용으로 처리한다.

⑤ 공손품에 대한 가공원가의 완성도를 검사시점으로 하며, 선입선출법을 사용할 경우 공손품은 모두 당기에 착수된 물량에서 발생한 것으로 가정한다.

09 다음은 원가계산 및 원가배분과 관련된 문장들이다. ▸ 공인회계사

> a. 종합원가계산의 경우, 기초재공품이 없을 때 선입선출법에 의한 제품제조원가나 평균법에 의한 제품제조원가는 동일하다.
> b. 종합원가계산의 경우, 기초재공품과 기말재공품의 완성도(진척도)가 다같이 50%일 때 선입선출법에 의한 제품제조원가나 평균법에 의한 제품제조원가는 동일하다.
> c. 기말재공품원가가 기초재공품원가에 비해 증가하였다면 당기발생제조원가가 당기제품제조원가보다 더 크다.
> d. 보조 부문 원가를 계제식 방법(step-down method)으로 배분할 경우, 어떤 부문을 먼저 배분하는가에 상관없이 배분결과는 동일하다.

위의 문장들 중 올바르거나 타당한 문장들만을 모은 것은?

① a, b　② a, c　③ a, b, c　④ a, c, d　⑤ b, d

10 다음 자료를 활용하여 선입선출법에 의한 재료비와 가공비의 완성품환산량을 계산하면 얼마인가? ▸ 전산회계 1급

> • 당기완성품: 20,000개　• 기말재공품: 10,000개(완성도 40%)
> • 기초재공품: 5,000개(완성도 20%)　• 당기착수량: 25,000개
> • 재료는 공정초에 전량 투입되고, 가공비는 공정전반에 걸쳐 균등하게 투입된다.

① 재료비 20,000개, 가공비 23,000개　② 재료비 22,000개, 가공비 20,000개
③ 재료비 25,000개, 가공비 23,000개　④ 재료비 30,000개, 가공비 24,000개

11 ㈜관세는 종합원가계산 제도를 채택하고 있다. 20×1년도 제품 생산 관련 정보는 다음과 같다.

> • 기초재공품 수량 200개 (가공원가 완성도 50%)
> • 당기완성품 수량 800개
> • 기말재공품 수량 500개 (가공원가 완성도 60%)

직접재료원가는 공정초에 전량 투입되고, 가공원가는 공정전반에 걸쳐 균등하게 발생한다. 평균법과 선입선출법 하의 완성품환산량에 관한 다음 설명 중 옳은 것은?

① 평균법에 의한 직접재료원가의 완성품환산량은 1,500개 이다.
② 선입선출법에 의한 직접재료원가의 완성품환산량은 1,300개 이다.

③ 평균법에 의한 가공원가의 완성품환산량은 1,000개 이다.

④ 선입선출법에 의한 가공원가의 완성품환산량은 1,200개 이다.

⑤ 선입선출법과 평균법 간의 직접재료원가의 완성품환산량 차이는 200개 이다.

12 다음 자료를 보고 평균법에 의한 가공비의 완성품환산량을 계산하면 얼마인가? ▸ 전산회계 1급

- 기초재공품: 10,000단위 (완성도: 60%)
- 기말재공품: 20,000단위 (완성도: 50%)
- 착 수 량: 30,000단위
- 완성품수량: 20,000단위
- 원재료는 공정초에 전량 투입되고, 가공비는 공정전반에 걸쳐 균등하게 발생한다.

① 10,000단위　② 20,000단위　③ 24,000단위　④ 30,000단위

13 종합원가계산을 이용하는 회사의 가공비 완성품환신량을 계산하면? ▸ 국가직 9급

- 기초재공품 1,000개 (30%)
- 당기 착수량 9,000개
- 당기 완성품 7,000개
- 기말재공품 4,000개(30%)
- 재료는 기초에 전량 투입되고, 선입선출법으로 평가한다.

① 10,000개　② 4,000개　③ 7,900개　④ 6,500개

14 ㈜한국은 종합원가계산제도를 채택하고 있으며, 원재료는 공정의 초기에 전량 투입되며, 가공원가는 공정 전반에 걸쳐서 진척도에 따라 균등하게 발생한다. 재료원가의 경우 평균법에 의한 완성품환산량은 78,000단위이고, 선입선출법에 의한 완성품환산량은 66,000단위이다. 또한 가공원가의 경우 평균법에 의한 완성품환산량은 54,400단위이고, 선입선출법에 의한 완성품환산량은 52,000단위이다. 기초재공품의 진척도는 몇 %인가? ▸ 공인회계사

① 10%　② 20%　③ 30%　④ 50%　⑤ 70%

15 ㈜울산화학은 공정별원가계산 방법을 사용하고 있으며 완성품환산량의 계산에 가중평균법을 사용하고 있다. ㈜울산화학은 4월 중 125,000단위의 제품을 판매하였다. 회사는 오직 하나의 가공부서를 보유하고 있다. 생산 활동과 관련된 추가정보는 다음과 같다.

4월 1일 재고	
재 공 품	없음
완 제 품	37,500단위
4월 30일 재고	
재 공 품 (가공비에 대한 진척도 75%)	8,000단위
완 제 품	30,000

㈜울산화학의 4월 중 가공비에 대한 완성품환산량은 얼마인가? ▸ 세무사

① 126,500단위 ② 125,500단위 ③ 123,500단위 ④ 117,500단위 ⑤ 117,000단위

16 서울회사는 단일제품을 생산하고 있으며, 선입선출법에 의한 종합원가계산을 채택하고 있다. 제품의 제조과정에서 두 가지 재료가 투입되는데 재료 A는 공정의 25% 시점에서, 재료 B는 75% 시점에서 각각 투입되며 가공비는 전공정을 통해 평균적으로 균일하게 발생한다. 20×5년 4월의 생산활동과 관련된 자료는 다음과 같다.

(1) 월초재공품 수량은 2,500단위, 완성도 40%, 원가는 ₩700,000이다.

(2) 월말재공품 수량은 2,000단위이며, 이 중 1,000단위는 완성도가 10%, 나머지 1,000단위는 80%이다.

(3) 당월 착수량은 3,500단위이고, 완성량은 4,000단위이다.

(4) 20×5년 4월중에 발생한 원가는 다음과 같다.

재료 A의 원가	₩500,000
재료 B의 원가	600,000
가 공 비	1,170,000

위 자료를 이용하여 당월 완성품원가를 구하시오. ▸ 세무사

① ₩2,270,000 ② ₩2,380,000 ③ ₩2,970,000 ④ ₩1,870,000 ⑤ ₩1,680,000

17 다음은 종합원가계산을 채택하고 있는 ㈜국세의 당기 생산 활동과 관련된 자료이다.

• 기초재공품 수량	없 음
• 당기착수량	1,000단위
• 당기투입원가	
직접재료원가	₩100,000
직접노무원가	81,000
제조간접원가	60,500
• 기말재공품 수량	500단위

㈜국세는 단일공정을 통해 제품을 생산하며, 모든 제조원가는 공정 전반에 걸쳐 균등하게 발생한다. 완성품 단위당제조원가는 ₩420이라면, 기말재공품의 완성도는 몇 %인가? (단, 공손 및 감손은 발생하지 않은 것으로 가정한다. ▸ 세무사

① 10% ② 15% ③ 20% ④ 30% ⑤ 45%

18 ㈜나라는 연속적인 공정을 통해 단일의 제품을 대량으로 생산하고 있다. 당사는 제품원가의 정확한 계산과 효율적인 원가관리를 위해 가장 적합한 원가계산 방법으로 종합원가계산 방법을 선택하였

다. 다음의 설명 가운데 그 특징을 모두 열거한 것은? ▸ 공인회계사

(가) 모든 제품단위가 완성되는 시점을 별도로 파악하기가 어려우므로 인위적인 기간을 정해 원가를 산정한다.
(나) 원가계산에서 가장 중요한 서류는 작업된 단위, 부서에 할당된 원가, 작업된 단위원가, 부서에서 이전될 원가 및 기말재공품원가 등이 요약보고된 작업원가집계표이다.
(다) 각 공정별로 원가가 집계되므로 원가에 대한 책임소재가 명확해진다.
(라) 주어진 상황에 따라 직접재료원가, 직접노무원가 및 제조간접원가로 구분하여 원가를 계산하지만, 일반적으로는 원가를 재료원가와 가공원가로 구분하여 원가계산을 실시한다.

① (가), (나)
② (다), (라)
③ (나), (다), (라)
④ (가), (다), (라)
⑤ (가), (나), (다), (라)

19 ㈜백두는 A, B, C 세 단계의 연속된 생산공정을 통해 완제품을 생산한다. ㈜백두는 매년 600단위의 제품을 생산하여 단위당 ₩5,000에 시장에서 모두 판매한다. 금년에 ㈜백두는 ㈜한라로부터 완제품 400단위를 단위당 ₩4,000에 납품해 줄 것을 추가로 요구받았다. 이 주문은 400단위 모두를 수락하거나 아니면 거절해야 한다. 완제품 기준으로 표시된 공정별 연간 생산능력, 생산량 및 단위당 변동원가는 다음과 같다.

구분	A공정	B공정	C공정
공정별 연간 생산능력	1,000단위	800단위	900단위
공정별 연간 생산량	600단위	600단위	600단위
공정별 단위당 변동원가	₩500	₩1,000	₩1,500

㈜백두가 ㈜한라의 주문을 받아들일 경우 영업이익은 얼마나 증가(또는 감소)하는가? 단, 외부공급업체로부터 B공정에서 생산된 것과 동일한 부품을 단위당 ₩3,000에 무제한 공급받을 수 있다고 가정한다. ▸ 공인회계사

① ₩50,000 증가
② ₩50,000 감소
③ ₩400,000 증가
④ ₩400,000 감소

20 대한회사는 선입선출법에 의한 종합원가계산을 채택하고 있다. 제품제조를 위하여 원재료 A와 원재료 B가 사용되는데 원재료 A는 공정초기에 전부 투입되고 원재료 B는 공정의 50% 시점에 전부 투입된다. 그리고 가공원가는 공정 전체를 통하여 균등하게 발생한다. 대한회사의 당기 제품제조활동과 관련한 다음의 자료를 토대로 당기에 완성된 제품의 원가와 기말재공품의 원가를 구하면 각각 얼마인가? ▸ 세무사

• 기초재공품의 수량은 5,000개이며 가공비완성도는 60%이다.
• 당기 완성품의 수량은 80,000개이다.
• 기말재공품의 수량은 10,000개이며 가공비완성도는 30%이다.
• 기초재공품의 원가와 당기에 발생한 원가의 현황은 다음과 같다.

구 분	원재료 A	원재료 B	가공원가	합 계
기초재공품원가	₩850,000	₩900,000	₩400,000	₩2,150,000
당기발생원가	₩3,400,000	₩4,500,000	₩1,600,000	₩9,500,000

	완성품원가	기말재공품원가
①	₩11,025,000	₩625,000
②	11,150,000	500,000
③	11,190,000	460,000
④	9,600,000	2,050,000
⑤	10,200,000	1,450,000

객관식 해답

1	2	3	4	5	6	7	8	9	10
④	①	①	①	③	②	①	①	②	③
11	12	13	14	15	16	17	18	19	20
⑤	④	③	②	③	②	②	④	①	③

09 공손원가계산

공손은 품질이나 규격이 미달인 불합격품이며, 감손은 생산 과정에서 원재료가 증발, 분진, 가스화 등으로 경제적 가치를 상실한 폐물이다. 공손은 정상공손과 비정상공손으로 구분하고, 공손을 구분하기 위해서는 합격품량을 계산해야 한다. 일반적으로 감손은 그 발생 시점이나 장소가 불분명하므로 평균적으로 발생하는 것으로 가정하여 회계처리 한다.

1절 공손의 개념

종합원가계산은 생산 공정에 총투입량(기초재공품량 + 당기투입량)과 총산출량(완성품량 + 기말재공품량)이 항상 일치한다는 것을 전제로 완성품환산량을 계산하고 총제조원가를 완성품 및 기말재공품원가에 각각 배분한다. 그러나 업종에 따라 차이는 있지만 화학공업, 식료품 제조업, 통신부품 제조업 등 모든 업종에서 산출량이 투입량보다 적은 것이 일반적이다. 이와 같은 차이의 주된 원인은 제조공정에서 발생하는 공손, 감손, 작업폐물, 부산물[1] 등이 발생하기 때문이다.

공손(spoilage)은 품질이나 규격이 정상품에 미치지 못하는 불합격품(공손품 또는 파손품)을 의미하며, 제품의 생산 과정에서 불량 원재료 투입, 작업자 부주의, 기타 기계공구 결함 등 다양한 원인으로 인해 발생한다. 공손은 능률적인 생산공정 및 방법 하에서의 발생 여부에 따라 정상공손과 비정상공손으로 구분한다. 공손(품)은 생산공정의 진행 중에 발생하지만 인식할 수 있는 시점은 공손 검사시점이므로 보통 품질검사시점에서 공손이 발생한 것으로 가정하여 공손량을 계산한다.

---

1) ① 공손: 어떤 이유에서든 공정의 작업을 완전히 수행하지 못함으로써 나타나는 손실이다.
② 감손: 제조 과정에서 증발, 분진, 가스화 등의 원인에 의하여 공정에 투입된 주요 원재료의 수량이 감소하여 나타나는 손실로, 거의 잔존가치가 전혀 존재하지 않는다.
③ 작업폐물: ㉠ 원재료로부터 발생하는 찌꺼기(톱밥, 왕겨)나 조각(나무토막, 철편)으로서 판매가치가 부산물보다 더 작음 ㉡ 폐기 과정에서 판매가치보다 더 많은 추가비용이 발생하여 손실이 발생할 수도 있다.
④ 부산물: 연산품의 제조 과정에서 부수적으로 생산되는 제품으로 판매가치가 상대적으로 적다.

1. 공손의 종류

(1) 정상공손

정상공손은 능률적인 생산 조건 하에서도 발생하는 불가피한 공손(기업이 특정 생산 방법을 선택한 결과로 인해 발생)이며, 단기적으로 통제할 수 없는 공손이다. 공손은 정상품을 생산하는 과정에서 어쩔 수 없이 발생되는 사전 인지된 공손이기 때문에 정상품(완성품과 검사받은 기말재공품) 원가에 가산하여 회계처리 한다.

(2) 비정상공손

비정상공손은 능률적인 생산 조건 하에서는 발생하지 않아야 하는 공손이며, 제조 활동을 효율적으로 수행하면 발생 전에 방지할 수 있으므로 단기적으로 통제 가능한 공손이다. 정상품의 제조와 관계없이 발생하는 공손이기 때문에 비정상공손원가는 정상품원가에 가산하지 않고 발생 회계기간의 손실(영업외비용)로 회계처리 한다.

공 손	정상공손(원가성 인정): 제조원가에 가산
	비정상공손(원가성 불인정): 기간비용(영업외비용) 처리

2. 공손량 계산

공손을 평가하여 회계처리하기 위해 우선 물량흐름을 계산하여 전체 공손량을 계산한 후에 전체 공손량 중에 정상공손량과 비정상공손량을 구분하여 계산해야 한다. 정상공손량과 비정상공손량을 구분하여 계산함으로써 원가배분의 오류를 방지할 수 있기 때문이며, 물량흐름을 T-계정으로 나타내면 다음과 같다.

재공품

기초재공품량	×××	완성품량	×××
당기투입량	×××	공손량 (정상, 비정상)	×××
		기말재공품량	×××
합 계	×××	합 계	×××

공손량을 정상공손량과 비정상공손량으로 구분하려면 공손 검사를 마친 합격품량을 기준(검사시점 통과기준)으로 계산하는 것이 합리적이다.

공손 검사를 마친 합격품량을 정상공손량의 계산기준으로 정한 이유는 단순히 투입량, 검사시점까지의 수량 등을 기준으로 정상공손량을 계산하면 정상공손량이 합격품뿐만 아니라 비정상공손량에 의해서도 영향을 받기 때문이다.

(1) 합격품량 계산

공손 검사를 마친 합격품량은 기초재공품 및 기말재공품의 완성도와 공손품의 완성도(검사시점)에 따라 결정된다.

합격품량 계산 방법

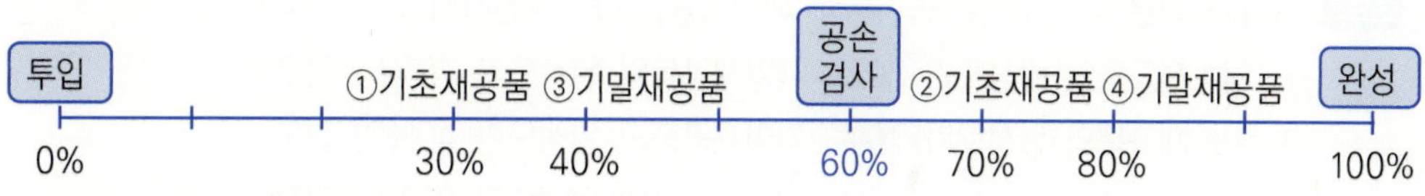

(1) 기초재공품과 기말재공품의 완성도가 검사시점보다 낮은 경우(①, ③)
합격품량 = (기초재공품량 + 당기투입량) − (기말재공품량 + 공손량)

(2) 기초재공품의 완성도는 검사시점보다 높고, 기말재공품량의 완성도는 낮은 경우(②, ③)
합격품량 = 당기투입량 − (기말재공품량 + 공손량)

(3) 기초재공품의 완성도는 검사시점보다 낮고, 기말재공품의 완성도는 높은 경우(①, ④)
합격품량 = (기초재공품량 + 당기투입량) − 공손량

(4) 기초재공품과 기말재공품의 완성도가 검사시점보다 높은 경우(②, ④)
합격품량 = 당기투입량 − 공손량

(2) 정상공손량과 비정상공손량 계산

공손 검사시점을 기준으로 합격품량을 계산한 후, 정상공손량은 합격품량에 공손 허용 한도인 정상공손(허용)율을 곱하여 계산하고, 비정상공손량은 총공손량에서 정상공손량을 차감하여 계산한다.

① 정상공손량 = 합격품량 × 정상공손허용률
② 비정상공손량 = 총공손량 − 정상공손량

예제

SOLVE PRACTICE PROBLEM

대한회사의 정상공손 허용 한도는 합격품의 2%이다. 공손 검사는 공정이 60% 진행된 시점에서 실시한다. 20×1년 12월 중의 생산 관련 자료는 다음과 같다.

기초재공품량	2,000개
당기투입량	4,000개
완 성 품 량	4,800개
공 손 량	200개
기말재공품량	1,000개

물음 다음과 같은 경우의 정상공손량과 비정상공손량을 계산하시오.

1. 기초재공품의 완성도가 30%, 기말재공품의 완성도가 40%인 경우
2. 기초재공품의 완성도가 70%, 기말재공품의 완성도가 40%인 경우
3. 기초재공품의 완성도가 30%, 기말재공품의 완성도가 80%인 경우
4. 기초재공품의 완성도가 70%, 기말재공품의 완성도가 80%인 경우

해답

1. **합격품량**: (2,000개 + 4,000개) − (1,000개 + 200개) = 4,800개
   정상공손량: 4,800개 × 2% = 96개
   비정상공손량: 200개 − 96개 = 104개

2. **합격품량**: 4,000개 − (1,000개 + 200개) = 2,800개
   정상공손량: 2,800개 × 2% = 56개
   비정상공손량: 200개 − 56개 = 144개

3. **합격품량**: (2,000개 + 4,000개) − 200개 = 5,800개
   정상공손량: 5,800개 × 2% = 116개
   비정상공손량: 200개 − 116개 = 84개

4. **합격품량**: 4,000개 − 200개 = 3,800개
   정상공손량: 3,800개 × 2% = 76개
   비정상공손량: 200개 − 76개 = 124개

2절 공손원가 회계처리

정상공손원가는 정상품원가에 가산되므로 총공손량 중 정상공손량의 결정은 재고자산평가액에 중요한 영향을 미치게 된다. 그러므로 기업은 정확한 제품 원가계산과 원가통제를 위하여 정상공손으로 인정할 수 있는 허용한도(정상공손허용률)를 사전에 정하고 있으며, 허용한도 범위 내에서 발생하는 공손을 정상공손, 허용한도를 초과하여 발생하는 공손을 비정상공손으로 각각 계산한다.

1. 공손무인식법과 공손인식법

(1) 공손무인식법

공손무인식법은 공손이 발생하지 않았던 것으로 간주하여 공손원가를 별도로 계산하지 않는 방법이다. 공손무인식법을 적용할 경우에 공손의 완성품환산량을 계산할 필요가 없으므로 공손을 인식하는 방법에 비하여 완성품환산량이 감소되고 완성품환산량의 단위원가는 커진다. 공손원가무인식법을 적용하면, 정상공손원가와 비정상공손원가는 모두 제품원가에 포함되며, 정상공손만 발생하였다고 하더라도 검사를 받지 않은 기말재공품에도 정상공손원가가 배분되는 등 원가계산 결과가 부정확해지는 문제점이 발생할 수 있다.

(2) 공손인식법

공손인식법은 공손원가를 별도로 계산하여 정상공손원가는 정상품원가에 가산하고, 비정상공손원가는 기간비용으로 회계처리하는 방법이다. 공손인식법은 공손원가를 계산하며, 별도로 공손품(정상공손, 비정상공손 구분계산 후)의 완성품환산량도 계산해야 한다.

공손인식법은 공손원가를 정확하게 계산한다는 제품원가계산 목적과 공손품의 성질을 규명하고, 정상공손원가와 비정상공손원가를 구분하여 관리함으로써 경영자에게 공손관리의 중요성을 인식시키는 장점이 있다.

2. 공손원가 계산

공손품(spoilage)은 제품의 생산 과정에서 원재료 불량, 설비 불량, 작업자 부주의 등으로 인해 표준규격이나 품질에 미달하는 불합격품이다. 공손원가를 계산함에 있어 공손품의 보수 가능 여부를 판단하여 다음과 같이 공손원가를 인식하며, 원가계산준칙에 규정된 공손원가의 계산흐름은 다음과 같다.

① 공손이 보수에 의하여 회복될 경우에는 보수작업에 소요되는 보수원가를 공손원가로 인식한다.

② 공손의 정도가 심하여 보수로 회복되지 않고, 그 전부를 재생산할 경우에는 기 발생된 공손품 제조원가에서 공손품평가액[2]을 차감한 가액을 공손원가로 인식한다.

③ 공손이 보수로서 완전 회복되지 않고, 그 일부를 재생산할 경우에는 추가적으로 발생하는 제조원가에서 공손품 평가액을 차감한 가액으로 공손원가를 인식한다.

공손원가의 인식 및 회계처리

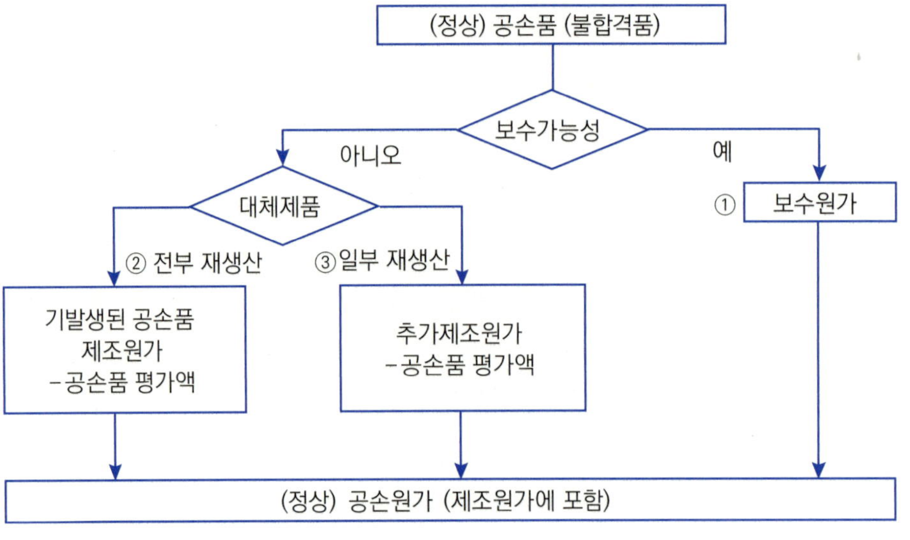

① 공손이 보수로 회복되는 경우

(차)	공 손 원 가	×××	(대)	제 원 가 요 소	×××

② 전부 재생산할 경우

(차)	공 손 원 가	×××	(대)	재 공 품	×××
	공 손 품	×××		공 손 원 가	×××

③ 일부 재생산할 경우

(차)	공 손 원 가	×××	(대)	제 원 가 요 소	×××
	공 손 품	×××		공 손 원 가	×××

2) 공손품평가액은 추정매각가격에서 판매비와 관리비 및 정상이윤을 공제한 순실현가치로 평가한다. 추정매각가격은 최근의 거래가격 또는 권위 있는 물가조사기관의 물가조사표에 근거한 시가를 적용하고, 판매비와 관리비 및 정상이윤은 유사제품의 최근 평균매출원가율을 적용하도록 하고 있다.(「원가계산준칙」 제24조 "부산물과 작업폐물의 평가"규정 준용)

공손원가를 회계처리할 때에는 공손의 발생이 정상적인지 여부를 고려해야 한다. 공손은 능률적인 작업 여건 하에서 허용할 수 있는 범위에 속하는 정상성이 있는 정상공손(normal spoilage)과 허용 범위를 벗어난 비정상공손(abnormal spoilage)이 있다.

정상공손은 허용된 공손이므로 제조원가에 포함시키는데 제조지시서별로 추적이 가능한 경우에는 해당 제조지시서에 포함시키고 추적이 불가능한 경우에는 제조간접원가로 처리한다. 비정상공손은 허용되지 않은 공손이므로 영업외비용으로 처리한다.

① 정상공손원가 경우

(차)	재공품(혹은 제조지시서) 또는 제조간접원가	×××	(대)	공손원가(=공손품)	×××

② 비정상공손원가 경우

(차)	영업외비용(공손원가)	×××	(대)	제 원 가 요 소	×××

예제

SOLVE PRACTICE PROBLEM

삼성기업은 당기에 50개의 제품을 생산하는데 ₩500,000의 제조원가가 발생하였다.(제조단가 ₩10,000) 이중 공손품 5개가 발생하였는데, 추정 판매단가는 ₩6,000이며, 완성품의 단위당 판매가격은 ₩13,000이다. 공손원가의 계산과 관련해 다음과 같은 대안을 고려중이다.

(대안 ①) 보수가 가능하여 ₩5,000의 보수작업비가 소요된다.
(대안 ②) 공손품은 매각하기로 하고, 전부 대체제품을 생산하는 경우 ₩60,000의 원가가 소요된다.
(대안 ③) 공손품은 매각하기로 하고, 일부(3개) 대체제품을 생산하는 경우 ₩40,000의 원가가 소요된다.

물음 1. 각 대안의 공손원가를 계산하시오.
2. 각 대안의 공손원가가 정상적인 경우 제품 단위당원가를 계산하고, 회계처리에 필요한 분개를 하시오.
3. 각 대안의 공손원가가 비정상적인 경우 제품 단위당원가를 계산하고, 회계처리에 필요한 분개를 하시오.

해답

1. 각 대안별 공손원가의 계산

(대안 ①) ₩5,000(공손원가)

(대안 ②) ₩50,000(기발생제조원가) − ₩30,000(공손품 평가액) = ₩20,000(공손원가)

(대안 ③) ₩40,000(추가제조원가) - ₩30,000(공손품 평가액) = ₩10,000(공손원가)

2. (1) 제품 단위당원가의 계산

(대안 ①) (₩500,000 + ₩5,000) ÷ 50개 = ₩10,100

(대안 ②) (정상제품의 원가 ₩450,000 + 5개 대체제품의 원가 ₩60,000 + 공손원가 ₩20,000) ÷ 50개 = ₩10,600

(대안 ③) (제조원가 ₩500,000 + 공손원가 ₩10,000) ÷ 48개 = ₩10,625

(2) 각 대안별 분개: (정상) 공손원가 (제조원가에 포함)

(대안 ①)

(차)	공손원가	5,000	(대)	제원가요소	5,000
	재공품	5,000		공손원가	5,000

(대안 ②)

(차)	공손원가	50,000	(대)	재공품	50,000
(차)	공손품	30,000	(대)	공손원가	30,000
	재공품	20,000		공손원가	20,000
	재공품	60,000		제원가요소	60,000

(대안 ③)

(차)	공손원가	40,000	(대)	제원가요소	40,000
	공손품	30,000		공손원가	30,000
	재공품	10,000		공손원가	10,000

3. (1) 제품 단위당원가의 계산

(대안 ①) ₩500,000 ÷ 50개 = ₩10,000

(대안 ②) (정상제품의 원가 ₩450,000 + 대체제품의 원가 ₩60,000) ÷ 50개 = ₩10,200

(대안 ③) ₩500,000 ÷ 50개 = ₩10,000

(2) 각 대안별 분개: 비정상공손원가 (영업외비용으로 처리)

(대안 ①)

(차)	영업외비용(공손원가)	5,000	(대)	제원가요소	5,000

(대안 ②)

(차)	영업외비용(공손원가)	20,000	(대)	재공품	50,000
	공손품	30,000		제원가요소	60,000
	재공품	60,000			

(대안 ③)

(차)	영업외비용(공손원가)	10,000	(대)	제원가요소	40,000
	공손품	30,000			

3. 공손품의 처분가치

(1) 공손품의 처분가치가 없는 경우

공손품의 처분가치가 없는 경우에는 공손품이 폐기되므로 공손원가의 성격에 따라 정상공손원가는 완성품 및 기말재공품원가에 각각 재배분하고, 비정상공손원가는 기간비용으로 계상한다.

① 정상공손원가 배분 계산

첫째, 정상공손은 제품 생산 시에 허용한 범위 내의 공손이므로, 정상공손의 완성품환산량에 완성품환산량 단위당원가를 곱하여 정상공손원가를 계산한다.

정상공손원가 = 정상공손의 완성품환산량 × 완성품환산량 단위당원가

둘째, 정상공손원가를 완성품과 기말재공품에 재배분하기 위해서는 우선, 기말재공품의 완성도와 공손 검사시점을 고려하여야 한다. 기말재공품의 완성도가 공손 검사시점보다 낮은 경우에는 정상공손원가를 완성품에만 배분하여야 하나, 기말재공품의 완성도가 공손 검사시점보다 높은 경우에는 완성품과 기말재공품에 배부기준에 의해 배분한다.

- 공손의 검사시점 > 기말재공품의 완성도 ⇒ 완성품에 배분
- 공손의 검사시점 < 기말재공품의 완성도 ⇒ 완성품과 기말재공품에 배분

셋째, 정상공손원가를 완성품과 기말재공품에 동시에 배분하는 경우에 원가흐름의 가정인 선입선출법 혹은 평균법 등을 적용하여 회계처리한다.

② 비정상공손원가 배분 계산

비정상공손은 공손의 허용 한도를 초과한 공손으로 주로 비능률적인 작업이나 경영자가 통제 불가능한 천재지변 등에 의해 발생한다. 비정상공손원가는 비정상공손량(총공손량에서 정상공손량 차감)의 완성품환산량에 완성품환산량 단위당원가를 곱하여 계산하여 기간비용(영업외비용)으로 회계처리한다.

정상공손원가 배분

• 평균법

기초재공품의 완성도를 고려할 필요 없이 정상공손원가를 완성품과 기말재공품에 공동 배분

⇨ 완성품에 배분할 정상공손원가 = 정상공손원가 × $\frac{\text{완성품량}}{\text{완성품량} + \text{기말재공품량}}$

⇨ 기말재공품에 배분할 정상공손원가 = 정상공손원가 × $\frac{\text{기말재공품량}}{\text{완성품량} + \text{기말재공품량}}$

• 선입선출법(기초재공품원가가 완성품원가를 구성하므로 기초재공품의 완성도 고려)

기초재공품 완성도가 검사시점보다 낮은 경우 정상공손원가를 완성품에만 배부하고, 기초재공품의 완성도가 검사시점보다 높은 경우 기초재공품의 완성분은 당기의 정상공손과는 관련이 없으므로 제외한다.

⇨ 완성품에 배분할 정상공손원가 = 정상공손원가 × $\frac{\text{완성품량} - \text{기초재공품량}}{\text{완성품량} - \text{기초재공품량} + \text{기말재공품량}}$

⇨ 기말재공품에 배분할 정상공손원가 = 정상공손원가 × $\frac{\text{기말재공품량}}{\text{완성품량} - \text{기초재공품량} + \text{기말재공품량}}$

예제 SOLVE PRACTICE PROBLEM

대한회사는 단일 공정에서 A제품을 생산하고 있다. 원재료는 제1공정의 초기에 전량 투입되고, 가공원가는 공정 전체를 통하여 균등하게 투입된다. 20×1년 12월의 생산 및 원가 관련 자료는 다음과 같다.

(1) 생산 관련 자료

	제1공정
기초재공품	2,000개(40%)
당기투입량	4,000
완성품량	5,000
기말재공품	1,000(80%)

(2) 원가 관련 자료

	제1공정
기초재공품원가	
직접재료원가	₩60,000
가공원가	40,000
당기제조원가	
직접재료원가	₩800,000
가공원가	200,000

(3) 대한회사의 생산품인 A제품의 정상공손 허용 한도는 합격품의 2%이다. 공손검사는 공정이 60% 진행된 시점에서 실시한다. 20×1년 12월 중의 생산 관련 자료는 다음과 같다.

기초재공품량	2,000개
당기투입량	4,000개
완성품량	4,800개
공손량	200개
기말재공품량	1,000개

물음 다음과 같은 조건의 경우에 공손품의 처분가치가 없다고 가정하고, 주어진 재공품의 완성도 하에서 선입선출법을 적용하여 완성품원가 및 기말재공품원가, 비정상공손원가를 계산하시오.

1. 기초재공품의 완성도가 30%, 기말재공품의 완성도가 40%인 경우
2. 기초재공품의 완성도가 70%, 기말재공품의 완성도가 40%인 경우
3. 기초재공품의 완성도가 30%, 기말재공품의 완성도가 80%인 경우
4. 기초재공품의 완성도가 70%, 기말재공품의 완성도가 80%인 경우

해답

1. 기초재공품의 완성도 30%, 기말재공품의 완성도 40%인 경우

⇨ 정상공손원가는 완성품원가에만 배분

제조원가보고서

	Ⅰ. 물량흐름	Ⅱ. 완성품환산량	
		직접재료원가	가공원가
기초재공품(30%)	2,000개		
당기투입량	4,000		
합 계	6,000개		
완성품량			
기초재공품완성분	2,000개	-	1,400개
당기투입완성분	2,800	2,800개	2,800
정상공손량	96	96	57.6
비정상공손량	104	104	62.4
기말재공품(40%)	1,000	1,000	400
합 계	6,000개	4,000개	4,720개
기초재공품원가	₩100,000	-	-
당기제조원가	1,000,000	₩800,000	₩200,000
Ⅲ. 배분대상원가	₩1,100,000		
Ⅳ. 완성품환산량 단위당원가(@)		₩200	₩42.37

Ⅴ. 원가의 배분

1. 완성품원가

기초재공품원가	₩100,000	
기초재공품 당기추가원가	59,318	(1,400개 × ₩42.37)
당기투입완성품원가	678,636	(2,800개 × ₩242.37)
정상공손원가	21,640	(96개 × ₩200) + (57.6개 × ₩42.37)
합 계	₩859,594	
2. 기말재공품원가	₩216,948	(1,000개 × ₩200) + (400개 × ₩42.37)
3. 비정상공손원가	₩23,458	(104개 × ₩200) + (62.4개 × ₩42.37)

2. 기초재공품의 완성도 70%, 기말재공품의 완성도 40%인 경우

⇨ 정상공손원가는 완성품원가에만 배분

제조원가보고서

	Ⅰ. 물량흐름	Ⅱ. 완성품환산량	
		직접재료원가	가공원가
기초재공품(70%)	2,000개		
당기투입량	4,000		
합 계	6,000개		
완성품량			
기초재공품완성분	2,000개	-	600개
당기투입완성분	2,800	2,800개	2,800
정상공손량	56	56	33.6
비정상공손량	144	144	86.4
기말재공품(40%)	1,000	1,000	400
합 계	6,000개	4,000개	3,920개
기초재공품원가	₩100,000	-	-
당기제조원가	1,000,000	₩800,000	₩200,000
Ⅲ. 배분대상원가	₩1,100,000		
Ⅳ. 완성품환산량 단위당원가(@)		₩200	₩51

Ⅴ. 원가의 배분

1. 완성품원가

기초재공품원가	₩100,000	
기초재공품 당기추가원가	30,600	(600개 × ₩51)
당기투입완성품원가	702,800	(2,800개 × ₩251)
정상공손원가	12,914	(56개 × ₩200) + (33.6개 × ₩51)
합 계	₩846,314	
2. 기말재공품원가	₩220,400	(1,000개 × ₩200) + (400개 × ₩51)
3. 비정상공손원가	₩33,286	(144개 × ₩200) + (86.4개 × ₩51)

3. 기초재공품의 완성도 30%, 기말재공품의 완성도 80%인 경우

⇨ 정상공손원가는 완성품원가와 기말재공품원가에 배분

제조원가보고서

	Ⅰ. 물량흐름	Ⅱ. 완성품환산량	
		직접재료원가	가공원가
기초재공품(30%)	2,000개		
당기투입량	4,000		
합 계	6,000개		
완성품량			
기초재공품완성분	2,000개	-	1,400개
당기투입완성분	2,800	2,800개	2,800
정상공손량	116	116	69.6
비정상공손량	84	84	50.4
기말재공품(80%)	1,000	1,000	800
합 계	6,000개	4,000개	5,120개
기초재공품원가	₩100,000	-	-
당기제조원가	1,000,000	₩800,000	₩200,000
Ⅲ. 배분대상원가	₩1,100,000		
Ⅳ. 완성품환산량 단위당원가(@)		₩200	₩39.06
Ⅴ. 원가의 배분			
1. 완성품원가			
기초재공품원가	₩100,000		
기초재공품 당기추가원가	54,684	(1,400개 × ₩39.06)	
당기투입완성품원가	669,368	(2,800개 × ₩239.06)	
정상공손원가[1)]	21,450		
합 계	₩845,502		
2. 기말재공품원가	₩231,248	(1,000개 × ₩200) + (800개 × ₩39.06)	
정상공손원가[2)]	4,468		
합 계	₩235,716		
3. 비정상공손원가	₩18,782	(84개 × ₩200) + (50.4개 × ₩39.06)	

※ 정상공손원가 ₩25,918 (116개 × ₩200) + (69.6개 × ₩39.06)

정상공손원가의 배분

1) $₩25{,}918 \times \frac{4{,}800개^{*}}{5{,}800개^{**}} = ₩21{,}450$

2) $₩25{,}918 \times \frac{1{,}000개}{5{,}800개} = ₩4{,}468$

* 기초재공품 2,000개 + 당기완성품 2,800개 = 4,800개

** 당기완성품 4,800개 + 기말재공품 1,000개 = 5,800개

4. 기초재공품의 완성도 70%, 기말재공품의 완성도 80%인 경우

⇨ 정상공손원가는 완성품원가와 기말재공품원가에 배분

제조원가보고서

	Ⅰ. 물량흐름	Ⅱ. 완성품환산량	
		직접재료원가	가공원가
기초재공품(70%)	2,000개		
당기투입량	4,000		
합 계	6,000개		
완성품량			
기초재공품완성분	2,000개	-	600개
당기투입완성분	2,800	2,800개	2,800
정상공손량	76	76	45.6
비정상공손량	124	124	74.4
기말재공품(80%)	1,000	1,000	800
합 계	6,000개	4,000개	4,320개
기초재공품원가	₩100,000	-	-
당기제조원가	1,000,000	₩800,000	₩200,000
Ⅲ. 배분대상원가	₩1,100,000		
Ⅳ. 완성품환산량 단위당원가(@)		₩200	₩46.3
Ⅴ. 원가의 배분			
1. 완성품원가			
기초재공품원가	₩100,000		
기초재공품 당기추가원가	27,780	(600개×₩46.3)	
당기투입완성품원가	689,640	(2,800개×₩246.3)	
정상공손원가[1)]	12,755		
합 계	₩830,175		
2. 기말재공품원가	₩237,040	(1,000개×₩200)+(800개×₩46.3)	
정상공손원가[2)]	4,556		
합 계	₩241,596		
3. 비정상공손원가	₩28,229	(124개×₩200)+(74.4개×₩46.3)	

※ 정상공손원가 ₩17,311 (76개×₩200)+(45.6개×₩46.3)

정상공손원가의 배분

1) $₩17{,}311 \times \dfrac{4{,}800개 - 2{,}000개}{(4{,}800개 - 2{,}000개) + 1{,}000개} = ₩12{,}755$

2) $₩17{,}311 \times \dfrac{1{,}000개}{(4{,}800개 - 2{,}000개) + 1{,}000개} = ₩4{,}556$

(2) 공손품의 처분가치가 있는 경우

공손품의 처분가치가 있어 판매가 가능한 경우에는 판매가격에서 판매를 위한 추가비용을 차감한 순실현가치를 공손원가에서 사전에 차감하여 '순공손원가'를 계산한 후, 이 금액을 공손품의 처분가치가 없는 경우와 동일한 배분 방법에 따라 완성품과 기말재공품에 각각 배분한다.

예제 SOLVE PRACTICE PROBLEM

앞 "예제"의 물음 4에서 주어진 자료는 동일하나 공손품(200개)이 @₩10에 판매될 수 있다고 가정하고, 다음 물음에 답하시오

물음 1. 완성품과 기말재공품원가 및 비정상공손원가를 계산하시오.

2. 공손품의 처분가치 및 비정상공손원가의 회계처리에 필요한 분개를 하시오.

해답

1. 완성품원가, 기말재공품원가, 비정상공손원가의 계산

Ⅴ. 원가의 배분

1. 완성품원가		
기초재공품원가	₩100,000	
기초재공품 당기추가원가	27,780	(600개 × ₩46.3)
당기투입완성품원가	689,640	(2,800개 × ₩246.3)
정상공손원가[1)]	12,195	
합 계	₩829,615	
2. 기말재공품원가	₩237,040	(1,000개 × ₩200) + (800개 × ₩46.3)
정상공손원가[2)]	4,356	
합 계	₩241,396	
3. 비정상공손원가[3)]	₩26,989	
4. 공 손 품	₩2,000	

※ 정상순공손원가 ₩17,311 - (76개 × ₩10) = ₩16,551

정상공손원가의 배분

1) $₩16,551 \times \frac{4,800개 - 2,000개}{(4,800개 - 2,000개) + 1,000개} = ₩12,195$

2) $₩16,551 \times \frac{1,000개}{(4,800개 - 2,000개) + 1,000개} = ₩4,356$

※ 비정상순공손원가

3) ₩28,229 - (124개 × ₩10) = ₩26,989

2. 분개

① (차)	공 손 품	2,000	(대)	재 공 품	2,000
② (차)	영 업 외 비 용	26,989	(대)	재 공 품	26,989

3절 감손과 작업폐물

1. 감손

감손(waste)은 제조공정에 투입된 액체나 기체와 같은 원재료가 생산 과정에서 증발, 분진, 가스화 등으로 없어지거나 경제적 가치를 상실한 폐물을 의미한다. 감손은 발생시점이나 장소가 명확하지 않고, 생산공정 중 평균적으로 발생하거나 생산공정의 진행 정도에 따라 비례적으로 발생하는 것으로 가정한다. 만약 특정시점에서 감손의 발생을 인식할 수 있다면 공손(spoilage)으로 회계처리한다.

(1) 감손이 평균적으로 발생하는 경우 (감손의 평균율법)

감손이 생산공정 중에 평균적으로 발생하는 경우에는 감손량을 구분할 방법이 없기 때문에 감손량이 주어진 것으로 가정하며, 감손의 가공원가 완성품환산량 계산 시에는 감손시점을 파악하기 어려우므로 감손량에 보통 50%의 평균율을 적용한다. 그리고 감손원가는 완성품과 기말재공품원가에 배분하고, 배분기준으로는 완성도와 관련이 있는 요소별 완성품환산량의 비율을 적용한다.

(2) 감손이 누증적(비례적)으로 발생하는 경우 (감손의 수율법)

감손이 생산공정에 누증적(비례적)으로 발생하는 경우에는 다음 식과 같이 먼저 예상감손율과 완성도를 고려하여 수율을 파악한 후에 감손량을 계산한다.

> 실제감손율 = 완성도 × 예상감손율
> 수율 = 1 − 실제감손율

수율(yield ratio)은 원재료의 투입량에 대한 산출량의 비율로 감손된 상태의 산출량을 수율로 나누면 감손 전의 투입량이 계산되는바, 이 감손 전의 투입량과 산출량의 차이가 감손량이다.

감손의 가공원가 완성품환산량을 계산할 때에는 완성품감손량과 재공품감손량의 완성도에 보통 50%를 곱한다. 그리고 감손원가의 배분은 완성품의 감손원가는 완성품원가, 기말재공품의 감손원가는 기말재공품원가에 각각 배분하면 되므로 별도의 배분 과정을 거치지 않는다.

예제

SOLVE PRACTICE PROBLEM

현대상사는 원료를 공정의 착수시점에서 전량 투입하고, 가공원가는 공정의 진행 정도에 따라 균등하게 투입된다. 감손은 공정의 진행 정도에 따라 평균적(50%)으로 발생하며, 모두 정상적인 것이다. 20×1년 12월 중의 생산 및 원가 관련 자료는 다음과 같다.

	물량흐름	직접재료원가	가공원가
기초재공품(30%)	4,000kg	₩40,000	₩60,000
당기투입량	6,000	240,000	340,000
완 성 품 량	6,000		
정상감손량	400		
기말재공품(50%)	3,600		

물음 1. 선입선출법을 적용하여 완성품원가와 기말재공품원가를 계산하시오.
2. 평균법을 적용하여 완성품원가와 기말재공품원가를 계산하시오.

해답

1. 선입선출법

제조원가보고서

	Ⅰ. 물량흐름	Ⅱ. 완성품환산량	
		직접재료원가	가공원가
기초재공품(30%)	4,000kg		
당기투입량	6,000		
합 계	10,000kg		
완성품량			
기초재공품완성분	4,000kg	-	2,800kg
당기투입완성분	2,000	2,000kg	2,000
정상감손량(50%)	400	400	200
기말재공품(50%)	3,600	3,600	1,800
합 계	10,000kg	6,000kg	6,800kg
기초재공품원가	₩100,000	-	-
당기제조원가	580,000	₩240,000	₩340,000

Ⅲ. 배분대상원가	₩680,000		
Ⅳ. 완성품환산량 단위당원가(@)		₩40	₩50

Ⅴ. 원가의 배분

1. 완성품원가		
기초재공품원가(전기)	₩100,000	
기초재공품 당기추가원가	140,000	(2,800kg × ₩50)
당기투입완성품원가	180,000	(2,000kg × ₩90)
정상감손원가[1)]	12,987	
합 계	₩432,987	
2. 기말재공품원가	₩234,000	(3,600kg × ₩40) + (1,800kg × ₩50)
정상감손원가[2)]	13,013	
합 계	₩247,013	

※ 정상감손원가의 계산　직접재료원가 ₩16,000 (400kg × ₩40)
가공원가 ₩10,000 (200kg × ₩50)

※ 정상감손원가의 배분

1) 완성품 배분

$$₩16,000 \times \frac{2,000kg}{5,600kg} = ₩5,714$$

$$₩10,000 \times \frac{4,800kg}{6,600kg} = ₩7,273$$

합 계 ₩ 12,987

2) 기말재공품 배분

$$₩16,000 \times \frac{3,600kg}{5,600kg} = ₩10,286$$

$$₩10,000 \times \frac{1,800kg}{6,600kg} = ₩2,727$$

합 계 ₩13,013

2. 평균법

제조원가보고서

	Ⅰ. 물량흐름	Ⅱ. 완성품환산량	
		직접재료원가	가공원가
기초재공품(30%)	4,000kg		
당기투입량	6,000		
합 계	10,000kg		
완성품량	6,000kg	6,000kg	6,000kg
정상감손량(50%)	400	400	200
기말재공품(50%)	3,600	3,600	1,800
합 계	10,000kg	10,000kg	8,000kg
기초재공품원가	₩100,000	₩40,000	₩60,000
당기제조원가	580,000	240,000	340,000
Ⅲ. 배분대상원가	₩680,000	₩280,000	₩400,000
Ⅳ. 완성품환산량 단위당원가(@)		₩28	₩50

Ⅴ. 원가의 배분

1. 완성품원가	₩468,000	(6,000kg × ₩78)
정상감손원가[1)]	14,692	
합 계	₩482,692	

2. 기말재공품원가	₩190,800	(3,600kg × ₩28) + (1,800kg × ₩50)
정상감손원가[2)]	6,508	
합 계	₩197,308	

※ 정상감손원가의 계산　직접재료원가 ₩11,200 (400kg × ₩28)
가공원가 ₩10,000 (200kg × ₩50)

※ 정상감손원가의 배분

1) 완성품 배분

$₩11,200 \times \frac{6,000kg}{9,600kg} = ₩7,000$

$₩10,000 \times \frac{6,000kg}{7,800kg} = ₩7,692$

합 계 ₩14,692

2) 기말재공품 배분

$₩11,200 \times \frac{3,600kg}{9,600kg} = ₩4,200$

$₩10,000 \times \frac{1,800kg}{7,800kg} = ₩2,308$

합 계 ₩6,508

2. 작업폐물

작업폐물(scrap)은 제품의 생산 과정에서 발생하는 폐물로 처분가치 혹은 대체적 이용가치가 거의 없는 원재료 등의 부스러기이다. 예를 들면, 가구제조업의 나무토막, 톱밥, 금속가공업의 철편 등이다. 작업폐물은 추가로 보수작업을 할 수 없고 통제가 불가능하다는 점에서 공손품과 차이가 있으며, 경제적 가치가 전혀 없는 감손과도 차이가 있다.

작업폐물의 평가는 부산물에 준하여 측정하는데, 작업폐물의 추정 매각가격에서 판매비와 관리비 및 정상 이윤을 공제한 순실현가치를 평가액으로 하고, 이를 발생 부문의 제조원가에서 차감하거나 필요에 따라 당해 제품의 제조원가에서 차감한다. 작업폐물의 회계처리를 분개하면 다음과 같다.

① 작업폐물을 발생 부문이나 당해 제품의 제조원가에서 차감하는 경우

(차)	작 업 폐 물	×××	(대)	제 조 부 문 (또는 재공품)	×××

② 작업폐물을 매각하는 경우

(차)	현 금 예 금	×××	(대)	작 업 폐 물	×××

예제

SOLVE PRACTICE PROBLEM

삼성기업의 제조지시서 #101의 생산 과정에서 철편이 발생하였으며, 그 평가액은 ₩100,000이다.

물음 1. 작업폐물의 발생을 기장하시오.

2. 작업폐물은 ₩100,000에 매각하였다. 이를 분개하시오.

해답

1.	(차)	작 업 폐 물	₩100,000	(대)	재 공 품 # 1 0 1	₩100,000
2.	(차)	현 금 예 금	₩100,000	(대)	작 업 폐 물	₩100,000

연습문제

REVIEW EXERCISES

주관식

01 공손과 감손의 차이를 설명하시오.

02 정상공손과 비정상공손을 비교 · 설명하시오.

03 공손원가의 회계처리 방법을 서술하시오.

04 공손품의 처분가치가 없는 경우의 회계처리를 설명하시오.

05 공손량 계산 방법을 논술하시오.

06 공손 수량의 구분

서울회사는 종합원가계산시스템을 채택하고 있다. 재료는 공정의 개시시점에서 모두 투입하며, 가공원가는 공정의 진행에 따라 균등하게 발생한다. 20×1년 5월 중의 생산 관련 자료는 다음과 같다.

	물량흐름
기초재공품(50%)	10,000개
당기투입량	90,000
완 성 품 량	75,000
공 손 량	5,000
기말재공품(80%)	20,000

물음 (1) 공손 검사시점이 각각 40%, 70%, 90%이라 가정하여 합격품량을 계산하시오. 또한 기초재공품의 완성도가 80%, 기말재공품의 완성도가 50%, 공손 검사시점이 70%라 가정하고 합격품량을 계산하시오.

(2) 정상공손율이 2%라고 가정하고, [물음] (1)의 계산결과를 이용하여 정상공손수량과 비정상공손수량을 구분하여 계산하시오.

07 공손품의 처분가치가 없는 경우(Ⅰ)

강남회사는 종합원가계산시스템을 도입하고 있다. 재료는 공정의 개시시점에서 전량 투입되며, 가공원가는 공정의 진행에 따라 균등하게 발생한다. 공손 검사는 공정의 70% 시점에서 실시하며 합격품량의 5%는 정상공손이다. 20×1년 5월 중의 생산 관련 자료는 다음과 같다.

	물량흐름	직접재료원가	가공원가
기초재공품(30%)	2,000개	₩10,000	₩12,000
당기투입량	10,000	60,000	84,000
완 성 품 량	8,000		
공 손	1,000		
기말재공품(80%)	3,000		

물음 (1) 선입선출법을 이용하여 완성품원가와 기말재공품원가, 비정상공손원가를 계산하시오.
(2) 공손 검사를 공정의 90% 시점에서 실시한다고 가정하여 평균법으로 완성품원가와 기말재공품원가, 비정상공손원가를 계산하시오.

08 공손품의 처분가치가 없는 경우(Ⅱ)

관악회사는 종합원가계산시스템을 도입하고 있다. 재료는 공정의 개시시점에서 전량 투입되며, 가공원가는 공정의 진행에 따라 균등하게 발생한다. 공손 검사는 공정의 50% 시점에서 실시하며 합격품량의 10%는 정상공손이다. 20×1년 5월 중의 생산 관련 자료는 다음과 같다.

	물량흐름	직접재료원가	가공원가
기초재공품(60%)	2,000개	₩20,000	₩24,000
당기투입량	8,000	80,000	111,000
완 성 품 량	6,000		
공 손	2,000		
기말재공품(80%)	2,000		

물음 (1) 선입선출법을 이용하여 완성품원가와 기말재공품원가, 비정상공손원가를 계산하시오.
(2) 기말재공품의 완성도가 40%라 가정하고 평균법을 이용하여 완성품원가와 기말재공품원가, 비정상공손원가를 계산하시오.

09 공손검사를 1회 이상 실시하고, 공손품의 처분가치가 있는 경우

종로회사는 종합원가계산제도를 도입하고 있다. 재료는 공정의 개시시점에서 전량투입되며, 가공원가는 공정의 진행에 따라 균등하게 발생한다. 첫 번째 공손 검사는 공정의 40% 시점에서 실시하며, 검사를 통과한 합격품량의 5%를 정상공손으로 간주한다. 두 번째 검사는 공정의 90% 시점에서 실시하며 검사를 통과한 합격품량의 2%를 정상공손으로 간주한다. 1차 공손품의 처분가치는 단위당 ₩4이고, 2차 공손품의 처분가치는 ₩6이다. 20×1년 5월 중의 생산 관련 자료는 다음과 같다.

	물량흐름	직접재료원가	가공원가
기초재공품(30%)	1,000개	₩20,000	₩40,000
당기투입량	9,000	270,000	304,500
완 성 품 량	7,000		
공 손(1차)	600		
공 손(2차)	400		
기말재공품(70%)	2,000		

물음 (1) 선입선출법을 적용하여 완성품원가와 기말재공품원가, 비정상공손원가를 계산하시오.
(2) 평균법을 적용하여 완성품원가와 기말재공품원가, 비정상공손원가를 계산하시오.

10 두 개의 제조공정이 있고, 재료 투입시점이 다른 경우

한국회사는 두 개의 연속된 공정을 통하여 제품을 생산하고 있다. A재료는 제1공정의 개시시점에서 전량 투입되며, B재료는 제2공정의 개시시점에서 50%를 투입하고 나머지는 공정 말에 투입된다. 가공원가는 공정의 진행에 따라 균등하게 발생한다. 제1공정과 제2공정의 공손품검사는 공정의 60%에서 실시하며, 검사를 통과한 합격품량의 5%를 정상공손으로 간주한다. 20×1년 5월 중 생산 및 원가 관련 자료는 다음과 같다.

(1) 생산 관련 자료

	제1공정	제2공정
기초재공품	1,000개 (40%)	2,000개 (50%)
당기투입량	11,000	9,000
완 성 품 량	9,000	8,000
공 손	1,000	1,000
기말재공품	2,000 (50%)	2,000 (80%)

(2) 원가 관련 자료

	제1공정	제2공정
기초재공품원가		
전공정원가	-	₩10,000
직접재료원가	₩30,000	30,000
가공원가	50,000	40,000
당기제조원가		
직접재료원가	110,000	85,000
가공원가	204,000	184,000

물음 (1) 선입선출법에 의하여 제1공정의 완성품원가와 기말재공품원가, 비정상공손원가를 계산하시오.

(2) 선입선출법에 의하여 제2공정의 완성품원가와 기말재공품원가, 비정상공손원가를 계산하시오.

11 감손이 생산공정 중 평균적으로 발생하는 경우

강동회사는 종합원가계산시스템을 도입하고 있다. 재료는 공정의 개시시점에서 전량 투입되며, 가공원가는 공정의 진행 정도에 따라 균등하게 발생한다. 한편 감손은 생산공정 중 평균적으로 발생하며 모두 정상적이다. 20×1년 5월 중의 생산 관련 자료는 다음과 같다.

	물량흐름	직접재료원가	가공원가
기초재공품(40%)	1,200kg	₩12,000	₩24,000
당기투입량	8,000	80,000	162,000
완성품량	7,000		
감손	200		
기말재공품(60%)	2,000		

물음 평균법을 적용하여 당기완성품원가와 기말재공품원가를 계산하시오.

객관식

01 다음의 공손에 대한 설명 중 잘못된 것은? ▸ 전산세무회계 2급

① 공손품은 품질이나 규격에서 일정 기준에 미달하는 불량품을 말한다.
② 공손에는 정상곤손과 비정상공손이 있다.
③ 정상공손원가는 완성품 또는 재공품에 배분한다.
④ 생산 과정에서 부수적으로 발생하는 작업폐물을 말한다.

02 공손의 발생이 비정상적으로 발생된 경우 어느 곳에 배부하는 것이 가장 타당한가? ▸ 전산회계 1급

① 제조원가 ② 판매관리비 ③ 영업외비용 ④ 특별손실

03 종합원가계산 제도 하에서 정상공손원가를 제조원가에 재배분 시 배부기준은? ▸ 전산회계 1급

① 기말 완성된 제품의 수

② 기말재공품의 수
③ 검사시점을 통과한 합격품의 완성품환산량
④ 검사시점을 통과한 합격품의 물량

04 공손원가를 처리하는 방법 중 다른 조건이 일정하다고 가정하면 당기순이익이 가장 크게 계산되는 경우는? ▸ 전산세무회계 1급

① 공손원가를 영업외비용으로 처리하는 경우
② 공손원가를 완성품에 모두 부담시키는 경우
③ 공손원가를 기말재공품에 모두 부담시키는 경우
④ 공손원가를 완성품과 기말재공품에 나눠 부담시키는 경우

05 공손(spoilage)과 관련된 다음의 설명 중에서 옳지 않은 것은? ▸ 공인회계사

① 공손은 정상공손이나 비정상공손으로 분류된다.
② 공정별원가계산(process costing)에서 정상공손원가는 관련된 양품(정상제품)의 원가에 가산된다.
③ 개별원가계산(job order costing)에서 비정상공손원가는 재고가능원가로 간주되지 않으며, 그 공손이 발견된 기간의 비용으로 처리된다.
④ 제조공정 과정에서 불량률 0을 달성하려는 기업들은 모든 공손을 비정상공손으로 간주하려 한다.
⑤ 공정별원가계산(process costing)에서 공손단위를 산출단위에 포함시킬 경우 단위당원가가 더 커진다.

06 ㈜프로코는 설탕을 만드는 회사로 가공원가는 공정 전반에 걸쳐 발생한다. 3월 초 기초재공품(가공원가 완성도 60%) 100봉지에 포함된 가공원가는 ₩500이다. 생산공정의 중간시점에서 품질검사를 실시한 결과 공손품이 100봉지 발생하여 모두 비정상공손(가공원가 완성도 50%)으로 간주하였다. 그리고 3월 중 완성품은 250봉지이며, 기말재공품(가공원가 완성도 80%)도 250봉지 존재한다. 선입선출법과 가중평균법으로 기말재공품에 배부된 가공원가를 각각 산정한 금액이 동일하다면 3월 중 투입한 총가공원가는 얼마인가? (단, 소수점 이하 자릿수는 절사한다) ▸ 공인회계사

① ₩1,121 ② ₩2,548 ③ ₩3,666 ④ ₩4,367 ⑤ ₩5,984

07 Phantom사는 두 개의 공정을 거쳐 제품을 생산하는데 제1공정에서는 공정 전체에 걸쳐 고르게 30%의 감손이 발생하였다. 재료는 공정초기에 전부 투입된다. 다음 1공정에 관한 원가자료를 이용하여 1공정 기말재공품의 완성도를 계산하라. ▸ 기업회계 1급

• 기초재공품	340개(완성도 50%)	₩150,000
• 기말재공품	474개(완성도 ?)	
• 2공정 대체	1,400개	
• 당기투입비용		
– 재료비	2,200개	₩330,000
– 직접노무비		240,000
– 제조간접비		420,000

① 50% ② 60% ③ 70% ④ 80%

08 ㈜에이스는 자전거를 주문생산하고 있다. 20×2년에 3,200대의 자전거(제조지령서 #100)를 완성하였는데, 제품 단위당원가는 다음과 같았다.

직접재료비	₩3,000
직접노무비	2,400
제조간접비배부액	3,300

#100의 최종검사 과정에서 100개의 불량품과 200개의 공손품이 발견되었다. 불량품은 ₩320,000의 재작업원가를 투입하여 재작업하였고, 공손품은 모두 ₩620,000에 매각되었다. 최종 완성품의 단위원가는? ▸ 기업회계 1급

① ₩9,180 ② ₩8,606 ③ ₩8,700 ④ ₩9,380

※ 다음 자료를 이용하여 서로 독립된 문제 2개에 답하시오. ▸ 공인회계사

㈜유정은 하나의 공정에서 단일 종류의 제품을 생산하며, 종합원가계산(process costing)을 적용하여 제품원가를 계산한다. 원재료는 공정의 초기단계에 100% 투입된다. 당기의 생산 및 원가자료는 다음과 같다.

구분	물량단위	가공비 완성도	직접재료비	가공비
기초재공품	600	1/3	₩5,000	₩60,950
	400	1/2		
당기착수(투입)	9,000	–	₩135,000	₩281,700
기말재공품	200	40%	?	?
	300	70%		

09 재공품 평가 방법은 선입선출법이고 당기 중에 공손이나 감손은 발생하지 않았다고 가정한다. 기말재공품원가는 얼마인가?

① ₩16,200 ② ₩14,760 ③ ₩10,800 ④ ₩9,840 ⑤ ₩5,400

10 재공품 평가 방법은 평균법이고 공정의 종료단계에서 품질검사를 실시하였다. 그 결과 완성품 수량의 2%가 공손품인 것으로 판명되었다. 공손품원가는 얼마인가?

① ₩9,520 ② ₩9,310 ③ ₩8,550 ④ ₩7,250 ⑤ ₩6,820

11 조립공정은 ㈜남산제작소의 두 공정 중 첫 번째 공정이다. 공손품은 조립공정의 완료시점에서 확인되며 정상공손품의 원가는 공손품이 확인된 기간에 완성되어 다음 공정으로 대체되는 완성품원가에 가산되고 비정상공손은 발생한 기간에 비용화 한다. 정상공손품 비율은 조립공정을 성공적으로 완성한 합격품의 5%로 추정된다. 다음은 1월의 조립공정에서 발생한 가공비와 관련된 정보이다.

	단위	가공비
기초재공품(50%완성)	2,000	₩10,000
당월 중 착수량	8,000	75,500
공 손 품	500	
당월 완성 및 차공정 대체	7,000	

기말재공품의 가공비에 대한 완성도는 80%이다. ㈜남산제작소가 가중평균법을 적용한다고 가정한다면 두 번째 공정으로 대체된 완성품의 가공비는 얼마인가? ▸ 세무사

① ₩63,000 ② ₩64,125 ③ ₩66,150 ④ ₩67,500 ⑤ ₩71,250

12 한일공업의 생산 활동과 관련된 다음의 원가자료를 활용하여 비정상공손비를 계산하면 얼마인가? 단, 기초재공품은 없으며, 원재료는 공정초에 전부 투입되며, 가공원가는 공정전반에 걸쳐 균등하게 발생된다고 가정한다. 40% 가공단계에서 검사가 이루어지며, 검사를 통과한 양품(정상품) 중 2%만이 정상공손이고, 정상공손 외의 공손은 비정상공손이다. 공손품은 보수작업에 의해 정상으로 회복되지 않기 때문에 개당 ₩100에 매각하였다. 계산 과정에서 원단위 미만은 반올림하시오.

(1) 당기생산개시수량	2,000개
(2) 당기발생원가:	
직접재료원가	₩500,000
가공원가	1,500,000
(3) 당기완성품수량	1,500개
(4) 기말재공품수량*	400개
(5) 공손품수량	100개

* 기말재공품의 가공원가 진척도는 50%이다.

① ₩29,536 ② ₩27,468 ③ ₩34,569 ④ ₩30,679 ⑤ ₩21,379

13 ㈜서울은 종합원가계산제도를 사용하고 있다. 원재료는 공정초 전량 투입되며, 가공비는 공정전반에 균등하게 투입된다.

기초재공품 수량	100	(완성도 80%)
당기투입량	1,000	
완성품수량	800	
공손수량	50	
기말재공품 수량	250	(완성도 70%)

당기에 검사에 합격한 합격품의 2%를 정상공손으로 한다. 단, 검사는 75% 시점에서 이루어질 때, 정상공손품 수량은 얼마인가? ▸ 서울시 9급

① 2 ② 14 ③ 10 ④ 20 ⑤ 36

14 창원㈜은 종합원가계산제도에 의해 제품원가를 계산하는데 월말재공품의 평가는 선입선출법에 의해 행하고 있다. 이 회사의 6월 중 생산 및 원가 자료는 다음과 같다.

	물량단위	가공원가 완성도	직접재료원가	가공원가
월초재공품	1,500개	50%	₩6,800	₩7,200
당월투입량	7,300개		36,500	62,000
완성품수량	6,600개			
월말재공품	?	90%		

원재료는 공정의 초기에 모두 투입되며 가공원가는 전 공정을 통해 균등하게 발생된다. 공정의 80% 시점에서 검사를 실시하며 그 이후의 공정에서는 공손이 발생하지 않는다. 당월에는 검사를 받은 합격품의 10%가 공손으로 판명되었으나 모두 정상적인 것으로 간주된다. 당월의 정상공손원가에 포함된 직접재료원가는 얼마인가? ▸ 감정평가사

① ₩3,000 ② ₩4,000 ③ ₩5,000 ④ ₩6,000 ⑤ ₩7,000

15 ㈜세무는 평균법 하의 종합원가계산을 적용하고 있으며, 당기 생산 관련 자료는 다음과 같다.

	물 량
기초재공품	500(완성도 80%)
당기착수량	2,100
당기완성량	2,100
기말재공품	400(완성도 60%)

품질검사는 완성도 40% 시점에서 이루어지며, 당기 검사를 통과한 정상품의 2%를 정상공손으로 간주한다. 당기의 정상공손 수량은? ▸ 세무사

① 32단위 ② 34단위 ③ 40단위 ④ 50단위 ⑤ 52단위

16 다음은 20×1년에 제조업을 시작한 ㈜갑의 20×1년 자료이다. 정상조업도는 5,000개이고 실제조업도는 4,000개(비정상적으로 낮은 조업도)일 경우, 20×1년에 단위당 제조원가와 당기비용으로

처리될 금액은? 단, 20×2년부터 제품의 판매가 시작된다. ▸ 공인회계사

원재료	기초 ₩0 매입 ₩70,000 기말 ₩30,000(1,000개, 단위당 취득원가 ₩30) 기말 실사수량 900개 기말 단위당 순실현가능가치는 ₩25이며, 원재료감모손실 중 50%는 정상적인 것으로 판단된다.
직접노무원가	₩60,000
고정제조간접원가	₩40,000

	단위당 제조원가	당기비용
①	₩31	₩7,500
②	31	11,000
③	33	7,500
④	33	15,500
⑤	35	15,500

17 종합원가계산을 사용하고 있는 ㈜다봉의 3월 생산 및 원가 자료는 다음과 같다.

- 월초 재공품에 포함된 가공원가는 ₩190,000이며, 3월 중에 투입된 가공원가는 ₩960,000이다.
- 가공원가는 공정 전체를 통해 균등하게 발생하며, 그 밖의 원가는 공정 초기에 발생한다.
- 3월 생산 관련 물량흐름 및 가공원가 완성도

구분	수량	가공원가 완성도
월초 재공품	500개	?
당월 완성품	800개	100%
월말 재공품	240개	?
공손품*	160개	80%

* 공손품은 전량 비정상공손이다.

원가계산결과, 3월 완성품에 포함된 가공원가는 가중평균법에 의하면 ₩920,000이며, 선입선출법에 의하면 ₩910,000이다. 선입선출법에 의할 경우, 공손품에 포함된 가공원가는 얼마인가?

▸ 공인회계사

① ₩137,143 ② ₩144,000 ③ ₩147,200 ④ ₩153,600 ⑤ ₩174,545

18 ㈜미래는 컴퓨터칩을 생산하고 있다. 직접재료는 생산공정의 초기에 투입되며, 가공원가는 공정의 전반에 걸쳐 균등하게 발생한다. 생산공정에서 공손품이 발생하는데 이러한 공손품은 제품을 검사하는 시점에서 파악된다. 정상적인 공손품은 품질검사 시점을 통과한 합격품의 10%의 비율로 발생한다. 5월의 생산 자료를 보면, 월초재공품(완성도 30%) 10,000개, 당월 생산착수량 75,000개, 당

월 생산착수완성품 52,000개, 월말재공품(완성도 80%) 15,000개, 공손품 8,000개이다. 품질검사가 생산공정의 20% 시점에서 실시되는 경우 정상공손품 수량은 얼마인가? 만약 생산공정의 50% 시점에서 품질검사가 실시된다면, 정상공손품 수량은 얼마인가? ▸ 공인회계사

	20% 검사 시점	20% 검사 시점
①	7,500개	8,500개
②	7,500개	7,700개
③	5,200개	7,700개
④	6,200개	7,700개
⑤	6,700개	7,700개

※ 다음 자료를 이용하여 2개의 문제에 답하시오. ▸ 공인회계사

㈜한국공업은 두 개의 공정을 거쳐서 제품을 생산한다. 회사의 재공품 평가 방법은 선입선출법(FIFO)이고, 공정별종합원가계산을 적용하여 제품원가를 계산한다. 다음은 두 번째 공정의 생산 및 원가 자료이다. 두 번째 공정의 원재료는 50% 시점에서 모두 투입되고, 가공비는 전 공정을 통해 균등하게 발생한다. 공정의 80% 시점에서 품질검사를 실시하며, 정상공손 허용수준은 합격품의 5%이다. 공손품은 모두 폐기되며, 정상공손비는 합격품원가에 가산되고, 비정상공손비는 기간비용으로 처리된다.

구 분	물량단위	전공정대체원가	직접재료비	가공비
기초재공품	1,000(60%)	₩172,000	₩450,000	₩320,000
당기투입	5,000	625,000	1,470,000	924,000
완성품	4,000			
기말재공품	1,500(40%)			

* 괄호 안의 숫자는 가공비 완성도를 의미함.

19 두 번째 공정의 비정상공손비는 얼마인가?

① ₩128,200 ② ₩142,600 ③ ₩174,500 ④ ₩192,300 ⑤ ₩213,900

20 완성품의 단위당원가는 얼마인가?

① ₩812.4 ② ₩822.75 ③ ₩848.7 ④ ₩858.4 ⑤ ₩860.25

객관식 해답

1	2	3	4	5	6	7	8	9	10
④	③	④	③	⑤	③	③	①	①	②
11	12	13	14	15	16	17	18	19	20
③	④	②	②	③	④	④	⑤	⑤	④

10 혼합원가계산

혼합원가계산은 개별원가계산과 종합원가계산의 특성이 혼합된 원가계산 방법이다.

1절 조별원가계산

조별원가계산(class costing)은 종류가 다른 제품을 연속적으로 생산하는 기업에서 제품 종류별로 조를 설정하여 각 조별로 원가를 계산하는 종합원가계산이다. 조별원가계산은 자동차 제조업, 식품 제조업, 타이어 제조업, 제지업, 제약업, 공작기계제조업, 통조림 제조업, 직물업 등에 적용 가능하다.

조별원가계산은 원가를 직접원가와 간접원가로 구분하여 인식한다는 점에서는 개별원가계산과 유사하고, 일정기간 동안의 제품원가를 인식하는 측면에서는 종합원가계산과 유사하므로 혼합원가계산(hybrid costing) 중의 하나이다.

조별원가계산은 공정별 계산 여부에 따라 단순 조별원가계산과 공정별 조별원가계산으로 구분되고, 공정별 조별원가계산은 원가의 범위에 따라 전원가 요소 공정별 조별원가계산과 가공원가 공정별 조별원가계산으로 구분된다.

조별원가계산 분류

- 조별원가계산
  - 단순 조별원가계산
  - 공정별 조별원가계산
    - 전원가요소 공정별 조별원가계산
    - 가공원가 공정별 조별원가계산

1. 단순 조별원가계산

단순 조별원가계산은 작업이 단순하여 공정이 하나이거나, 공정을 구분할 필요가 없는 생산 형태에 적용 가능하다. 이 경우 모든 원가 요소를 조직접원가와 조간접원가로 구분하여 조직접원가는 조에 직접 부과하고, 조간접원가는 배부기준에 따라 조에 배부한다.

단순 조별원가계산의 원가 흐름

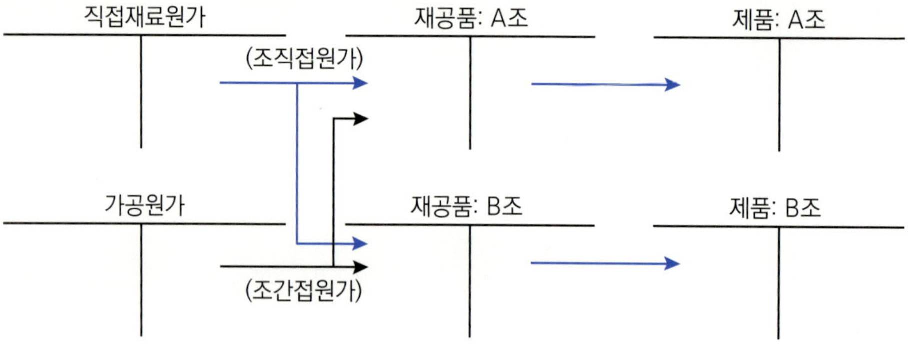

예제 SOLVE PRACTICE PROBLEM

대한회사는 A, B 두 종류의 제품을 생산하고 있고, 조별원가계산을 적용하고 있다. 2개의 제품에 대한 원재료는 공정의 개시시점에 전량 투입되며, 가공원가는 전공정에 걸쳐 균등하게 발생한다. 20×1년 12월 중의 생산 및 원가 관련 자료는 다음과 같다.

(1) 생산 관련 자료

	A제품	B제품
기초재공품	200개(30%)	300개(40%)
당기투입량	500	500
완 성 품 량	400	600
기말재공품	300 (40%)	200 (30%)

(2) 원가 관련 자료

	A제품	B제품
기초재공품원가		
직접재료원가	₩60,000	₩80,000
가공원가	40,000	60,000
당기제조원가		
직접재료원가	₩600,000	₩500,000
직접노무원가	200,000	300,000

(3) 조간접원가인 제조간접원가 ₩600,000은 A, B제품에 3 : 2의 비율로 배부한다.

물음 선입선출법을 적용하여 A제품의 완성품원가와 기말재공품원가를 계산하시오.

해답

1. 조간접원가의 배부

제품	배부율	조간접원가의 배부액
A	60%	₩360,000
B	40	240,000
합계	100%	₩600,000

2. 조별원가계산

제조원가보고서(A제품)

	Ⅰ. 물량흐름	Ⅱ. 완성품환산량	
		직접재료원가	가공원가
기초재공품(30%)	200개		
당기투입량	500		
합 계	700개		
완성품			
기초재공품완성분	200개	-	140개
당기투입완성분	200	200개	200
기말재공품(40%)	300	300	120
합 계	700개	500개	460개
기초재공품원가	₩100,000		
당기제조원가	1,160,000	₩600,000	₩560,000*
Ⅲ. 배분대상원가	₩1,260,000		
Ⅳ. 완성품환산량 단위당원가(@)		₩1,200	₩1,217.4
Ⅴ. 원가의 배분			
1. 완성품원가			
기초재공품원가	₩100,000		
기초재공품 당기추가원가	170,436	(140개 × ₩1,217.4)	
당기투입완성품원가	483,480	(200개 × ₩2,417.4)	
합 계	₩753,916		
2. 기말재공품원가	₩506,084	(300개 × ₩1,200) + (120개 × ₩1,217.4)	

* 당기투입 직접노무원가 ₩200,000 + 조간접원가배부액 ₩360,000 = ₩560,000

2. 공정별 조별원가계산

(1) 전원가요소 공정별 조별원가계산

전원가요소 공정별 조별원가계산은 직접재료원가를 포함한 모든 제조원가를 조별 공정별로 계산하는 방법으로 조직접원가는 조별 공정별로 부과하고, 조간접원가는 부문별원가계산에 의해 조별 공정별로 배부한다. 이 방법은 주요 재료원가를 각 조별 공정에 투입할 경우와 부문별원가계산을 정확히 계산할 필요성이 있을 때 적용한다.

전원가요소 공정별 조별원가계산의 원가흐름

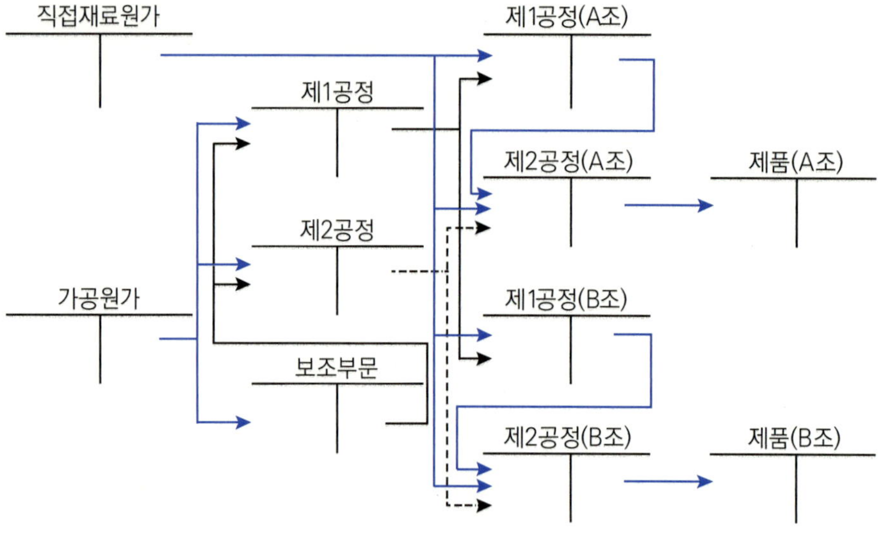

예제

SOLVE PRACTICE PROBLEM

현대상사는 A, B 두 종류의 제품을 조별로 생산하고 있는데, 직접재료는 제1공정의 개시시점에서 일부 투입된 후, 나머지는 제2공정의 51% 시점에서 투입된다. 가공원가는 전공정에 걸쳐 균등하게 발생한다. 20×1년 12월 중의 생산 및 원가 관련 자료는 다음과 같다.

(1) 생산 관련 자료

	A제품		B제품	
	제1공정	제2공정	제1공정	제2공정
기초재공품	400개(30%)	200개(50%)	300개(40%)	200개(50%)
당기투입량	300	500	700	800
완 성 품 량	500	400	800	700
기말재공품	200 (40%)	300 (40%)	200 (30%)	300 (40%)
직접노동시간	1,050시간	1,000시간	1,000시간	1,350시간

(2) 원가 관련 자료

①

	A제품		B제품	
	제1공정	제2공정	제1공정	제2공정
기초재공품원가				
전공정원가	-	₩4,000	-	₩5,000
직접재료원가	₩60,000	-	₩80,000	-
가공원가	20,000	20,000	40,000	20,000
당기제조원가				
직접재료원가	340,000	260,000	240,000	260,000

② 가공원가

	제조 부문		보조 부문	
	제1공정	제2공정	동력부	수선부
부문개별원가	₩100,000	₩80,000	₩40,000	₩20,000

부문공통원가(건물감가상각비): ₩200,000

③ 부문공통원가 및 보조부문원가의 배부기준

	제1공정	제2공정	동력부	수선부
점유면적	100㎡	200㎡	60㎡	40㎡
전력사용량	400kw	300kw		
종업원수	150명	250명		

④ 제1공정과 제2공정의 가공원가는 직접노동시간을 기준으로 조별로 배부한다.

물음 선입선출법을 적용하여 완성품원가와 기말재공품원가를 계산하시오.

1. 조간접원가배부표를 작성하시오.
2. A제품에 대한 전원가 요소 공정별 조별원가계산을 하시오.

해답

1.

조간접원가배부표

	제1공정	제2공정	동력부	수선부
부문개별원가	₩100,000	₩80,000	₩40,000	₩20,000
부문공통원가	50,000	100,000	30,000	20,000
합 계	₩150,000	₩180,000	₩70,000	₩40,000
동 력 부	₩40,000	₩30,000		
수 선 부	15,000	25,000		
부문원가 합계	₩205,000	₩235,000		
A제품 가공원가	₩105,000	₩100,000		
B제품 가공원가	100,000	135,000		

2. 선입선출법

제조원가보고서(제1공정)

	Ⅰ. 물량흐름	Ⅱ. 완성품환산량 직접재료원가	Ⅱ. 완성품환산량 가공원가
기초재공품(30%)	400개		
당기투입량	300		
합 계	700개		
완성품량			
기초재공품완성분	400개	-	280개
당기투입완성분	100	100개	100
기말재공품(40%)	200	200	80
합 계	700개	300개	460개
기초재공품원가	₩80,000	-	-
당기제조원가	445,000	₩340,000	₩105,000
Ⅲ. 배분대상원가	₩525,000		
Ⅳ. 완성품환산량 단위당원가(@)		₩1,133	₩228.3

Ⅴ. 원가의 배분

1. 완성품원가

기초재공품원가	₩80,000	
기초재공품 당기추가원가	63,924	(280개 × ₩228.3)
당기투입완성품원가	136,130	(100개 × ₩1,361.3)
합 계	₩280,054	

2. 기말재공품원가 ₩244,946 (200개 × ₩1,133) + (80개 × ₩228.3)

제조원가보고서(제2공정)

	Ⅰ. 물량흐름	Ⅱ. 완성품환산량		
		전공정원가	직접재료원가	가공원가
기초재공품(50%)	200개			
당기투입량	500			
합 계	700개			
완성품량				
기초재공품완성분	200개	-	200개	100개
당기투입완성분	200	200개	200	200
기말재공품(40%)	300	300	-	120
합 계	700개	500개	400개	420개
기초재공품원가	₩24,000			
당기제조원가	640,054	₩280,054	₩260,000	₩100,000
Ⅲ. 배분대상원가	₩664,054			
Ⅳ. 완성품환산량 단위당원가(@)		₩560.108	₩650	₩238.095

Ⅴ. 원가의 배분		
1. 완성품원가		
기초재공품원가	₩24,000	
기초재공품 당기추가원가	153,810	(200개 × ₩650) + (100개 × ₩238.095)
당기투입완성품원가	289,641	(200개 × ₩1448.203)
합 계	₩467,451	
2. 기말재공품원가		
전공정원가	₩168,032	(300개 × ₩560.108)
가공원가	28,571	(120개 × ₩238.095)
합 계	₩196,603	

(2) 가공원가 공정별 조별원가계산

가공원가 공정별 조별원가계산은 직접재료원가를 제외한 가공원가만을 공정별로 계산하고, 조별로 제품원가를 계산하는 방법으로 직접재료원가는 각 조에 직접 부과하고 가공원가는 우선 부문별원가계산에 의해 각 공정에 계상한 후, 배부기준에 따라 조별 공정별로 배부하여 제품원가를 계산한다. 전선 제조업, 석유 정제업 등에 적용 가능한 원가계산 방법이다.

가공원가 공정별 조별원가계산의 원가흐름

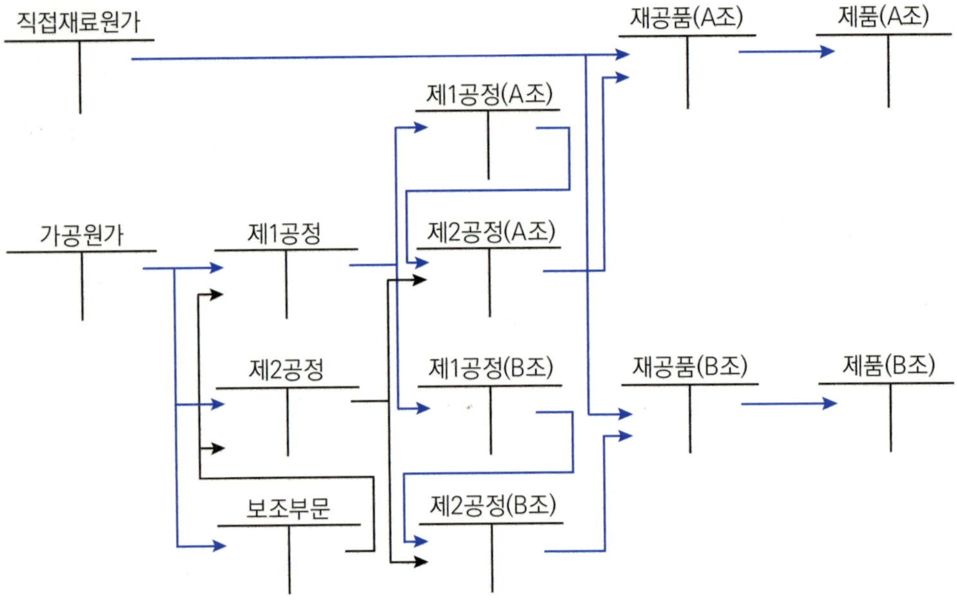

예제 SOLVE PRACTICE PROBLEM

현대상사는 A, B 두 종류의 제품을 조별로 생산하고 있는데, 직접재료는 제1공정의 개시시점에 전량 투입되고, 가공원가는 전공정에 걸쳐 균등하게 발생한다. 20×1년 12월 중의 생산 및 원가 관련 자료는 다음과 같다.

(1) 생산 관련 자료

	A제품		B제품	
	제1공정	제2공정	제1공정	제2공정
기초재공품	400개(30%)	200개(50%)	300개(40%)	200개(50%)
당기투입량	300	500	700	800
완 성 품 량	500	400	800	700
기말재공품	200 (40%)	300 (40%)	200 (30%)	300 (40%)
직접노동시간	1,050시간	1,000시간	1,000시간	1,350시간

(2) 원가 관련 자료

①

	A제품		B제품	
	제1공정	제2공정	제1공정	제2공정
기초재공품원가				
전공정원가	-	₩4,000	-	₩5,000
가공원가	₩20,000	20,000	₩40,000	20,000

	A제품	B제품
직접재료원가		
기초재공품원가	₩60,000	₩80,000
당기제조원가	600,000	500,000

② 가공원가

	제조 부문		보조 부문	
	제1공정	제2공정	동력부	수선부
부문개별원가	₩100,000	₩80,000	₩40,000	₩20,000

부문공통원가(건물감가상각비): ₩200,000

③ 부문공통원가 및 보조부문원가의 배부기준

	제1공정	제2공정	동력부	수선부
점유면적	100㎡	200㎡	60㎡	40㎡
전력사용량	400kw	300kw		
종업원수	150명	250명		

④ 제1공정과 제2공정의 가공원가는 직접노동시간을 기준으로 조별로 배부한다.

물음 선입선출법을 적용하여 B제품의 완성품과 기말재공품원가를 각각 계산하시오.

해답

(1) 직접재료원가

제조원가보고서(B제품)

	Ⅰ. 물량흐름	Ⅱ. 완성품환산량 직접재료원가	
기초재공품	500개		
당기투입량	700		
합 계	1,200개		
완성품량			
기초재공품완성분	500개	-	
당기투입완성분	200	200개	
기말재공품	500	500	
합 계	1,200개	700개	
기초재공품원가	₩80,000	-	
당기제조원가	500,000	₩500,000	
Ⅲ. 배분대상원가	₩580,000		
Ⅳ. 완성품환산량 단위당원가(@)		₩714.3	
Ⅴ. 원가의 배분			
1. 완성품원가			
기초재공품원가	₩80,000		
당기투입완성품원가	142,860		(200개×₩714.3)
합 계	₩222,860		
2. 기말재공품원가	₩357,140		(500개×₩714.3)

(2) 가공원가(제1공정)

제조원가보고서(B제품)

	Ⅰ. 물량흐름	Ⅱ. 완성품환산량 가공원가
기초재공품(40%)	300개	
당기투입량	700	
합 계	1,000개	
완성품량		
기초재공품완성분	300개	180개
당기투입완성분	500	500
기말재공품(30%)	200	60
합 계	1,000개	740개
기초재공품원가	₩40,000	-
당기제조원가	100,000	₩100,000
Ⅲ. 배분대상원가	₩140,000	
Ⅳ. 완성품환산량 단위당원가(@)		₩135

Ⅴ. 원가의 배분		
1. 완성품원가		
기초재공품원가	₩40,000	
기초재공품 당기추가원가	24,300	(180개×₩135)
당기투입완성품원가	67,500	(500개×₩135)
합 계	₩131,800	
2. 기말재공품원가	₩8,200	(60개×₩135)

(3) 가공원가(제2공정)

제조원가보고서(B제품)

	Ⅰ. 물량흐름	Ⅱ. 완성품환산량	
		전공정가공원가	가공원가
기초재공품(50%)	200개		
전공정대체량	800		
합 계	1,000개		
완성품량			
기초재공품완성분	200개	-	100개
당기투입완성분	500	500개	500
기말재공품량(40%)	300	300	120
합 계	1,000개	800개	720개
기초재공품원가	₩25,000	-	-
당기제조원가	266,800	₩131,800	₩135,000
Ⅲ. 배분대상원가	₩291,800		
Ⅳ. 완성품환산량 단위당원가(@)		₩164.75	₩187.5

Ⅴ. 원가의 배분		
1. 완성품원가		
기초재공품원가	₩25,000	
기초재공품 당기추가원가	18,750	(100개×₩187.5)
당기투입완성품원가	176,125	(500개×₩352.25)
합 계	₩219,875	
2. 기말재공품원가		
전공정원가	₩49,425	(300개×₩164.75)
가공원가	22,500	(120개×₩187.5)
합 계	₩71,925	

2절 작업별원가계산

작업별원가계산(operation costing)은 제품묶음별 생산(batch production) 형태에 적합한 혼합원가계산이다. 작업별원가계산의 제조 과정은 작업공정별로 구분되며 제품은 제품묶음별로 구분된다.

작업(operation)은 제품 생산 시에 반복적으로 행해지는 표준화된 방법이나 기술로써, 예를 들면 가구 제조업의 절단, 조립, 도장, 마무리 등의 작업공정을 의미한다. 그리고 제품묶음(batch)은 제품 종류, 규격, 성능 등에 따라 구분되며, 원가계산과 관련하여 개별적인 특성과 공통적인 특성을 갖는다.

개별적인 특성이란 생산에 투입되는 원재료가 제품묶음별로 상이하다는 것으로 직접재료원가는 개별원가계산과 마찬가지로 제품묶음별 제조지시서별로 집계된다. 공통적인 특성은 작업공정 과정에서 유사한 작업을 수행하는 것으로 가공원가의 경우에는 종합원가계산과 같이 작업공정별로 집계하고 배부한다.

작업별원가계산 물량흐름

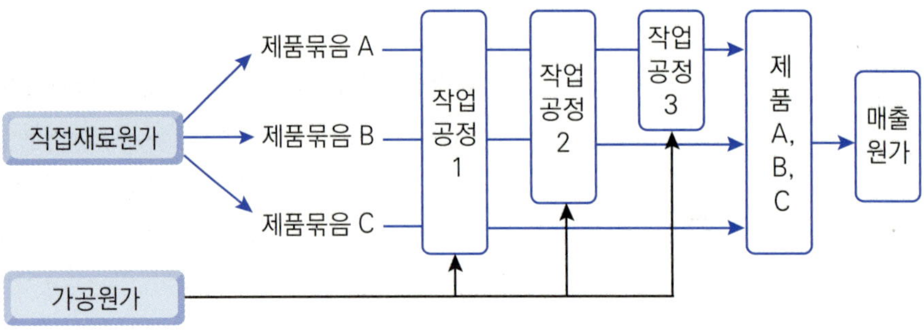

작업별원가계산의 회계처리는 제품묶음별로 구분하여 계산하고, 재공품계정을 작업공정별로 설정해야 한다.

작업별원가계산의 원가흐름 및 분개

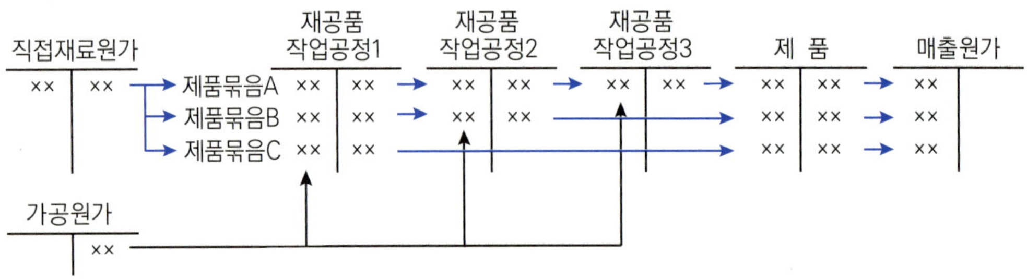

① 직접재료 소비

(차)	재공품(작업공정 1)	×××	(대)	직 접 재 료 원 가	×××
	재공품(작업공정 1)	×××		직 접 재 료 원 가	×××
	재공품(작업공정 1)	×××		직 접 재 료 원 가	×××

② 가공원가 배부

(차)	재공품(작업공정 1)	×××	(대)	가 공 원 가	×××
	재공품(작업공정 2)	×××			
	재공품(작업공정 3)	×××			

③ 재공품 및 제품 대체

(차)	재공품(작업공정 2)	×××	(대)	재공품(작업공정 1)	×××
	제품(C)	×××			
(차)	재공품(작업공정 3)	×××	(대)	재공품(작업공정 2)	×××
	제품(B)	×××			
(차)	제품(A)	×××	(대)	재공품(작업공정 3)	×××

예제

SOLVE PRACTICE PROBLEM

삼성기업은 3종류의 가구를 묶음별로 생산하고 있다. A제품은 절단, 조립, 마무리 작업을 거쳐야 하며, B제품은 절단과 조립작업, C제품은 절단작업만을 수행한다.
20×1년 12월 중의 생산 및 원가 관련 자료는 다음과 같으며, 12월 중의 기초와 기말재공품은 없다.

(1)

	생산량	직접재료원가
A제품	100개	₩800,000
B제품	60	500,000
C제품	40	300,000

(2) 가공원가

	절단작업	조립작업	마무리작업
직접노무원가	₩200,000	₩100,000	₩100,000
제조간접원가	100,000	60,000	20,000

물음 1. 각 작업공정별 단위당 가공원가를 계산하시오.
2. 각 제품별 총제조원가와 단위당원가를 계산하시오.
3. 원가계산을 위한 분개를 하고 T-계정에 전기하시오.

해답

1. 각 작업공정별 가공원가의 계산

① 작업공정별 생산량 파악

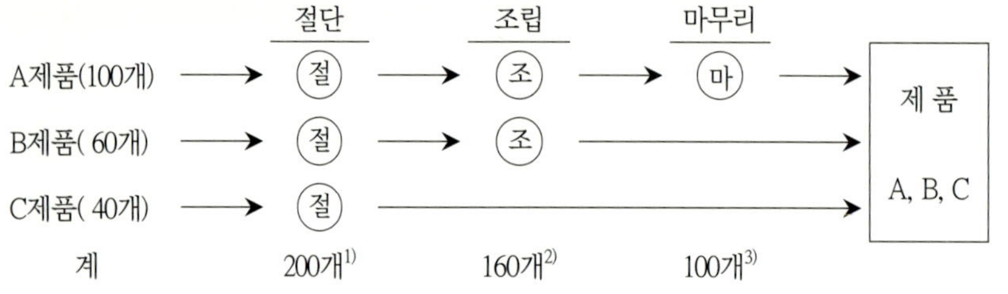

1) 100개 + 60개 + 40개

2) 100개 + 60개

3) 100개

② 작업공정별 단위당 가공원가

	절 단	조 립	마무리	합 계
직접노무원가	₩200,000	₩100,000	₩100,000	₩400,000
제조간접원가	100,000	60,000	20,000	180,000
총가공원가	₩300,000	₩160,000	₩120,000	₩580,000
생 산 량	200개	160개	100개	
단위당 가공원가(@)	₩1,500	₩1,000	₩1,200	

2. 각 제품별 총제조원가와 단위당원가

	A제품	B제품	C제품	합계
직접재료원가	₩800,000	₩500,000	₩300,000	₩1,600,000
작업공정별 가공원가				
절 단(@₩1,500)	150,000	90,000	60,000	300,000
조 립(@₩1,000)	100,000	60,000	-	160,000
마무리(@₩1,200)	120,000	-	-	120,000
총제조원가	₩1,170,000	₩650,000	₩360,000	₩2,180,000
생 산 량	100개	60개	40개	
단위당원가(@)	₩11,700	₩10,833	₩9,000	

3. 분개와 전기

①	(차)	재 공 품 (절 단)	1,600,000	(대)	직 접 재 료 원 가	800,000
					직 접 재 료 원 가	500,000
					직 접 재 료 원 가	300,000
②	(차)	재 공 품 (절 단)	300,000	(대)	가 공 원 가	580,000
		재 공 품 (조 립)	160,000			
		재 공 품 (마 무 리)	120,000			
③	(차)	재 공 품 (조 립)	1,540,000	(대)	재 공 품 (절 단)	1,900,000
		C 제품	360,000			

④	(차)	재공품(마무리)	1,050,000	(대)	재공품(조립)	1,700,000
		B 제품	650,000			
⑤	(차)	A 제품	1,170,000	(대)	재공품(마무리)	1,170,000

직접재료원가

차변	대변
	① 800,000
	① 500,000
	① 300,000

가공원가

차변	대변
	② 580,000

재공품(절단)

차변	대변
① 1,600,000	③ 1,900,000
② 300,000	

재공품(조립)

차변	대변
② 160,000	④ 1,700,000
③ 1,540,000	

재공품(마무리)

차변	대변
② 120,000	⑤ 1,170,000
④ 1,050,000	

A제품

차변	대변
⑤ 1,170,000	

B제품

차변	대변
④ 650,000	

C제품

차변	대변
③ 360,000	

3절 등급별원가계산

등급별원가계산은 동일한 원재료를 투입하여 동일 공정에서 생산된 동종 제품이지만, 제품의 규격이나 두께 · 면적 · 중량 · 순도 · 품질 등이 다른 등급품(class products)의 제품원가를 계산하는 방법이다. 제품 생산의 특성상 등급품을 많이 생산하는 제분업(품질이 다른 밀가루). 화학공업(순도가 다른 화학약품), 제화업(모양, 크기 등이 다른 구두), 양조업(순도가 다른 같은 종류의 술), 제강업 · 목재업 · 제지업 등에 적합한 원가계산 방법이다.

등급품 전체 원가를 등급품별로 배분함에 있어서는 각 등급품의 상대적 원가 부담 정도를 나타내는 가중치인 등가계수(equivalent coefficients)를 이용한다. 등가계수는 중량 · 크기 · 두께 · 면적 등의 물량단위나 표준재료원가, 표준노무원가 등의 원가단위가 주로 이용된다. 등가계수의 설정에 따라 등급별원가계산의 정확성이 좌우되므로 등가계수는 각 등급품과 원가 발생액 간의 인과관계를 고려하여 합리적으로 결정하여야 한다. 등가계수를 하나만 설정하느냐 또는 원가 요소별로 설정하느냐에 따라 단일배분법과 요소별배분법으로 구분한다.

등가계수 적용 방법

① 단일배분법	전원가 요소에 대해 총괄적으로 하나의 등가계수 적용
② 요소별배분법	원가 요소를 직접재료원가와 가공원가로 구분하여 등가계수 적용

등급별 원가계산은 완성품원가를 대상으로 등가계수를 적용하는 완성품원가 배분법과 당기제조원가를 대상으로 등가계수를 적용하는 당기제조원가 배분법으로 구분할 수 있다.

1. 완성품원가 배분법

완성품원가 배분법은 등급품 전체의 완성품원가를 계산한 후, 각 등급품별 생산량에 등가계수를 곱한 적수의 비율을 이용하여 완성품원가를 각 등급품에 배분하는 방법으로 분리점까지 등급품을 개별적으로 식별할 수 없는 경우에 적용한다.

원가계산준칙에서는 "등급품별 단위당원가는 각 등급품에 대하여 합리적인 배부기준을 정하고, 당해 기간의 완성품 총원가를 동 배부기준에 따라 안분하여 계산한다"고 규정함으로써 완성품원가 배분법을 이용하도록 규정하고 있다.

예제

SOLVE PRACTICE PROBLEM

서울상사는 제1공정에서 실내화 등급품 A, B를 생산하고 있으며, 공정의 완료시점에서 등급품 A, B의 수량을 식별할 수 있다. 5월 중의 등급품 생산량은 A제품 2,000개, B제품 3,000개였다. 제1공정의 완성품원가(₩868,000)는 다음과 같다.

직접재료원가	₩660,000
가공원가	₩208,000

각 제품 1단위의 원가 요소별 등가계수는 다음과 같다.

	A제품	B제품
직접재료원가	1.2	0.8
가 공 원 가	0.9	1.4

물음 선입선출법에 의한 완성품원가(₩868,000)를 요소별 배분법을 적용하여 등급품 A, B로 배분하고, 각 등급품의 단위당원가를 계산하시오.

해답

① 당기완성품에 포함된 직접재료원가의 배분

등급품	생산량	등가계수	적수	배분율	배분액
A	2,000개	1.2	2,400	0.5	₩330,000
B	3,000	0.8	2,400	0.5	330,000
	5,000개		4,800	1.0	₩660,000

② 당기완성품에 포함된 가공원가의 배분

등급품	생산량	등가계수	적수	배분율	배분액
A	2,000개	0.9	1,800	0.3	₩62,400
B	3,000	1.4	4,200	0.7	145,600
	5,000개		6,000	1.0	₩208,000

③ 각 등급품의 단위당원가

등급품	생산량	직접재료원가	가공원가	등급원가	단위당원가(@)
A	2,000개	₩330,000	₩62,400	₩392,400	₩196.2
B	3,000	330,000	145,600	475,600	158.5
	5,000개	₩660,000	₩208,000	₩868,000	

2. 당기제조원가 배분법

당기제조원가 배분법은 당기제조원가를 대상으로 등가계수를 적용하여 등급품별로 당기제조원가를 안분하여 원가를 계산하는 방법으로 조별원가계산과 유사하고, 재공품을 등급품별로 파악할 수 있을 때에 적용 가능하다. 당기제조원가 배분법의 계산 과정은 다음과 같다.

① 기말재공품 평가 방법(선입선출법, 평균법)을 선택한다.

② 각 등급품별 완성품환산량을 계산한다.

③ 각 등급품별 완성품환산량에 등가계수를 곱한 적수의 비율을 이용하여 당기투입원가를 각 등급품별로 배분한다. 이 때 단일배분법 또는 요소별배분법을 이용한다.

④ 각 등급품의 배분 대상원가를 완성품원가와 기말재공품원가로 안분한다.

⑤ 각 등급품의 완성품원가를 완성품량으로 나누어 단위당원가를 계산한다.

예제

SOLVE PRACTICE PROBLEM

삼성기업은 단일 공정에서 양주(등급품) A 및 B를 생산하고 있다. 원재료는 공정의 착수시점에 모두 투입되고, 가공원가는 전공정에 걸쳐 균등하게 발생한다. 20×1년 12월 중의 생산 및 원가 관련 자료는 다음과 같다.

(1) 생산 관련 자료

	A제품	B제품
기초재공품	300개(40%)	200개(30%)
당기투입량	600	500
완성품량	700	600
기말재공품	200 (50%)	100 (60%)
등가계수		
직접재료원가	1.0	1.2
가공원가	1.0	1.0

(2) 기초재공품원가

	A제품	B제품
직접재료원가	₩60,000	₩40,000
가공원가	40,000	20,000

(3) 당기제조원가는 직접재료원가 ₩1,000,000, 가공원가는 ₩600,000이다.

물음 1. 선입선출법에 의해 당기제조원가 배분법을 적용하여 A, B제품에 배분하시오.
2. A, B제품의 완성품원가와 기말재공품원가를 계산하시오.

해답

1. 당기제조원가 배분

(1) 완성품환산량 계산

① A제품

	Ⅰ. 물량흐름	Ⅱ. 완성품환산량	
		직접재료원가	가공원가
기초재공품(40%)	300개		
당기투입량	600		
합 계	900개		
완성품량			
기초재공품완성분	300개	-	180개
당기투입완성분	400	400개	400
기말재공품량(50%)	200	200	100
합 계	900개	600개	680개

② B제품

	Ⅰ. 물량흐름	Ⅱ. 완성품환산량	
		직접재료원가	가공원가
기초재공품(30%)	200개		
당기투입량	500		
합 계	700개		
완성품량			
기초재공품완성분	200개	-	140개
당기투입완성분	400	400개	400
기말재공품량(60%)	100	100	60
합 계	700개	500개	600개

(2) 직접재료원가 배분

등급품	완성품환산량	등가계수	적 수	배분율	배분액
A	600개	1.0	600	0.5	₩500,000
B	500	1.2	600	0.5	500,000
			1,200	1.0	₩1,000,000

(3) 가공원가의 배분

등급품	완성품환산량	등가계수	적 수	배분율	배분액
A	680개	1.0	680	0.53125	₩318,750
B	600	1.0	600	0.46875	281,250
			1,280	1.0	₩600,000

2. 제품별원가계산

① A제품

		직접재료원가	가공원가
기초재공품원가	₩100,000	-	-
당기제조원가	818,750	₩500,000	₩318,750
Ⅲ. 배분대상원가	₩918,750		
Ⅳ. 완성품환산량 단위당원가(@)		₩833.33	₩468.75

Ⅴ. 원가의 배분

1. 완성품원가

기초재공품원가	₩100,000	
기초재공품 당기추가원가	84,375	(180개 × ₩468.75)
당기투입완성품원가	520,832	(400개 × ₩1,302.08)
합 계	₩705,207	

2. 기말재공품원가 ₩213,543 (200개 × ₩833.33) + (100개 × ₩468.75)

② B제품		직접재료원가	가공원가
기초재공품원가	₩60,000	-	-
당기제조원가	781,250	₩500,000	₩281,250
Ⅲ. 배분대상원가	₩841,250		
Ⅳ. 완성품환산량 단위당원가(@)		₩1,000	₩468.75
Ⅴ. 원가의 배분			
1. 완성품원가			
기초재공품원가	₩60,000		
기초재공품 당기추가원가	65,625	(140개 × ₩468.75)	
당기투입완성품원가	587,500	(400개 × ₩1,468.75)	
합 계	₩713,125		
2. 기말재공품원가	₩128,125	(100개 × ₩1,000) + (60개 × ₩468.75)	

4절 연산품원가계산

연산품원가계산(결합원가계산)은 동일 공정에서 생산되는 두 종류 이상의 서로 다른 제품인 연산품(joint products)의 원가를 계산하는 방법이며, 주산물과 부산물을 명확히 구분하기 어려운 경우에 적용한다. 연산품원가계산은 정유업(휘발유, 등유, 경유), 정육업(뼈, 가죽, 고기), 낙농업, 제련업, 제당업 등 자원을 가공하여 제품을 생산하는 업종에 적합한 원가계산 방법이다.

동일 공정에서 연산품의 발생을 식별할 수 있는 시점(공정)을 분리점(spilt-off point)이라 하고, 분리점 이전의 공정에서 발생한 원가는 결합원가(joint costs), 분리점 이후의 공정에서 발생한 원가는 분리원가(separable costs)라고 한다.

결합원가와 분리원가

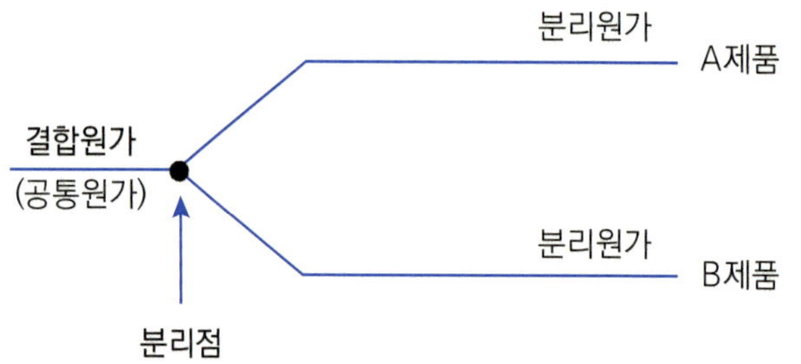

연산품원가계산에서 결합원가는 여러 제품의 생산에 공통적으로 발생한 공통원가이므로 합리적인 배분기준에 의해 배분되지만, 분리원가는 각 제품의 판매나 추가가공과 관련하여 발생하므로 별도로 배분하지 않는다. 따라서 연산품원가는 결합원가의 배부액과 분리원가를 합산한 금액으로 계산된다.

연산품과 등급품은 동일한 재료를 사용하여 동일한 공정을 거쳐 생산되는 결합제품이지만, 개별제품 상호간에 주산물과 부산물로는 구분할 수 없으며, 다음과 같은 점에서 차이가 있다.

첫째, 연산품에서 생산되는 개별제품은 주로 유사제품이나, 등급품에서 생산되는 개별제품은 동종 제품이다.

둘째, 연산품은 인위적으로 제품 구성을 조정하기가 곤란하나, 등급품은 생산 계획에 따라 조정이 가능하다.

셋째, 등급품의 원가는 조별종합원가계산을 적용해서 결합원가 배분을 통하여 정확히 계산할 수 있으나, 연산품의 원가는 어떠한 배부기준을 이용하더라도 정확히 계산할 수 없다.

1. 결합원가 배분

결합원가의 배분목적[1]은 일반적인 원가배분목적과 동일하며, 기업들은 부가가치 제고, 시장점유율 제고, 수익성 향상 등 다양한 이유[2]로 연산품을 생산한다.

결합원가는 제품별로 추적이 불가능한 공통원가이므로 인위적인 배분 대상이 되는데, 결합원가의 배분기준에 따라 연산품원가계산이 영향을 받게 된다. 제품별로 결합원가를 배분하는 기준은 크게 물량기준법과 시장가치기준법[3](상대적 판매가치법, 순실현가치법, 균등매출총이익률법) 등이 있다.

---

1) 결합원가 배분목적
 ① 외부 보고용 재무제표작성과 세무보고를 위한 재고자산평가와 매출원가의 산정
 ② 경영자에 대한 보상을 위한 재고자산 평가와 이익의 결정
 ③ 원가에 일정한 이익을 가산하여 가격결정을 하는 방식(원가보상계획)을 적용할 때 가격결정의 기초로 활용
 ④ 연산품, 부산물에 대한 보험청구액이 원가정보에 근거되었을 때 보험액 산정

2) 기업들이 연산품을 생산하는 이유
 ① 주로 제조기술 특성상 부득이한 경우
 ② 생산시설이나 설비의 활용도를 높여 수익성을 제고하려는 경우
 ③ 과거에는 작업폐물로 폐기되었던 원재료가 새로운 가공기술이나 시장개척으로 인해 제품화가 가능해진 경우 등

3) ① 시장가치기준법 (판매가치법과 순실현가치법)의 적용순서
 ㉠ 분리점에서의 판매가격을 알 수 있으면(또는 판매 가능하면) 분리점에서의 판매가치법을 우선 적용
 ㉡ 분리점에서의 판매가격을 알 수 없는 경우에 순실현가치법을 적용
 이유: 순실현가치법은 분리점에서의 판매가치법의 보충적인 방법이기 때문
 ② 순실현가치가 음(-)인 연산품은 원가 부담능력이 없으므로, 결합원가를 배분하지 않음
 ③ 두 방법 모두 결합원가만이 이익을 창출하고, 추가원가는 이익창출에 공헌하지 못한다고 가정

결합원가 배분법

- 결합원가 배분 방법
  - 물량기준법
  - 시장가치기준법
    - (상대적) 판매가치법
    - 순실현가치법
    - 균등(매출총)이익률법

(1) 물량기준법

물량기준법은 분리점에서 각 제품의 수량 · 중량 · 부피 · 면적 등과 같은 물리적 측정단위(physical quantities)를 기준으로 결합원가를 배분하는 방법으로 각 제품이 물리적으로 받고 있는 수혜 정도에 따라 원가를 배분하는 방법이다. 그러나 일반적으로 물리적 측정단위는 경제적 가치를 정확히 반영하지 못하는 경우가 많다. 예를 들면, 금이나 동과 같이 제품 중량에 비례해 결합원가를 배분하였으나, 오히려 중량이 적게 나가는 반도체 제품의 판매가치가 더 클 수 있다.

물량기준법은 개별제품의 물량단위와 판매가격 사이에 밀접한 인과관계가 있는 경우이거나, 원가보상 계약과 같이 원가를 기준으로 가격을 설정하는 경우에 적용 가능하다.

예제 SOLVE PRACTICE PROBLEM

대한상사는 제품 A, B를 생산하고 있다. 12월 중에 직접재료원가와 가공원가는 총 ₩400,000이었다. 모든 제품은 분리점에서 판매되며, 생산 및 판매 활동에 관한 자료는 다음과 같다.

제 품	생산량	단위당 판매가격(@)
A	300개	₩800
B	200	1,200
합계	500개	

물음 물량기준법에 의해 결합원가를 배분하고, 각 제품의 단위당 제조원가를 계산하시오.

해답

제 품	생산량	배분율	결합원가 배분액	단위당 제조원가(@)
A	300개	60%	₩240,000	₩800
B	200	40	160,000	800
합계	500개	100%	₩400,000	

(2) 판매가치법

판매가치법은 분리점에서 개별제품이 갖는 제품 간의 상대적인 판매가치(relative sales value)를 기준으로 결합원가를 배분하는 방법으로 각 제품의 수익창출능력(또는 원가부담능력)에 따라 원가를 배분하는 방법이다.

판매가치법은 판매가치를 기초로 결합원가를 배분하여 제품원가를 산출하므로 논리적인 모순이 있어 가격 결정을 위한 원가계산에는 부적절하다. 그리고 제품의 판매가치를 정확히 측정할 수 있거나, 분리점에서 모든 제품이 판매 가능한 경우에만 적용할 수 있다.

예제 SOLVE PRACTICE PROBLEM

대한상사는 제품 A, B를 생산하고 있다. 12월 중에 직접재료원가와 가공원가는 총 ₩400,000이었다. 모든 제품은 분리점에서 판매되며, 생산 및 판매 활동에 관한 자료는 다음과 같다.

제 품	생산량	단위당 판매가격(@)
A	300개	₩800
B	200	1,200
합계	500개	

물음 판매가치법을 이용하여 결합원가를 배분하고, 각 제품의 단위당 제조원가를 계산하시오.

해답

제 품	생산량	상 대 적 판매가치	배분율	결합원가 배 분 액	단 위 당 제조원가(@)
A	300개	₩240,000	50%	₩200,000	₩667
B	200	240,000	50	200,000	1,000
합계	500개	₩480,000		₩400,000	

(3) 순실현가치법

순실현가치법은 분리점에서 각 제품의 순실현가치(net realizable value)를 기준으로 결합원가를 배분하는 방법으로 판매가치법과 같이 각 제품의 원가부담능력에 따라 원가를 배분하는 방법이다.

순실현가치법은 판매가치법의 일종으로 분리점에서의 판매가치를 알고 있으면 판매가치법을 적용하고, 모르는 경우에는 순실현가치법을 활용한다. 따라서 판매가 추가가공 후에 이루어지므로 분리점에서는 대부분 판매가치를 알 수 없기 때문에 최종 판매가치에서 분리원가를 차감한 순실현가치로 상대적 판매가치를 계산하여 결합원가를 배분한다.

순실현가치는 제품의 최종 판매가치에서 분리원가인 추가가공원가와 판매비를 차감한 금액을 말한다.

순실현가치 = 최종판매가치 − 분리원가 (추가가공원가 + 판매비)

순실현가치법은 제품이 분리점에서 판매되지 않고, 추가가공을 거쳐 판매가 가능한 제품일 경우에 적용 가능한 방법이다. 한편 결합원가만이 수익창출에 공헌하고 분리점 이후의 분리원가는 수익창출에 공헌하지 못한다고 가정하고 있어 논리적인 모순이 있으므로 가격결정을 위한 원가계산에는 순실현가치법이 다소 부적합한 측면이 있다.

예제

SOLVE PRACTICE PROBLEM

대한상사는 제품 A, B를 생산하고 있다. 12월 중에 직접재료원가와 가공원가는 총 ₩400,000이었다. 제품 A는 분리점에서 판매되나 제품 B는 추가가공을 거친 후 C라는 제품으로 전환되어 판매된다. 제품 B의 분리원가는 ₩100,000이며, 제품 C의 판매단가는 ₩2,000이다.

제 품	생산량	단위당 판매가격(@)
A	300개	₩800
B	200	1,200
합계	500개	

물음 순실현가치법에 의하여 결합원가를 배분하고, 각 제품의 단위당 제조원가를 계산하시오.

해답

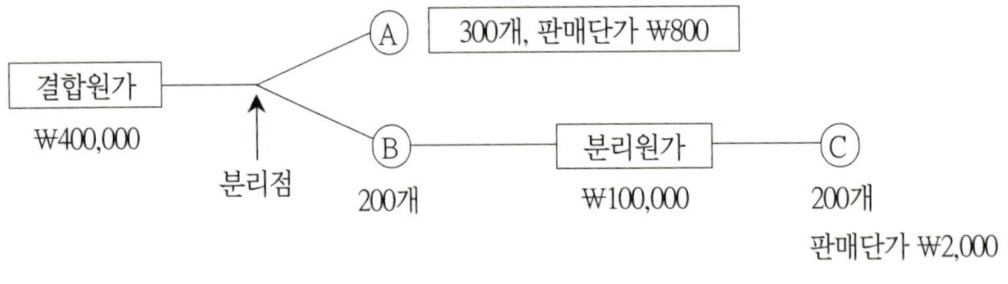

제 품	최종판매 가 치	분리원가	순실현가치	배분율	결합원가 배 분 액
A	₩240,000	-	₩240,000	44.4%	₩177,600
C	400,000	₩100,000	300,000	55.6	222,400
합계	₩640,000	₩100,000	₩540,000	100%	₩400,000

제 품	생산량	결합원가 배 분 액	분리원가	총제조 원가	단위당 제조원가(@)
A	300개	₩177,600	-	₩177,600	₩592
C	200	222,400	₩100,000	322,400	1,612
합계	500개	₩400,000	₩100,000	₩500,000	

* A제품 매출총이익률은 26%, C제품 매출총이익률은 19.4%로 제품별로 상이한 매출총이익률이 산출된다.

(4) 균등(매출총)이익률법

순실현가치법을 적용하는 경우에는 결합원가만이 수익창출에 공헌하고, 분리원가는 공헌하지 못한다고 가정하기 때문에 제품별로 상이한 매출총이익률을 산출하는 문제점을 안고 있다. 균등(매출총)이익률법은 결합원가와 분리원가 모두 수익창출에 공헌한다는 가정 하에 개별제품의 최종 판매시점에서 최종 판매가치에 대하여 동일한 매출총이익률을 나타낼 수 있도록 결합원가를 배분하는 방법이다.

균등(매출총)이익률법(uniform percentage contribution method)은 다음과 같은 단계를 거쳐 결합원가를 배분한다.

① 기업 전체의 매출총이익률을 계산한다. 매출총이익률은 매출총이익(총판매가치 – 총결합원가 – 총분리원가)을 총판매가치로 나누어 계산한다.

② 개별제품의 매출총이익을 계산한다. 매출총이익은 개별제품의 판매가치에 기업 전체의 매출총이익률을 곱하여 계산한다.

③ 개별제품의 판매가치에서 개별제품의 매출총이익과 분리원가를 차감하여 개별제품의 결합원가 배분액을 계산한다.

예제 SOLVE PRACTICE PROBLEM

대한상사는 제품 A, B를 생산하고 있다. 12월 중에 직접재료원가와 가공원가는 총 ₩400,000이었다. 제품 A는 분리점에서 판매되나 제품 B는 추가가공을 거친 후 C라는 제품으로 전환되어 판매된다. 제품 B의 분리원가는 ₩100,000이며, 제품C의 판매단가는 ₩2,000이다.

제 품	생산량	단위당 판매가격(@)
A	300개	₩800
B	200	1,200
합계	500개	

물음 균등이익률법에 의하여 결합원가를 배분하고, 각 제품단위당 제조원가를 계산하시오.

해답

① 기업 전체의 매출총이익률

[(₩240,000 + ₩400,000) - ₩400,000 - ₩100,000] ÷ ₩640,000 × 100% = 21.875%

② 결합원가 배분 및 제품단위당 제조원가

제 품	생산량	최종판매 가 치	매출총이익	분리원가	결합원가 배 분 액	총제조 원 가	단위당 제조원가(@)
A	300개	₩240,000	₩52,500*	-	₩187,500	₩187,500	@₩625
C	200	400,000	87,500**	₩100,000	212,500	312,500	1,562.5
합계	500개	₩640,000	₩140,000	₩100,000	₩400,000	₩500,000	

* ₩240,000 × 21.875% = ₩52,500

** ₩400,000 × 21.875% = ₩87,500

2. 복수의 분리점이 있는 경우의 결합원가 배분

두 개 이상의 분리점이 있는 경우의 결합원가 배분은 분리점이 1 개인 경우와 기본 원리는 동일하나 계산 과정이 다소 복잡해질 뿐이다.

복수 분리점의 결합원가

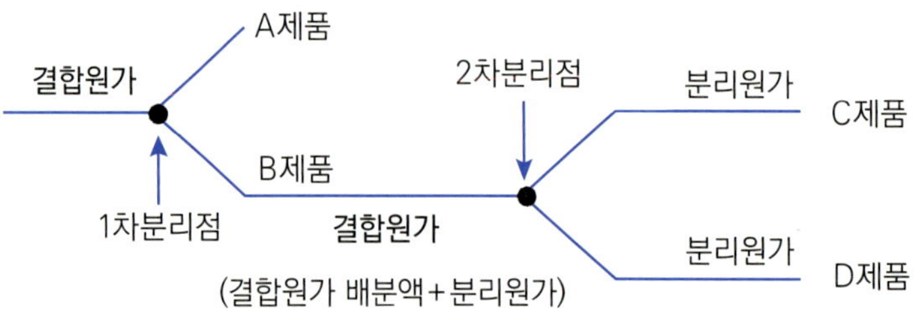

(1) 물량기준법

물량의 흐름과 원가의 흐름이 일치하도록 결합원가를 순차적으로 배분한다.

① 1차분리점에서 물량을 기준으로 결합원가 배분

② 2차분리점에서는 1차분리점에서 확정된 결합원가 배분액과 분리원가의 합계액인 2차분리점의 결합원가를 물량기준으로 배분

(2) 순실현가치법

역순으로 최종 판매가치에서 분리원가를 차감한 순실현가치 및 결합원가 배분율을 계상하여 결합원가를 배분한다. 순실현가치법의 배분절차는 다음과 같다.

① 제품의 물량흐름과 결합원가, 분리원가의 발생시점을 나타내는 물량흐름도 작성

② 제품의 최종 판매가치에서 분리원가를 차감하여 최종 분리점의 순실현가치를 계산하고, 그 상대적 비중인 제품별 결합원가 배분율을 계산한다. 이 과정을 1차분리점에 도달할 때까지 반복한다.(재고의 물리적 흐름과 반대 방향으로 계산)

③ 결합원가에 제품별 결합원가 배분율을 곱하여 제품별 결합원가 배분액을 계산한다. 제품별 결합원가 배분액과 분리원가를 합산한 다음 분리점의 제품별 총제조원가를 계산한다. 이 과정을 최종분리점까지 반복한다.(재고의 물리적 흐름과 같은 방향으로 계산)

예제 SOLVE PRACTICE PROBLEM

대한상사는 제품 A, B를 생산하고 있다. 12월 중에 직접재료원가와 가공원가는 총 ₩400,000이고, 제품 B의 2차분리점의 분리원가는 ₩100,000이다.

제 품	생산량	단위당 판매가격(@)
A	300개	₩800
B	200	1,200
합계	500개	

제품 A는 1차분리점에서 판매되지만, 제품 B는 2차분리점에서 추가가공을 거쳐 제품 C와 제품 D로 재생산되어 판매된다. 제품 C와 제품 D의 생산 및 원가 자료는 다음과 같다.

제 품	생산량	분리원가	단위당 판매가격(@)
C	100개	₩100,000	₩3,000
D	100	120,000	4,000
합계	200개	₩220,000	

물음 1. 물량기준법에 의하여 각 제품의 단위당 제조원가를 계산하시오.

2. 순실현가치법에 의하여 결합원가를 배분하고, 각 제품의 단위당 제조원가를 계산하시오.

해답

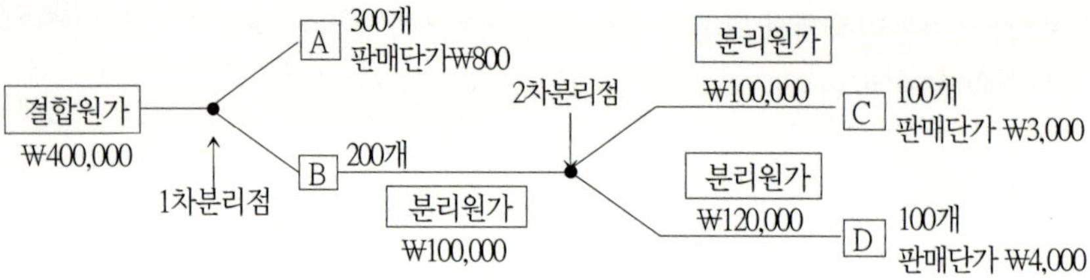

1. 물량기준법

제품	생산량	1차결합원가 배 분 액	분리원가	총제조원가	단위당 제조원가(@)
A	300개	₩240,000	-	₩240,000	₩800
B	200	160,000	-	160,000	800
합계	500개	₩400,000		₩400,000	

제품	생산량	2차결합원가 배 분 액	분리원가	총제조원가	단위당 제조원가(@)
C	100개	₩130,000	₩100,000	₩230,000	₩2,300
D	100	130,000	120,000	250,000	2,500
합계	200개	₩260,000*		₩480,000	

* B제품의 1차결합원가 배분액 + 분리원가: ₩160,000 + ₩100,000 = ₩260,000

2. 순실현가치법

(1) 결합원가 배분율

① 2차분리점

제품	최종판매가치	분리원가	순실현가치	배분율
C	₩300,000	₩100,000	₩200,000	41.67%
D	400,000	120,000	280,000	58.33
합계	₩700,000		₩480,000	100%

② 1차분리점

제품	판매가치	분리원가	순실현가치	배분율
A	₩240,000	-	₩240,000	38.71%
B	480,000	₩100,000	380,000	61.29
합계	₩720,000		₩620,000	100%

(2) 결합원가의 배분과 단위당 제조원가

① 1차분리점

제품	결합원가 배분액	분리원가	총제조원가	단위당 제조원가(@)
A	₩154,840	-	₩154,840	₩516.13
B	245,160	₩100,000	345,160	추가가공
합계	₩400,000		₩500,000	

② 2차분리점

제품	결합원가 배분액	분리원가	총제조원가	단위당 제조원가(@)
C	₩143,828	₩100,000	₩243,828	₩2,438.28
D	201,332	120,000	321,332	3,213.32
합계	₩345,160		₩565,160	

3. 추가가공 여부 의사결정

연산품과 관련해서는 분리점에서 즉시 판매할 것인가 아니면 추가로 가공을 하여 판매할 것인가에 대한 의사결정을 검토하게 된다. 이 경우 결합원가나 결합원가 배분액은 이미 발생한 과거원가로 의사결정목적과 관련이 없으므로 의사결정 시에 배제(비관련원가)하여야 한다.

따라서 판매 혹은 추가가공 여부에 대한 의사결정에서는 분리점에서의 판매가치와 추가가공을 거친 최종 판매가치와의 차액을 비교(관련원가분석)하여 의사결정을 한다.

추가가공 여부 의사결정분석

분리점 판매(P_1)	추가가공 후 판매(P_2)	차이($P_2 - P_1$)
판매가치	판매가치	증분(차액)수익
-	추가가공원가	증분(차액)원가
판매이익	추가가공 후 판매이익	증분(차액)이익*

* 증분이익 ≥ 0: 추가가공, 증분이익 < 0: 추가가공 하지 않음

예제 SOLVE PRACTICE PROBLEM

대한상사는 제품 A, B를 생산하고 있다. 12월 중에 직접재료원가와 가공원가는 총 ₩400,000이었다. 제품 A는 분리점에서 판매되나 제품 B는 추가가공을 거친 후 C라는 제품으로 전환되어 판매된다. 제품 B의 분리원가는 ₩100,000이며, 제품 C의 판매단가는 ₩2,000이다.

제 품	생산량	단위당 판매가격(@)
A	300개	₩800
B	200	1,200
합계	500개	

물음 순실현가치법에 의하여 결합원가를 배분할 경우 B제품의 추가가공 여부를 결정하시오.

해답

	총수익	추가가공원가	증분이익
추가가공 후의 판매	₩400,000	₩100,000	₩300,000
분리점에서의 판매	240,000	-	240,000
차 이	₩160,000	₩100,000	₩60,000

* 의사결정

B제품을 추가가공하여 C제품으로 판매하는 것이 ₩60,000만큼 증분이익이 발생하므로 추가가공하는 것이 유리하다.

연습문제

REVIEW EXERCISES

주관식

01 조별원가계산의 개념과 특성을 설명하시오.

02 작업별원가계산의 유용성을 논술하시오.

03 등급별원가계산의 유형을 설명하시오.

04 결합원가와 분리원가를 비교 설명하시오.

05 결합원가 배분방법과 유용성을 논술하시오.

06 다음을 설명하시오.

① 전원가 요소 공정별 조별원가계산

② 제품묶음별 생산(batch production)

③ 등가계수

④ 당기제조원가 배분법(등급별원가계산)

⑤ 추가가공원가

07 단순조별원가계산

성남회사는 A, B 두 종류의 제품을 생산하고 있고 조별원가계산시스템을 채택하고 있다. 직접재료는 공정의 개시시점에서 전량 투입되며, 가공원가는 전공정에 걸쳐 균등하게 발생한다. 20×1년 5월 중의 생산 및 원가 관련 자료는 다음과 같다.

(1) 생산 관련 자료

	A제품	B제품
기초재공품	200개 (40%)	100개 (20%)
당기투입량	1,000	1,400
완성품량	800	1,000
기말재공품	400 (50%)	500 (60%)

(2) 원가 관련 자료

	A제품	B제품
기초재공품원가		
직접재료원가	₩100,000	₩80,000
가 공 원 가	300,000	220,000
당기제조원가		
직접재료원가	500,000	370,000
직접노무원가	398,000	490,000

5월 중에 발생한 조간접원가 ₩400,000은 A, B 제품에 5 : 5의 비율로 배부한다.

물음 (1) 선입선출법을 이용하여 A제품의 완성품원가와 기말재공품원가를 계산하시오.
(2) 평균법을 이용하여 B제품의 완성품원가와 기말재공품원가를 계산하시오.

08 전원가 요소 공정별 조별원가계산

고려회사는 A, B 두 종류의 제품을 두 개의 제조공정과 두 개의 보조 부문을 통해 생산하고 있다. 재료는 제1공정과 제2공정의 개시시점에서 전량 투입되며, 가공원가는 두 공정의 진행 정도에 따라 균등하게 발생한다. 20×1년 5월 중의 생산 및 원가 관련 자료는 다음과 같다.

(1) 생산 관련 자료

	A제품		B제품	
	제1공정	제2공정	제1공정	제2공정
기초재공품	200개(20%)	400개(60%)	300개(20%)	100개(50%)
당기투입량	800	600	1,200	1,300
완성품량	600	800	1,300	1,000
기말재공품	400(60%)	200(40%)	200(50%)	400(60%)

(2) 원가 관련 자료

	A제품 제1공정	A제품 제2공정	B제품 제1공정	B제품 제2공정
기초재공품원가				
전공정원가	-	₩4,000	-	₩15,000
직접재료원가	₩100,000	80,000	₩200,000	100,000
가공원가	208,500	120,000	292,500	225,000
당기제조원가				
직접재료원가	500,000	400,000	400,000	250,000
직접노무원가	200,000	240,000	200,000	300,000
직접노동시간	500시간	400시간	500시간	600시간

(3) ① 부문개별원가 및 부문 간의 용역수수 관계

구분	제조 부문		보조 부문	
	제1공정	제2공정	동력부	수선부
제조간접원가	₩200,000	₩300,000	₩50,000	₩90,000
동 력 부	40%	40%	-	20%
수 선 부	50%	40%	10%	-

② 보조부문원가는 직접배부법에 의해 제조 부문에 배부한다.

③ 각 공정별 제조간접원가는 직접노동시간을 기준으로 각 제품에 배부한다.

물음 평균법을 적용하여 A제품과 B제품의 완성품원가와 기말재공품원가를 계산하시오.

09 가공원가 공정별 조별원가계산

청풍회사는 가공원가 공정별 조별원가계산시스템을 채택하여 A, B 두 제품을 생산하고 있다. 재료는 공정의 개시시점에서 전량 투입되며 이후에는 2개의 공정을 거쳐 제품이 생산되고 있다. 가공원가는 공정의 진행에 따라 균등하게 발생한다. 20×1년 5월 중의 생산 및 원가 관련 자료는 다음과 같다.

(1) 생산 관련 자료

	A제품 제1공정	A제품 제2공정	B제품 제1공정	B제품 제2공정
기초재공품	100개(30%)	300개(50%)	200개(20%)	400개(40%)
당기투입량	900	700	1,000	800
완성품량	700	600	800	700
기말재공품	300(50%)	400(60%)	400(40%)	500(80%)

(2) 원가 관련 자료

	A제품		B제품		
	제1공정	제2공정	제1공정	제2공정	합계
기초재공품원가					
전공정원가	-	₩60,000	-	₩80,000	
직접재료원가					₩400,000[1)]
가공원가	₩200,000	300,000	₩240,000	₩320,000	
당기제조원가					
직접재료원가					₩600,000[2)]
가공원가	₩328,000	₩414,000	₩404,800	₩517,000	

1) A제품 ₩250,000, B제품 ₩150,000임
2) A제품 ₩360,000, B제품 ₩240,000임

물음 선입선출법을 적용하여 A제품과 B제품의 완성품원가와 기말재공품원가를 계산하시오.

10 작업별원가계산

충청회사는 두 종류의 제품을 묶음별로 생산하고 있다. 재료는 작업공정 1의 개시시점에서 투입된다. A제품은 세 개의 작업공정을 모두 거쳐야 하나, B제품은 작업공정 1과 작업공정 3만을 거쳐 생산된다. 직접재료원가는 각 제품별로 추적하며, 가공원가는 각 작업공정을 통과하는 제품수량을 기준으로 각 제품에 배부한다. 그리고 기초 및 기말재공품은 없으며, 모든 제품은 완성품으로 대체된다.

(1) 생산 및 재료원가

	생산량	직접재료원가
A제품	300개	₩600,000
B제품	200	400,000

(2) 가공원가

	작업공정 1	작업공정 2	작업공정 3	합 계
직접노무원가	₩200,000	₩100,000	₩100,000	₩400,000
제조간접원가	300,000	110,000	200,000	610,000

물음 (1) 각 작업공정별 단위당 가공원가를 계산하시오.
(2) 각 제품별 총제조원가와 단위당원가를 계산하시오.
(3) 각 제품별원가계산에 따른 분개를 하시오.

11 등급별원가계산

강남회사는 단일공정에서 등급품 A, B를 생산하고 있다. 재료는 공정의 개시시점에서 전량 투입되고, 가공원가는 공정의 진행에 따라 균등하게 발생한다. 20×1년 5월의 생산 관련 자료는 다음과 같다.

	물량흐름	직접재료원가	가공원가
기초재공품(60%)	2,000개	₩40,000	₩80,000
당기투입량	8,000	240,000	401,500
완성품량	7,000		
기말재공품(50%)	3,000		

5월의 완성품량 중 A제품은 4,000개, B제품은 3,000개이며 각 제품 1단위의 원가 요소별 등가계수는 다음과 같다.

	A제품	B제품
직접재료원가	2.0	1.4
가공원가	1.2	1.6

물음 선입선출법을 적용하여 등급품 A, B의 단위당원가를 계산하시오.

12 결합원가의 배분

세기회사는 제품 A, B를 생산하고 있다. 5월 중에 투입된 결합원가는 ₩2,000,000이며, 제품 A와 B의 생산량은 각각 10,000개, 20,000개이다. 제품 A와 B는 추가가공을 거쳐 제품 C와 제품 D라는 제품으로 전환되어 판매된다. 제품 A와 제품 B의 분리원가는 각각 ₩800,000, ₩1,000,000이며, 제품 C와 제품 D의 판매단가는 각각 ₩280, ₩200이다.

물음 순실현가치법에 의하여 결합원가를 배분하고, 각 제품의 단위당 제조원가를 계산하시오.

13 복수의 분리점이 있는 경우의 결합원가 배분

충청회사는 제품 A, B를 생산하고 있다. 5월 중에 투입된 결합원가는 ₩4,000,000(A제품: ₩800,000, B제품: ₩320,000)이며 제품 A와 B의 생산량은 각각 2,000개, 3,000개이다. 제품 A는 추가가공을 거쳐 제품 C 1,000개와 제품 D 1,000개로 완성하여 판매하고, 제품 B는 제품 E 2,000개, 제품 F 1,000개로 완성, 판매한다. 분리원가는 제품 C, D의 완성에는 ₩400,000, ₩600,000이 각각 소요되고, 제품 E, F완성 시에는 ₩1,000,000, ₩500,000이 각각 소요된다. 한편 제품 C, D, E, F 각각의 판매단가는 ₩2,000, ₩3,000, ₩4,000, ₩3,500이다.

물음 순실현가치법에 의하여 결합원가를 배분하고, 각 제품의 단위당 제조원가를 계산하시오.

14 연산품의 판매-추가가공 의사결정

강서회사는 제품 A와 B를 생산하고 있다. 제품 A와 B는 분리점에서 판매하거나 추가가공한 후 판매할 수 있다. 제품 A는 추가가공 후 제품 X, Y로 분리되며, 제품 B는 추가가공 후 제품 갑, 을로 분리된다. 제품 A와 B의 생산량은 3,000개, 4,000개이고, 분리점에서의 판매단가는 ₩100, ₩250이다. 제품 A와 B의 결합원가는 각각 ₩500,000, ₩600,000이다.

	X제품	Y제품	갑제품	을제품
생산량	2,000개	1,000개	2,000개	2,000개
단위당 추가가공원가	₩20	₩10	₩30	₩40
추가가공 후 판매가격	140	110	220	250

물음 (1) 제품 A의 추가가공 여부를 결정하시오.
(2) 제품 B의 추가가공 여부를 결정하시오.

객관식

01 등급품 및 연산품원가계산에 대한 다음 설명 중 옳지 않은 것은? ▸ 전산세무 1급

① 연산품원가계산에서 연산품이 개별제품으로 식별될 수 있는 일정한 생산단계를 분리점이라 하고, 분리점에 도달하기 전까지 연산품을 제조하는 과정에서 발생한 제조원가를 결합원가라고 한다.
② 동일한 재료를 사용하여 동일 공정에서 계속적으로 생산되는 제품으로 규격, 중량, 순도가 서로 다른 제품을 등급품이라 한다.
③ 연산품은 생산계획에 따라 제품구성의 조정이 가능하지만, 등급품은 인위적으로 제품구성을 조정하기가 곤란하다.
④ 연산품으로는 정유업에서의 휘발유, 경유, 등유 등이 있으며, 등급품으로는 제분업에서의 품질이 다른 밀가루 등이 있다.

02 대한정유는 수입한 원유를 정제하여 제품 X, Y, Z를 생산하고 있다. 다음은 20×4년 1월 한 달간 정제공정에 투입된 총 공통원가와 X, Y, Z의 생산량에 관한 자료이다. 공통원가는 각 제품이 공정에서 분리되는 시점에서의 상대적 판매가치에 비례하여 배분한다. Y에 배분된 공통원가는 얼마인가? 단, 20×4년 1월 1일 현재 기초재공품은 없다. ▸ 세무사

- 1월 한달 동안 정제공정에 투입된 재료비(원유) ₩150,000,000
- 1월 한달 동안 정제공정에 투입된 노무비와 제조경비 ₩130,000,000
- 제품 X, Y, Z의 생산량과 단위당 판매가격은 다음과 같다.

제품	생산량	단위당 판매가격
X	20,000l	₩15,000
Y	16,000l	12,000
Z	12,000l	9,000

① ₩150,000,000 ② ₩100,000,000 ③ ₩108,000,000 ④ ₩89,600,000 ⑤ ₩85,714,280

03 연산품에 대한 결합원가 배분의 목적에 사용되는 분리점에서의 상대적 판매가치는 다음 중 어느 것인가? ▸ 경영지도사

① 추적 가능한 제품원가에 정상 매출총이익을 가산한 것
② 판매가격에 정상 매출총이익을 가산한 것
③ 판매가격에서 분리점 이후 추가원가를 차감한 것
④ 분리시점의 총판매가치에서 결합원가를 차감한 것
⑤ 판매가격에서 정상 매출총이익을 차감한 것

04 다음 원가계산준칙에서 정하고 있는 부산물평가에 관한 설명으로 적합하지 않은 것은?
▸ 기업회계 1급

① 부산물의 평가는 등급별원가계산의 규정을 준용하여 평가할 수 있다.
② 부산물로서 추가가공 후 자가 소비하는 것은 그 추정매입가격으로 평가한다.
③ 부산물을 그대로 외부에 매각할 수 있는 경우에는 추정매각가격에서 판매비와 일반관리비 및 정상이윤을 공제한 가격으로 평가한다.
④ 부산물을 그대로 자가 소비하는 경우에는 그 추정매입가격으로 평가한다.

05 결합원가와 관련된 설명으로 옳지 않은 것은 무엇인가? ▸ 세무사

① 분리점이란 연산품과 부산품 등 결합제품을 개별적인 제품으로 식별할 수 있게 되는 제조과정 중의 한 점을 말한다.
② 균등이익률법에서는 조건이 같다면 추가가공비가 높은 제품에 더 많은 결합원가가 배부된다.
③ 분리점판매가치법에서 분리점의 판매가치를 계산할 때에는 판매량이 아닌 생산량을 이용한다.
④ 물량기준법은 제품의 판매가격을 알 수 없을 때 유용하게 사용될 수 있다.
⑤ 기업이익을 극대화하기 위한 추가가공 의사결정을 할 때에는 기 배분된 결합원가를 고려하지 않는다.

※ 다음의 자료를 이용하여 문제 6번과 문제 7번에 답하시오. ▸ 공인회계사

㈜한국은 세 개의 공정을 통하여 제품을 생산하고 있으며, 가중평균법에 의한 종합원가계산을 적용하여 제품원가를 계산하고 있다. 직접재료는 각 공정의 초기에 전량 투입되고 가공원가는 전 공정에 걸쳐 균등하게 발생한다. 20×4년 2월 최종공정인 제3공정의 생산 및 원가 자료는 다음과 같다.

구 분	물량단위	가공원가 완성도	전공정 원가	직접 재료원가	가공원가
기초재공품	3,000단위	40%	₩14,750	₩2,000	₩10,250
당기투입	12,000단위	?	56,500	58,000	92,950
완성품	10,000단위	?			
기말재공품	4,000단위	60%			

제3공정에서는 공손품검사를 공정의 50% 시점에서 실시하며, 당월에 검사를 통과한 합격품의 5%를 정상공손으로 간주한다. 정상공손원가는 당월완성품과 월말재공품에 배부하는 회계처리를 한다. 20×4년 2월 중 제3공정에서 발견된 공손품은 추가가공 없이 즉시 모두 폐기하며, 공손품의 처분가치는 ₩0이다.

06 20×4년 2월 제3공정의 원가 요소별 완성품환산량을 계산하면 얼마인가?

	전공정원가	직접재료원가	가공원가
①	15,000단위	14,500단위	12,900단위
②	15,000단위	15,000단위	13,400단위
③	15,000단위	15,000단위	12,900단위
④	14,500단위	14,500단위	13,400단위
⑤	14,500단위	14,500단위	12,900단위

07 20×4년 2월 제3공정의 비정상공손원가와 완성품원가와 관련된 월말 분개로서 옳은 것은?

	차변		대변	
①	(차) 제 품	177,425	(대) 재공품-제3공정	171,050
			비 정 상 공 손	6,375
②	(차) 제 품	173,875	(대) 재공품-제3공정	170,050
			비 정 상 공 손	3,825
③	(차) 제 품	173,875	(대) 재공품-제3공정	180,250
	비 정 상 공 손	6,375		
④	(차) 제 품	174,375	(대) 재공품-제3공정	180,750
	비 정 상 공 손	6,375		
⑤	(차) 제 품	173,875	(대) 재공품-제3공정	177,700
	비 정 상 공 손	3,825		

08 서울공업사는 세 가지 형태의 제품 A, B, C를 생산하고 있다. 이들 제품은 두 가지의 가공작업 甲, 乙을 거쳐 최종제품으로 완성되는데, C제품은 반제품 형태로 판매되기 때문에 乙작업이 불필요하다. 가공작업 甲, 乙의 원가는 각 제품의 수량에 비례하여 균등하게 발생한다.

(1) 당월 중의 생산량 및 재료원가

구분	생산량	직접재료비
제품 A	9,000개	₩2,070,000
제품 B	4,000	1,320,000
제품 C	6,000	1,740,000

(2) 당월 중의 가공비 발생액

	작업 甲	작업 乙
직접노무비	₩500,000	₩1,000,000
제조간접비	70,000	300,000

기초 및 기말의 재공품은 없다고 가정할 때, 당월 중 B제품의 단위당 제조원가는 얼마로 계산되는가? (원 미만은 반올림 할 것) ▸ 공인회계사

① ₩400 ② ₩414 ③ ₩428 ④ ₩460 ⑤ ₩474

09 등급별원가계산에서 등급품의 결합원가는 ₩28,000이다. 아래 자료에서 판매가치법에 의한 1급품의 결합원가 배부율과 단위당원가를 구하면? ▸ 행정자치부 9급

등 급	생산량	판매단가(@)	무 게
1급품	100개	₩100	18g
1급품	200개	70	5g
3급품	400개	40	8g

① 20/100, @₩30 ② 10/40, @₩70 ③ 18/70, @₩72 ④ 10/21, @₩40

10 대한자동차는 배치(batch) 제조공정에 의하여 옵션품목이 장착되지 않은 기본형과 기본형에 옵션품목이 장착된 고급형 및 고객의 특별주문에 의해 고급형에 특수컬러를 도색한 주문형의 3가지 유형의 승용차를 생산하고 있으며 작업별 원가계산을 하고 있다. 다음 원가계산 자료를 활용하여 주문형의 1대당 제조원가를 계산하면 얼마인가? ▸ 세무사

(1) 재 료 비

<table>
<tr><th rowspan="2">유형</th><th rowspan="2">생산된 단위</th><th colspan="3">재료비 총액</th></tr>
<tr><th>기본형</th><th>옵션품목장착</th><th>특수컬러도장</th></tr>
<tr><td>기본형</td><td>100대</td><td rowspan="3">₩408,000,000</td><td>-</td><td>-</td></tr>
<tr><td>고급형</td><td>80</td><td rowspan="2">₩96,000,000</td><td>-</td></tr>
<tr><td>주문형</td><td>20</td><td>₩8,000,000</td></tr>
</table>

(2) 가 공 비

<table>
<tr><th rowspan="2">유형</th><th rowspan="2">생산된 단위</th><th colspan="3">가공비 총액</th></tr>
<tr><th>기본형</th><th>옵션품목장착</th><th>특수컬러도장</th></tr>
<tr><td>기본형</td><td>100대</td><td rowspan="3">₩840,000,000</td><td>-</td><td>-</td></tr>
<tr><td>고급형</td><td>80</td><td rowspan="2">₩72,000,000</td><td>-</td></tr>
<tr><td>주문형</td><td>20</td><td>₩4,000,000</td></tr>
</table>

① ₩8,640,000 ② ₩8,940,000 ③ ₩8,620,000 ④ ₩8,540,000 ⑤ ₩8,520,000

11 ㈜청솔은 동일공정에서 3가지 제품 A, B, C를 생산하고 있다. 결합원가는 분리점에서의 상대적 판매가치를 기준으로 배분하고 있다. 이와 관련된 자료는 다음과 같다.

	A	B	C	합 계
생산량	?		50	250개
결합원가	₩24,000			₩60,000
분리점의 판매가치	?	₩42,000		₩120,000

분리점 이후 C제품 50개에 대하여 총 ₩8,000을 추가로 투입하여 최종 제품으로 완성한 다음 단위당 ₩700에 판매하는 경우 C제품의 매출총이익은 얼마인가? ▸ 기업회계 1급

① ₩12,000 ② ₩13,000 ③ ₩14,000 ④ ₩15,000

12 태양회사는 결합제품 A, B, C를 생산하며 순실현가치법에 의하여 결합원가를 배분한다. 기초 및 기말에서의 재고자산은 없으며, 당기의 제조 및 판매에 관한 자료가 다음과 같을 경우 제품 C의 매출총이익은 얼마인가? ▸ 세무사

	A	B	C	합 계
생산량	7,000개	5,000개	3,000개	15,000개
결합원가	?	?	?	₩400,000
추가가공원가	₩50,000	₩20,000	₩40,000	₩110,000
판매가격	₩380,000	₩200,000	₩130,000	₩710,000

① ₩30,000 ② ₩70,000 ③ ₩90,000 ④ ₩40,000 ⑤ ₩50,000

13 ㈜영남은 동일한 원료를 결합공정에 투입하여 주산품 X, Y와 부산품 B를 생산한다. 결합원가는 순실현가치(net realizable value)를 기준으로 제품에 배부한다. 당기에 결합공정에 투입된 총원가는 ₩150,000이고, 주산품 X, Y 및 부산품 B의 분리점에서 순실현가치의 상대적 비율은 6 : 3 : 1 이었다. 주산품 X에 배부된 결합원가가 ₩80,000이었다면, 부산품 B의 순실현가치는 얼마인가? 단, 부산품은 생산된 시점에서 순실현가치로 평가하여 재고자산으로 계상한다. ▸ 공인회계사

① ₩15,000 ② ₩30,000 ③ ₩35,000 ④ ₩43,333 ⑤ ₩45,000

14 ㈜갑은 종합원가계산과 결합원가계산을 혼합하여 사용한다. 결합공정을 완료하면 연산품 A와 연산품 B가 분리된다. 결합공정에서 발생한 직접재료원가는 ₩8,000이고 가공원가는 ₩2,220이다. 직접재료원가는 결합공정의 초기에 투입된다. 결합공정에서 기초재공품은 없고, 기말재공품은 100톤이며 가공원가 완성도는 40%이다. 공손과 감손은 없다. 연산품 A와 연산품 B의 관련 자료는 아래와 같다.

	연산품 A	연산품 B
결합공정 완성량	300톤	400톤
톤당 예상판매가격	₩100	₩50
톤당 추가가공원가	₩60	₩0

순실현가치법 결합원가배분에 의한 연산품 A의 예상 톤당 영업이익은 얼마인가? ▸ 공인회계사

① ₩23.755 ② ₩25.325 ③ ₩28.625 ④ ₩31.495 ⑤ ₩34.235

15 ㈜카이는 고객의 주문에 따라 고급 카메라를 생산하고 있다. 고객은 외부표면재료 및 도료 등을 선택할 수 있지만, 카메라의 기본적인 조립 및 가공작업은 주문별로 차이가 없다. 이러한 점을 감안하여 ㈜카이는 재료원가에 대해서는 주문별로 집계하는 개별원가계산방식을 적용하고, 가공원가에 대해서는 종합원가계산방식을 적용하는 소위 혼합원가계산(hybrid costing)을 사용하고 있다. 가공원가는 공정 전체를 통해 균등하게 발생하며, 동 원가에 종합원가계산방식을 적용할 때 사용하는 원가흐름가정은 선입선출법이다. ㈜카이의 4월 생산 및 원가 관련 자료는 다음과 같다.

(1) 월초 재공품

주문번호	#101
수량	200개
직접재료원가	₩1,500,000
가공원가	₩960,000
가공원가 완성도	80%

(2) 당월 주문 및 생산착수

주문번호	#105	#206	#207
수량	200개	100개	150개

(3) 당월 발생원가

주문번호	#101	#105	#206	#207	합계
직접재료원가	₩500,000	₩1,800,000	₩3,200,000	₩2,400,000	₩7,900,000
가공원가	?	?	?	?	₩4,092,000

(4) 월말 재공품

주문번호	#105	#207
수량	200개	150개
가공원가 완성도	50%	60%

4월 완성품의 원가는 얼마인가? ▸ 공인회계사

① ₩5,436,000 ② ₩6,556,000 ③ ₩7,396,000 ④ ₩7,896,000 ⑤ ₩7,956,000

16 ㈜한국은 단일의 원재료를 결합공정에 투입하여 세 가지 제품 A, B, C를 생산하고 있다. 제품 A와 B는 분리점에서 즉시 판매되나, 제품 C는 추가가공을 거쳐서 판매된다. 분리점에서 제품 C의 시장가격은 존재하지 않는다. ㈜한국의 20×4년 2월 제품별 생산량, 월말제품재고량 및 판매가격은 다음과 같다.

제품	생산량	월말제품재고량	톤당 판매가격
A	60톤	36톤	₩300
B	80톤	12톤	200
C	100톤	5톤	140

20×4년 2월 중 발생한 결합원가는 ₩16,000이고, 제품 C의 추가가공원가는 ₩8,000이며, 각 결합제품의 월초재고와 월말재공품은 없었다. ㈜한국은 순실현가치를 기준으로 결합원가를 배부하고 있다. ㈜한국의 20×4년 2월 매출원가와 월말제품은 각각 얼마인가? ▸ 공인회계사

	매출원가	월말제품
①	₩18,500	₩5,500
②	18,200	5,800
③	17,900	6,100
④	17,600	6,400
⑤	17,300	6,700

17 아래 그림과 같이 제품 A는 공정 1, 공정 2, 공정 4를 거쳐서 생산되고 제품 B는 공정 1, 공정 2, 공정 5를 거쳐서 생산된다. 제품 C는 공정 1과 공정 3을 거쳐서 생산된다. 각 공정의 제조원가는 그림에서 주어진 수치와 같다. 결합원가가 순실현가치를 기준으로 배부되고, 제품 A, 제품 B, 제품 C의 판매가액이 각 ₩500,000, ₩200,000, ₩300,000일 때 제품 A의 총제조원가는 얼마인가? ▸ 세무사

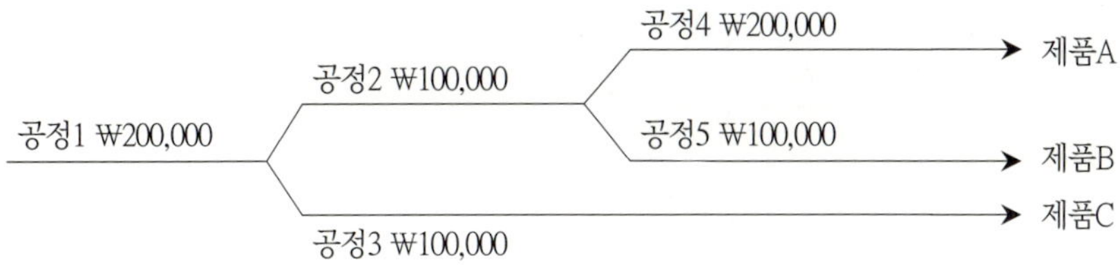

① ₩120,000 ② ₩165,000 ③ ₩250,000 ④ ₩285,000 ⑤ ₩365,000

18 수락회사는 A, B, C의 세 가지 결합제품을 생산하고 있으며, 결합원가는 분리점에서의 상대적 판매가치에 의해 배분된다. 관련 자료는 다음과 같다.

	A	B	C	합계
결합원가	?	₩10,000	?	₩100,000
분리점에서의 판매가치	₩80,000	?	?	200,000
추가가공원가	3,000	2,000	₩5,000	
추가가공 후 판매가격	85,000	42,000	120,000	

만약, A, B, C 중 하나만을 추가 가공한다면 어느 제품을 추가가공하는 것이 가장 유리하며, 이때 추가가공으로 인한 이익은 얼마인가? ▸ 세무사

① A, ₩2,000 ② B, ₩20,000 ③ C, ₩3,000 ④ B, ₩5,000 ⑤ C, ₩15,000

19 ㈜백두산화학은 동일한 원재료를 가공하여 두 개의 결합제품 A와 B를 생산 한다. 7월 중 A와 B의 생산 과정에서 발생한 직접재료원가는 ₩140,000, 가공원가는 ₩180,000이었다. 분리점에서 A의 판매가치는 ₩280,000인 반면, B는 추가 가공을 거쳐 C라는 제품으로 전환되어 ₩500,000에 판매된다. 추가공정에서는 ₩80,000의 가공원가가 발생한다. 최종판매 시점에서 A제품과 B제품의 매출총이익률은 각각 얼마인가? ▸ 공인회계사

① 25.71%와 38.40% ② 25.71%와 61.60% ③ 45.71%와 61.60%
④ 45.71%와 38.40% ⑤ 54.29%와 45.60%

20 한국(주)은 원재료 알파를 이용해서 결합생산공정으로부터 제품 A와 제품 B를 제조하고 있다.

제품	생산량	분리점에서의 단위당가격	단위당 추가가공원가	단위당 최종판매가격
제품 A	3,000개	₩40	-	₩40
제품 B	6,000개	30	₩10	70

순실현가액(net realizable value) 방법을 이용하여 제품 A에 배부된 결합원가는 ₩100,000이다. 두 제품으로 배부되기 이전의 총결합원가는 얼마인가? ▸ 감정평가사

① ₩400,000 ② ₩277,778 ③ ₩250,000 ④ ₩180,000 ⑤ ₩175,438

객관식 해답

1	2	3	4	5	6	7	8	9	10
③	④	③	②	②	③	⑤	④	②	⑤
11	12	13	14	15	16	17	18	19	20
①	①	②	③	④	②	⑤	②	⑤	①

11 활동기준원가계산

활동기준원가계산은 "활동은 자원을 소비하고, 제품은 활동을 소비한다."는 개념에 근거한 원가계산 방법이다.

1절 활동기준원가계산 개념

현대 기업의 생산 활동은 생산 형태가 복잡하고 다양화 되어 제조원가의 구조에 큰 변화를 가져왔다. 전통적인 원가계산의 경우 제조간접원가를 조업도(생산량)와 관련된 배부기준으로만 배부하기 때문에 제조간접원가의 각 항목별 특성을 무시한 배부가 이루어지고, 그 결과 원가 왜곡현상을 초래할 수 있다. 그리고 정확한 제품원가계산이 이루어지지 않기 때문에 가격결정, 제품별 수익성분석 등의 왜곡으로 의사결정에 오류가 발생할 가능성이 상존하고 있다. 이러한 전통적 원가계산의 문제점을 개선하기 위하여 연구된 원가계산이 활동기준원가계산이다.

전통적 원가계산과 활동기준원가계산

구 분	전통적 원가계산	활동기준원가계산
기본가정	제조간접원가는 생산량에 비례하여 발생	제조간접원가는 생산량뿐만 아니라 다양한 원가동인에 비례하여 발생
원가대상	공장, 부문, 제품 또는 서비스	활동, 제품 또는 서비스
원가구분	원가 요소, 원가 행태별	활동 유형별
제조간접원가 배부기준	조업도 관련 요인	활동별 원가동인
원가 집합	공장 혹은 부문의 원가중심점	활동 혹은 활동중심점
장 점	계산 간단	① 정확한 원가계산 ② 원가관리, 원가계획 및 통제면에서 적합
단 점	① 제품원가계산의 부정확 ② 원가관리 측면의 비효율성	계산 복잡

활동기준원가계산(Activity Based Costing: ABC)은 새로운 생산기술 도입 및 설비투자 등으로 비중이 크게 확대되고 있는 제조간접원가를 제품에 정확히 배부하고 효율적으로 관리하기 위하여 원가동인(cost driver)에 의해 규명된 활동(activities)을 기준으로 제조간접원가를 배부하는 새로운 원가계산시스템이다.

1. 활동기준원가계산의 특성

활동기준원가계산은 원가동인(cost driver)인 활동(activities)을 기준으로 제조간접원가를 배부하는 원가계산시스템으로 그 도입 배경은 다음과 같다.

① 최근의 유연생산시스템, 컴퓨터통합생산시스템 등과 같은 생산기술의 발전 및 공장자동화 등으로 직접노무원가는 감소하고, 제조간접원가의 비중이 확대되었으며, 제조간접원가 중 생산량과 관련이 없는 원가도 많이 발생됨으로써 전통적인 원가배부 방법에서 불합리한 문제점이 도출되었다.

② 판매 시장의 변화로 생산방식도 소품종 대량생산체제에서 다품종 소량생산체제로 전환됨에 따라 제조간접원가에 대한 다양한 배부기준이 필요하게 되었다.

③ ERP와 IT기술을 바탕으로 정보 활용 소프트웨어가 발달되어 정보수집 · 분석비용 등이 감소하였다.

2. 활동기준원가계산의 유용성

활동기준원가계산은 활동별로 원가를 계산하고, 원가동인을 파악하여 제품별로 원가를 배부하므로 다음과 같은 효익을 갖는다.

① 제조간접원가를 인과관계가 높은 활동별 원가동인으로 배부하므로 정확한 원가계산이 가능하다.

② 정확한 원가정보의 이용으로 수익성분석과 각종 의사결정에 대한 유용성이 높아진다.

③ 활동분석을 통하여 부가가치 활동과 비부가가치 활동을 파악하므로 효율적인 원가관리가 가능하다.

④ 활동원가와 원가동인을 측정하여 성과평가를 함으로써 보다 공정한 성과평가가 가능하다.

⑤ 활동분석 자료를 기초로 생산공정 개선, 활동기준경영(activity - based management: ABM) 등에 기여하게 된다.

그러나 활동기준원가계산은 다음과 같은 한계도 갖고 있다.

① 활동에 대한 명확한 정의나 분류기준이 없어 활동분석의 타당성에 의문이 제기될 수 있다.

② 원가동인으로 설명할 수 없는 활동원가(예: 설비유지원가)를 제품에 일괄 배부할 경우, 전통적인 원가계산과 같이 자의적인 원가배부의 문제를 야기시킬 수 있다.

③ 작업준비횟수, 재료주문횟수 등과 같은 각종 원가동인 수를 줄이기 위해 결국 대량생산을 실행할 가능성이 있다.

④ 관련 정보를 수집하고 분석하는 데 별도의 시스템구축비용 등 많은 비용이 소요되므로 원가효익 측면에서 활동기준원가계산의 타당성이 의문시 될 수 있다.

2절 활동기준원가계산 흐름

활동기준원가계산은 개별원가계산 및 종합원가계산을 적용하는 모든 기업에서 이용될 수 있으며, 의료업 등 서비스 업체에서도 이용 가능한 것이 특징이다. 활동기준원가계산은 원가 요소 중 제조간접원가의 비중이 높은 기업, 다품종 소량생산 업체와 같이 생산 제품의 종류가 많은 기업, 제품별로 조업도, 규격, 생산 롯트, 제조 과정 등 생산 형태가 복잡한 기업, 전통적 원가계산 방법으로 배부된 제조간접원가가 부정확하게 배부되었다고 판단되는 기업 등에 적용할 수 있다.

활동기준원가계산의 제조간접원가 배부

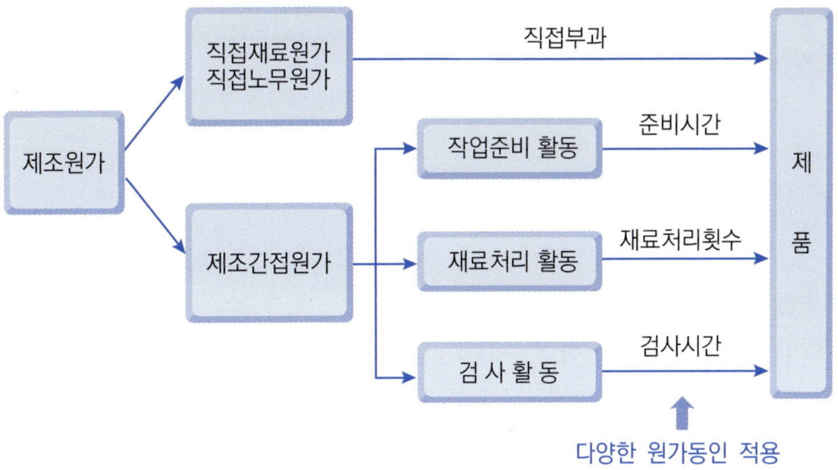

활동기준원가계산은 '활동은 자원을 소비하고, 제품은 활동을 소비한다.'는 개념에 근거하고 있다.

활동기준원가계산의 논리적 근거

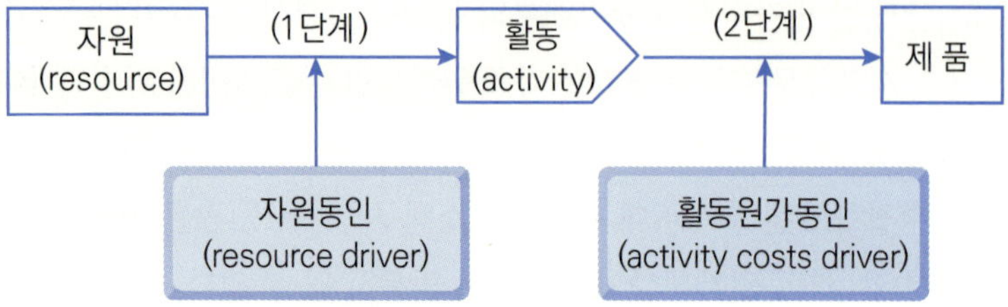

- 1단계: 활동이 자원 소비(자원원가를 자원동인을 이용하여 활동에 배부)
- 2단계: 제품이 활동 소비(활동원가를 원가동인을 이용하여 제품에 배부)

1. 활동기준원가계산 절차

활동기준원가계산은 다음과 같이 5단계의 세부적인 절차를 거쳐 원가계산이 실행되며, 단계별로 도식화 하면 다음과 같다.

활동기준원가계산 절차

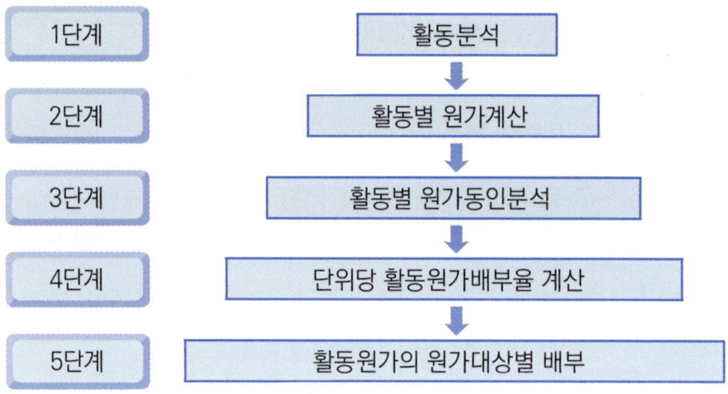

(1) 활동분석

활동은 기업의 목표달성을 위하여 수행되는 모든 작업으로 원가를 발생시키는 기본단위가 된다. 일반적으로 기업의 생산 과정에서 수행되는 활동을 다음과 같이 4종류의 활동으로 구분할 수 있다.

① 조업도 비례활동(unit-level activities)

원자재, 직접노동, 기계작업시간, 동력 등은 조업도의 증감에 따라 비례적으로 발생하는 활동으로 직접재료원가, 직접노무원가, 기계사용비용, 에너지비용 등은 조업도 비례원가에 해당된다. 활동기준원가계산에서 조업도 비례활동은 중요한 원가배부기준이 되고 있다.

② 묶음 관련 활동(batch-level activities)

작업 준비, 자재 이동, 구매 주문, 검사 등은 배치생산이 이루어질 때마다 수행되는 활동으로 작업준비비, 기계가동준비비, 자재이동비, 구매주문비, 검사비 등은 묶음 관련 원가에 해당된다. 과거에 묶음 관련 원가는 조업도에 비례하는 활동으로 간주하여 배부하였으나, 현대의 다품종 소량생산 형태에서는 묶음 관련 활동이 중요시됨으로써 이들 활동을 별도로 인식할 필요가 있다.

③ 제품유지 활동(product-level activities)

설계, 개량 시방서, 설계변경 지시 등은 특정 제품의 생산 및 판매를 지원하기 위한 활동으로 공정설계비, 제품시방서 제작비, 제품개량비, 설계변경비 등은 제품유지원가에 해당된다. 다품종 소량생산체제 하에서는 제품유지 활동이 증가하고 있는 상황이다. 제품유지 활동원가는 조업도 비례활동이나 묶음 관련 활동과는 상관없이 일정하며 제품별로는 추적이 가능한 원가이다.

④ 설비유지 활동(facility-level activities)

공장의 설비관리, 건물관리, 안전 및 조명 등은 공장의 생산설비 전체와 관련해 발생하는 활동으로 공정관리비, 건물관리비, 조경비, 시설유지비 등은 설비유지원가에 해당되며, 관리적 성격을 갖고 있다. 설비유지 활동은 전반적인 생산 활동을 지원하나 특정 제품이나 배치 활동과는 관련이 없는 공통원가(고정비 성격)이므로 전통적인 원가계산과 같은 배부기준에 따라 원가배부를 한다.

(2) 활동별 원가계산

활동분석에서 파악된 각 활동들에서 발생된 총원가를 활동별로 계산한다. 활동분석에서 규명된 각 활동들이 어느 정도의 자원을 소비하였는지를 파악하여 각 활동별로 총원가를 집계한다. 이때 활동 수가 많은 경우에는 원가-효익 측면에서 자원의 소비 형태가 동일하고 동일한 원가동인을 사용할 수 있는 활동들은 하나로 통합하여 원가를 집계한다.

(3) 활동별 원가동인분석

원가동인(cost driver)은 활동을 유발시키는 요인으로 원가를 발생시키거나 발생 정도에 영향을 미치는 요인을 의미하며, 활동별로 집계된 원가를 제품에 배부할 때 배부기준으로 이용된다. 합리적인 원가동인을 선택할 때 고려사항은 다음과 같다.

① 원가동인 결정 시 원가정보의 정확성과 측정원가 수준을 고려해야 한다.

② 원가동인과 활동별로 집계된 원가 간의 인과관계가 높아야 한다.

③ 원가동인의 선택이 구성원의 사기나 태도 등 행동에 미치는 영향을 고려하여야 한다.

활동별 원가동인

활동 유형	활 동	활동별 원가동인
조업도 비례활동	작업감독 기계가동	직접작업시간 기계시간
묶음 관련 활동	작업준비 원재료 취급 생산스케줄링	작업준비횟수, 준비시간 원재료이동횟수 생산착수횟수
제품유지 활동	제품설계 부품관리 엔지니어링	제품수 부품수 설계변경횟수
설비유지 활동	공장관리 인사관리	점유면적 작업자수

(4) 단위당 활동원가배부율 계산

단위당 활동원가배부율은 집계된 활동별 원가를 활동별 원가동인 수로 나누어 계산하는데, 전통적인 제조간접원가 배부기준에 이용되는 조업도의 단위당 제조간접원가배부율과 유사한 개념이다

$$\text{단위당 활동원가배부율} = \frac{\text{활동별 원가}}{\text{활동별 원가동인 수}}$$

(5) 활동원가의 원가대상별 배부

원가계산 대상이 소비한 원가동인 수에 단위당 활동원가배부율을 곱한 활동원가를 원가대상별(제품별)로 배부한다

각 제품에 배부할 원가 = 각 제품의 원가동인 수 × 단위당 활동원가배부율

예제 SOLVE PRACTICE PROBLEM

한국기업은 개별원가계산제도를 채택하고 있으며, 제조지시서별 원가 자료는 다음과 같다. 제조간접원가 총발생액(#101, #102)은 ₩4,000,000이며, 제조지시서별 배부는 직접노동시간을 기준으로 배부하고 있다.

	# 101	# 102
직접재료원가	₩3,000,000	₩4,000,000
직접노무원가	2,000,000	1,500,000
직접노동시간	400시간	600시간
생 산 량	500개	400개

최근 한국기업의 관리이사는 활동기준원가계산의 도입 여부를 검토하고 있다. 활동분석 결과 작업활동을 구매주문, 작업준비, 재료처리, 품질검사, 공장관리 등의 활동으로 구분하였다. 활동별 원가동인과 제조지시서별 배부내용은 다음과 같다.

활 동	원가동인	금 액
구매주문	주문횟수	₩1,000,000
작업준비	준비횟수	600,000
재료처리	처리재료량	500,000
품질검사	검사횟수	800,000
공장관리	기계시간	1,100,000

	# 101	# 102
주문횟수	12회	8회
준비횟수	4회	6회
처리재료량	120개	80개
검사횟수	6회	4회
기계시간	30시간	14시간

물음 1. 전통적 원가계산에 의한 제조지시서별 단위당 제조원가를 계산하시오.

2. 활동기준원가계산에 의한 제조지시서별 단위당 제조원가를 계산하고, 전통적 원가계산 결과와 비교하시오.

해답

1. 전통적 원가계산

	# 101	# 102
직접재료원가	₩3,000,000	₩4,000,000
직접노무원가	2,000,000	1,500,000
제조간접원가(배부액)*	1,600,000	2,400,000
총제조원가	₩6,600,000	₩7,900,000
생산량	500개	400개
단위당 제조원가(@)	₩13,200	₩19,750

$$* \text{제조간접원가배부율} = \frac{\text{제조간접원가총액}}{\text{직접노동시간}} = \frac{₩4,000,000}{1,000\text{시간}} = ₩4,000(\text{직접노동시간})$$

101 제조간접원가배부액: ₩4,000×400시간 = ₩1,600,000

102 제조간접원가배부액: ₩4,000×600시간 = ₩2,400,000

2. 활동기준원가계산

		# 101		# 102
직접재료원가		₩3,000,000		₩4,000,000
직접노무원가		2,000,000		1,500,000
제조간접원가(배부액)**				
구매주문비	₩600,000		₩400,000	
작업준비비	240,000		360,000	
재료처리비	300,000		200,000	
품질검사비	480,000		320,000	
공장관리비	750,000	₩2,370,000	350,000	₩1,630,000
총제조원가		₩7,370,000		₩7,130,000
단위당 제조원가		₩14,740		₩17,825

** 제조간접원가의 활동별 배부액

활동(원가동인)	활동원가 ①	# 101 배부액	# 102 배부액
구매주문 (주문횟수)	₩1,000,000	$① \times \frac{12\text{회}}{20\text{회}} = ₩600,000$	$① \times \frac{8\text{회}}{20\text{회}} = ₩400,000$
작업준비 (준비횟수)	600,000	$① \times \frac{4\text{회}}{10\text{회}} = ₩240,000$	$① \times \frac{6\text{회}}{10\text{회}} = ₩360,000$
재료처리 (처리재료량)	500,000	$① \times \frac{120\text{개}}{200\text{개}} = ₩300,000$	$① \times \frac{80\text{개}}{200\text{개}} = ₩200,000$
품질검사 (검사횟수)	800,000	$① \times \frac{6\text{회}}{10\text{회}} = ₩480,000$	$① \times \frac{4\text{회}}{10\text{회}} = ₩320,000$
공장관리 (기계시간)	1,100,000	$① \times \frac{30\text{시간}}{44\text{시간}} = ₩750,000$	$① \times \frac{14\text{시간}}{44\text{시간}} = ₩350,000$
계	₩4,000,000	₩2,370,000	₩1,630,000

전통적 원가계산에 의한 제조지시서별 단위당 제조원가는 # 101은 ₩13,200, # 102는 ₩19,750이다. 그러나 활동기준원가계산에 의한 제조지시서별 단위당 제조원가는 # 101은 ₩14,740, # 102는 ₩17,825이다.

2. 활동원가차이분석

활동원가의 차이분석은 활동기준 변동예산을 편성하고, 이를 실제원가와 비교하여 차이분석을 수행하는 과정이다. 차이분석 시에 원가를 변동활동원가와 고정활동원가로 구분하여 차이 분석을 수행(표준원가계산과 공통점)하며, 활동들을 부가가치 활동과 비부가가치 활동으로 구분하여 차이분석을 수행(표준원가계산과 차이점)하게 된다. 활동원가차이를 원가 형태를 고려하여 변동활동원가차이와 고정활동원가차이로 구분하여 분석한다.

(1) 변동활동원가차이

변동활동원가는 유동자원(flexible resources)의 이용에 따른 원가로 활동의 발생량에 비례하여 변동하는 원가이며, 변동활동원가차이는 소비차이와 능률차이로 구분된다.

① 변동활동원가 소비차이

기업이 각 활동의 실제 발생량에 대하여 지급한 실제 가격이 예산 가격과 다를 경우에 발생하는 차이이다.

② 변동활동원가 능률차이

활동의 실제 발생량과 부가가치 표준수량 간의 차이에 표준가격을 곱하여 계산되는 차이로 비부가가치원가를 의미한다.

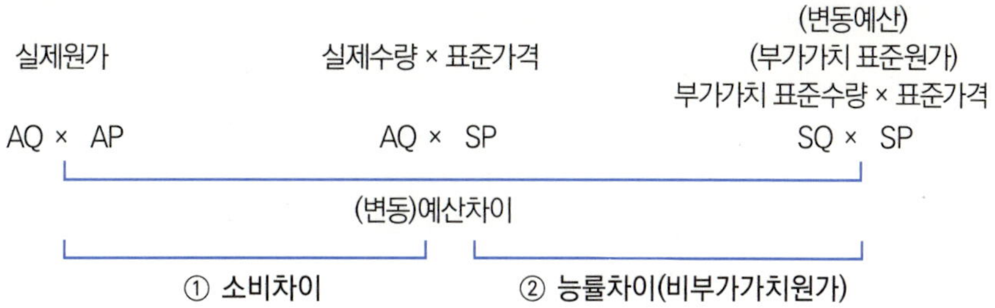

단, AQ: 원가동인의 실제사용량
AP: 원가동인 단위당 실제가격
SQ: 원가동인의 부가가치 표준수량
SP: 원가동인 단위당 표준가격

(2) 고정활동원가차이

고정활동원가는 구속자원(committed resources)의 확보에 따른 원가로 활동의 발생량과는 상관없이 자원의 확보량에 따라 발생하는 원가이다. 고정활동원가차이는 소비차이, 조업도차이, 미사용활동원가차이 등으로 구분한다.

① 고정활동원가 소비차이

기업이 확보한 원가동인 수량에 대하여 지출한 금액과 실제 확보된 원가동인 수량에 대한 예산과의 가격차이이다.

② 고정활동원가 조업도차이

실제 확보한 원가동인 수량과 부가가치 표준수량의 차이에 표준가격을 곱한 것으로 비부가가치원가를 의미한다.

③ 고정활동원가 미사용활동원가차이

기업이 사용 가능한 원가동인 수량에서 실제 작업에 사용된 원가동인 수량을 차감한 수량(미사용 원가동인수량)에 표준가격을 곱하여 계산한다. 미사용 활동원가는 기업이 필요 이상으로 자원을 확보하여 나타날 수도 있고 활동의 효율성을 높인 결과로 인해 발생할 수도 있다.

실제원가	(변동예산) 고정활동원가예산	표준원가 배부액 부가가치 표준수량 × 표준가격
AQ × AP	사용 가능한 원가동인 수 × SP (획득된 원가동인 수)	SQ × SP (부가가치 표준원가)

① 소비차이 (실제원가 – 고정활동원가예산)

② 조업도차이(비부가가치원가) (고정활동원가예산 – 표준원가 배부액)

③ 미사용활동원가차이
= (사용 가능한 원가동인 수 – 실제 사용된 원가동인 수) × SP

예제

SOLVE PRACTICE PROBLEM

삼성기업은 직접재료원가를 배부기준으로 하여 가공원가를 각 제품에 배부하는 전통원가계산 방법을 채택하고 있으며, 당월의 생산 관련 자료는 다음과 같다.

	갑 제품	을 제품	합 계
생 산 량	500단위	500단위	1,000단위
직접재료원가	@₩3,000	@₩5,000	
가 공 원 가	?	?	₩1,600,000

삼성기업은 활동기준원가계산 방법에 의한 원가계산도 병행하고 있다. 당월에 발생한 활동 관련 자료와 가공원가(₩1,600,000)의 관련 자료는 다음과 같다.

활동	원가동인		가공원가
재료처리 활동	부품수	400개	₩400,000
절삭작업 활동	기계작업시간	250시간	500,000

선반작업 활동	선반작업횟수	1,000회	250,000
연마작업 활동	부품수	400개	120,000
부품조립 활동	조립시간	200시간	160,000
선적작업 활동	선적주문횟수	10회	170,000

당월의 갑 제품과 을 제품의 작업 활동은 다음과 같다.

제 품	부품수	기계시간	선반작업횟수	조립시간	선적주문서수
갑 제품	200개	100시간	500회	80시간	6회
을 제품	200	150	500	120	4
합 계	400개	250시간	1,000회	200시간	10회

물음 1. 전통원가계산 방법에 의한 제품별 원가계산표를 작성하시오.
2. 활동기준원가계산(ABC) 방법에 의한 제품별 원가계산표를 작성하시오.
3. 양 방법의 결과를 단위당 가공원가를 이용하여 비교 · 설명하시오.

해답

1. 전통원가계산의 제품별 원가계산표

<u>제품별 원가계산표</u>

	갑 제품		을 제품	
직접재료원가	₩1,500,000	(₩3,000 × 500개)	₩2,500,000	(₩5,000 × 500개)
가 공 원 가	600,000	(₩1,500,000 × ₩0.4*)	1,000,000	(₩2,500,000 × ₩0.4*)
총제조원가	₩2,100,000		₩3,500,000	
제품생산량	÷ 500단위		÷ 500단위	
단위당 제품제조원가(@)	₩4,200		₩7,000	
(단위당 가공원가)	₩1,200		₩2,000	

* 가공원가배부율: $\frac{₩1,600,000}{₩4,000,000}$ = ₩0.4(직접재료원가)

2. 활동기준원가계산의 제품별 원가계산표

<u>제품별 원가계산표</u>

	갑 제품		을 제품	
직접재료원가	₩1,500,000	(₩3,000 × 500개)	₩2,500,000	(₩5,000 × 500개)
가 공 원 가*	751,000		849,000	
재료처리비	200,000	(200개 × ₩1,000)	200,000	(200개 × ₩1,000)
절삭작업비	200,000	(100시간 × ₩2,000)	300,000	(150시간 × ₩2,000)
선반작업비	125,000	(500회 × ₩250)	125,000	(500회 × ₩250)
연마작업비	60,000	(200개 × ₩300)	60,000	(200개 × ₩300)
부품조립비	64,000	(80시간 × ₩800)	96,000	(120시간 × ₩800)
선적작업비	102,000	(6회 × ₩17,000)	68,000	(4회 × ₩17,000)
총제조원가	₩2,251,000		₩3,349,000	

단위당 제품제조원가(@)	₩4,502	₩6,698
(단위당 가공원가)	₩1,502	₩1,698

* 활동단위당 가공원가계산표

활 동 명	활동원가	원가동인		단위당 활동원가
재료처리 활동	₩400,000	부품수	400개	₩1,000
절삭작업 활동	500,000	기계시간	250시간	2,000
선반작업 활동	250,000	선반작업횟수	1,000회	250
연마작업 활동	120,000	부품수	400개	300
부품조립 활동	160,000	부품조립시간	200시간	800
선적작업 활동	170,000	선적주문서수	10회	17,000
계	₩1,600,000			

3. ① 두 제품 모두 생산량(각 500단위)이 동일하므로, 생산량차이에 따른 단위당 직접재료원가는 전통원가계산 방법과 활동기준원가계산 방법 간에 차이가 없다.
② 전통원가계산 방법은 갑·을 제품 간 직접재료원가의 비율별(갑제품 @₩3,000, 을제품 @₩5,000)로 가공원가배부율을 적용한 결과, 단위당 가공원가는 ₩1,200(갑 제품 37.5%)과 ₩2,000(을 제품 62.5%)이 각각 배분되었다. 단일배부율을 적용한 이 방법은 실무상 가공원가(제조간접원가 포함)가 직접재료원가와 직접적인 인과관계가 높은 업종에 적용하는 원가계산 방법이다.
③ 활동기준원가계산 방법은 가공원가를 6가지 가공 활동과 직접적인 인과관계가 높은 원가동인별로 배분한 결과, 단위당 가공원가는 ₩1,502(갑 제품 46.9%)과 ₩1,698(을 제품 53.1%)으로 각각 배분되었다. 그러므로 활동기준원가계산은 실무상 가공원가(제조간접원가)의 비중이 높은 업종에 적용하면 보다 합리적인 원가계산이 가능하다.

3절 활동기준경영

활동기준경영(ABM: activity-based management)은 활동분석과 원가동인분석을 통해 파악된 정보를 이용하여 활동과 프로세스의 효율성을 지속적으로 개선하여 원가절감을 꾀함으로써 기업 전체의 성과를 개선하려는 경영관리시스템을 의미한다.

활동기준원가계산이 자원원가를 자원동인에 의하여 활동원가로 집계하고, 활동동인을 적용하여 원가대상별 원가를 측정하고 활용하는 원가관리기법이라면, 활동기준경영은 활동분석을 통하여 파악된 정보를 토대로 활동과 프로세스의 효율성을 지속적으로 개선하려는 경영관리기법이다.

활동기준원가계산과 활동기준경영

구 분	활동기준원가계산(ABC)	활동기준경영(ABM)
주요목적	원가대상별 정확한 원가계산 (원가배부 관점)	활동과 프로세스 개선으로 기업 성과 개선 (프로세스 관리 관점)
산출정보	전략적 관점의 원가정보 • 수익성분석을 위한 원가정보 • 가격결정을 위한 원가정보 • 투자 타당성 및 각종 의사결정을 위한 원가정보 • 목표원가관리 등	운영적 관점의 원가정보 • 프로세스 원가관리(프로세스 개선) • 비부가가치 활동원가(활동능력관리) • 원가동인 관리(원가절감) • 성과측정에 관한 정보(성과평가) 등
공 통 점	• 활동을 중심으로 한 원가관리기법 • 상호 보완적 기법	

1. 활동기준경영의 목표

활동기준경영의 목적은 품질 및 서비스 향상, 원가절감, 고객만족 등을 통해 고객의 가치를 증대시키고, 그로 인해 기업의 가치를 제고시키는 것이다. 활동기준경영을 비즈니스 프로세스(business process)적 관점에서 기업의 수익을 개선하기 위해 원가절감, 성과평가, 리엔지니어링 등의 경영 활동을 전략적으로 수행한다.

활동기준원가계산(ABC)과 활동기준경영(ABM)

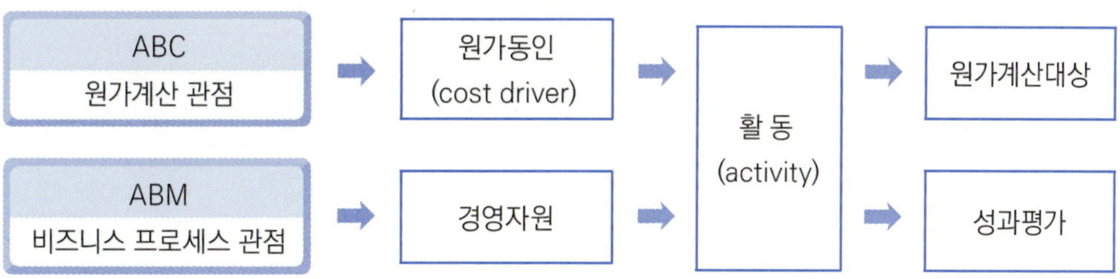

2. 활동기준경영의 실행

(1) 활동기준예산

활동기준 원가정보는 예산(budget)을 수립할 때 고객의 니즈를 분석하여 고객가치를 제고할 수 있는 핵심 경영 활동에 중점을 두는 의사결정시스템을 지원한다.

활동기준 원가정보는 예상매출 및 작업량, 작업량과 소요자원 등을 비즈니스 프로세스 관점에서 정보를 분석하여 제공하고, 활동기준경영을 실행할 수 있는 경제적 예산을 편성하는 토대가 된다.

(2) 원가분석

원가동인을 분석하여 활동기준예산을 편성한 후, 경영 활동 결과에 대해 성과평가를 실행함으로써 조직구성원에게 활동목표를 명확히 제시하고 이를 달성하기 위한 동기부여를 제고시켜 원가절감에 기여한다.

(3) 가치분석

활동기준 원가정보를 근거로 실행한 가치분석(value analysis) 결과는 경영활동에서 발생하는 비부가치활동을 제거할 수 있으므로 활동기준경영은 경영의 효율성을 높이고, 고객의 니즈를 제고시키는 핵심 기능을 수행한다.

(4) 전략분석

활동기준 원가정보는 원가구성 요소를 명확히 식별할 수 있게 하고, 기업의 수익을 극대화 시킬 수 있는 경영활동에 자원이 경제적으로 투자될 수 있도록 지원함으로써 기업가치를 증대시키는 전략적 분석(strategy analysis)이 가능해 진다.

활동기준 원가정보의 기능

구 분	전략적 기능
제품전략	수익성 제고에 필요한 활동에 자원 투자
가격전략	원가구성 요소를 식별하여 가격결정기준 제시
수익성분석	수익을 제고하는 경영활동을 정확하게 산정

연습문제

REVIEW EXERCISES

주관식

01 전통적 원가계산의 문제점을 논술하시오.

02 활동기준원가계산과 전통적 원가계산을 비교 · 설명하시오.

03 활동기준원가계산의 필요성 및 회계처리절차를 설명하시오.

04 활동기준원가계산의 유용성과 한계점을 논술하시오.

05 다음을 설명하시오.

① 원가동인(cost driver)

② 자원동인

③ 활동원가배부율

④ 변동활동원가차이

⑤ 활동기준경영(ABM)

06 활동기준원가계산

강동회사는 두 종류의 제품 A, B를 생산 · 판매하고 있다. 이 회사의 제조 활동은 설계, 작업준비, 기계가동, 마무리 작업 등으로 구분되며 20×1년의 제조 활동 관련 자료는 다음과 같다.

활 동	연간예산	원가동인
설 계	₩5,000,000	생 산 량
작업준비	2,000,000	작업준비횟수
기계가동	14,000,000	기 계 시 간
마 무 리	2,000,000	직접노동시간

한편, 20×1년의 제품 A, B 생산과 관련된 자료는 다음과 같다.

	제품 A	제품 B
생 산 량	2,000개	3,000개
작업준비횟수	15회	25회
단위당 기계시간	4시간	2시간
단위당 직접노동시간	2시간	2시간
노동시간당 임률	₩1,000	₩600
직접재료원가	₩5,450,000	₩5,950,000

물음 (1) 단위당 활동원가배부율을 계산하시오.
(2) 각 제품별 단위당 제조원가를 계산하시오.

07 활동기준원가계산

▸ 세무사

㈜스마트는 대량 생산 판매하는 표준형 티셔츠와 소량 생산판매하는 고품질의 고급형 티셔츠를 제조하는 기업이다. 고급형 티셔츠의 생산에는 보다 비싼 재료가 사용되며, 표준형 티셔츠는 한 장당 30분 만에 재단 · 재봉질을 마칠 수 있지만 고급형은 45분이 걸린다.
㈜스마트의 현행원가계산제도는 직접노무원가를 제조간접원가의 배부기준으로 사용하고 있으며, 현행(전통)원가계산제도상의 제품별 단위당 원가계산 내용은 다음과 같다.

	표준형 티셔츠	고급형 티셔츠
단위당 판매가격	₩20,000	₩60,000
차감:		
단위당 직접재료원가	₩4,000	₩20,000
단위당 직접노무원가	4,000	6,000
단위당 제조간접원가	6,000	9,000
단위당 매출총이익	₩6,000	₩25,000
단위당 판매관리비	1,000	2,000
단위당 이익	₩5,000	₩23,000
연간 생산판매량	90,000장	6,000장

㈜스마트의 재무담당이사(CFO)는 활동기준원가계산을 적용하게 되면 표준형 티셔츠 및 고급형 티셔츠 원가 및 수익성을 보다 정확하게 파악할 수 있다고 믿고 있다. 이를 위해 재무담당이사는 20×4년도 제조간접원가 ₩594,000,000에 대한 활동별 원가집합과 원가동인에 관한 자료를 다음과 같이 수집하였다. 품질검사는 표준형 티셔츠는 1,000장씩, 고급형 티셔츠는 100장씩 배치(batch)로 검사가 이루어진다. 20×4년 중 실제 사용된 활동별 원가와 제품별 원가동인량은 다음과 같다.

활 동	활동원가	원가동인	표준형 티셔츠	고급형 티셔츠
노무감독	₩39,600,000	직접노무시간	4,500시간	450시간
구매주문	195,000,000	주문횟수	450회	200회
품질검사	359,400,000	품질검사횟수	?회	?회
계	₩594,000,000			

물음 (1) 활동기준원가계산에 입각해서 표준형 티셔츠 및 고급형 티셔츠 각각 단위당 제조간접원가를 계산하시오.

(2) 활동기준원가계산에 입각하여 표준형 티셔츠 및 고급형 티셔츠 각각의 단위당 이익을 계산하고, 수익성을 현행원가계산제도와 비교 · 평가하시오.

(3) 전통원가계산제도와 활동기준원가계산의 차이점을 설명하시오.

(4) 어떠한 기업환경 및 제조환경의 변화가 전통원가계산제도의 몰락과 활동기준원가계산의 대두를 야기하고 있는지에 대해 설명하시오.

(5) 활동기준원가계산이 전통원가계산에 비해 어떤 경영상의 개선된 점을 가져다 줄 수 있는지를 간단히 논술하시오.

08 활동기준원가계산

▸ 공인회계사

㈜샘물정수기는 표준형과 고급형 두 가지 모델의 정수기를 제조판매하고 있다. 전년도의 제품별 손익계산서 및 생산, 판매량은 다음과 같다.

20×4년도 제품별 손익계산서

	표준형	고급형	계
매 출 액	₩3,000,000	₩3,000,000	₩6,000,000
매 출 원 가	1,950,000	1,900,000	3,850,000
매 출 총 이 익	1,050,000	1,100,000	2,150,000
판매비와 관리비	625,000	625,000	1,250,000
영 업 이 익	425,000	475,000	900,000
생 산 판 매 량	3,000단위	2,000단위	5,000단위

[추가 자료]

20×4년도 제품별 손익계산서와 관련된 자료는 다음과 같다.

- 단위당 직접재료원가는 표준형의 경우 ₩200, 고급형의 경우 ₩275이 발생함.
- 매출원가 ₩3,850,000에는 제조간접원가 ₩1,800,000이 포함됨(제조간접원가는 직접노동시간을 배부기준으로 적용)
- 모델별로 실제 적용한 직접노동시간은 각각 18,000시간임(직접노동임률은 시간당 ₩25)
- 판매비와 관리비(₩1,250,000)는 매출액을 배부기준으로 각 제품에 배부됨.

고급형 정수기의 시장점유율이 상승했음에도 불구하고, 동사의 수익성이 하락하고 있는 것으로 나타나 이의 감소에 대한 원인을 파악하기 위해, 재무담당이사는 20×4년도의 실제원가 및 운영자료를 이용하여 활동기준원가계산을 통해 제품모델별 수익성분석을 하여 보았다. 이를 위해 그는 20×4년도 제조간접원가(₩1,800,000)에 대한 활동분석 결과, 다음과 같은 활동별 원가집합과 원가동인을 파악할 수 있었다.

활 동	활동원가	원가동인
품질검사	₩480,000	생산량
작업준비	680,000	작업준비시간
고객주문처리	640,000	고객주문처리횟수
계	₩1,800,000	

[추가 자료]

1) 표준형 정수기에 대한 고객의 평균주문수량은 50단위이며, 고급형은 20단위이다. 각 고객 주문마다 한 번의 뱃치생산이 필요하며, 각 뱃치생산마다 표준형은 3시간의 작업준비시간, 고급형은 5시간의 작업준비시간이 소요된다.
2) 20×4년에 발생한 총판매비와 관리비(₩1,250,000)의 조사 내역
   - 판매수수료: 표준형 정수기 – 매출액의 5%, 고급형 정수기 – 매출액의 10%
   - 판매촉진비: 표준형 정수기 – ₩120,000, 고급형 정수기 – ₩200,000
   - 기타 판매비와 관리비 ₩480,000은 각 모델에 대한 고객주문횟수에 비례하여 발생

물음 (1) 활동기준원가계산을 적용한 20×4년도 모델별 단위당 제조원가 및 영업이익을 계산하시오.

(2) 현행원가제도 하에서 각 모델의 단위당 제조원가 및 영업이익이 왜곡될 수 있는 주된 이유를 설명하시오.

(3) 활동기준원가계산제도를 적용할 경우 어느 모델의 정수기가 보다 수익성이 높은지 영업이익률에 입각하여 평가하시오.

(4) 물음 (3)의 수익성분석에 입각하여, 동사의 수익성 증대를 위한 방안을 설명하시오.

(5) 물음 (3)의 수익성분석에 입각하여, 동사의 수익성 증대를 위한 판매 제고 방안을 기술하시오.

객관식

01 활동기준원가계산에 관한 다음 설명 중에서 타당하지 않은 것은? ▸ 공인회계사

① 활동이 자원을 소비하고 제품이 활동을 소비한다.
② 제조간접비에는 생산량 이외의 다른 원가동인에 의하여 발생하는 원가가 많이 포함되어 있다.
③ 배부기준의 수가 전통적인 원가계산에 비해 많다.
④ 제품별 또는 부문별 성과평가의 신뢰성이 높아진다.
⑤ 표준원가계산과 같이 일종의 사전원가계산제도이다.

02 아래에서 올바른 활동기준원가계산(ABC)의 절차를 나타낸 것은? ▸ 세무사

a. 활동중심점의 설정	b. 원가동인의 선택
c. 활동분석	d. 제조간접비의 배부
e. 활동별 제조간접비배부율의 계산	

① c → a → e → b → d
② c → a → d → b → e
③ c → a → b → e → d
④ c → b → a → d → e
⑤ c → b → a → e → d

03 다음 중 활동원가계층구조(activity cost hierarchy)분류 – 해당원가의 예 – 원가동인(cost driver)의 조합이 적절하지 않은 것은? ▸ 공인회계사

① 단위수준 활동원가 - 기계동력원가 - 기계작동시간
② 배치(batch)수준 활동원가 - 전수(제품전량)검사원가 - 검사횟수
③ 제품유지 활동원가 - 제품설계원가 - 제품의 종류 수
④ 배치수준 활동원가 - 기계작업준비원가 - 준비횟수
⑤ 단위수준 활동원가 - 소모품원가 - 제품의 생산량

04 활동기준원가계산(Activity Based Costing)시스템은 조업도기준원가계산(Volume Based Costing) 시스템에 비하여 보다 정확한 제품원가를 제공할 수 있다. 다음 중에서 활동기준원가계산시스템을 도입함에 따라서 그 효과를 크게 볼 수 있는 기업의 일반적 특성에 해당되지 않는 것은? ▸ 공인회계사

① 생산 과정에 거액의 간접원가가 발생하는 경우
② 제품, 고객 및 생산공정이 매우 복잡하고 다양한 경우
③ 회사가 치열한 가격경쟁에 직면한 경우
④ 제품의 제조와 마케팅 원가에 대해서 생산작업자와 회계담당자 사이에 심각한 견해 차이가 있

는 경우

⑤ 생산과 판매에 자신 있는 제품의 이익은 높고 생산과 판매에 자신없는 제품의 이익이 낮은 경우

05 다음 중 활동기준원가계산제도가 생겨나게 된 배경으로 타당하지 않은 것은? ▸ 공인회계사

① 수익성 높은 제품의 선별을 통한 기업역량 집중의 필요성
② 산업구조의 고도화 및 직접노동 투입량의 증가
③ 제품 및 생산공정의 다양화
④ 원가정보의 수집 및 처리기술의 발달
⑤ 개별제품이나 작업에 직접 추적이 어려운 원가의 증가

06 활동기준원가계산(ABC: activity-based costing), 활동기준관리(또는 활동기준경영 ABM: activity-based management) 및 제품수명주기원가계산에 대한 다음의 설명 중 옳지 않은 것은? ▸ 공인회계사

① 활동기준원가계산에서는 제품의 생산을 위하여 사용한 자원만을 제품원가에 포함시키고 미사용된 자원은 기간비용으로 처리한다.
② 총원가 중 간접원가가 차지하는 비중이 높고 다품종 소량생산체제를 유지하고 있는 기업의 경우 활동기준원가계산을 도입함으로써 보다 정확한 원가를 도출할 수 있다.
③ 활동기준관리를 통하여 파악된 비부가가치 활동에는 검사, 이동, 대기, 저장 등의 활동이 있다.
④ 제품수명주기원가계산은 특정 제품이 고안된 시점부터 폐기되는 시점까지의 모든 원가를 식별하여 측정한다.
⑤ 제품수명주기원가는 시장 상황의 검토를 통하여 예상되는 제품의 목표가격을 확인한 후 기업이 필요로 하는 목표이익을 차감하여 결정된다.

07 다음 중 활동기준원가계산의 한계점이 아닌 것은? ▸ 공인회계사

① 활동기준원가시스템을 사용하는 것은 전통적인 직접노무비에 기초한 원가시스템을 운영하는 것보다 많은 비용이 든다.
② 직접노무비에 기초한 전통적인 원가시스템에서 활동기준원가시스템으로 변경하게 되면 종전에 내부보고상 사용해 오던 제품마진(margin)과 일부 주요 성과측정치(key performance indicator)의 변화를 가져오게 되어 종종 관리자의 저항에 부딪친다.
③ 전통적인 원가계산시스템에서 산출되던 원가정보에 익숙해져 있던 관리자들은 ABC 원가정보를 의사결정목적으로 활용할 경우 주의를 기울여야 한다.
④ 보다 정확한 제품원가는 일부 제품의 판매가격 인상을 초래한다.
⑤ 위의 보기 모두가 한계점에 해당한다.

08 ㈜대전은 활동기준원가계산 방법을 사용하고 있다. ㈜대전은 갑과 을의 두 가지 제품을 생산하고 있다. 갑제품의 연간 생산 및 판매량은 8,000단위이고 을제품은 6,000단위이다. ㈜대전은 세 가지의 활동을 수행하고 있으며 이에 관한 정보는 다음과 같다.

활 동 집 합	제조간접비	원가동인의 수	
		갑제품	을제품
활동 1	₩20,000	100	400
활동 2	37,000	800	200
활동 3	91,200	800	3,000

위의 자료에 의해 활동기준원가계산 방법을 적용하여 갑제품의 단위당 제조간접비를 구한다면 얼마인가? ▸ 세무사

① ₩2.4 ② ₩3.9 ③ ₩10.59 ④ ₩6.6 ⑤ ₩5.5

09 ㈜미래는 각 작업에 대한 원가계산을 위하여 다음의 자료를 수집하였다.

활 동	원 가	원가범주	원가동인	최대활동량
생산준비	₩20,000	생산묶음	생산준비시간	1,000시간
재료처리	30,000	생산묶음	재료처리횟수	2,000회
기계사용	500,000	제품단위	기계작업시간	20,000시간
품질관리	100,000	생산묶음	품질관리횟수	12,500회
수선유지	40,000	제품단위	기계작업시간	20,000시간

활동기준원가계산을 이용하여 다음의 작업 A의 총원가는 얼마인가? ▸ 세무사

작업	기초원가	생산수량	생산준비	재료처리	기계작업	품질관리
A	₩300,000	12,000단위	30시간	56회	4,000시간	70회

① ₩610,000 ② ₩110,000 ③ ₩482,000 ④ ₩420,000 ⑤ ₩410,000

10 묘향기업은 활동기준원가계산을 사용하며, 제조 과정은 다음의 3가지 활동으로 구분된다.

활 동	원가동인	연간 원가동인 수	연간 가공원가 총액
세 척	재료부피	100,000리터	₩300,000
압 착	압착기계시간	45,000시간	900,000
분 쇄	분쇄기계시간	21,000시간	1,050,000

분쇄활동의 원가 중 ₩504,000은 고정원가이다. X제품 한 단위당 재료부피는 20리터, 압착기계시간은 30시간, 분쇄기계시간은 10시간이다. X제품의 단위당 판매가격과 단위당 재료비가 각각 ₩2,000, ₩300이면 제품의 단위당 제조공헌이익은 얼마인가? ▸ 세무사

① ₩560 ② ₩540 ③ ₩700 ④ ₩780 ⑤ ₩800

11 두 종류의 제품을 생산하고 있는 회사의 자료이다.

	제품 A	제품 B
생산량	120개	60개
자재이동횟수	15회	45회
단위당 직접노무시간	2시간	6시간

예산 자재이동원가: 회사전체 ₩150,000

자재이동횟수를 배부기준으로 자재이동원가를 배부하는 활동기준원가회계(ABC)를 이용할 때 제품 A의 단위당 자재이동원가는 얼마인가? ▸ 감정평가사

① ₩2,500 ② ₩312.5 ③ ₩833.33 ④ ₩625 ⑤ ₩1,218

12 ㈜하나는 당기에 제품 A를 1,500단위, 제품 B를 1,000단위, 제품 C를 500단위 생산하였으며, 이와 관련하여 기계절삭작업에 ₩100,000, 조립작업에 ₩80,000, 품질검사에 ₩40,000의 제조간접원가가 소요되었다. 당사는 활동기준원가계산을 시행하고 있으며, 관련 자료는 아래와 같다. 다음 중 옳지 않은 것은? ▸ 공인회계사

구 분	원가동인	제품 A	제품 B	제품 C
기계절삭작업	기계시간	2,240	3,380	4,380
조립작업	조립시간	330	660	1,010
품질검사	횟 수	12	13	15

① 제품 B 전체에 배부되는 기계절삭작업 활동원가는 제품 A 전체에 배부되는 기계절삭작업 활동원가의 약 1.5배이다.

② 제품 B 전체에 배부되는 조립작업 활동원가보다 제품 C 전체에 배부되는 조립작업 활동원가가 더 크다.

③ 제품 A 전체에 배부되는 품질검사 활동원가보다 제품 C 전체에 배부되는 품질검사 활동원가가 25% 더 크다.

④ 제품 단위당 총활동원가가 가장 큰 것은 제품 C이다.

⑤ 각 제품의 단위당 활동원가를 계산하면 제품 A는 ₩31.73, 제품 B는 ₩73.20, 제품 C는 ₩138.40이다.

객관식 해답

1	2	3	4	5	6	7	8	9	10
⑤	③	②	⑤	②	⑤	④	④	⑤	④
11	12								
②	⑤								

Up to Date
Cost Accounting

04

관리원가

12 표준원가계산

표준원가계산은 원가 요소별로 표준원가를 설정하여 사전에 원가의 낭비나 비효율을 제거하고, 사후에는 원가를 통제할 수 있는 효율적인 원가계산 방법이다. 또한 표준원가를 설정하여 구성원들에게 달성 가능한 목표를 제시함으로써 원가의식 함양 및 동기를 유발시킬 수 있다.

1절 표준원가계산 개념

표준(standard)은 특정 활동을 효율적으로 수행할 경우 달성되어야 할 목표 수준의 측정치이며, 표준원가(standard cost)는 과학적 분석을 기반으로 제품 1단위를 생산하기 위해 투입될 원가를 예산(budget)상으로 계획(plan)한 목표원가로 제품의 단위당 생산예산을 의미한다. 예산은 경영 활동의 재무상 계획으로 표준원가를 기반으로 편성한다. 따라서 표준원가와 예산은 본질적으로 동일한 개념이다.

실제원가계산(actual costing)은 실제 생산 활동과 관련하여 발생하는 실제원가를 인식하는 원가계산 방법으로 생산 활동이 종료된 후에 원가정보를 제공해 주며, 실제 조업도의 변동에 영향을 받는 실제원가만을 제품원가로 인식한다는 문제점이 있다.

표준원가계산(standard costing)[1]은 원가 요소들에 대하여 사전에 계상된 표준원가를 이용하여 제품원가를 계산하는 원가계산 방법이다. 표준원가계산은 원가계산의 수월성을 제고하기 때문에 실제원가계산에서 나타나는 문제점을 극복할 수 있으며, 실제발생원가와 표준원가의 차이를 분석하여 책임회계제도(responsibility accounting) 하의 원가중심점인 생산 부문의 성과평가에 적용할 수 있다.

1) 부록 2「기업회계기준서 제1002호 재고자산」 원가측정 방법
표준원가 방법이나 소매재고법 등의 원가측정 방법은 그러한 방법으로 평가한 결과가 실제 원가와 유사한 경우에 편의상 사용할 수 있다. 표준원가는 정상적인 재료원가, 소모품원가, 노무원가 및 효율성과 생산능력 활용도를 반영한다. 표준원가는 정기적으로 검토하여야 하며 필요한 경우 현재 상황에 맞게 조정하여야 한다고 규정함으로써 표준원가법을 허용하였다.

1. 표준원가계산의 유용성

표준원가계산의 주된 목적은 원가절감 및 성과평가, 예산관리, 의사결정 유용성 등에 있으며, 표준원가계산은 다음과 같은 유용성이 있다.

첫째, 사전에 설정된 표준원가를 사용함으로써 당기제품제조원가, 매출원가, 기말재고자산 등의 계산이 실제원가를 계상하기 이전에도 용이해지며, 신속한 제품 원가계산이 가능하다.

둘째, 표준원가를 기초로 한 예산과 실제원가를 기초로 한 실제 성과 간의 차이를 분석하여 비능률적으로 발생한 차이에 대한 원인 규명을 통해, 성과평가 및 원가통제를 할 수 있는 정보를 제공한다.

셋째, 경영계획의 실행에 필요한 예산을 편성하는데 기초가 되며, 경영계획 수립에 유용하게 이용된다.

넷째, 제품원가를 표준원가로 인식함으로써 조직구성원들에게 투철한 원가 마인드를 제공하고, 목표 달성에 필요한 동기부여를 제공한다.

그러나 표준원가계산은 과학적이고 객관적인 표준원가의 설정이 쉽지 않으며, 표준원가를 설정하는데 많은 시간과 비용이 소요된다. 그리고 표준원가는 주로 재무적 측정치만을 강조하고 있어 비재무적 측정치(품질, 인력, 납기 등)를 간과함으로써 품질저하 등을 초래할 수 있는 등의 한계점이 있다.

2. 표준원가 설정

표준원가는 실행(do)단계에서 달성해야 할 원가의 목표치이므로 목표달성 수준의 설정은 매우 중요한 사항이며, 표준원가의 설정 시에 원가에 영향을 미치는 모든 요인들을 심층적으로 분석하여 검토해야 한다. 표준원가는 실무적으로 달성 가능 표준원가[2]를 적용하고 있다.

일반적으로 표준원가계산을 적용할 경우에는 다음과 같이 원가 요소별로 표준원가를 설정한다. 즉, 원가 요소별(직접재료원가, 직접노무원가, 변동제조간접원가, 고정제조간접원가) 표준원가는 물량단위로 표시되는 표준수량(SQ)과 화폐금액으로 표시되는 표준가격(SP)으로 각각 구성된다.

---

2) ① 이상표준원가: 현재의 설비, 작업조건 하에서 이상적으로 달성할 수 있는 원가이다. 현실적으로는 달성할 수 없는 최대 효율을 강조하므로 어디까지나 목표로서의 의미를 지닌다.
② 정상표준원가: 정상적인 조업도 및 능률상태를 전제로 하여 설정되는 원가로서 공손 및 비능률 등을 고려하고 있지 않다.
③ 달성가능표준원가: 정상적인 감손, 정상적인 기계고장 및 공손, 작업자들의 정상적인 여유시간 등을 이용하여 종업원들이 열심히 일하면 달성할 수 있도록 설정된 표준원가이다. 능률적인 조업 하에서 발생하는 원가로 가장 널리 적용되고 있는 표준원가 개념이다.

표준원가(SC) = 표준수량(SQ) × 표준가격(SP)

(1) 표준직접재료원가

표준직접재료원가(direct material standards)는 직접재료 단위당 표준가격과 표준수량으로 구성된다. 직접재료의 단위당 표준가격은 주로 외부의 시장 요인에 의해 결정되므로 구매를 담당하는 부서에서 가격을 설정하며, 표준가격 설정은 매입원가와 부대비용을 합산하여 계산한다.

직접재료의 단위당 표준수량은 정상공손이나 감손, 작업폐물 등을 고려한 정상적 작업 여건 하에서 제품의 단위당 생산에 투입되는 재료수량이므로 주로 생산 부문 등 내부의 능률 요인에 의해 결정된다.

(2) 표준직접노무원가

표준직접노무원가(direct labor standards)는 직접 작업시간당 표준임률과 표준노동시간으로 구성된다. 표준임률은 직접 작업시간당 노무원가로 직접임금뿐만 아니라 복리후생비 등 노무 관련 지출원가도 포함된다. 표준임률의 설정은 작업부서별, 작업별, 직종별, 숙련도 등에 따라 임금 수준이 다르므로 임률 계산에 심층적인 검토가 필요하다. 기업들은 일반적으로 단일 표준임률을 채택하고 있는데, 이는 표준원가의 설정을 용이하게 하고 전체적으로 임금관리의 효율성을 제고하기 위한 것이다. 표준임률의 설정은 관련 정보를 관리하는 원가회계부문이나 노무 및 인사 등을 담당하는 부문에서 수행하는 것이 합리적이다.

표준노동시간은 제품단위당 생산에 투입되는 작업시간으로 직접 작업시간 이외에도 휴식시간, 기계 고정 및 수선시간 등을 고려하여 결정한다. 표준노동시간은 근로자의 실제 작업 동작별로 표준시간을 측정하거나, 산업공학적 방법을 적용하여 과학적인 시간연구(time study) 및 동작연구(motion study)에서 분석된 통계학 자료를 이용하여 설정할 수도 있다. 표준노동시간은 작업자의 작업절차나 작업조건 등 생산공정이 상당히 안정적이라는 것을 전제로 하므로 생산공정이 불안정한 경우에는 표준을 수정하여 재설정해야 한다.

(3) 표준제조간접원가

표준제조간접원가 항목들은 직접재료원가나 직접노무원가와는 달리 구성항목이 다양하므로 항목별로 표준을 설정하는 것은 비효율적인 측면이 많다. 따라서 제조간접원가를 원가 행태별로 그룹화하여 표준변동제조간접원가와 표준고정제조간접원가로 나누어 설정하는 것이 일반적이다.

표준제조간접원가의 설정 시에는 인과관계를 고려하여 합리적인 기준조업도를 선택해야 한다. 표준변동제조간접원가의 경우 총원가는 조업도 수준에 따라 비례적으로 변동하므로 단위당

원가는 일정하게 발생한다. 그러므로 원가의 발생을 논리적으로 설명할 수 있는 원가동인을 기준조업도로 설정하여야 하는데, 시장의 가격 변동에 가급적 영향을 적게 받는 요소를 기준으로 설정하는 것이 좋다. 예를 들면 직접작업시간, 기계시간, 컴퓨터 사용시간 등이다.

표준고정제조간접원가의 총원가는 조업도에 관계없이 일정하게 발생하지만, 단위당원가는 조업도에 따라 변동한다. 조업도가 변동될 경우에 제조간접원가배부율이 함께 변동되기 때문에 조업도의 변동에 관계없이 적용할 수 있는 제조간접원가배부율을 결정해야 한다.

조업도 종류

구 분	조업 조건	유용성
이상적 조업도	최적 상황에서 생산 가능한 최대 조업	시설 결함 불인정
정상적 조업도	정상적 비효율 수준을 감안한 조업	기계고장, 원재료 부족 등 인정
기대조업도	당기 실제상황과 차기 기대수준을 감안한 실제 적용 가능한 조업	표준제조간접원가 설정

2절 표준원가계산 절차

1. 고정예산과 변동예산

표준원가계산의 예산은 고정예산과 변동예산으로 구분한다. 고정예산은 특정 기간 동안의 생산 수량이나 기타 조업도의 변화 여부를 고려하지 않고 기준조업도 수준을 기준으로 사전에 편성한 예산이며, 사후에 조업도가 변동되더라도 고정예산금액은 변동되지 않는다. 고정예산은 효율성을 중시하는 판매 부문의 성과평가에는 적합하지만, 생산의 효율성을 평가하는 제조 부문의 평가기준으로는 부적합한 측면을 갖고 있다.

변동예산은 조업도의 변동에 따라 조정된 기대조업도를 기준으로 편성되는 예산이며, 실제성과가 얼마나 효율적으로 달성되었는가에 대한 예산 통제 목적의 기준이 된다. 따라서 제조 부문의 성과평가를 위해서는 변동예산상의 표준원가와 실제원가와의 원가차이분석을 하게 된다.

2. 표준원가계산의 회계처리

표준원가계산의 기본적인 원가흐름은 실제원가계산과 동일하지만, 회계시스템에 표준원가를 도입하여 회계처리하므로 재료계정, 재공품계정, 제품계정 등은 모두 표준원가로 기록된다. 그리고 원가요소의 매입과 제조 과정의 투입에서 실제원가와 표준원가 간의 원가차이가 발생하므로 발생 원인을 분석해야 한다.

표준원가계산 하에서 모든 재고자산이 투입원가나 수량, 조업도의 변동 등에 의해 영향을 받지 않는 표준원가로 기록되므로 신속히 원가를 산출할 수 있고, 재고자산과 관련된 선입선출법, 평균법 등 원가흐름을 가정할 필요가 없게 된다. 따라서 원가흐름의 가정에 따라 변동될 수 있는 재고자산이나 매출원가의 변동을 사전에 제거할 수 있으며 물량흐름만을 파악하면 된다. 표준원가계산의 원가흐름을 회계처리 하는 방법은 다음과 같다.

(1) 직접재료원가의 배부와 차이

① 직접재료원가의 가격차이를 구입시점에서 분리하는 경우

직접재료 매입 시에 직접재료 실제 구입량에 표준가격을 곱한 금액을 직접재료계정의 차변, 실제원가를 매입채무계정의 대변에 각각 기입한다. 직접재료원가 가격차이가 불리한 차이의 분개는 다음과 같다.

(차)	직 접 재 료	×××	(대) 매 입 채 무	×××
	직접재료원가 가격차이	×××		

직접재료를 생산에 투입할 때에는 표준투입량에 표준가격을 곱한 금액을 재공품계정의 차변, 실제 투입량의 표준원가를 직접재료계정의 대변에 각각 기입한다. 직접재료원가 능률차이가 불리한 차이의 분개는 다음과 같다.

(차)	재 공 품	×××	(대) 직 접 재 료	×××
	직접재료원가 능률차이	×××		

② 직접재료원가의 가격차이를 투입시점에서 분리하는 경우

직접재료 매입 시에는 실제원가를 직접재료계정의 차변과 매입채무계정의 대변에 기입한다.

(차)	직 접 재 료	×××	(대) 매 입 채 무	×××

직접재료를 제조공정에 투입할 때에는 표준투입량에 표준가격을 곱한 금액을 재공품계정의 차변에 기입하고, 직접재료계정의 대변은 실제원가로 기입한다. 이 때 직접재료원가의 가격차이

와 능률차이가 발생하는 데 불리한 차이의 분개는 다음과 같다.

(차) 재공품	×××	(대) 직접재료	×××
직접재료원가 가격차이	×××		
직접재료원가 능률차이	×××		

(2) 직접노무원가의 배부와 차이

직접노무원가는 실제 생산량에 허용된 표준노동시간에 표준임률을 곱한 금액을 재공품계정의 차변에 기입하고 미지급임금계정의 대변에는 실제원가를 기입한다. 이때 직접노무원가의 가격차이와 능률차이가 발생하는 데 불리한 차이의 분개는 다음과 같다.

(차) 재공품	×××	(대) 미지급임금	×××
직접노무원가 임률차이	×××		
직접노무원가 시간차이	×××		

(3) 변동제조간접원가의 배부

표준조업도에 표준배부율을 곱한 표준변동제조간접원가를 재공품계정의 차변과 변동제조간접원가계정의 대변에 기입한다.

(차) 재공품	×××	(대) 변동제조간접원가	×××

(4) 실제변동제조간접원가의 발생

실제원가를 변동제조간접원가 계정의 차변과 미지급비용 계정의 대변에 기입한다.

(차) 변동제조간접원가	×××	(대) 미지급비용	×××

(5) 변동제조간접원가의 차이 인식

표준변동제조간접원가와 실제변동제조간접원가의 차이를 소비차이와 능률차이로 분리하여 인식하는데 불리한 차이의 분개는 다음과 같다.

(차) 변동제조간접원가 소비차이	×××	(대) 변동제조간접원가	×××
변동제조간접원가 능률차이	×××		

(6) 고정제조간접원가의 배부

실제 생산량에 허용된 표준조업도에 표준배부율을 곱한 금액을 재공품계정의 차변과 고정제조간접원가계정의 대변에 기입한다.

(차) 재공품	×××	(대) 고정제조간접원가	×××

(7) 실제고정제조간접원가의 발생

실제고정제조간접원가를 고정제조간접원가계정의 차변과 미지급비용 계정의 대변에 기입한다.

(차)	고정제조간접원가	×××	(대)	미 지 급 비 용	×××

(8) 고정제조간접원가의 차이 인식

표준고정제조간접원가와 실제고정제조간접원가의 차이를 예산차이와 조업도차이로 분리하여 인식하는데 불리한 차이의 분개는 다음과 같다.

(차)	고정제조간접원가 예산차이	×××	(대)	고정제조간접원가	×××
	고정제조간접원가 조업도차이	×××			

표준원가계산의 원가흐름을 살펴보면 다음 도표와 같은데, 이는 표준원가계산시스템하에서 모든 원가요소를 표준원가로 배부한 후 실제발생된 실제원가와의 차이를 직접재료원가의 가격차이와 능률차이, 직접노무원가의 임률차이와 시간차이, 변동제조간접원가의 소비차이와 능률차이, 고정제조간접원가의 예산차이와 조업도차이로 분해하여 불리한 원가차이만을 인식한 것이다. 또한 차후에 살펴볼 원가차이의 회계처리는 제외하였다.

표준원가계산의 원가흐름

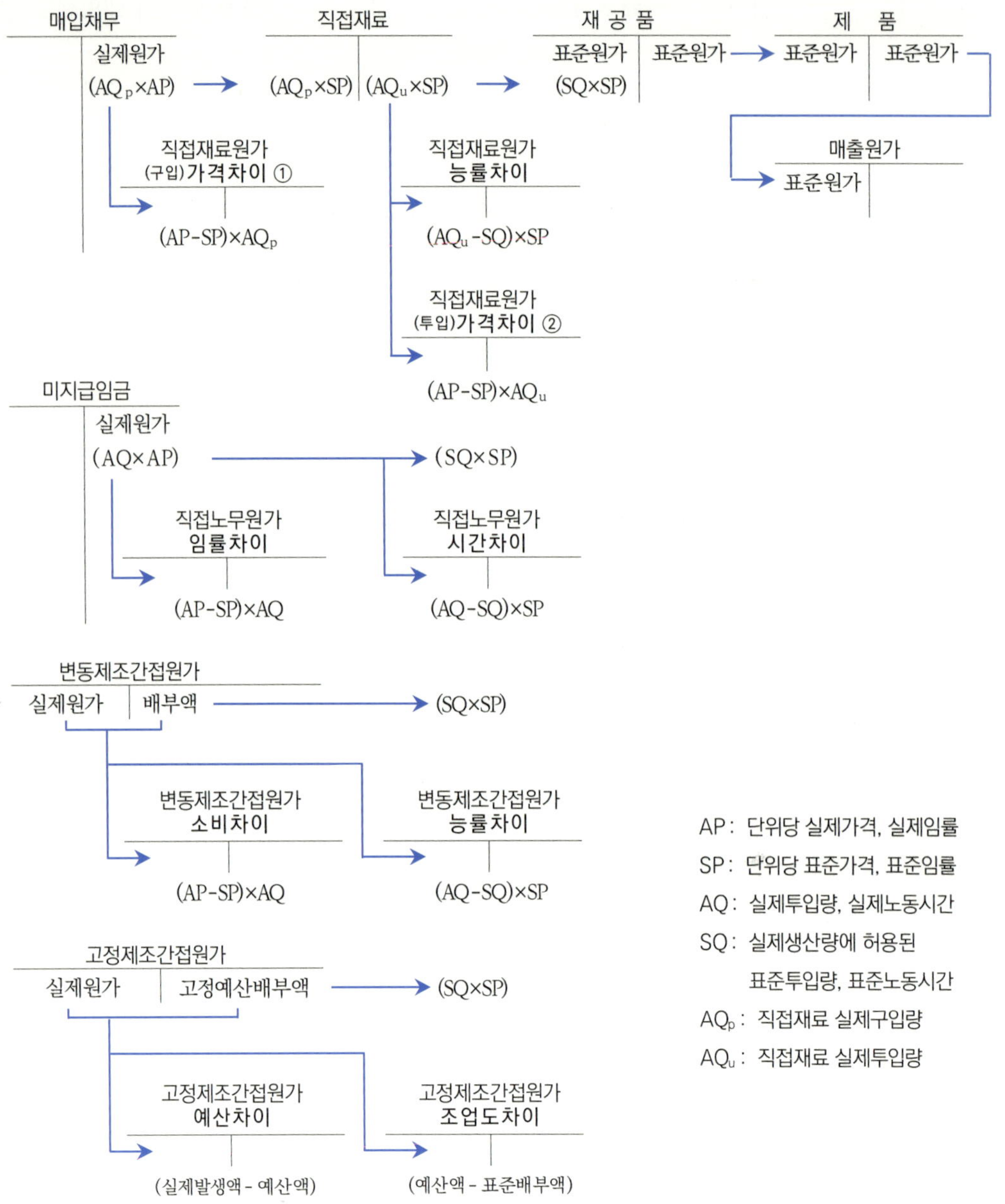

AP : 단위당 실제가격, 실제임률
SP : 단위당 표준가격, 표준임률
AQ : 실제투입량, 실제노동시간
SQ : 실제생산량에 허용된 표준투입량, 표준노동시간
AQ_p : 직접재료 실제구입량
AQ_u : 직접재료 실제투입량

주: ① 구입시점에서 직접재료원가의 (구입)가격차이를 계산할 경우의 공식
② 투입시점에서 직접재료원가의 (투입)가격차이를 계산할 경우의 공식

3절 원가차이분석

원가차이(cost variance)란 실제원가와 표준원가와의 차이이다. 표준원가는 기대원가(expected cost)로써 달성해야 할 원가이고, 실제원가(actual cost)는 기업내 · 외의 여러 가지 원가 발생 요인에 의해 영향을 받게 되므로 원가차이의 발생은 회피할 수 없다. 원가차이분석에서 이용되는 원가요소별 원가차이를 살펴보면 다음과 같다.

원가 요소별 원가차이

	실제원가 AQ×AP		(실제투입량×표준원가) AQ×SP		표준원가 배부액 SQ×SP
직접재료원가	×××	가격차이	×××	능률(수량)차이	×××
직접노무원가	×××	임률차이	×××	시간차이	×××
변동제조간접원가	×××	소비차이	×××	능률차이	×××
고정제조간접원가	×××	예산차이	×××	조업도차이	×××

1. 원가 요소별 차이분석

원가차이는 실제원가가 표준원가보다 클 경우에는 불리한(unfavorable) 차이, 실제원가가 표준원가보다 적을 경우에는 유리한(favorable) 차이를 각각 나타낸다.

(1) 변동제조원가 차이분석

변동제조원가에 대한 차이분석은 투입 및 생산 간에 비례관계가 존재하는 변동예산상의 변동제조원가(직접재료원가, 직접노무원가, 변동제조간접원가)에 대한 차이분석이다. 산출량에 관계없이 일정하게 발생되는 고정제조간접원가에는 적용되지 않는다.

직접재료원가, 직접노무원가, 변동제조간접원가 등 변동제조원가는 투입량, 노동시간, 조업도가 증감함에 따라 실제원가(AQ×AP)와 실제투입량에 근거한 변동예산(AQ×SP)과 실제생산량에 허용된 표준투입량에 근거한 변동예산(SQ×SP)간에 그 비례관계를 계산할 수 있으며, 이는 가격차이와 능률(수량)차이로 구분하여 분석할 수 있다.

변동제조원가 차이

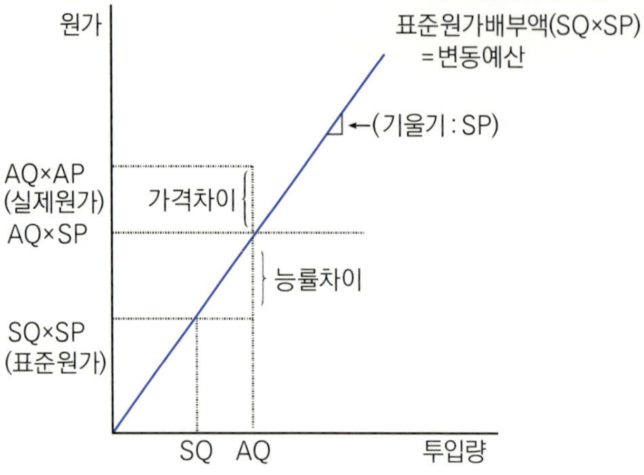

가격차이와 능률차이는 3개의 원가요소마다 명칭은 다르나, 같은 방법으로 계산된다. 예를 들면, 직접재료원가와 직접노무원가는 가격(임률)차이와 능률(시간)차이를 계산하고, 변동제조간접원가는 소비차이와 능률차이를 계산한다.

변동제조원가 차이분석

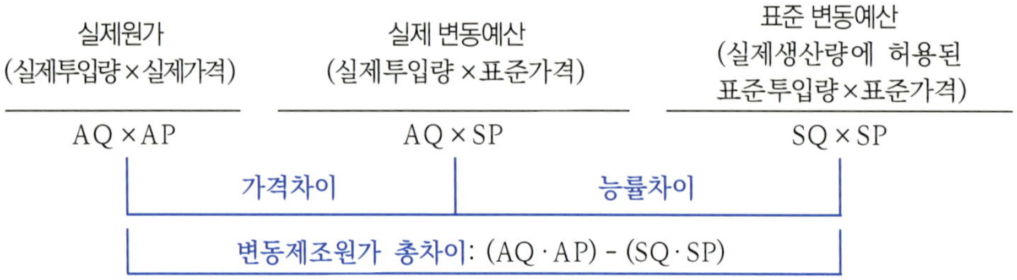

(2) 고정제조간접원가 차이분석

고정제조간접원가는 고정원가이므로 총원가관리에 초점을 두게 된다. 따라서 고정제조간접원가에 대한 차이분석은 조업도의 증감에 영향을 받는 실제원가와 기준조업도에 근거한 변동예산과 실제생산량에 허용된 표준조업도에 대한 배부액을 고려한다. 고정제조간접원가 차이는 예산차이와 조업도차이로 구분하여 분석한다. 고정제조간접원가는 투입 및 산출관계가 존재하지 않으므로 능률차이를 인식하지 않는다.

고정제조간접원가 차이분석

실제원가 (실제조업도 ×실제배부율)	기준조업도 배부액 (기준조업도×표준배부율)	표준조업도 배부액 (실제생산량에 허용된 표준조업도×표준배부율)
AQ×AP	기준조업도×SP	SQ×SP

- AQ×AP ↔ 기준조업도×SP: 예산차이 *
- 기준조업도×SP ↔ SQ×SP: 조업도차이[3]
- AQ×AP ↔ SQ×SP: 고정제조간접원가 총차이

* 예산차이= 소비차이

고정제조간접원가의 예산액과 실제발생액을 비교하여 예산차이를 관찰하는 것은 원가통제를 위한 것이다. 그러나 표준원가에 의한 제품원가계산목적을 위해서는 제품단위당 금액으로 파악하여 제품에 배분하는 것이 필요하다. 고정제조간접원가에 대한 조업도차이가 발생하는 이유는 고정제조간접원가가 조업도수준에 영향을 받지는 않으나, 고정제조간접원가를 제품에 배부하는 경우에는 생산량에 따라 단위당 고정원가가 변동하기 때문이다. 이와 같이 조업도차이는 원가통제 목적(총액 개념)과 제품원가계산 목적(단위당 개념)에 따라 고정제조간접원가의 취급 방법이 다르기 때문에 발생하는 것이다.

변동제조간접원가와 고정제조간접원가의 비교

[변동제조간접원가]

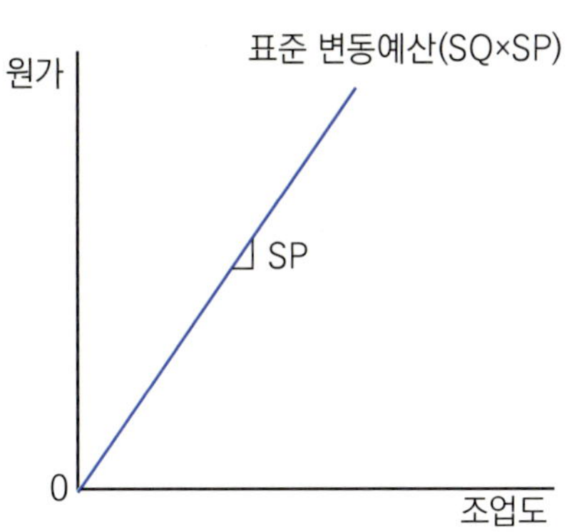

조업도차이=0

[고정제조간접원가]

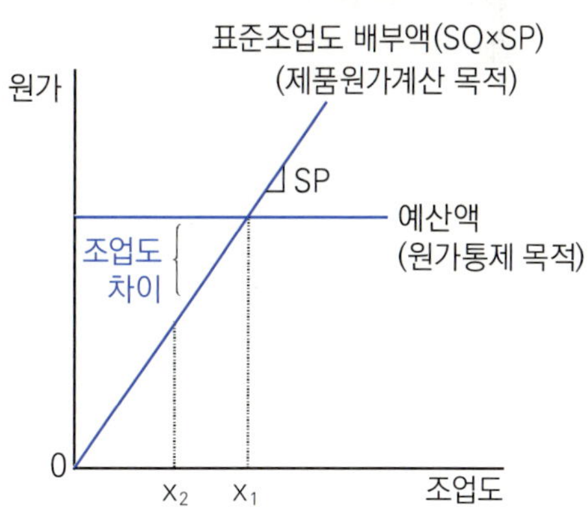

X_1 : 기준조업도
X_2 : 실제생산량에 허용된 표준조업도

3) ① 기준조업도 > 표준조업도 = 기준조업도(산출량기준) > 실제산출량
당기의 실제조업수준이 계획조업수준에 미달(= 가용자원 과소 사용) → 불리한 차이(U)
② 기준조업도 < 표준조업도 = 기준조업도(산출량기준) < 실제산출량
당기의 실제조업수준이 계획조업수준을 초과(= 가용자원 충분히 활용) → 유리한 차이(F)

고정제조간접원가 표준배부액이 실제생산량의 변동에 따라 비례적으로 증감하기 때문에 고정제조간접원가가 변동원가처럼 간주된다. 따라서 기준조업도와 실제생산량에 허용된 표준조업도가 일치되지 않으면, 표준원가배부액(제품원가계산 목적)과 예산액(원가통제 목적)의 차이가 발생되고 이를 조업도차이라고 한다. 반면에 변동제조간접원가는 표준원가배부액과 변동예산액이 항상 일치되므로 조업도차이가 발생되지 않고, 소비차이와 능률차이가 발생한다.

2. 원가차이 계산

(1) 직접재료원가차이

직접재료원가차이는 실제 직접재료원가와 표준 직접재료원가의 차이로 직접재료원가 가격차이와 직접재료원가 능률차이로 구분한다.

① 직접재료원가 가격차이

직접재료원가 가격차이(material price variance)는 직접원재료의 실제구입량에 원재료의 실제가격과 표준가격의 차이를 곱하여 계산된 원가차이이다.

직접재료원가 가격차이 = (실제가격 − 표준가격) × 실제구입량

가격차이는 원재료 구입시점의 가격차이와 투입시점의 가격차이로 나누어 볼 수 있으나, 일반적으로 원재료의 능률적인 사용과 관계없이 구입시점의 가격차이를 계산한다. 그 이유는 구입시점에서 가격차이를 분석하여 원재료 구입정책에 신속하게 대응방안을 모색할 수 있고, 회계처리를 신속히 할 수 있기 때문이다.

② 직접재료원가 능률차이

직접재료원가 능률차이(material efficiency variance)는 수량차이(quantity variance)라고도 하는데 이는 직접재료의 표준가격에 실제투입량과 실제생산량에 허용된 표준투입량과의 차이를 곱하여 계산된 원가차이를 의미한다.

직접재료원가 능률차이 = (실제투입량 − 실제생산량에 허용된 표준투입량) × 표준가격

직접재료원가의 가격차이와 능률차이는 상호 대체적인 성질이 있다. 예를 들어, 가격이 저렴한 원재료를 구입하면 가격차이는 유리하나 원재료의 품질저하로 능률차이는 불리해 질 수 있다.

직접재료원가차이

① 구입시점의 가격차이와 능률차이

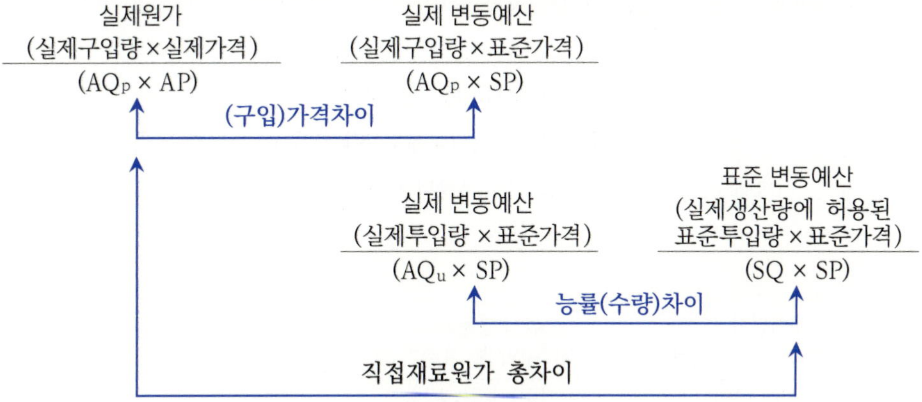

② 투입시점의 가격차이와 능률차이

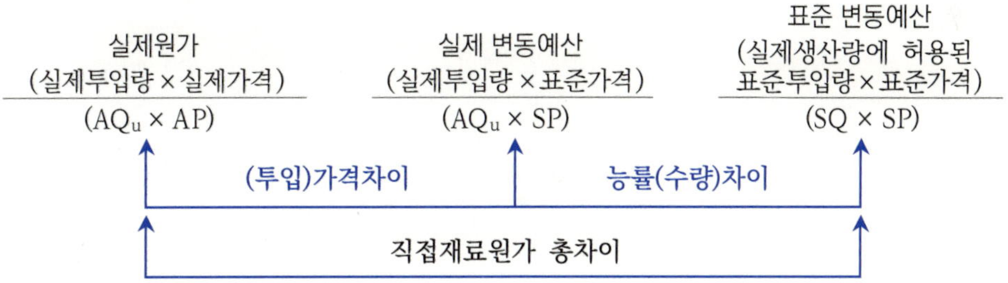

예제 SOLVE PRACTICE PROBLEM

대한기업은 원가관리를 목적으로 표준원가계산시스템을 채택하고 있다. 고정제조간접원가 표준배부율은 월 8,000개의 예산생산량을 기준조업도로 하여 계산한다. 제품 1단위당 표준원가는 다음과 같다.

	표준수량	표준가격	표준원가
직접재료원가	2kg	₩14	₩28
직접노무원가	1시간	15	15
변동제조간접원가	1시간	10	10
고정제조간접원가	1시간	10	10
단위당표준원가			₩63

20×1년 12월 중 7,000개를 생산하여 단위당 판매가격 ₩100으로 6,000개를 판매하였다. 기타 생산 관련 자료는 다음과 같다.

(1) 직접재료구입량은 18,000kg이며, kg당 실제구입가격은 ₩15이다.

(2) 직접재료투입량은 17,500kg이다.

(3) 실제직접노동시간은 6,800시간이며, 시간당 실제임률은 ₩16이다.

(4) 실제변동제조간접원가와 실제고정제조간접원가는 각각 ₩81,600, ₩75,000이다.

물음 1. 직접재료원가의 가격차이와 능률차이를 계산하시오.

① 직접재료원가의 가격차이를 구입시점에서 분리한다고 가정하는 경우

② 직접재료원가의 가격차이를 투입시점에서 분리한다고 가정하는 경우

해답

①

실제원가 (실제구입량×실제가격)	실제 변동예산 (실제구입량×표준가격)
(18,000kg×₩15) = ₩270,000	(18,000kg×₩14) = ₩252,000

(구입)가격차이 ₩18,000(불리)

실제 변동예산 (실제투입량×표준가격)	표준 변동예산 (실제생산량에 허용된 표준투입량×표준가격)
(17,500kg×₩14) = ₩245,000	(14,000kg×₩14) = ₩196,000

능률(수량)차이 ₩49,000(불리)

②

실제원가 (실제투입량×실제가격)	실제 변동예산 (실제투입량×표준가격)	표준 변동예산 (실제생산량에 허용된 표준투입량×표준가격)
(17,500kg×₩15) = ₩262,500	(17,500kg×₩14) = ₩245,000	(14,000kg×₩14) = ₩196,000

(투입)가격차이 ₩17,500(불리) / 능률(수량)차이 ₩49,000(불리)

(2) 직접노무원가차이

직접노무원가차이는 실제 직접노무원가와 표준 직접노무원가의 차이로 직접노무원가 임률차이 및 시간차이로 구분한다.

① 직접노무원가 임률차이

직접노무원가 임률차이(rate variance)는 가격차이(labor price variance)를 의미하여, 직접공의 실제노동시간에 실제임률과 표준임률의 차이를 곱하여 계산한 원가차이이다.

> 직접노무원가 임률차이 = (실제임률 − 표준임률) × 실제노동시간

② 직접노무원가 시간차이

직접노무원가 시간차이(time variance)는 능률차이(labor efficiency variance)를 의미하며, 직접공의 표준임률에 실제노동시간과 실제생산량에 허용된 표준노동시간의 차이를 곱하여 계산한 원가차이이다.

> 직접노무원가 시간차이 = (실제노동시간 − 실제생산량에 허용된 표준노동시간) × 표준임률

직접노무원가차이

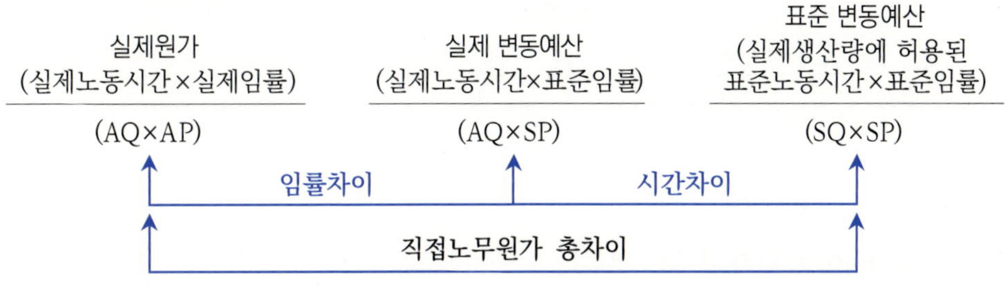

직접노무원가의 임률차이와 시간차이는 상호 대체적이다. 예를 들면, 고임금의 고급 노동력을 고용하면, 임률차이는 불리한 반면 시간차이는 유리하게 발생할 수 있다.

예제

SOLVE PRACTICE PROBLEM

대한기업은 원가관리를 목적으로 표준원가계산시스템을 채택하고 있다. 고정제조간접원가 표준배부율은 월 8,000개의 예산생산량을 기준조업도로 하여 계산한다. 제품 1단위당 표준원가는 다음과 같다.

	표준수량	표준가격	표준원가
직접재료원가	2kg	₩14	₩28
직접노무원가	1시간	15	15
변동제조간접원가	1시간	10	10
고정제조간접원가	1시간	10	10
단위당표준원가			₩63

20×1년 12월 중 7,000개를 생산하여 단위당 판매가격 ₩100으로 6,000개를 판매하였다. 기타 생산 관련 자료는 다음과 같다.

(1) 직접재료구입량은 18,000kg이며, kg당 실제구입가격은 ₩15이다.

(2) 직접재료투입량은 17,500kg이다.

(3) 실제직접노동시간은 6,800시간이며, 시간당 실제임률은 ₩16이다.
(4) 실제변동제조간접원가와 실제고정제조간접원가는 각각 ₩81,600, ₩75,000이다.

물음 직접노무원가의 임률차이와 시간차이를 계산하시오.

해답

실제원가 (실제노동시간×실제임률)	실제 변동예산 (실제노동시간×표준임률)	표준 변동예산 (실제생산량에 허용된 표준노동시간×표준임률)
(6,800시간×₩16) = ₩108,800	(6,800시간×₩15) = ₩102,000	(7,000시간×₩15) = ₩105,000

임률차이 ₩6,800(불리) 시간차이 ₩3,000(유리)

(3) 변동제조간접원가차이

제조간접원가차이는 원가 행태를 고려하여 변동제조간접원가차이와 고정제조간접원가차이로 구분한다. 변동제조간접원가차이는 소비차이와 능률차이로 구분한다.

① 변동제조간접원가 소비차이

변동제조간접원가 소비차이(variable overhead spending variance)는 실제조업도에 변동제조간접원가의 실제배부율과 표준배부율의 차이를 곱하여 계산한 원가차이인데, 이는 변동제조간접원가의 실제발생액과 실제조업도에 근거한 변동예산과의 차이를 의미한다.

> 변동제조간접원가 소비차이 = (실제배부율 – 표준배부율) × 실제조업도

소비차이는 단순한 가격차이 이외에 낭비나 비능률이 포함되어 복합적인 특성을 갖고 있으므로 원가부문관리자의 성과평가시 그 원인을 분석해야 한다.

② 변동제조간접원가 능률차이

변동제조간접원가 능률차이는 실제조업도와 실제생산량에 허용된 표준조업도의 차이에 변동제조간접원가 표준배부율을 곱하여 계산한다. 이는 실제투입량에 근거한 제조간접원가의 변동예산과 실제생산량에 허용된 표준조업도에 근거한 제조간접원가 변동예산과의 차이를 의미한다.

> 변동제조간접원가 능률차이 =
> (실제조업도 – 실제생산량에 허용된 표준조업도) × 변동제조간접원가 표준배부율

변동제조간접원가의 능률차이는 작업시간을 얼마나 능률적으로 활용하였는가에 따라 발생한다. 작업표준이 잘못 설정되었을 경우에는 생산부문에서 그리고 표준조업도와 실제조업도와의 차이로 인해 나타난 차이에 대해서는 원가부문에서 각각 원인을 분석해야 한다.

변동제조간접원가차이

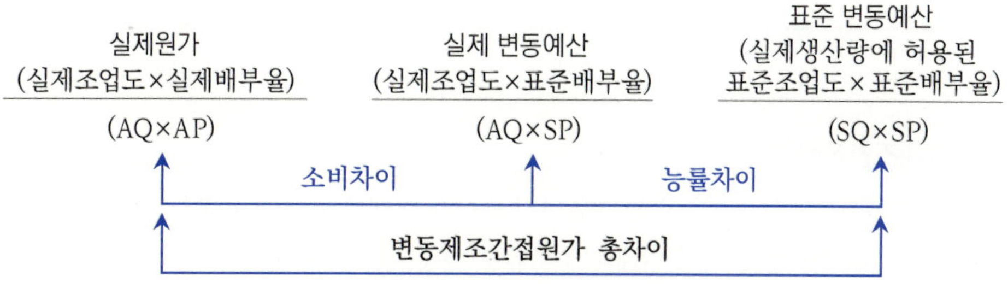

예제

SOLVE PRACTICE PROBLEM

대한기업은 원가관리를 목적으로 표준원가계산시스템을 채택하고 있다. 고정제조간접원가 표준배부율은 월 8,000개의 예산생산량을 기준조업도로 하여 계산한다. 제품 1단위당 표준원가는 다음과 같다.

	표준수량	표준가격	표준원가
직접재료원가	2kg	₩14	₩28
직접노무원가	1시간	15	15
변동제조간접원가	1시간	10	10
고정제조간접원가	1시간	10	10
단위당표준원가			₩63

20×1년 12월 중 7,000개를 생산하여 단위당 판매가격 ₩100으로 6,000개를 판매하였다. 기타 생산 관련 자료는 다음과 같다.

(1) 직접재료구입량은 18,000kg이며, kg당 실제구입가격은 ₩15이다.

(2) 직접재료투입량은 17,500kg이다.

(3) 실제직접노동시간은 6,800시간이며, 시간당 실제임률은 ₩16이다.

(4) 실제변동제조간접원가와 실제고정제조간접원가는 각각 ₩81,600, ₩75,000이다.

물음 변동제조간접원가의 소비차이와 능률차이를 계산하시오.

해답

실제원가 (실제조업도×실제배부율)	실제 변동예산 (실제조업도×표준배부율)	표준 변동예산 (실제생산량에 허용된 표준조업도×표준배부율)
(6,800시간×₩12) = ₩81,600	(6,800시간×₩10) = ₩68,000	(7,000시간×₩10) = ₩70,000

↑ 소비차이 ₩13,600(불리) ↑ 능률차이 ₩2,000(유리) ↑

(4) 고정제조간접원가차이

표준원가계산제도에서 제품원가를 계산하기 위해서는 제품 단위당 고정제조간접원가를 일정하게 안정시킬 필요가 있고, 이를 위해 기준조업도(denominator activity)를 선택하고 기준조업도에 의해 고정제조간접원가의 표준배부율을 계산해야 한다. 기준조업도로는 기대되는 실제조업도, 정상조업도, 최대조업도 등이 이용된다.

$$\text{고정제조간접원가 표준배부율} = \frac{\text{고정제조간접원가예산}}{\text{기준조업도}}$$

고정제조간접원가 표준배부율은 고정제조간접원가를 재공품에 배부하거나, 예산차이와 조업도차이를 분석할 때에 유용하게 이용된다.

① 고정제조간접원가 예산차이

고정제조간접원가 예산차이는 고정제조간접원가의 실제발생액과 기준조업도에 근거한 변동예산 간의 차이로 일반적으로 생산 부문 관리자가 통제할 수 없는 원가차이이다.

$$\text{고정제조간접원가 예산차이} = \text{고정제조간접원가 실제발생액} - (\text{기준조업도} \times \text{고정제조간접원가 표준배부율})$$

② 고정제조간접원가 조업도차이

고정제조간접원가 조업도차이는 고정제조간접원가 표준배부율에 기준조업도와 실제생산량에 허용된 표준조업도 간의 차이를 곱하여 산출한다. 조업도차이는 기준조업도와 실제생산량에 허용된 표준조업도와의 차이로 인해 발생한 것으로 가용 생산설비의 이용 정도를 나타내는 지표라 할 수 있다. 실제생산량의 조업도가 기준조업도에 미달된 경우에는 유휴설비가 존재하고, 그만큼 설비를 비효율적으로 사용(불리한 차이 발생)한 것을 의미한다. 반대로 실제생산량의 조업도가 기준조업도를 초과한 경우에는 생산설비를 충분히 활용(유리한 차이 발생)했다는 의미이다.

고정제조간접원가 조업도차이 = 고정제조간접원가 표준배부율 × (기준조업도 - 실제생산량에 허용된 표준조업도)

조업도차이는 당해 부문경영자가 일반적으로 통제 불가능한 원가차이이므로, 주로 경영진이 총괄적으로 관리하고 있다.

고정제조간접원가차이

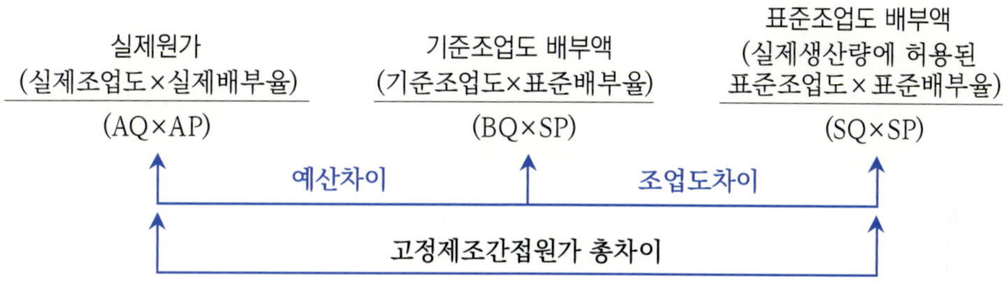

예제

SOLVE PRACTICE PROBLEM

대한기업은 원가관리를 목적으로 표준원가계산시스템을 채택하고 있다. 고정제조간접원가 표준배부율은 월 8,000개의 예산생산량을 기준조업도로 하여 계산한다. 제품 1단위당 표준원가는 다음과 같다.

	표준수량	표준가격	표준원가
직접재료원가	2kg	₩14	₩28
직접노무원가	1시간	15	15
변동제조간접원가	1시간	10	10
고정제조간접원가	1시간	10	10
단위당표준원가			₩63

20×1년 12월 중 7,000개를 생산하여 단위당 판매가격 ₩100으로 6,000개를 판매하였다. 기타 생산 관련 자료는 다음과 같다.

(1) 직접재료구입량은 18,000kg이며, kg당 실제구입가격은 ₩15이다.

(2) 직접재료투입량은 17,500kg이다.

(3) 실제직접노동시간은 6,800시간이며, 시간당 실제임률은 ₩16이다.

(4) 실제변동제조간접원가와 실제고정제조간접원가는 각각 ₩81,600, ₩75,000이다.

물음 고정제조간접원가의 예산차이와 조업도차이를 계산하시오.

해답

실제원가 (실제조업도×실제배부율)	기준조업도 배부액 (기준조업도×표준배부율)	표준조업도 배부액 (실제생산량에 허용된 표준조업도×표준배부율)
₩75,000	(8,000개×₩10) = ₩80,000	(7,000개×₩10) = ₩70,000

↑ 예산차이 ₩5,000(유리) ↑ 조업도차이 ₩10,000(불리) ↑

3. 원가차이 발생 원인

표준원가계산은 원가차이에 대한 발생 원인을 분석하고 평가하여 성과보고서를 작성하고, 원가차이에 대해 책임이 있는 해당 부문이나 부문관리자의 성과평가에 반영한다. 원가요소별로 원가차이의 발생원인과 원가차이 발생에 책임이 있는 부서는 다음과 같다.

구 분	직접재료원가	직접노무원가	제조간접원가
가격차이, 예산차이	• 원재료 시장가격 변동 • 1회당 매입량 정도 • 긴급주문 • 가격할인, 수량할인 • 거래처 변경 • 운송방법 및 거리	• 임률 인상 • 시간외 작업 증가 • 고임률 근로자 배치 • 표준임률 설정 오류	• 물가 변동 • 소비량 증감(계절적 요인) • 예산 편성 오류 • 소모품, 전력 등 낭비
	구매부 / 판매부	인사부 / 생산부	원가부 / 생산부 / 기획부
능률차이, 조업도차이	• 규격미달 · 불량재료 • 생산방법 변경 • 가공상 실패 • 기계 · 공구 정비 불량 • 기계성능 저하 • 노동 숙련도 수준	• 불량재료 사용 • 근로자 과다 배치 • 제조방법 · 설계변경 • 작업조건 변경 • 감독 · 작업자 불성실 • 기계 · 공구 정비 불량 • 재보수 작업 • 미숙련 노동자 배치	• 능률차이 • 조업도차이 • 기계 · 설비 고장 • 생산설비 과잉 • 노동 쟁의 • 생산계획 수립 오류 • 기준조업도 설정 오류
	생산부 / 구매부	생산부 / 인사부	경영진

4. 배합차이와 수율차이

제품을 생산함에 있어 두 종류 이상의 재료 또는 노동력을 투입할 경우에 원가관리 효율성 제고를 위하여 직접재료원가 및 직접노무원가의 능률차이를 배합차이와 수율차이로 구분하여 계산할 수 있다.

화공약품, 철강, 식품, 섬유 등의 제조업에서 상호 대체 가능한 두 종류 이상의 재료 또는 노동력을 투입하여 제품을 생산하는 경우에 적용하면 합리적이다.

배합차이(mix variance)는 실제총투입량은 일정한 것으로 가정하여 실제배합과 표준배합의 배합비율차이로 인해 발생한 능률차이를 말하며, 수율차이(yield variance)는 표준가격과 표준배합비율이 일정한 경우 실제투입량과 표준투입량의 차이로 발생한 능률차이이다.

배합차이와 수율차이의 발생 원인을 요약하면 다음과 같다.

배합차이와 수율차이의 발생 원인

구 분	배합차이	수율차이
불리한 차이	• 비싼 재료(노동력) 많이 이용 • 실제배합비율 > 표준배합비율	실제투입량 > 표준투입량
유리한 차이	• 비싼 재료(노동력) 적게 이용 • 실제배합비율 < 표준배합비율	실제투입량 < 표준투입량
발생 원인	실제배합비율과 표준배합비율 차이	실제투입량과 표준투입량 차이

배합차이와 수율차이

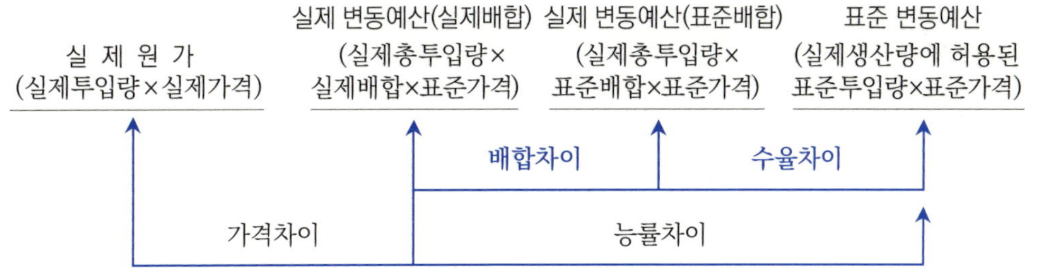

예제

SOLVE PRACTICE PROBLEM

서울회사는 A, B 두 종류의 원재료를 투입하여 제품을 생산하고 있다. 제품 1단위 생산에 필요한 원재료의 표준투입량과 표준가격은 다음과 같다.

원재료	표준투입량	표준가격	합 계
A	15kg	₩20	₩300
B	15	15	225
	30kg		₩525

한편 20×1년 5월에 100개의 제품을 생산하는데 다음과 같은 원재료가 투입되었다.

원재료	실제투입량	kg당 실제가격	합 계
A	1,620kg	₩22	₩35,640
B	1,080	16	17,280
	2,700kg		₩52,920

물음 1. 직접재료원가 가격차이와 능률차이를 계산하시오.

2. 직접재료원가 능률차이를 배합차이와 수율차이로 분리하여 계산하시오.

해답

1. 직접재료원가 가격차이와 능률차이

① 직접재료원가 가격차이

원재료	A: (₩22 − ₩20) × 1,620kg =	₩3,240	(불리)
	B: (₩16 − ₩15) × 1,080kg =	₩1,080	(불리)
합 계		₩4,320	(불리)

② 직접재료원가 능률차이

원재료	A: (1,620kg − 1,500kg) × ₩20 =	₩2,400	(불리)
	B: (1,080kg − 1,500kg) × ₩15 =	₩6,300	(유리)
합 계		₩3,900	(유리)

2. 직접재료원가 배합차이와 수율차이

① 직접재료원가 배합차이

원재료	A: (1,620kg − 2,700kg × 0.5) × ₩20 =	₩5,400	(불리)
	B: (1,080kg − 2,700kg × 0.5) × ₩15 =	₩4,050	(유리)
합 계		₩1,350	(불리)

② 직접재료원가 수율차이

원재료	A: (2,700kg × 0.5 − 1,500kg) × ₩20 =	₩3,000	(유리)
	B: (2,700kg × 0.5 − 1,500kg) × ₩15 =	₩2,250	(유리)
합 계		₩5,250	(유리)

[별해]

원재료	실제원가	실제 변동예산(실제배합)	실제 변동예산(표준배합)	표준 변동예산
	AQ×AP	AQ×SP	ΣAQ×표준배합비율×SP	SQ×SP
A	1,620 × ₩22 = ₩35,640	1,620 × ₩20 = ₩32,400	2,700 × 0.5 × ₩20 = ₩27,000	1,500 × ₩20 = ₩30,000
B	1,080 × 16 = 17,280	1,080 × 15 = 16,200	2,700 × 0.5 × 15 = 20,250	1,500 × 16 = 22,500
계	2,700 ₩52,920	2,700 ₩48,600	2,700 ₩47,250	3,000 ₩52,500

₩4,320(불리) 가격차이 / ₩1,350(불리) 배합차이 / ₩5,250(유리) 수율차이

₩4,320(불리) 가격차이 / ₩3,900(유리) 능률차이

₩420(불리) 직접재료원가 총차이

5. 원가차이 회계처리

원가차이에 대한 회계처리는 원가차이의 원가성 인정 여부에 따라 제품원가계산과 경영 성과 평가에 영향을 미친다. 정상적으로 발생하여 원가성을 인정할 수 있는 경우에는 매출원가, 재고자산 등에 안분하여 계산하고, 비정상적으로 발생하여 원가성을 인정할 수 없는 경우에는 영업외손익으로 처리한다.

원가차이의 회계처리 시 유리한 원가차이는 해당 계정에서 차감하고, 불리한 원가차이는 해당 계정에 가산하여 실제원가로 계산한다. 이와 같은 회계처리는 원가차이를 조정하여 실제원가를 적용하여 제품원가를 계산하기 위한 것이다.4)

(1) 매출원가조정법

매출원가조정법은 원가차이를 매출원가에 가감하는 방법이다. 원가차이가 당기 경영 활동의 능률을 반영하므로 원가성을 보유하고 있는 경우에는 당기의 매출원가에 배분하여 당기의 수익에 대응시키는 방법이다. 매출원가조정법은 원가차이가 총제조원가에 비해 소액이거나, 기말재고자산 금액이 매출원가 대비 비중이 적은 경우에 적용 가능하다.

4) 「기업회계기준서 제1002호 재고자산」에서 표준원가법을 허용함으로써 이를 사용하는 기업은 공표용 재무제표를 작성하면서 조정하여야 할 부담을 줄일 수 있으나, 유사한 경우에 대한 판단기준이 없고, 표준원가를 정기적으로 검토하여 조정해야 하므로 원가를 사용해 재고자산을 측정해온 기존 회계실무와 큰 차이는 없을 것이다.

(2) 비례배분법

비례배분법은 실제원가를 기준으로 원가차이의 원가성을 인정하는 방법으로 표준원가가 외부보고에 부적합하다는 단점을 보완하는 방법으로 재고자산(원재료, 재공품, 제품)의 기말잔액과 매출원가를 기준으로 원가차이를 배분하는 총원가 비례배분법과 재고자산의 기말잔액과 매출원가에 포함되어 있는 각 원가 요소별 금액을 기준으로 해당 원가차이를 배분하는 원가 요소별 비례배분법이 있다.

우리나라 「원가계산준칙」 제33조 ①항에서도 "원가차이는 일정한 기준에 따라 회계연도의 매출원가와 기말재고자산에 배부하며, 원가차이의 배부를 보다 정확히 하기 위하여 원가 요소별로 다른 배부기준을 적용할 수 있다"고 규정하고 있다.

총원가 비례배분법을 적용할 경우에 직접재료원가 가격차이를 구입시점에서 분리한다면, 가격차이는 원재료, 재공품, 제품계정의 기말잔액과 매출원가에 비례하여 배분하여야 한다. 그러나 투입시점에서 분리한다면 가격차이를 재공품, 제품계정의 기말잔액과 매출원가에 비례하여 배분하여야 한다.

한편 원가 요소별 비례배분법을 적용할 경우에 직접재료원가 가격차이를 구입시점에서 분리한다면, 가격차이는 원재료계정의 기말잔액과 직접재료원가의 능률(수량)차이, 재공품 · 제품의 기말잔액, 매출원가에 포함되어 있는 표준직접재료원가의 금액에 비례하여 배분하여야 한다. 이는 가격차이와 능률차이의 분리시점이 다르고, 직접재료계정이 표준원가로 기재되기 때문이다.

그러나 직접재료원가 가격차이를 투입시점에서 분리한다면, 재공품, 제품계정의 기말잔액과 매출원가에 포함되어 있는 표준직접재료원가의 금액에 비례하여 배분하고 원재료계정의 기말잔액과 직접재료원가의 능률차이에는 배분하지 않는다. 이는 가격차이와 능률차이의 분리시점이 동일하고, 원재료계정이 실제원가로 기재되기 때문이다.

직접재료원가 가격차이의 배분 대상

	원가 요소별 비례배분법		총원가 비례배분법	
	구입시점	투입시점	구입시점	투입시점
기말원재료	○	×	○	×
직접재료원가 능률차이	○	×	×	×
기말재공품	○	○	○	○
기말제품	○	○	○	○
매출원가	○	○	○	○

(3) 영업외손익법

영업외손익법은 표준원가를 기준으로 원가를 계산하고 원가차이에 대해서는 원가성을 인정하지 않는 방법으로 원가차이를 제품원가에 배부하지 않고, 당해 회계기간의 영업외손익으로 처리한다.

예제 SOLVE PRACTICE PROBLEM

대한기업은 원가관리를 목적으로 표준원가계산시스템을 채택하고 있다. 고정제조간접원가 표준배부율은 월 8,000개의 예산생산량을 기준조업도로 하여 계산한다. 제품 1단위당 표준원가는 다음과 같다.

	표준수량	표준가격	표준원가
직접재료원가	2kg	₩14	₩28
직접노무원가	1시간	15	15
변동제조간접원가	1시간	10	10
고정제조간접원가	1시간	10	10
단위당표준원가			₩63

20×1년 12월 중 7,000개를 생산하여 단위당 판매가격 ₩100으로 6,000개를 판매하였다. 기타 생산 관련 자료는 다음과 같다.

(1) 직접재료구입량은 18,000kg이며, kg당 실제구입가격은 ₩15이다.

(2) 직접재료투입량은 17,500kg이다.

(3) 실제직접노동시간은 6,800시간이며, 시간당 실제임률은 ₩16이다.

(4) 실제변동제조간접원가와 실제고정제조간접원가는 각각 ₩81,600, ₩75,000이다.

물음

1. 20×1년 12월 중의 원가흐름을 분개하고 T-계정에 전기하고, 모든 원가차이를 매출원가에서 조정하는 분개를 하시오.
2. 총원가 비례배분법을 적용하여 모든 원가차이를 배분하고, 배분과 관련된 분개를 하시오. (직접재료원가는 구입시점에서 가격차이 분리)
3. 원가 요소별 비례배분법을 적용하여 모든 원가차이를 배분하고, 배분과 관련된 분개를 하시오.(직접재료원가는 구입시점에서 가격차이 분리)
4. 직접재료원가 가격차이를 총원가 비례배분법과 원가 요소별 비례배분법에 의해 배분하고 관련된 분개를 하시오.(투입시점에서 가격차이 분리)

해답

1. 원가흐름의 분개와 전기

		차변	금액		대변	금액
①	(차)	직접재료	252,000	(대)	매입채무	270,000
		직접재료원가 가격차이	18,000			
②	(차)	재공품	196,000	(대)	직접재료	245,000
		직접재료원가 능률차이	49,000			
③	(차)	재공품	105,000	(대)	미지급임금	108,800
		직접노무원가 임률차이	6,800		직접노무원가 시간차이	3,000
④	(차)	재공품	70,000	(대)	변동제간간접원가	70,000
⑤	(차)	변동제조간접원가	81,600	(대)	제좌	81,600
⑥	(차)	변동제조간접원가 소비차이	13,600	(대)	변동제조간접원가	11,600
					변동제조간접원가 능률차이	2,000
⑦	(차)	재공품	70,000	(대)	고정제조간접원가	70,000
⑧	(차)	고정제조간접원가	75,000	(대)	제좌	75,000
⑨	(차)	고정제조간접원가 조업도차이	10,000	(대)	고정제조간접원가	5,000
					고정제조간접원가 예산차이	5,000
⑩	(차)	제품	441,000	(대)	재공품	441,000
⑪	(차)	매출원가	378,000	(대)	제품	378,000

매입채무

차변		대변	
		①	270,000

직접재료

차변		대변	
①	252,000	②	245,000

재공품

차변		대변	
②	196,000		기말 0
③	105,000	⑩	441,000
④	70,000		
⑦	70,000		
	441,000		441,000

직접재료원가 가격차이

차변		대변	
①	18,000		

직접재료원가 능률차이

차변		대변	
②	49,000		

미지급임금

차변		대변	
		③	108,800

직접노무원가 임률차이

차변		대변	
③	6,800		

직접노무원가 시간차이

차변		대변	
		③	3,000

변동제조간접원가

차변		대변	
⑤	81,600	④	70,000
		⑥	11,600

변동제조간접원가 소비차이

차변		대변	
⑥	13,600		

변동제조간접원가 능률차이

차변		대변	
		⑥	2,000

고정제조간접원가

차변		대변	
⑧	75,000	⑦	70,000
		⑨	5,000

고정제조간접원가 예산차이

차변		대변	
		⑨	5,000

고정제조간접원가 조업도차이

차변		대변	
⑨	10,000		

제좌

차변		대변	
		⑤	81,600
		⑧	75,000

제품

차변		대변	
⑩	441,000	⑪	378,000

매출원가

차변		대변	
⑪	378,000		

(차) 매 출 원 가	87,400	(대)	직접재료원가 가격차이	18,000
직접노무원가 시간차이	3,000		직접재료원가 능률차이	49,000
변동제조간접원가 능률차이	2,000		직접노무원가 임률차이	6,800
고정제조간접원가 예산차이	5,000		변동제조간접원가 소비차이	13,600
			고정제조간접원가 조업도차이	10,000

2. 총원가 비례배분법

① 직접재료원가 가격차이의 배분

계 정	기말잔액	배분비율	배분액
직접재료	₩7,000	1.5625%	₩281
재 공 품	0	-	-
제 품	63,000	14.0625	2,531
매출원가	378,000	84.375	15,188
합 계	₩448,000	100%	₩18,000[1]

1) 직접재료원가 가격차이 ₩18,000(불리)

② 직접재료원가 능률차이 및 기타 원가차이의 배분

계 정	기말잔액	배분비율	배분액
재 공 품	₩0	-	-
제 품	63,000	14.29%	₩9,917
매출원가	378,000	85.71	59,483
합 계	₩441,000	100%	₩69,400[2]

2) 직접재료원가 능률차이	₩49,000	(불리)
직접노무원가 임률차이	6,800	(불리)
직접노무원가 시간차이	3,000	(유리)
변동제조간접원가 소비차이	13,600	(불리)
변동제조간접원가 능률차이	2,000	(유리)
고정제조간접원가 예산차이	5,000	(유리)
고정제조간접원가 조업도차이	10,000	(불리)
순원가차이	₩69,400	(불리)

③ 분개

(차) 직 접 재 료	281	(대)	직접재료원가 (구입)가격차이	18,000
제 품	12,448		직접재료원가 능률차이	49,000
매 출 원 가	74,671		직접노무원가 임률차이	6,800
직접노무원가 시간차이	3,000		변동제조간접원가 소비차이	13,600
변동제조간접원가 능률차이	2,000		고정제조간접원가 조업도차이	10,000
고정제조간접원가 예산차이	5,000			

3. 원가 요소별 비례배분법

① 직접재료원가 가격차이의 배분

계 정	표준직접재료원가	배분비율	배분액
직접재료	₩7,000	2.78%	₩500
직접재료원가 능률차이	49,000	19.44	3,499
재 공 품	0	-	-
제 품	28,000[1]	11.11	2,000
매 출 원 가	168,000[2]	66.67	12,001
합 계	₩252,000	100%	₩18,000

1) 생산량: 7,000개 - 판매량 6,000개 = 1,000개
1,000개 × 표준재료단가 @₩28 = ₩28,000

2) 판매량: 6,000개 × 표준재료단가 @₩28 = ₩168,000

② 직접재료원가 능률차이의 배분

계 정	표준직접재료원가	배분비율	배분액
재 공 품	₩0	-	-
제 품	28,000[1]	14.29%	₩7,502
매출원가	168,000[2]	85.71	44,997
합 계	₩196,000	100%	₩52,499[3]

3) 직접재료원가 능률차이 ₩49,000 + 직접재료원가 가격차이 배분액 ₩3,499 = ₩52,499

③ 직접노무원가 및 제조간접원가의 원가차이 배분

계 정	표준직접노무원가 *	배분비율	배분액
재 공 품	₩0	-	-
제 품	15,000[4]	14.29%	₩2,915
매출원가	90,000[5]	85.71	17,485
합 계	₩105,000	100%	₩20,400[6]

4) 제품재고: 1,000개 × 표준노무단가 @₩15 = ₩15,000

5) 판매량: 6,000개 × 표준노무단가 @₩15 = ₩90,000

* 제조간접원가가 직접노동시간을 기준으로 배부되므로 제조간접원가 원가차이를 배분할 때도 표준직접노무원가액에 비례하여 배부하였다.

6)

직접노무원가 임률차이	₩6,800	(불리)
직접노무원가 시간차이	3,000	(유리)
변동제조간접원가 소비차이	13,600	(불리)
변동제조간접원가 능률차이	2,000	(유리)
고정제조간접원가 예산차이	5,000	(유리)
고정제조간접원가 조업도차이	10,000	(불리)
순원가차이	₩20,400	(불리)

④ 분개

(차) 직접재료	500	(대) 직접재료원가 가격차이	18,000
제품	12,417	직접재료원가 능률차이	49,000
매출원가	74,483	직접노무원가 임률차이	6,800
직접노무원가 시간차이	3,000	변동제조간접원가 소비차이	13,600
변동제조간접원가 능률차이	2,000	고정제조간접원가 조업도차이	10,000
고정제조간접원가 예산차이	5,000		

4. 직접재료원가 가격차이가 투입시점에서 분리될 경우

① 총원가 비례배분법

계 정	기말잔액	배분비율	배분액
재공품	₩0	-	-
제품	63,000	14.29%	₩2,501
매출원가	378,000	85.71	14,999
합 계	₩441,000	100%	₩17,500[1]

1) (실제가격 ₩15 - 표준가격 ₩14) × 실제투입량 17,500kg = ₩17,500(불리)

〈분개〉

(차) 제품	2,501	(대) 직접재료원가 가격차이	17,500
매출원가	14,999		

② 원가 요소별 비례배분법

계 정	표준직접재료원가	배분비율	배분액
재공품	₩0	-	-
제품	28,000[2]	14.29%	₩2,501
매출원가	168,000[3]	85.71	14,999
합 계	₩196,000	100%	₩17,500

2) 제품재고: 1,000개 × 표준재료단가 @₩28 = ₩28,000

3) 판매량: 6,000개 × 표준재료단가 @₩28 = ₩168,000

〈분개〉

(차) 제품	2,501	(대) 직접재료원가 가격차이	17,500
매출원가	14,999		

표준원가계산 회계처리 실무상 고정예산과 변동예산에 의한 표준원가와 실제성과 간의 「종합성과보고서」를 작성하여 원가차이 분석에 이용하고 있다.

종합성과보고서 〈예시〉

	실제성과	변동예산차이	변동예산	매출조업도차이	고정예산
생산·판매량	실제생산·판매량		실제생산·판매량		목표생산·판매량
매 출 액	□ □ □	매출가격차이	□ □ □		□ □ □
변 동 비	× × ×		× × ×		× × ×
변동제조원가	(× × ×)	변동제조원가차이	(× × ×)		(× × ×)
변동판매관리비	(× × ×)	변동판매관리비차이	(× × ×)		(× × ×)
공 헌 이 익	△△△		△△△	공헌이익에 대한 매출조업도차이	△△△
고 정 비	× × ×		× × ×		× × ×
고정제조간접원가	(× × ×)	고정제조간접원가차이	(× × ×)	=	(× × ×)
고정판매관리비	(× × ×)	고정판매관리비차이	(× × ×)	=	(× × ×)
영 업 이 익	○○○	영업이익차이	○○○	영업이익차이	○○○

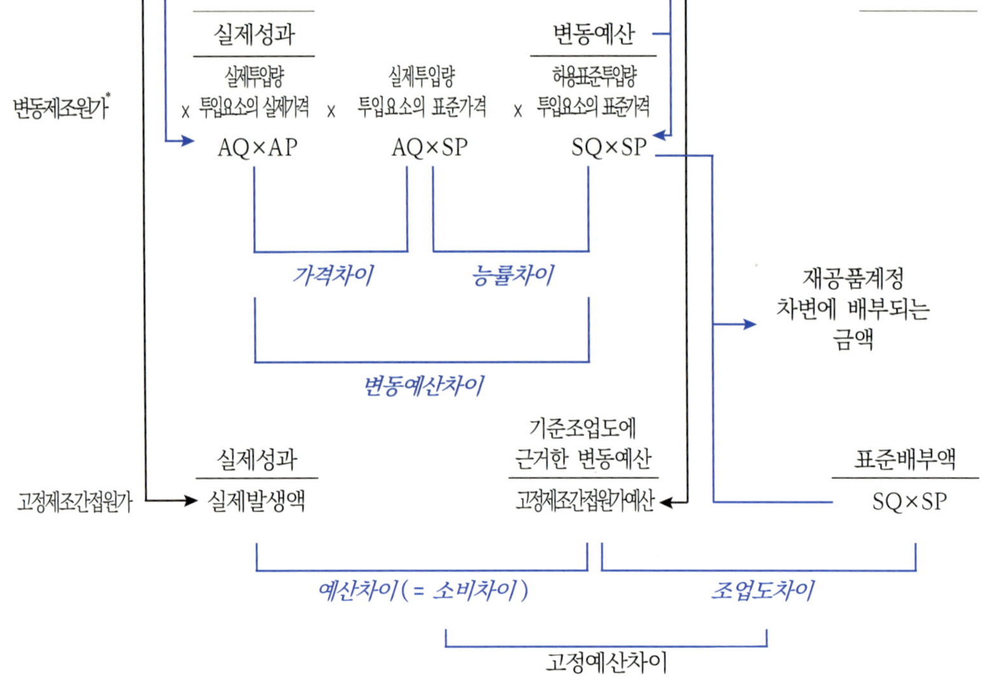

* 변동제조원가는 직접재료원가, 직접노무원가, 변동제조간접원가임

6. 원가차이분석 시 유의사항

원가차이분석은 목표치인 표준원가와 실적치인 실제원가와의 차이를 분석하여 목표 달성 여부를 분석하고, 차이 원인을 규명하여 차기의 표준원가 설정에 도움을 주기 위한 것이다.

(1) 원가차이 요인들 간의 상충관계

원가차이 요인을 세분화하여 분석하는 경우 요인들 간에 유리 · 불리한 차이가 상호 충돌되는 관계가 있으므로 해석에 주의해야 한다. 이는 원가차이의 책임 부서와 관련하여 성과평가에서 중요시되는 사항이다. 예를 들면, 유리한 가격차이를 얻기 위하여 낮은 품질의 재료를 싼 가격으로 구입할 경우 이로 인하여 불리한 능률차이가 발생될 수 있으며, 유리한 임률차이를 얻기 위하여 표준보다 저임률의 미숙련공을 투입할 경우 불리한 시간차이가 발생될 수 있다.

(2) 중요성

원가차이를 분석할 경우 최소의 노력으로 최대의 성과를 달성한다는 측면에서 원가항목의 중요성, 비율 및 금액 등의 중요성, 차이발생의 계속성 등을 감안하여 분석하여야 한다. 예를 들면, 광고비나 수리수선비의 경우 단기적으로 유리한 원가차이가 발생하였더라도, 장기적으로는 매출감소, 시장 상실, 생산성 저하, 미래 발생 비용의 증가 등 경영상의 위험을 수반할 수 있다.

그리고 원가차이분석의 최저 금액이나 표준원가에 대한 일정 비율을 정해 놓고 그 이상의 경우에만 차이원인을 분석 · 조사함으로써, 시간과 노력 · 경비를 절감하고 원가관리를 효율적으로 수행할 수 있다. 그러나 이 경우 비율은 낮지만 금액이 클 수도 있으므로 절대 금액도 병행하여 심층분석 해야 한다.

(3) 통제가능성

원가차이분석의 핵심은 원가차이의 원인을 규명하여 이에 대한 경영자의 책임성을 강조하고, 원가 통제가능성에 대해 철저히 분석해야 한다. 왜냐하면 원가차이분석이 경영자의 성과평가와 동기유발에 매우 중요한 요소이기 때문이다.

통제가능성은 경영자가 어느 조직계층 · 부서에 속하느냐에 따라 달라진다. 예를 들면, 하위경영자는 광고비나 감가상각비에 대해 통제 불가능하므로 이에 대한 원가차이의 책임을 부담하지는 않는다.

4절 판매 부문의 원가차이분석

판매 부문에 대한 성과평가를 위한 원가차이분석은 매출 관련 차이를 감안하여 계산할 수 있다.

매출 관련 원가차이

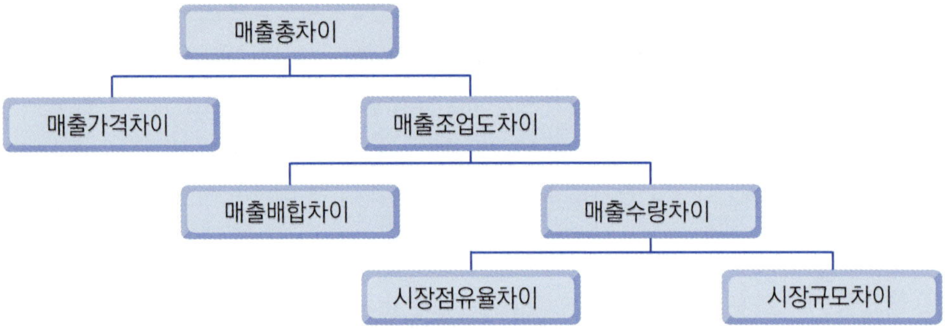

1. 매출총차이

매출액보다는 공헌이익이 더 중요하므로 매출총차이는 공헌이익에서 계산한다. 매출총차이는 실제공헌이익과 고정예산공헌이익의 차이이며, 실제공헌이익은 실제판매가격에서 실제변동원가를 차감하는 것이 아니라 표준(예산)변동원가(SC)를 차감하여 계산한다. 그 이유는 실제변동원가와 표준변동원가의 차이는 원가중심점의 책임이므로 원가 변동에 의한 차이를 배제하고, 판매 부문에 책임이 있는 판매가격과 매출조업도(판매수량)의 변동으로 인한 차이만을 파악하기 위해서다.

2. 매출가격 및 매출조업도 차이

매출총차이는 판매가격의 변동에 의한 매출가격차이와 매출수량의 변동에 의한 매출조업도차이로 구분하여 분석한다.

매출가격차이는 실제판매가격과 예산판매가격의 차이에서 발생하는 공헌이익의 차이로 계산하고, 매출조업도차이는 예산판매가격을 기준으로 하고, 실제매출수량과 예산매출수량의 차이로 인한 공헌이익의 차이로 계산한다.

매출총차이

실 제	변동예산	종합예산
실제공헌이익 × 실제매출수량	예산공헌이익 × 실제매출수량	예산공헌이익 × 예산매출수량
(AP−SC)×AQ	(BP−SC)×AQ	(BP−SC)×BQ

- 실제 − 변동예산: 매출가격차이
- 변동예산 − 종합예산: 매출조업도차이
- 매출가격차이 + 매출조업도차이: 매출총차이

여기서, AP : 제품단위당 실제판매가격
BP : 제품단위당 예산판매가격
SC : 표준변동원가
AQ : 실제매출수량
BQ : 예산매출수량

3. 매출배합 및 매출수량차이(복수제품)

복수제품을 판매하는 경우에는 각 제품의 상대적 판매비율을 의미하는 매출배합(sales mix)을 고려하여 분석해야 한다. 이 경우 매출총차이는 매출가격차이와 매출조업도차이로 구분하고, 매출조업도차이는 매출배합차이와 매출수량차이로 세분하여 분석한다.

매출배합차이(sales mix variance)는 예산판매가격이 그대로 유지된다고 가정할 때 실제매출수량 하에서 실제매출배합과 예산매출배합의 차이가 공헌이익에 미치는 영향을 분석하는 것이고, 매출수량차이(sales quantity variance)는 예산매출배합이 그대로 유지된다고 가정할 때 예산판매가격 하에서 실제매출수량과 예산매출수량의 차이가 공헌이익에 미치는 영향을 계산한다.

매출조업도차이

실 제	변동예산	종합예산
$(AP_i - SC_i) \times AQ_i$	$(BP_i - SC_i) \times AQ_i$	$(BP_i - SC_i) \times BQ_i$

- 실제 − 변동예산: 매출가격차이
- 변동예산 − 종합예산: **매출조업도차이**

매출조업도차이:

$(BP_i - SC_i) \times AQ_i$	$(BP_i - SC_i) \times \sum AQ \times BM_i$	$(BP_i - SC_i) \times BQ_i$

- $(BP_i - SC_i) \times AQ_i$ − $(BP_i - SC_i) \times \sum AQ \times BM_i$: 매출배합차이
- $(BP_i - SC_i) \times \sum AQ \times BM_i$ − $(BP_i - SC_i) \times BQ_i$: 매출수량차이

여기서, i : 제품 i

AQ_i(실제의 전체매출수량) = $\sum AQ \times AM_i$

BQ_i(예산의 전체매출수량) = $\sum BQ \times BM_i$

(AM_i : 제품 i 의 실제배합비율
BM_i : 제품 i 의 예산배합비율)

4. 시장점유율 및 시장규모차이(복수제품)

제품의 매출수량은 시장의 규모와 점유율의 변동에 따라 영향을 받는다. 그러나 기업의 입장에서 시장규모는 통제 불가능한 요인이나 시장점유율은 통제 가능한 요인이다. 매출수량차이는 시장점유율차이와 시장규모차이로 세분하여 분석할 필요가 있다.

시장점유율차이(market-share variance)는 실제 시장규모가 그대로 유지된다고 가정할 때 실제 시장점유율과 예산시장점유율의 차이로 인한 공헌이익의 차이로 계산하고, 시장규모차이(market-size variance)는 예산시장점유율이 그대로 유지된다고 가정할 때 실제시장규모와 예산시장규모의 차이로 인한 공헌이익의 차이로 분석한다.

매출수량차이

실　제	변동예산	종합예산
AMS × AS × BACM	AMS × BS × BACM	BMS × BS × BACM

실제 ~ 변동예산: 시장점유율차이
변동예산 ~ 종합예산: 시장규모차이
시장점유율차이 + 시장규모차이: 매출수량차이

여기서, AMS: 실제시장규모　　BMS: 예산시장규모
AS: 실제시장점유율　　BS: 예산시장점유율
BACM(budgeted average contribution margin per unit):
제품단위당 예산평균공헌이익

이 경우 예산매출배합이 유지된다는 전제 하에 제품단위당 예산평균공헌이익을 먼저 계산하여야 한다. 이는 각 제품의 단위당 예산공헌이익에 제품별 예산배합비율을 가중평균하여 계산하기 때문이다. 그리고 실제시장점유율과 예산시장점유율은 각각의 매출수량을 시장규모로 나누어 계산한다.

> 실제(예산)시장점유율 = 실제(예산)판매량 ÷ 실제(예산)시장규모

예제

SOLVE PRACTICE PROBLEM

삼성기업은 A와 B제품을 판매하고 있다. 각 제품 관련 정보는 다음과 같다.

	A제품	B제품	합계
실제판매량	800개	600개	1,400개
예상판매량	600개 (40%)	900개 (60%)	1,500개
실제판매가격	₩100	₩120	
예상판매가격	₩120	₩110	
표준변동원가	₩90	₩100	
실제시장규모	8,000개	7,500개	15,500개
예산시장규모	7,500개	9,000개	16,500개

물음 1. 매출총차이를 매출(판매)가격차이와 매출조업도차이로 세분하시오.

2. 매출조업도차이를 매출배합차이와 매출수량차이로 세분하시오.

3. 매출수량차이를 시장점유율차이와 시장규모차이로 세분하시오.

해답

1.

	실제	변동예산	종합예산
A제품	(₩100 − ₩90) × 800개	(₩120 − ₩90) × 800개	(₩120 − ₩90) × 600개
	₩16,000(불리)		₩6,000(유리)
B제품	(₩120 − ₩100) × 600개	(₩110 − ₩100) × 600개	(₩110 − ₩100) × 900개
	₩6,000(유리)		₩3,000(불리)
합 계	매출가격차이 ₩10,000(불리)		매출조업도차이 ₩3,000(유리)

매출총차이 7,000(불리)

2.

	실 제	변동예산	종합예산
A제품	(₩120 − ₩90) × 800개	(₩120 − ₩90) × 1,400개 × 40%	(₩120 − ₩90) × 600개
	₩7,200(유리)		₩1,200(불리)
B제품	(₩110 − ₩100) × 600개	(₩110 − ₩100) × 1,400개 × 60%	(₩110 − ₩100) × 900개
	₩2,400(불리)		₩600(불리)
합 계	매출배합차이 ₩4,800(유리)		매출수량차이 ₩1,800(불리)

매출조업도차이 ₩3,000(유리)

3. 시장점유율의 계산

- 실제시장점유율: A제품 = 800개 ÷ 8,000개 = 10%, B제품 = 600개 ÷ 7,500개 = 8%
- 예산시장점유율: A제품 = 600개 ÷ 7,500개 = 8%, B제품 = 900개 ÷ 9,000개 = 10%

- 제품단위당 예산평균공헌이익(BACM):
  {(₩120 − ₩90) × 40%} + {(₩110 − ₩100) × 60%} = ₩18

	실 제	변동예산	종합예산
A제품	8,000개 × 10% × ₩18	8,000개 × 8% × ₩18	7,500개 × 8% × ₩18
	₩2,880 (유리)		₩720 (유리)
B제품	7,500개 × 8% × ₩18	7,500개 × 10% × ₩18	9,000개 × 10% × ₩18
	₩2,700 (불리)		₩2,700 (불리)
합 계	시장점유율차이 ₩180(유리)		시장규모차이 ₩1,980(불리)
		매출수량차이 ₩1,800 (불리)	

- **매출총차이 요약**

매출총차이 ₩7,000(불리)
- 매출가격차이 ₩10,000(불리)
- 매출조업도차이 ₩3,000(유리)
  - 매출배합차이 ₩4,800(유리)
  - 매출수량차이 ₩1,800(불리)
    - 시장점유율차이 ₩180(유리)
    - 시장규모차이 ₩1,980(불리)

연습문제

REVIEW EXERCISES

주관식

01 표준원가계산의 개념과 유용성에 대하여 논술하시오.

02 표준원가의 설정 방법을 설명하시오.

03 원가차이 분석의 유용성을 논술하시오.

04 원가 요소별 차이분석 방법을 설명하시오.

05 배합차이와 수율차이를 비교 · 설명하시오.

06 변동제조간접원가의 소비차이와 능률차이를 설명하시오.

07 고정제조간접원가의 예산차이와 조업도차이를 설명하시오.

08 원가차이의 회계처리 방법을 논술하시오.

09 원가차이 발생원인과 차이분석 시의 유의사항을 설명하시오.

10 판매 부분의 원가차이를 원인별로 구분하여 설명하시오.

11 다음을 설명하시오

① 표준직접재료원가

② 표준직접노무원가

③ 기대조업도

④ 매출원가조정법

⑤ 매출총차이

⑥ 매출배합차이와 매출수량차이

12 직접재료원가 차이분석

㈜대한은 화학제품을 생산하는 업체이며 표준원가시스템을 채택하고 있다. 화학제품 1통을 생산하기 위한 6월의 원재료 표준투입량과 표준원가는 다음과 같다.

원재료	표준투입량	표준단가
X	40 ℓ	₩4
Y	60 ℓ	2

6월 중 제품 100통을 생산하였으며 원재료의 구입과 투입에 관련된 실제 발생 자료는 다음과 같다.

원재료	실제구입량	총구입가격	실제투입량
X	5,000 ℓ	₩19,000	4,400 ℓ
Y	5,500	14,300	5,500 ℓ
	10,500 ℓ	₩33,300	9,900 ℓ

물음 (1) 직접재료원가의 가격차이를 구입시점에서 분리할 경우, 가격차이와 능률차이를 계산하시오.

(2) 직접재료원가의 가격차이를 투입시점에서 분리할 경우, 가격차이와 능률차이를 계산하시오.

(3) 직접재료원가의 능률차이를 배합차이와 수율차이로 구분하여 계산하시오.

13 직접노무원가와 제조간접원가 차이분석

㈜한강이 7월 중 월 1,400시간의 기준조업도로 설정한 고정제조간접원가의 예산액은 ₩63,000이다. 제품 1단위 생산에 소요되는 직접노무원가와 제조간접원가에 관련된 자료는 다음과 같다.

	표준원가 자료	
표준 직접노무원가	₩50/시간	(4시간/단위당)
표준 변동제조간접원가	@₩32	
표준 고정제조간접원가	@₩45	

7월 중 실제로 발생한 제조간접원가와 관련된 자료는 다음과 같다.

직접노무원가	₩59,000
직접노동시간	1,250시간
변동제조간접비 총액	₩38,000
고정제조간접비 총액	₩55,000
제품생산량	300단위

물음 직접노무원가차이를 계산하시오.

14 원가차이분석

▸ 세무사

㈜대구는 표준원가시스템을 채택하고 있다. 회사가 설정한 제품단위당 표준원가는 다음과 같다.

직접재료원가	5kg	@₩3	₩15
직접노무원가	8 노동시간	@₩4	₩32
변동제조간접원가	10 기계시간	@₩24	₩240
고정제조간접원가	10 기계시간	@₩21	₩210

예산상 기준조업도는 2,400단위이고, 당월 실제생산량은 2,500단위이며 실제발생원가는 다음과 같다.

직접재료원가	50,000kg구입 (18,000kg 사용)	₩145,000	(구입시점에서 차이분석)
직접노무원가	23,000 노동시간	₩115,000	
총제조간접원가	26,000 기계시간	₩1,200,000	(60%는 변동제조간접원가)

물음 모든 원가차이를 계산하시오.

15 각종 원가차이분석

▸ 공인회계사

㈜광주의 20×2년도 표준원가 및 실제원가는 다음과 같다.

단위당 표준원가		
직접재료원가A	(3kg×@₩4)	₩12
직접재료원가B	(2kg×@₩5)	10
직접노무원가	(2시간×@₩5)	10
변동제조간접원가	(2시간×@₩8)	16
고정제조간접원가	(2시간×@₩11)	22
		₩70

실제원가 발생액

직접재료원가A	(20,000kg × @₩5)	₩100,000
직접재료원가B	(15,000kg × @₩5)	75,000
직접노무원가	(13,000시간 × @₩6)	78,000
변동제조간접원가		100,000
고정제조간접원가		95,000
		₩448,000

한편, 실제생산량은 5,000단위이며 기초재공품은 없고, 기말재공품수량은 800단위(60% 완성)이다. 재료는 공정 개시시점에 투입되고 가공원가는 공정 전체에 걸쳐 균등하게 투입되며, 예산상 고정제조간접원가는 ₩110,000이다.

물음 (1) 완성품원가와 기말재공품원가를 계산하고 원가계산표를 작성하시오.

(2) 다음의 원가차이를 계산하시오.

① 직접재료원가차이(수율, 배합차이 포함)

② 직접노무원가차이

③ 변동제조간접원가차이

④ 고정제조간접원가차이

16 원가차이에 대한 회계처리 방법

㈜이화는 표준원가계산시스템을 채택하고 있다. 20×1년 말 현재 표준원가로 기록된 기말재고자산금액과 매출원가는 다음과 같다.

표준원가	원재료	재공품	제 품	매출원가
직접재료원가	₩180,000	₩100,000	₩200,000	₩500,000
가공원가	-	80,000	120,000	300,000
합 계	₩180,000	₩180,000	₩320,000	₩800,000

20×1년 말 현재 원가차이 잔액은 다음과 같다.

직접재료원가 구입가격차이(구입시점 분리)	₩40,000(불리)
직접재료원가 능률차이	20,000(불리)
직접노무원가 가격차이	50,000(유리)
변동제조간접원가 소비차이	40,000(유리)
고정제조간접원가 조업도차이	80,000(불리)

물음 (1) 직접재료원가 가격차이를 구입시점에서 분리할 경우, 원가 요소별 비례배분법을 적용하여 원가차이를 배분하고 차이조정을 위한 분개를 하시오.

(2) 직접재료원가 가격차이를 구입시점에서 분리할 경우, 총원가 비례배분법을 적용하여 원가차이를 배분하고 차이조정을 위한 분개를 하시오.

(3) 매출원가조정법을 적용하여 원가차이조정을 위한 분개를 하시오.

17 표준종합원가계산

▸ 공인회계사

㈜마산은 표준종합원가시스템을 채택하고 있으며 제조 활동과 원가 자료는 다음과 같다.

(1) 제품단위당 표준원가

직접재료원가: 10kg, ₩500/kg
직접노무원가: 0.4시간, ₩2,500/시간
변동제조간접원가: 0.4시간, ₩1,500/시간
고정제조간접원가: 0.4시간, ₩1,000/시간

(2) 선입선출법에 의해 원가계산을 한다. 기초재공품량은 200단위(완성도 40%), 당기투입량은 1,400단위, 당기완성품량은 1,200단위, 기말재공품량은 300단위(완성도 80%)이다. 재료는 공정 개시시점에서 전량 투입되고, 가공원가는 공정 전반에 걸쳐 균등하게 발생된다.

(3) 공손은 진척도가 90%일 때 검사하며, 검사수량의 5%가 정상공손으로 분류된다.

물음 (1) 표준종합원가계산에 의한 제조원가보고서를 작성하시오.

(2) 정상공손원가를 반영한 완성품 총표준원가와 완성품 단위당 표준원가를 계산하시오.

18 표준변동원가계산+전부원가계산

▸ 공인회계사

㈜한국은 갑제품과 을제품 두 종류의 제품을 생산 · 판매하고 있다. 갑제품의 생산량을 A, 을제품의 생산량을 B라고 하자. 회사는 제조원가 요소별표준원가를 다음과 같은 식에 의해 추정하였다.

직접재료비(DM)	DM = ₩30 × A + ₩50 × B
직접노무시간(DLH)	DLH = 2시간 × A + 1시간 × B
직접노무비(DL)	DL = ₩20 × DLH
월간 제조간접비(OH)	OH = ₩200,000 + ₩2 × DM + ₩0.8 × DL

회사는 즉시재고관리(just-in-time)시스템을 도입하여 실행하고 있으므로 원재료 재고는 매우 소량으로 무시할 수준이다.

물음 (1) 표준변동원가계산에 의한 갑제품과 을제품의 단위당 제품원가를 각각 계산하시오.

(2) 정상조업도에서의 월 생산량은 갑제품 500단위, 을제품 500단위이다.
㈜한국은 정상조업도 하에서의 월간 직접노무시간을 기초로 고정제조간접비를 제품원가에 배부하고 있다. 표준전부원가계산에 의해 갑제품과 을제품의 단위당 제품원가를 각각 계산하시오. (소수점 둘째 자리까지 계산하시오)

객관식

01 다음 중 표준원가제도와 관련된 설명으로 옳지 않은 것은? ▸ 세무사

① 원가발생의 예외를 관리하여 통제하기에 적절한 원가계산 방법이다.
② 변동원가계산제도에서도 적용할 수 있다.
③ 기업회계기준 및 원가계산준칙에서 원가차이 발생 시 원가성이 있다고 인정되는 경우에는 이를 기말재고(기말제품 및 기말재공품)에 배부하도록 규정하고 있다.
④ 전부원가계산제도에서도 적용할 수 있다.
⑤ 종합원가계산제도에서도 적용할 수 있다.

02 다음 표준원가계산제도의 유용성을 설명한 것으로 적합하지 않은 것은? ▸ 기업회계 1급

① 평균법, 선입선출법 및 후입선출법 등의 원가흐름에 대한 가정을 필요로 하지 않는다.
② 원가차이의 구체적인 원인을 파악하기가 용이하다.
③ 효과적인 원가관리 및 통제가 가능하다.
④ 재고자산의 평가와 매출원가 산정의 기초 자료를 제공한다.

03 다음 중 표준원가제도의 장점으로 옳지 않은 것은? ▸ 경영지도사

① 책임회계제도의 실행을 촉진한다.
② 능률을 제고시킬 수 있다.
③ 재무제표를 정확하게 작성할 수 있다.
④ 예산편성에 기여한다.
⑤ 원가발생의 예외에 대한 관리를 가능하게 한다.

04 다음 중 원가차이분석으로 틀린 것은? ▸ 경영지도사

① 가격차이는 실제단가와 예산단가의 차액에 실제 사용한 재화나 용역의 수량을 곱한 것이다.
② 능률차이는 실제투입량과 실제 달성된 성과에 허용된 투입량과의 차이에 예산가격을 곱한 것이다.
③ 통제시스템에서 중요한 요소는 피드백(feedback), 즉 실적과 계획되었던 성과를 비교하는 것이다.
④ 가격차이에 대한 책임은 생산관리나 판매관리자가, 능률차이에 대한 책임은 구매담당자가 지게 된다.
⑤ 전부원가계산법에서는 고정제조간접비가 제품원가에 포함되지만 변동원가계산법에서는 고정제조간접비가 제조원가에 포함되지 않는다.

05 다음 중 예산차이의 원인이 아닌 것은? ▸ 전산세무 1급

① 제조간접비의 계절적 변동 ② 제조간접비의 낭비
③ 노동자의 부족 ④ 보조재료의 시장변동

06 표준원가계산 방법과 실제원가계산 방법 간의 경상이익이 가장 일치할 수 있는 표준원가차이의 회계처리 방법은? ▸ 전산세무 1급

① 매출원가에 가감하는 방법 ② 매출원가와 기말재고자산에 배분하는 방법
③ 기말재고자산에 배분하는 방법 ④ 영업외손익으로 처리하는 방법

07 ㈜한국은 20X1년 초에 영업 활동을 개시하였고 표준원가계산제도를 채택하고 있다. 20X1년 말 현재 표준원가로 기록된 원가계정 잔액과 실제발생원가는 직접노무원가를 제외하고 모두 동일하다. 실제발생 직접노무원가는 ₩250이다. 한편 표준직접노무원가는 기말재공품에 ₩40, 기말제품에 ₩80, 매출원가에 ₩80이 포함되어 있다. 직접노무원가의 차이는 전액 임률차이 때문에 발생한 것이다. 다음의 설명 중 옳지 않은 것은? ▸ 공인회계사

① 표준원가와 실제원가의 차이를 원가 요소별로 안분(proration)하여 수정분개하면 처음부터 실제원가로 계산한 것과 동일한 결과가 재무제표에 반영된다.
② 표준원가와 실제원가의 차이를 매출원가에서 전액 조정하면 영업이익은 실제원가계산에 의한 것보다 ₩20 더 작다.
③ 실제 매출원가에 포함된 직접노무원가는 ₩100이다.
④ 실제원가와 표준원가의 차이를 매출원가에 전액 반영하는 방법이 원가 요소별로 안분하는 방법보다 더 보수적인 회계처리이다.
⑤ 직접노무원가 임률차이는 ₩50만큼 불리한 차이가 발생한다.

08 표준원가계산을 사용하고 있는 ㈜미아의 20×4년도 표준 및 예산수립에 관한 자료는 다음과 같다.

- 제품단위당 표준직접노무시간은 0.5시간이며, 표준임률은 시간당 ₩1,000이다.
- 제조간접원가 예산액 = ₩30,000 + ₩600 × 표준직접노무시간
- 변동제조간접원가 및 고정제조간접원가 배부기준은 직접노무시간이다.
- 고정제조간접원가 배부를 위한 연간 기준조업도는 제품생산량 150단위이다.

한편, 20×4년 말 원가차이를 분석한 결과는 다음과 같다.

직접노무원가 임률차이 : ₩4,500 불리
변동제조간접원가 능률차이 : ₩6,000 불리
고정제조간접원가 조업도차이 : ₩2,000 유리

제시된 자료에 의할 때, 직접노무원가의 시간당 실제임률은 얼마인가? ▸ 공인회계사

① ₩1,030 ② ₩1,040 ③ ₩1,050 ④ ₩1,060 ⑤ ₩1,075

09 ㈜한강의 당기 초 생산 활동과 관련된 예산 자료는 다음과 같다.

구분	예산
생산량(기준조업도)	1,000단위
고정제조간접원가 총액	₩200,000
단위당 변동제조간접원가	₩125

당기의 실제생산량은 1,100단위이었고 실제제조간접원가 총액은 ₩355,000이었다. 제조간접원가 총차이를 통제가능차이와 조업도차이로 나누어 분석할 때 다음 중 옳은 것은? ▸ 공인회계사

	통제가능차이	조업도차이
①	₩0	₩1,500 유리
②	₩2,500 유리	₩0
③	₩17,500 불리	₩20,000 유리
④	₩24,500 유리	₩22,500 불리
⑤	₩30,000 불리	₩32,000 불리

10 아래 자료에 근거한 다음 설명 중 옳지 않은 것은? ▸ 공인회계사

	실제	표준
기본(기초)원가	₩170,000	₩150,000
변동제조간접원가	₩471,500	₩400,000
기계시간당 변동제조간접원가 배부율	₩23	₩20
제품단위당 기계시간	41시간	40시간

① 변동제조간접원가 표준배부율과 예정배부율이 같다면, 정상(평준화)원가계산에 의한 총변동제조원가는 ₩580,000이다.
② 예상생산량 600개에 대한 예산 총변동제조원가는 ₩660,000이다.
③ 변동제조간접원가 총차이는 ₩71,500(불리)이다.
④ 변동제조간접원가 능률차이는 ₩11,500(불리)이다.
⑤ 기본(기초)원가의 변동예산차이는 ₩20,000(불리)이다.

11 동남컨설팅의 모든 컨설팅용역은 책임연구원 1명과 보조연구원 2명이 수행하고 있다. 동남컨설팅의 컨설팅용역 수행에 관한 20×1년 1월과 2월의 예산과 실제 자료는 다음과 같다.

구분	책임연구원 1명당	보조연구원 1명당
시간당 예산공헌이익	₩100,000	₩50,000
매월 예산투입시간	140시간	180시간
1월 실제투입시간	?	171시간
2월 실제투입시간	?	153시간

동남컨설팅의 모든 연구원이 컨설팅용역을 수행하는 데 실제 투입한 총시간은 20×1년 1월과 2월에 각각 450시간씩인 것으로 파악되었다. 컨설팅용역 수행에 투입된 시간에 의할 경우, 공헌이익을 기준으로 계산한 책임연구원과 보조연구원의 1월과 2월 매출배합차이는 각각 얼마인가?

▸ 공인회계사

	20×1년 1월		20×1년 2월	
	책임연구원	보조연구원	책임연구원	보조연구원
①	₩1,800,000 불리	₩900,000 유리	₩1,800,000 유리	₩900,000 불리
②	₩900,000 불리	₩1,800,000 유리	₩900,000 불리	₩1,800,000 유리
③	₩1,800,000 유리	₩900,000 불리	₩1,800,000 불리	₩900,000 유리
④	₩900,000 유리	₩1,800,000 불리	₩900,000 유리	₩1,800,000 불리
⑤	₩1,800,000 유리	₩900,000 유리	₩1,800,000 불리	₩900,000 불리

12 ㈜한국은 상호대체가 가능한 두 종류의 노무등급인 고급노무인력과 저급노무인력을 제조공정에 투입하여 제품을 생산한다. 이 회사는 표준원가계산제도를 사용하여 직접노무원가에 대해 매월 실제원가와 표준원가의 차이를 분석하고자 한다. 이를 위한 20×4년 2월의 각 노무등급별 표준직접노무원가에 관한 자료는 다음과 같다.

	표준임률	실제생산량에 허용된 표준노무시간
고급노무인력	₩20	200시간
저급노무인력	₩12	200시간

20×4년 2월의 각 노무등급별 실제임률과 실제로 사용된 직접노무시간은 다음과 같다.

	실제임률	실제 사용된 직접노무시간
고급노무인력	₩21	220시간
저급노무인력	₩13	160시간

㈜한국의 20×4년 2월 직접노무원가의 배합차이와 수율차이는 각각 얼마인가? ▸ 공인회계사

	배합차이	수율차이
①	₩ 280 유리	₩ 300 유리
②	₩ 280 유리	₩ 300 불리
③	₩ 240 불리	₩ 300 유리
④	₩ 240 불리	₩ 320 유리
⑤	₩ 240 불리	₩ 320 불리

13 ㈜도라지는 제품의 원가관리를 위하여 표준원가시스템을 적용하고 있다. 기준조업도는 월 1,000단위이고, 이를 기초로 계산된 단위당 제조간접원가 표준배부율은 ₩3,000이다. 1월 중 제품 생산량은 1,100단위이고, 이를 근거로 계산된 1월의 제조간접원가차이는 다음과 같다.

2분법: 제조간접원가	예산차이:	₩150,000(유리)
	조업도차이:	₩200,000(유리)

2월 중 제품 생산량은 900단위이고, 실제 발생한 제조간접원가는 1월보다 ₩180,000이 적었다. 2월 중 제조간접원가 예산차이(유리)는 얼마인가? ▸ 감정평가사

① ₩70,000 ② ₩90,000 ③ ₩110,000 ④ ₩130,000 ⑤ ₩170,000

14 마리아벤처기업은 인터넷서비스업을 제공함에 있어서 전문가와 비전문 주부사원을 함께 채용하고 있다. 이들에 대한 1분당 표준임금과 그에 따른 서비스 1회의 표준원가는 다음과 같다.

	표준시간	표준임률	표준원가
표준임금			
전문가	3분	1분당 ₩300	₩ 900
비전문가	7분	1분당 ₩100	₩ 700
서비스 단위당 표준원가	₩1,600		

이 회사는 지난 1주일간 500회의 서비스를 제공하였으며, 이에 따라 실제로 발생된 임금은 다음과 같았다.

	실제시간	실제임률	실제원가
실제임금			
전문가	1,200분	1분당 ₩400	₩480,000
비전문가	4,000분	1분당 ₩130	₩520,000
실제원가 총액	₩1,000,000		

마리아벤처기업이 설정한 표준원가를 기초로 변동예산과 실제원가의 차이를 임률차이와 능률차이로 분해하고, 능률차이를 다시 배합차이와 수율차이로 분해할 때, 정확한 수율차이(yield variance)는 얼마인가? ▸ 공인회계사

① 불리한 차이 ₩32,000 ② 불리한 차이 ₩72,000 ③ 유리한 차이 ₩32,000
④ 유리한 차이 ₩40,000 ⑤ 유리한 차이 ₩72,000

15 다음은 한국㈜가 생산하는 제품 A에 관한 자료이다. 사용하고 있는 원가계산시스템은 표준원가시스템이다.

단위당 표준직접노무원가	2시간 × ₩10/시간 = ₩20/개
실제생산량	6,000개
직접노무원가 임률차이	₩3,500(불리한 차이)
직접노무원가 효율성차이	₩2,000(유리한 차이)

이 회사의 실제 직접노무시간은 얼마인가? ▸ 감정평가사

① 13,000시간 ② 12,000시간 ③ 11,800시간 ④ 11,600시간 ⑤ 12,700시간

16 ㈜사이버의 제조간접비에 대한 자료가 다음과 같다. 변동제조간접비와 고정제조간접비의 배부기준이 같다면 총제조간접비의 조업도차이는 얼마인가? ▸ 공인회계사

	실제금액	변동예산	고정예산
변동제조간접비	₩23,000	₩15,000	₩18,000
고정제조간접비	₩35,000	?	₩36,000

① ₩6,000 유리 ② ₩6,000 불리 ③ ₩7,000 유리 ④ ₩7,000 불리 ⑤ ₩9,000 불리

17 ㈜세신정밀의 다음 자료를 이용하여 직접재료비 능률차이를 구하면 얼마인가? ▸ 기업회계 1급

항 목	금 액
• 제품 예상생산량	300개
• 제품 실제생산량	370개
• kg당 실제재료비	600원
• 제품 1개당 표준투입량	4kg
• 직접재료비 kg당 표준가격	400원
• 직접재료비 가격차이(불리한 차이)	280,000원

① ₩32,000 (유리) ② ₩32,000 (불리) ③ ₩248,000 (유리) ④ ₩248,000 (불리)

18 ㈜삼천리의 표준원가계산제도는 제조간접비의 배부에 있어서 직접작업시간을 배부기준으로 사용한다. 다음은 이 회사의 원가차이분석에 필요한 자료이다.

제조간접비 실제발생액	₩15,000
고정제조간접비 실제발생액	7,200
고정제조간접비 예산액	7,000
실제 작업시간	3,500시간
표준 작업시간	3,800시간
변동제조간접비 배부율	작업시간당 ₩2.50

변동제조간접비 소비차이는 얼마인가? ▸ 세무사

① ₩1,700 유리 ② ₩750 불리 ③ ₩750 유리 ④ ₩1,500 불리 ⑤ ₩950 유리

19 대한회사는 표준원가계산제도를 채택하고 있다. 다음은 재료비 표준원가와 실제원가의 차이에 관한 자료이다.

(실제원가)
직접재료원가 실제사용량 3,200kg, @ ₩11/kg
실제완성품 생산수량 2,000단위
(재료비 원가차이)
직접재료비 가격차이 ₩9,600 (유리한 차이)
직접재료비 능률차이 ₩2,800 (불리한 차이)

대한회사의 제품 2,000단위 표준재료비와 제품 1단위당 표준투입량은 얼마인가? ▸ 세무사

	제품 2,000단위 표준재료비	제품 1단위당 표준투입량
①	₩42,000	1.5kg
②	₩44,800	2.0kg
③	₩35,200	2.0kg
④	₩42,000	1.3kg
⑤	₩47,600	2.5kg

20 ㈜대한은 표준원가계산시스템을 사용하고 있다. 다음은 제품단위당 원가요소별 표준원가 자료이다.

직접재료비	₩100	직접노무비	₩200
변동제조간접비	₩50	고정제조간접비	₩100

제조간접비 배부기준은 직접노무시간이다. 20×1년 6월에 기초재고는 없고, 총 500개의 제품을 생산하였다. 직접재료비 가격차이는 ₩1,000(불리), 수량차이는 ₩2,000(유리)이고, 직접노무비 임률차이는 ₩500(유리), 능률차이는 ₩1,500(불리)이었다. 6월 중 직접재료비 실제발생액과 직접노무비 실제발생색은 각각 얼마인가? ▸ 세무사

	직접재료비	직접노무비		직접재료비	직접노무비
①	₩46,000	₩99,000	②	₩48,000	₩101,000
③	48,000	101,500	④	49,000	101,000
⑤	49,000	101,500			

객관식 해답

1	2	3	4	5	6	7	8	9	10
③	②	③	④	③	②	②	③	③	④
11	12	13	14	15	16	17	18	19	20
①	④	④	①	③	①	①	⑤	①	④

13 생산원가

생산원가는 제품의 생산, 품질 향상, 물류, 부산물 등 생산관리의 효율성 제고를 위하여 투입된 원가이다.

1절 물류원가계산

1. 물류원가관리

물자는 원재료, 부품, 상품, 제품 등을 포함하는 넓은 개념이고, 물류 영역은 조달, 생산 및 가공, 판매, 반품, 폐기, 회수 등의 제품과 관련한 일련의 유통 과정을 포함하는 의미이다. 물류비를 영역별로 분류하면 조달물류, 사내물류, 판매물류 등으로 구분한다. 조달물류는 물자의 조달 또는 구매 과정에서 발생하는 운송, 조달보관, 하역 등의 물류 활동이고, 사내물류는 물자를 이용하여 제조 또는 생산, 가공 과정에서 발생하는 공장 또는 공장 간 운송, 보관, 하역 등의 물류 활동을 의미한다. 그리고 판매물류는 제품의 판매 활동과 관련하여 발생하는 운송, 보관, 하역 등의 물류 활동과 판매물류 이후에 발생하는 반품, 폐기, 회수 과정에서 발생하는 모든 물류 관련 활동을 포함한다. 물류원가는 물류 활동을 수행하기 위해 발생하거나, 소비한 경제적 가치로 물류 활동에 사용된 재화나 서비스를 원가로 분석한 것이다.

물류원가

구분	발생 과정	발생 원인
조달물류	물자 조달, 구매 과정	운송, 조달 및 보관, 하역
사내물류	제조, 생산, 가공	공장 운송, 보관, 하역
판매물류	제품 판매 활동	운송, 보관, 하역 등 유통원가

(1) 물류원가계산의 필요성

국내의 물류비 관리 실태는 생산 및 판매 지향적 사고를 중심으로 경영 활동을 수행하고 있기 때문에 물류비에 대한 관심이 미흡하고, 제품 한 단위에 대한 제품원가는 정확히 계산하면서도 많은 비중을 차지하고 있는 물류원가에 대해서는 정확히 분석하지 못하고 있는 실정이다. 그리고 체계적인 물류시스템 미비와 물류비에 대한 표준 산정기준 미흡 등으로 물류원가의 분석에 어려움이 있는 상황이다. 이러한 국내의 물류원가 관리 상황에서 최근 IT 기술의 발달로 물류 관련 원가에 대한 관리의 중요성이 더욱 증대되고 있다. 기업 차원의 물류원가 계산은 대부분의 기업들이 제품이 출하되는 시점부터 계산(판매물류)하고 있다. 예를 들어, 기업이 조직의 분산 배치, 공장 내 제품 창고 이동 등에서 발생하는 판매관리비에서 원가 요소를 추출하거나, 제조원가에서 물류부문의 원가 요소만을 추출해 계산하고 있는 실정이다. 이러한 제조 및 판매 중심의 물류원가분석은 다음과 같은 문제점이 있다.

첫째, 표준 산정 방법이 없기 때문에 동종 업계나 타 기업과의 비교 및 분석이 어렵다.

둘째, 총 물류원가가 아닌 부문별 물류원가를 산출하게 되고, 쉽게 파악되는 부분만 산출하게 되어 공통 부문에서 발생되는 물류비용이 실제보다 과소 계상된다.

셋째, 물류원가시스템이 확립되어 있지 않아 재무회계상의 영업비 속에 포함되는 비용을 물류원가로 임의적으로 산출하고 있다.

물류원가의 체계

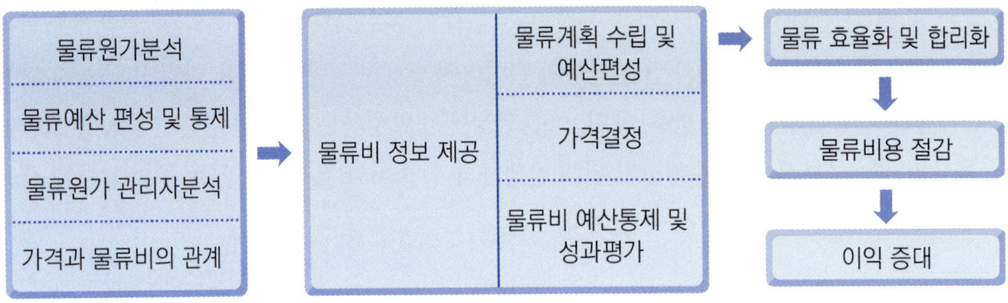

(2) 물류원가의 분류

① 국민경제 차원의 유통비

생산자로부터 소비자에 이르기까지 재화나 서비스의 흐름을 관리하는 사업 활동인 유통 활동 과정에서 발생하는 비용이다. 유통비를 파악하기 위해서는 재화나 서비스의 흐름을 명확하게 구분하고, 모든 과정을 비용 발생의 측면(제조업자 → 도매업자 → 소매업자 → 소비자)에서 계산해야 한다.

② 개별기업 차원의 유통비

기업 차원의 유통비는 판매 및 영업 활동을 통하여 발생하는 비용인 영업비(마케팅 코스트)의 하나로 영업비는 유통비와 관리비로 구성되고, 유통비는 판매비와 물류비로 구분한다. 그리고 판매비는 상품의 수주, 계약, 판매촉진 등과 같은 거래와 판매 행위와 관계된 유통 활동을 위해 발생한 비용이고, 물류비는 운송, 보관, 하역, 포장 및 재고관리 등과 같은 물리적인 이동 및 관리와 관계된 물적 유통 활동을 위해 발생한 비용을 말한다.

물류원가 구성

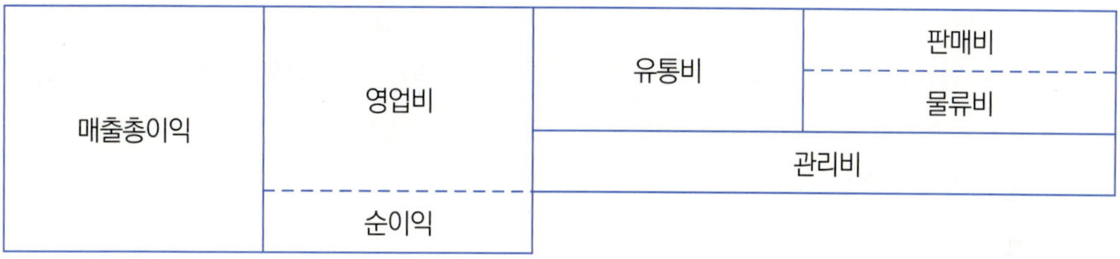

(3) 물류원가의 종류

관리회계는 물류 활동에 대한 비용을 체계적으로 산정하기 위해 물류원가 계산방식을 이용하고 있다. 관리회계방식은 비교적 정확한 물류원가의 계산이 가능하고, 산출된 물류원가정보를 활용하여 원가절감 달성 여부를 분석하기가 쉽다. 물류 활동의 중심적 관리목표로 원가중심점을 대상으로 관리하기 때문에 관리단위에 해당하는 원가중심점(예를 들어, 조직 부문, 제품, 판매 지역, 고객, 물류경로, 주문규모, 서비스 수준, 운송수단 등)을 사전에 설정한다.

원가중심점 물류원가는 기업에서 필요로 하거나 중점적 관리를 희망하는 조직단위나 제품, 지역별 등의 원가정보를 입수할 수 있고, 이 정보를 이용하여 수익분석, 사업 타당성분석 등과 같은 특별 의사결정에 활용할 수 있다. 그리고 특정 관리단위별 성과측정 및 평가에도 매우 유용하게 활용된다. 관리목적별 물류원가를 계산하여 물류비 관리의 성과를 높이기 위해서는 물류비에 대한 원가중심점별로 직접비와 간접비, 조업도에 따른 고정비와 변동비, 관리가능성에 따른 관리 가능비와 관리 불가능비 등의 세부적인 계산이 필요하다. 제품별이나 지역별 · 고객별 등과 같은 관리단위별로 물류원가를 계산하기 위해서는 관련 비용을 직접물류비와 간접물류비로 구분하여 계산해야 한다.

① 직접물류비

원가중심점별로 개별적으로 파악할 수 있는 비용이므로 해당 제품이나 지역별 등으로 원가중심점에 직접 배부한다. 물류비를 개별적으로 파악할 수 있는 것은 해당 제품이나 지역 등에 전담되는 물류 활동으로 인해 발생하는 비용이다.

② 간접물류비

원가중심점별로 개별적인 파악이 곤란할 뿐만 아니라 통상 공통적으로 발생하는 비용을 의미한다. 이에 해당하는 비용은 합리적인 기준에 의해 원가중심점별로 배부해야 한다. 간접물류비의 배부기준은 수량, 중량, 용적, 면적, 작업시간, 작업지수 등을 이용할 수 있으며, 간접물류비의 배부를 위해서는 배부기준의 선정 이외에도 배부율의 계산을 위한 업무 자료의 입수가 필요하다.

③ 고정물류비와 변동물류비

고정물류비는 조업도 수준에 관계없이 일정하게 발생하는 물류원가로 설비계획의 변경 등을 감안하여 일정 기간 동안의 총액으로 계산한다. 계정과목별로 비용항목의 예를 살펴보면, 관리자의 급료와 수당, 일반경비 중 전력요금, 가스 및 수도료, 통신비, 물류용 고정자산의 감가상각비 등이 포함된다. 변동물류비는 조업도 수준에 따라 비용이 변동하므로 조업도에 대응한 단위당금액이나 수량으로 계산한다. 조업도의 수준에 따라서 물류비를 고정비와 변동비로 분해할 때 사용하는 비용 분해의 방법으로는 계정과목별 이외에도 도표법, 공식법 등을 이용할 수 있다.

(4) 물류원가계산의 일반기준

물류원가계산의 일반적인 모델은 회계부서와 원가 자료를 이용하여 관리회계방식에 의해 물류비를 산정하는 것이다. 물류비에 대한 예산관리 및 채산성분석을 통해 원가절감을 달성하기 위해서는 영역별 · 기능별 물류비의 정확한 분석이 필요하다. 영역별 물류비는 물류비의 발생 원천을 분석할 수 있고, 기능별 물류비는 물류비 절감의 대상과 목표를 구체화시켜 준다.

물류원가 인식

관리회계	재무회계
• 원재료 운송비 등 • 포장비, 반제품의 보관비, 구내운송비, 공장제품 창고보관비 등 • 제품의 운송비, 물류센터비용, 보관비 등 • 설비투자 보수비, 재고자산 부담 이자 등	• 원자재, 상품 등의 매입원가와 제조원가 • 판매비와관리비(기회비용 불인정)

2. 적시생산시스템

적시생산(just - in - time manufacturing: JIT) 시스템은 부품이나 원재료를 적시에 생산라인에 공급하여 재고자산 회전율과 생산기간을 단축하여 생산원가를 절감하고 품질을 향상시킴으로써 기업의 이익을 증대시키는 생산시스템이다. 현대 기업들의 생산방식이 시장에서의 경쟁 심화와 고객의 수요 다양화 등으로 소품종 대량생산방식에서 다품종 소량생산방식으로 전환되었다. 적시생산시스템의 특징은 재고자산의 최소화 및 생산 소요시간의 최소화로 요약된다. 재고자산은 비수익성 자산으로 재고자산의 최소화는 기업의 자금 부담을 완화할 수 있고, 생산공정자동화 등과의 결합으로 생산 소요시간을 최소화할 수 있는 생산시스템 구축에 유용하다.

적시생산시스템과 전통적 생산시스템

구 분	적시생산시스템(JIT)	전통적 생산시스템
생산 형태	다품종 소량생산	소품종 대량생산
시스템 구성	제품별 배치시스템	기능별 배치시스템
작업방식	작업단위 내의 다기능(multi-task)	기능별 단순작업
품질관리	전사석 품질관리(TQC)	사후적 품질관리
시간관리	• 작업 대기시간 최소화 • 고객 요구에 신속히 대응	생산공정의 단위관리
구매관리	적시 구매체제 확립	사전 구매
운영 목표	• 전사적 품질관리 • 원가절감 • 생산의 유연성	전사적 원가관리

적시생산시스템은 양질의 제품을 저렴한 가격에 적기에 공급하는 것이 목표로 전사적 품질관리, 원가절감, 생산 유연성 등이 전제되어야 한다.

적시생산시스템의 전사적 품질관리(TQC)는 사전적으로 불량품을 예방하고 전체 공정을 대상으로 전사적인 품질관리를 수행하며, 제품의 원가절감에는 자재나 설비의 낭비제거, 비 부가가치

적시생산시스템의 구성

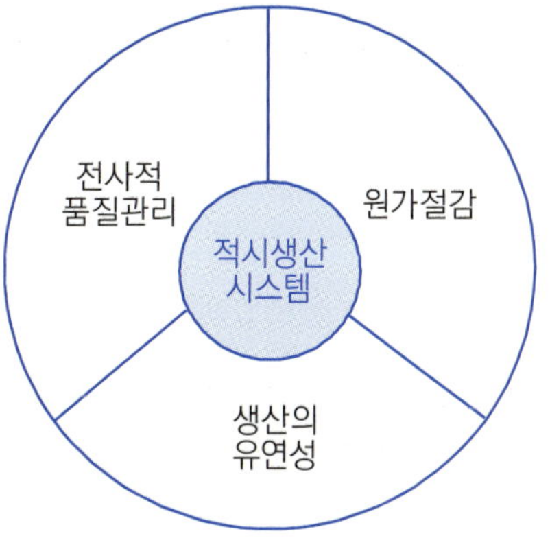

활동 원인의 규명과 예방, 공정관리 및 개선, 무재고화 등이 구체적으로 실행되어야 하며, 생산의 유연성은 다품종 소량생산 형태로 공정 재배치, 고객요구의 대응시간 단축 등이 구체적인 구성 요소이다.

3. 적시생산시스템과 역류원가계산

(1) 적시생산시스템이 원가계산에 미치는 영향

적시생산시스템은 재고자산이 비수익성자산이라는 점을 인식하고 재고자산을 최소화함으로써 원가를 절감할 수 있는 생산시스템을 구축하는 것이다. 적시생산시스템이 원가계산에 미치는 영향은 다음과 같다.

① 회계처리 단순화

제조기간의 최소화로 원재료가 빠르게 매출원가로 전환되고, 원재료가 창고가 아닌 제조공정에 직접 납품되므로 회계처리상 원재료계정과 재공품계정을 통합하거나 원가흐름에 따른 분개를 생략할 수 있다.

② 재고자산 관리의 중요성 감소

재고자산이 없거나 매우 적기 때문에 회계처리상 선입선출법, 평균법 등에 따른 물량흐름의 차이가 중요하지 않다.

③ 원가의 추적가능성 향상

원재료처리, 재고보유, 소모품검사 등의 활동이 줄어들어 제조간접비가 절감되면서 제조간접비의 직접 원가화가 가능해진다.

④ 종합원가계산 적용의 확대

생산공정의 자동화로 한 공정에서 다양한 제품의 작업이 수행되므로 종합원가계산의 적용가능성이 높아진다.

⑤ 정상공손원가 배분의 중요성 감소

불량률이 크게 낮아지므로 종합원가계산에서 정상 공손원가를 재배분해야 할 필요성이 감소된다.

(2) 역류원가계산

적시생산시스템 하에서는 역류원가계산을 이용한다. 역류원가계산(backflush costing)은 제품의 생산완료시점이나 판매시점까지 제품원가의 기록을 지연시켜 판매된 제품과 재고자산에 역순으로 원가를 배분하는 표준원가계산시스템으로 지연원가계산(delayed costing)이라고도 한다. 역류원가계산은 원가를 순차적으로 추적하지 않고 산출물(output)에 초점을 맞추어 제품 생산의 역순으로 제조원가를 매출원가와 재고자산에 배부하는 표준원가계산시스템이다.

역류원가계산의 유형

구 분	분개 시점	적용 상황	관련 재고자산 계정
유형 Ⅰ	① 원재료 구입 ② 제품 완성 ③ 제품 판매	재공품이 거의 없는 경우	재공원료, 제품
유형 Ⅱ	① 원재료 구입 ② 제품 판매	재공품과 제품이 거의 없는 경우	재고자산
유형 Ⅲ	① 제품 완성 ② 제품 판매	원재료와 재공품이 거의 없는 경우	제품

① 유형 Ⅰ : 원재료 구입, 제품 완성 및 판매시점에서 재고자산 인식

재고자산계정으로는 원재료와 재공품계정을 통합한 재공원료(raw in process)계정과 제품계정을 사용한다. 원재료 구입 시에는 재공원료계정 차변에 원재료 구매액을 기재하고, 제품 완성 시에는 표준완성품원가를 제품계정 차변과 재공원료 및 가공원가계정의 대변에 기재함으로써 표준재료원가와 표준가공원가 배부액을 역산한다. 원재료의 투입 시에는 거래를 인식하지 않으므로 기말재고자산은 기말재공원료와 기말제품으로 구성되며, 기말제품재고액에는 원재료원가 이외에 가공원가도 포함된다. 가공원가계정의 차변에는 실제 발생 가공원가가 기재되고, 대변에는 완성품원가에 배부된 표준가공원가가 기재되므로 그 차이인 가공원가의 배부차이는 일반적으로 매출원가계정에서 조정한다. 그 이유는 역류원가계산을 채택하는 기업의 경우 통상 재고 수준이 낮기 때문이다.

② 유형 Ⅱ : 원재료 구입, 제품 판매시점에서 재고자산 인식

원재료, 재공품, 제품 등을 통합한 재고자산(inventory)계정을 이용한다. 원재료 구입 시에는 재고자산계정 차변에 원재료 구입액을 기재하고, 제품판매 시에 표준매출원가를 매출원가계정 차변과 재고자산 및 가공원가계정의 대변에 기재함으로써 표준재료원가와 표준가공원가 배부액을 역산한다. 원재료의 투입과 제품의 완성 시에는 거래를 인식하지 않으므로 기말재고자산에는 원재료원가만이 포함되며, 가공원가는 재고자산화하지 않고 매출원가로 배부하여 기간비용으로 처리한다.

실제발생 가공원가와 매출원가로 배부되는 표준가공원가와의 차이인 가공원가의 배부차이는 모든 재고자산이 통합되었기 때문에 매출원가계정에서만 조정한다. 이 방법은 두 번째의 거래 인식을 제품의 판매시점에서 하게 되므로 생산보다는 판매를 강조하고 있고, 재공품과 제품 등의 재고가 없는 경우에 적용 가능하다. 또한 가공원가를 재고자산화하지 않고 기간비용으로 처리하므

로 경영자들로 하여금 재고자산을 과다 보유하려는 동기를 감소시킨다. 만약 가공원가를 재고자산화 한다면, 경영자는 과잉 생산을 통한 재고자산 부풀리기로 영업이익을 조정할 수 있다고 생각할 가능성이 존재한다.

③ 유형 III: 제품 완성 및 판매시점에서 재고자산 인식

재고자산계정으로 제품계정만을 사용하며 원재료의 구입 시에는 회계처리를 하지 않고 제품의 완성시점에 표준완성품원가를 제품계정 차변과 원재료 매입채무 및 가공원가계정의 대변에 기재함으로써 표준재료원가와 표준가공원가 배부액을 역산한다. 이 방법은 원재료의 구입과 투입시점에는 거래를 인식하지 않으므로 원재료나 재공품의 재고가 없는 경우에 적합하며 기말재고자산은 기말제품재고뿐이다. 기말제품재고액에는 원재료원가 이외에 가공원가도 포함된다. 그리고 실제발생 가공원가와 제품에 배부되는 표준가공원가와의 차이인 가공원가배부차이는 매출원가계정에서 조정한다.

적시생산시스템 하에서는 전통적 생산시스템과 같이 생산의 흐름과 원가의 흐름을 순차적으로 일치시킨다는 것은 많은 시간과 비용이 소요되므로 적절하지 않은 계정을 제거하고, 기록을 단순화하고자 역류원가계산을 도입한다. 역류원가계산을 적용하기 위해서는 다음과 같은 조건이 전제되어야 한다.

첫째, 적시생산시스템이 도입되어야 한다. 적시생산시스템은 재고를 낭비 요인으로 보고 무재고를 지향하므로 재고를 지속적으로 추적하지 않는 역류원가계산에 부합한다.

둘째, 표준원가계산이나 예정원가계산제도가 확립되어 있어야 한다. 그것은 판매된 제품과 재고자산에 역순으로 원가를 배부하여야 하기 때문이다.

셋째, 원가 구성 항목 중 직접노무원가의 비중이 낮아야 한다. 직접 노무원가를 별도로 추적하지 않고 제조간접원가와 같이 가공원가에 포함시킨다.

2절 품질원가계산

1. 품질원가계산 개념

품질(quality)은 기업이 생산하는 제품이나 서비스가 보유하고 있는 속성이나 기능으로 고객의 기대욕구를 충족시키는 상대적인 척도이다. 오늘날 기업이 급격히 변화하는 시장환경에서 생존하기 위해서는 양질의 제품을 경제적인 가격에 공급하여야 한다.

(1) 품질결정 요인

품질은 일반적으로 설계품질과 적합(가공)품질의 두 요인에 의해 결정된다. 설계품질(quality of design)은 고객의 기대를 충족시킬 수 있는 기능이나 모양 등 제품사양의 설계와 관련된 품질 요인이며, 적합품질(quality of conformance)은 실제로 생산되어 제공된 제품이 이미 제시된 설계품질에 얼마나 부합되는지 여부와 관련된 품질 요인이다. 품질실패(quality failure)는 기업이 제공하는 제품이나 서비스의 품질 수준이 고객의 기대에 부합하지 못하는 것으로 설계품질실패와 적합품질실패로 구분할 수 있다.

품질성공과 실패

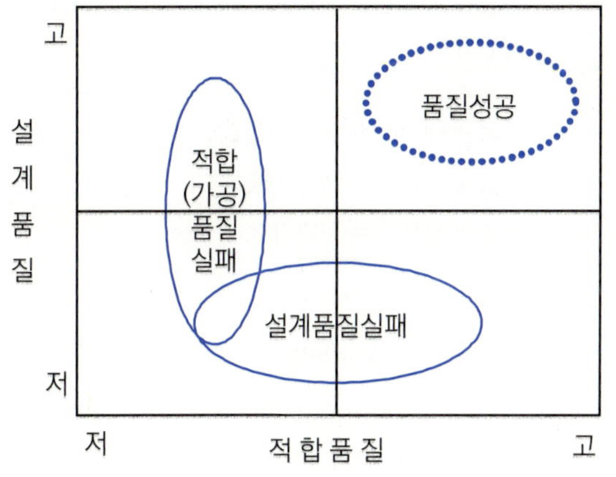

품질원가(costs of quality)는 품질실패로 인해 발생하는데 대부분 적합품질실패에 기인하며, 이는 제품의 전체 수명주기에 걸쳐 발생한다. 따라서 품질원가계산은 제품이나 서비스가 품질 수준이 미흡할 경우 발생하는 품질원가를 측정하여 보고하는 전략적 원가관리시스템 중 하나이다.

(2) 품질원가계산의 목적

첫째, 품질원가계산은 조직의 각 부문이나 구성원들로 하여금 전통적인 원가계산제도에서 인식하지 못했던 품질원가를 측정 · 보고함으로써 품질원가 절감 및 지속적인 품질개선을 유도할 수 있다.

둘째, 총품질원가에서 유형별 품질원가 비중에 대한 분석으로 품질원가의 적정성과 개선해야 할 품질원가를 파악하는 데 도움을 준다.

셋째, 품질성과보고서를 작성하여 유형별 품질원가의 예산과 발생액 간의 차이분석으로 차이 발생 원인을 규명하여 효과적으로 품질원가를 관리하고, 추세적으로 품질원가를 비교하여 분석함으로써 기간별 품질원가 변동추이를 파악할 수 있다.

2. 품질원가의 유형

품질원가는 품질실패가 발생했거나 발생할 가능성이 있어 지출되는 원가로 제품이나 서비스의 품질 수준이 고객의 기대에 부합한다면 발생하지 않는 회피가능원가이다.

품질원가 유형

품질원가	구 분	정 의
통제원가	예방원가	불량품 발생을 사전에 예방하고 품질 수준을 높이기 위해 지출하는 원가
	평가원가	불량품이 고객에게 전달되는 것을 방지하고자 생산된 제품(서비스)이 적합품질 요건을 갖추고 있는지 여부를 검사하고 평가하기 위해 지출하는 원가
실패원가	내부실패원가	제품(서비스)이 고객에게 전달되기 이전인 생산공정 중 불량 부품 및 재공품 때문에 발생하는 실패원가
	외부실패원가	제품(서비스)이 고객에게 이전된 이후에 결함이 발견되어 이의 처리와 관련해 발생하는 실패원가

품질원가는 그 성격에 따라 예방원가(prevention costs), 평가원가(appraisal costs), 내부실패원가(internal failure costs), 외부실패원가(external failure costs) 등으로 분류한다. 예방원가와 평가원가는 불량품의 발생가능성을 사전에 방지하고, 품질 수준을 높이는 데 기여하는 원가로 통제원가(control costs)라고 한다. 내부실패원가와 외부실패원가는 실제로 불량품이 발생함으로써 지출하게 되는 원가로 품질수준과 역의 관계에 있어 실패원가(failure costs)라고 한다.

(1) 품질원가관리

기업에서 생산하는 제품이나 서비스의 품질실패와 관련해 발생하는 총 품질원가는 불량률의 증감에 따라 영향을 받게 된다. 총품질원가는 예방 및 평가원가와 같이 불량품의 발생을 방지하기 위한 통제원가와 내부 및 외부실패원가와 같이 불량품의 발생과 관련된 실패원가로 구성된다. 통제원가는 불량률과 역의 함수관계가 있어 예방 및 평가원가의 지출이 증가할수록 불량률이 낮아지고, 반면에 실패원가는 불량률이 높으면 증가되는 함수관계에 있기 때문에 내부 및 외부실패원가는 불량률이 높을수록 많이 지출된다.

전통적인 품질원가 개념에서는 통제원가와 실패원가의 합인 총 품질원가의 균형점(최적 품질원가)이 존재할 것으로 가정하여 이 균형점을 기업이 허용할 수 있는 불량률로 인식(허용가능품질 관점)하여 왔다.

전통적인 품질원가

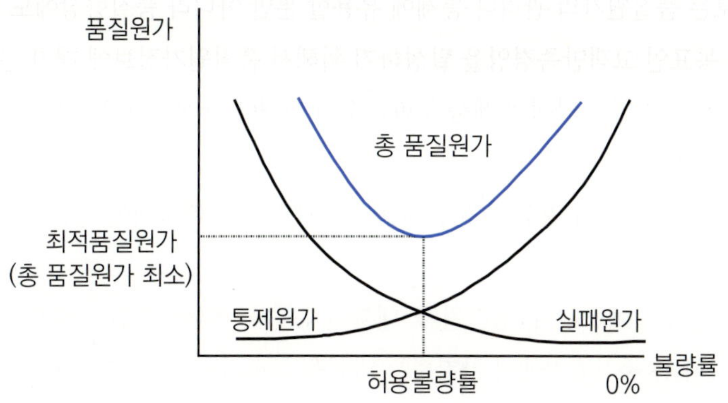

품질향상정책의 실행으로 통제원가의 지출이 높아지면 불량률이 낮아지고, 실패원가 발생이 감소하여 총 품질원가는 균형점에서 최적이 된다.

고도의 기술혁신을 거듭하고 있는 현대의 기업들은 제품의 품질 수준과 관련해 과거에는 어느 정도 허용되었던 불량률을 인정하지 않고, 무결점인 불량률 0 상태를 지향하는 전사적 품질관리(total quality control: TQC)기법 등을 적용하여 총 품질원가와 불량률을 동시에 감소시키고 있다. 이 경우 불량률이 감소하면서 실패원가는 급속히 감소하지만, 통제원가는 조금 증가하다가 다시 감소하여 총 품질원가는 불량률이 0 인 상태에서 최적이 된다.

현대의 품질원가

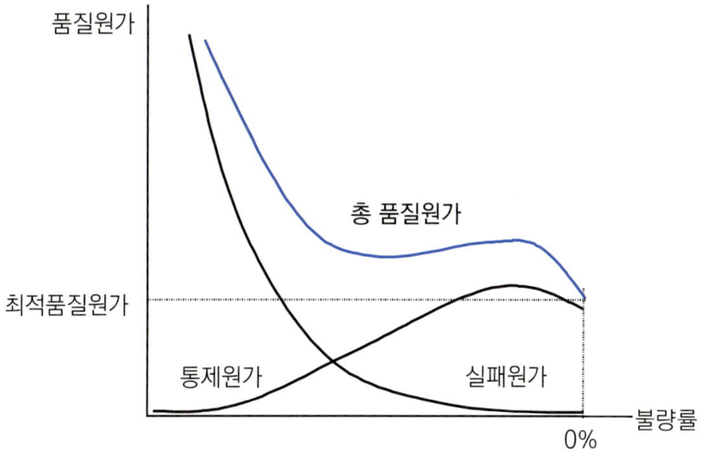

(2) 품질원가분석

품질원가정보는 품질원가의 관리나 통제에 유용할 뿐만 아니라 품질향상에도 기여할 수 있다. 특히 경영 활동 목표인 고객만족경영을 달성하기 위해서 품질원가정보에 대한 분석과 평가가 필수적이라 할 수 있다. 기업이 양질의 제품을 합리적인 가격에 판매하기 위해서는 제품원가에 대해 철저히 분석해야 한다.

첫째, 품질원가와 기업의 수익성 간의 관계를 분석하기 위해 매출액에 대한 품질원가의 구성 비중을 유형별로 분석한다.

둘째, 총 품질원가는 예방원가, 평가원가, 내부실패원가, 외부실패원가 등으로 구성되므로 각 유형별 품질원가가 총 품질원가에서 차지하는 비중을 분석하여 기업 고유의 품질원가 특성을 분석하고 중점관리해야 할 품질원가 대상을 선정하여 분석한다.

셋째, 추세법을 적용하여 품질원가의 연도별 변동추이를 분석한다. 이는 중 · 장기적인 품질원가의 관리에 유용하며, 미래의 품질원가 변동 예측에도 유용하다.

3. 품질원가계산의 효익과 한계

품질원가계산은 품질원가의 규모나 특성을 분석함으로써 품질이 갖는 재무적 중요도를 파악할 수 있으며, 기업이 직면한 품질문제의 상대적 중요도를 평가할 수 있으므로 지속적 개선 활동이나 리엔지니어링 활동을 추진할 수 있게 된다.

그리고 품질원가를 성과평가시스템과 연결하면 품질개선에 도움을 주며, 품질개선을 통해 기업의 수익성을 제고할 수 있는 장점이 있다.

그러나 품질원가계산은 품질불량 원인에 대한 개선 대책의 마련 없이 문제 제시에 그칠 가능성이 있고, 품질원가의 산정에 많은 시간과 비용이 소요되며, 수치로 표현할 수 없는 중요한 품질원가항목이 누락될 가능성이 있는 등의 한계가 있다.

품질원가시스템 구축사례(LG-EDS)

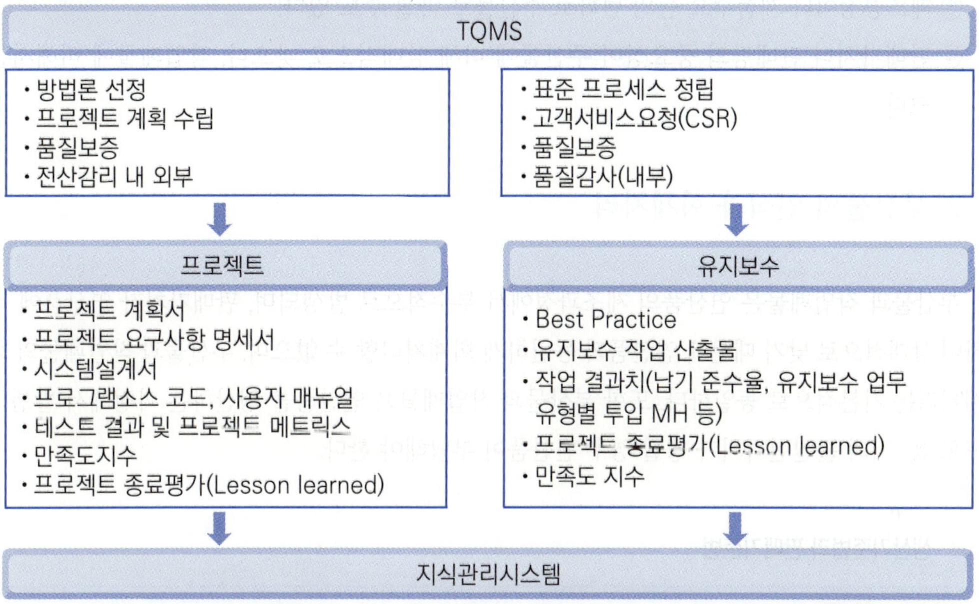

기능	프로세스 관리		프로젝트 계획 수립		진척/산출물관리
지원도구	Process Library	Process Engineer	Project Engineer	Microsoft Project	Advisor DM
역할	다양한 개발환경에 적합한 개발경로 제공 (총29개)	조직에 부합하는 표준프로세스 정의 및 개선	프로젝트 환경에 적합한 표준경로 선정 및 프로젝트 실행계획 수립	자원 및 일정 스케쥴링	수행중인 프로젝트 현황 및 진척관리, 산출물 변경관리

출처: 삼성경제연구소

3절 부산물 회계처리

1. 부산물의 개념과 특성

연산품은 상대적 판매가치 혹은 수량에 따라 주산물과 부산물로 구분할 수 있다. 부산물(by-products)은 주산물(main products)에 비해 상대적인 판매가치나 수량에서 그 중요도가 낮은 제품이며, 판매가치가 거의 없는 작업폐물(scrap)과 구분된다. 부산물의 예로는 비누 공장의 글리세린, 주조 공장의 밀 찌꺼기, 코크스 공장의 타르 등이다. 부산품은 다음과 같은 특성을 갖고 있다.

① 분리점에서 주산물과 구분되며 추가 가공될 수 있다.

② 부산물은 주산물을 생산하는 과정에서 나오는 부수적 산물이다.
③ 제조공정이나 제품수요 등의 변화로 주산물로 바뀔 수도 있다.
④ 판매가치나 판매량의 중요성이 주산물에 비해 상대적으로 낮으나, 작업폐물에 비해서는 크다.

2. 부산물의 인식과 회계처리

부산물과 작업폐물은 연산품의 제조과정에서 부수적으로 발생되며, 판매가치가 연산품에 비하여 상대적으로 낮기 때문에 연산품과 동일하게 회계처리할 수 없으며, 부산물과 작업폐물의 회계처리는 기본적으로 동일하다. 또한 부산물과 작업폐물은 연산품을 생산하는 과정에서 발생하므로 음(-)의 순실현가치가 생길 경우 연산품이 부담해야 한다.

생산기준법과 판매기준법

구 분	생산기준법*	판매기준법**
적용 상황	부산물의 중요성이 높은 경우	부산물의 중요성이 낮은 경우
분리점에서 평가액	부산물의 순실현가치 (부산물의 순실현가치 만큼 결합원가가 배분되는 결과 발생)	0 (결합원가 배분되지 않음)
부산물의 총 제조원가	부산물의 결합원가 배분액 (부산물의 순실현가치) + 추가가공원가	추가가공원가
연산품에 배분될 결합원가	최초결합원가 - 부산물의 순실현가치	최초결합원가

주: * ① 부산물은 생산시점에서 순실현가치로 평가
② 부산물은 생산시점에서 인식하며, 부산물의 순실현가치는 제조원가(결합원가)에서 차감
** 부산물의 판매시점에서 판매이익을 잡이익으로 처리하는 방법

(1) 생산기준법

생산기준법은 부산물의 분리시점에서 순실현가치를 추정하여 부산물을 평가 · 인식하는 방법으로, 회계처리 시에는 매출원가보다 제조원가에서 차감하는 것이 이론적으로 타당하다 할 수 있다.

생산기준법은 부산물 생산 시 결합원가를 배분함에 있어 먼저 결합원가 배분총액에서 부산물의 순실현가치를 차감한 후, 나머지 결합원가를 주산품 순실현가치의 상대적 비율에 따라 주산물에 배분하는 방법이다.

◇ 부산물 생산시점의 회계처리

(차) 주 산 물	×××	(대) 재 공 품	×××
부 산 물	×××		

◇ 분리원가 발생시점의 회계처리

(차) 부 산 물	×××	(대) 현 금 예 금	×××

◇ 부산물 판매시점의 회계처리

(차) 현 금 예 금	×××	(대) 부 산 물	×××

생산기준법을 적용할 때는 부산물의 순실현가치가 부산물의 제조원가이므로 부산물의 판매시점에는 이익이 발생하지 않는다. 다만 추정판매가치와 실제판매가치에 차이가 있을 때에는 손익이 발생할 수 있다. 따라서 부산물의 판매가능성이 확실하고 추정판매가치가 높아, 재고자산이나 이익에 미치는 영향이 큰 경우에 주로 적용된다.

예제 SOLVE PRACTICE PROBLEM

현대상사는 1종류의 원재료를 투입하여 주산물 A, B와 부산물 C를 생산하고 있으며, 지난 3월의 생산 및 판매 관련 자료는 다음과 같다.

제 품	생산량	판매량	분리원가	판매단가
A	900개	800개	₩20,000	₩600
B	600	400	20,000	500
C	100	100	2,000	220
합 계	1,600개	1,300개	₩42,000	

각 제품은 모두 추가 가공 후에 판매되며, 순실현가치법에 의하여 결합원가를 배분하고 있다. 결합원가는 ₩400,000이다.

물음 부산물을 생산시점에서 인식하여 회계처리하고, 제품별 포괄손익계산서를 작성하시오.

해답

1. 생산기준법

(1) 결합원가의 배분

제품	순실현가치	배분비율	결합원가 배분액	분리원가	총제조원가
A	₩520,000[1)]	65%	₩247,000	₩20,000	₩267,000
B	280,000[2)]	35%	133,000	20,000	153,000
C			20,000[3)]	2,000	22,000
합계	₩800,000	100%	₩400,000	₩42,000	₩442,000

1) (900개 × ₩600) − ₩20,000 = ₩520,000

2) (600개 × ₩500) − ₩20,000 = ₩280,000

3) (100개 × ₩220) − ₩2,000 = ₩20,000

(2) 부산물의 회계처리

① 생산시점

(차)	제 품 A	267,000	(대) 재 공 품	440,000
	제 품 B	153,000		
	부 산 물	20,000		

② 분리원가 발생시점

(차)	부 산 물	2,000	(대) 현 금 예 금	2,000

③ 판매시점

(차)	현 금 예 금	22,000	(대) 부 산 물	22,000

(3) 제품별 포괄손익계산서

	제품 A	제품 B	부산물 C	합 계
매 출 액	₩480,000	₩200,000	₩22,000	₩702,000
매 출 원 가				
당기제품제조원가	267,000	153,000	22,000	442,000
기말제품재고액	29,667*	51,000	-	80,667
소 계	₩237,333	₩102,000	₩22,000	₩361,333
매출총이익	₩242,667	₩98,000	₩0	₩340,667

* $₩267,000 \times \frac{100개}{900개} = ₩29,667$

(2) 판매기준법

판매기준법은 부산물을 처분하는 시점에서 부산물을 평가 · 인식하는 것으로, 부산물 생산시점에는 결합원가를 전혀 배분하지 않으므로 부산물 재고액은 '0' 이 되고 부산물은 부외자산이 된다. 따라서 이 경우 분리원가만이 부산물의 원가가 된다.

판매기준법을 적용하면, 분리원가는 부산물의 판매시점까지 원가 인식이 지연된다. 물론 소액인 경우에는 기간비용으로 처리할 수도 있다. 부산물이 판매될 때에는 부산물의 처분가치에서 분리원가와 판매비를 공제하여 부산물처분이익을 인식하는데, 이때 잡이익(영업외수익)으로 계상하는 것이 일반적이다.

◇ 부산물 생산시점의 회계처리

(차) 주 산 물	×××	(대) 재 공 품	×××

* 부산품에 대한 회계처리는 없다.

◇ 분리원가 발생시점의 회계처리

(차) 부 산 물	×××	(대) 현 금 예 금	×××

◇ 부산물 판매시점의 회계처리

(차) 현 금 예 금	×××	(대) 잡이익(영업외수익)	×××

판매기준법은 부산물의 경제적 가치가 미미하거나, 판매가능성이 불확실하여 재고자산이나 이익에 미치는 영향이 크지 않은 경우에 적용된다.

예제 SOLVE PRACTICE PROBLEM

현대상사는 1종류의 원재료를 투입하여 주산물 A, B와 부산물 C를 생산하고 있으며 지난 3월의 생산 및 판매 관련 자료는 다음과 같다.

제 품	생산량	판매량	분리원가	판매단가
A	900개	800개	₩20,000	₩600
B	600	400	20,000	500
C	100	100	2,000	220
합 계	1,600개	1,300개	₩42,000	

각 제품은 모두 추가 가공 후에 판매되며, 순실현가치법에 의하여 결합원가를 배분하고 있다. 결합원가는 ₩400,000이다.

물음 부산물을 판매시점에서 회계처리하고, 제품별 포괄손익계산서를 작성하시오.

해답

1. 판매기준법

(1) 결합원가의 배분

제 품	순실현가치	배분비율	결합원가 배분액	분리원가	총제조원가
A	₩520,000	65%	₩260,000	₩20,000	₩280,000
B	280,000	35	140,000	20,000	160,000
부산물 C			-	2,000	2,000
합계	₩800,000	100%	₩400,000	₩42,000	₩442,000

(2) 부산물의 회계처리

① 생산시점

(차)	제 품 A	280,000	(대) 재 공 품	440,000
	제 품 B	160,000		

② 분리원가 발생시점

(차)	부 산 물	2,000	(대) 현 금 예 금	2,000

③ 판매시점

(차)	현 금 예 금	22,000	(대) 잡 이 익	22,000

(3) 제품별 포괄손익계산서

	제품 A	제품 B	부산물 C	합 계
매 출 액	₩480,000	₩200,000		₩680,000
매출원가				
당기제품제조원가	280,000	160,000		440,000
기말제품재고액	31,111[1)]	53,333		84,444
소 계	₩248,889	₩106,667		₩355,556
매출총이익	₩231,111	₩93,333		₩324,444
잡 이 익	-	-	₩20,000[2)]	20,000
법인세차감전순이익	₩231,111	₩93,333	₩20,000	₩344,444

1) ₩280,000 × $\frac{100개}{900개}$ = ₩31,111

2) 판매가치 ₩22,000 - 분리원가 ₩2,000 = ₩20,000

연습문제

REVIEW EXERCISES

주관식

01 물류원가계산의 개념과 필요성을 논술하시오.

02 물류원가의 종류를 설명하시오.

03 적시생산시스템과 전통적 생산시스템을 비교 · 설명하시오.

04 적시생산시스템(JIT)의 특성을 논술하시오.

05 역류원가계산 개념 및 적용 조건에 대하여 논술하시오.

06 품질원가계산 개념 및 품질결정 요인에 대하여 설명하시오.

07 품질원가의 유형에 대하여 설명하시오.

08 현대의 기업들이 관리하는 품질원가 수준의 특성을 논술하시오.

09 부산물 인식 및 회계처리에 대하여 논술하시오.

10 다음을 설명하시오.

① 물류원가 체계

② 전사적 품질관리(TQC)

③ 설계품질 및 적합품질

④ 통제원가 및 실패원가

⑤ 부산물(by-products)

11 부산물회계

천안회사는 재료를 투입하여 주산품 A와 B, 부산물 C를 생산하고 있다. 각 제품은 분리점 이후에 추가 가공된 후에 판매된다. 분리점 이전의 결합원가는 ₩3,000,000이며, 이의 배분시에는 순실현가치법을 적용한다. 20×4년 5월 중의 생산 및 판매 관련 자료는 다음과 같다.

제 품	생산량	판매량	분리원가	판매단가
A	400kg	300kg	₩400,000	₩10,000
B	400	400	400,000	7,000
C	80	80	40,000	1,500

물음 부산물을 생산시점에서 인식한다고 가정하고, 각 제품별 총제조원가와 매출총이익을 계산하시오.

14 경영관리원가

경영관리원가는 경영전략 수립, 경영목표 달성 등에 필요한 경제적 의사결정을 위해 분석하고 관리하는 의사결정원가이다.

1절 목표원가계산

목표원가계산(target costing)은 사전에 설정된 이익목표를 달성할 수 있도록 목표원가를 계산하는 방법이다. 목표원가는 특정 제품을 생산할 때 목표이익을 달성할 수 있는 범위 내에서 허용되는 원가를 말한다.

목표원가(허용원가) = 예상판매가격 – 목표이익
= 예상판매가격 – (예상판매가격×목표이익률)
= 예상판매가격 × (1 – 목표이익률)

1. 목표원가계산의 특성

전통적 원가계산에서는 제품의 원가분석에 의한 추정원가에 이익을 가산하는 원가가산가격결정방식(costs-plus pricing)으로 가격을 결정함으로써 원가관리보다는 시장가격관리에 중점을 두었다. 이는 공급자중심의 시장(sellers' market)에서만 가능한 형태이다. 그러나 현대의 수요자중심의 시장(buyers' market) 상황 하에서는 가격결정에 소비자가 공급자보다 더 많은 영향을 미치게 되므로 목표원가관리에서는 시장에서 이미 결정된 판매(시장)가격에서 목표이익을 차감함으로써 목표원가를 설정한다.

전통적 원가계산	제조원가 + 목표이익 = 판매가격
목표원가계산	판매가격 – 목표이익 = 목표원가

(1) 목표원가계산의 목적

목표원가계산은 이익계획과 원가계획을 동시에 수립하여 목표이익을 달성할 수 있는 추정원가를 계산하는 것으로 구체적인 목적은 다음과 같다.

① 기업의 안정적인 이익목표 달성이다. 전통적 원가계산에서는 수익에서 비용을 차감하여 이익을 계산하였으나, 목표원가계산은 예상수익에서 목표이익을 차감하여 허용원가(목표원가)를 계산하여 적용함으로써 목표이익을 효율적으로 달성하기 위한 원가관리와 원가유지 활동이 가능해 진다.

② 제품의 시장 경쟁력을 향상시킨다. 목표원가는 제품의 기획 및 설계단계에서 설정되므로 제품원가 절감, 품질향상 등의 동기부여로 제품의 가격 및 품질 경쟁력을 강화시키고, 고객의 니즈(needs) 변화에 적극적이고 능동적으로 대처할 수 있게 한다.

③ 구성원들의 목표를 명확히 제시해 주고 동기를 유발시킨다. 제품제조 이전에 달성해야 할 목표원가를 정확히 설정함으로써 각 부문이나 부문구성원들에게 명확한 목표의식과 원가의식을 고취시킬 수 있고, 원가관리에 있어 조직구성원들의 적극적인 협조를 유도할 수 있다.

전통적 원가계산과 목표원가계산

구 분	전통적 원가계산	목표원가계산
관리방식	• 생산 현장중심 관리 • 일상적이고 단기적인 활동 • 예산, 표준원가관리	• 시장 · 고객중심 관리 • 프로젝트별 중 · 장기 활동(신제품 개발 등) • 전략적인 원가관리
관리대상	• 주로 제조 활동 • 현재의 발생원가 • 생산자 부담원가	• 주로 개발 · 설계 등 제조 이전의 활동 • 미래의 예상 발생원가 • 생산자 및 사용자 부담원가
성과측정	표준원가와 실제원가의 차이	목표원가와 견적원가의 차이

(2) 목표원가계산 절차

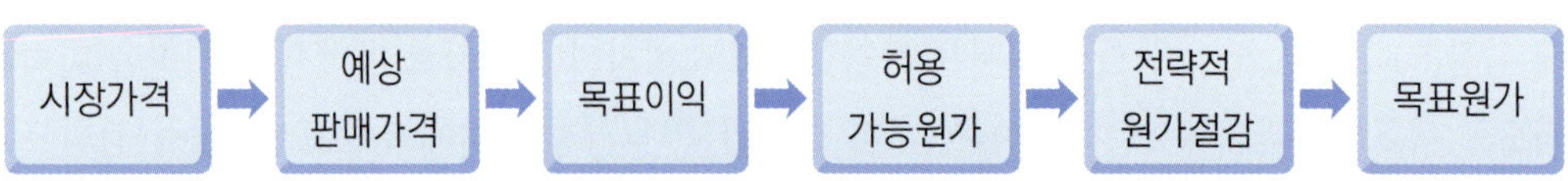

① 예상판매가격 추정

목표원가는 매출액에서 목표이익을 차감하여 계산하므로 예상판매가격의 추정은 목표원가계산의 출발점이다. 제품의 예상판매가격은 시장에서 수용 가능한 가격으로 고객이 기꺼이 지급할 수 있는 제품의 가치이다. 이를 추정하기 위해서는 과거의 판매실적 분석뿐만 아니라 철저한 시장조사에 의해 경쟁업자의 동향, 수요의 변동 추이, 고객 니즈(needs)의 변화 등을 정밀하게 분석해야 한다.

② 목표이익 추정

목표원가계산의 두 번째 단계는 목표이익을 추정해야 한다. 전통적인 원가계산에서 기간이익은 수익에서 비용을 차감하여 계산하는데, 이는 일정 기간 동안에 달성한 경영의 순성과를 의미한다. 목표원가계산에서 목표이익은 사전에 달성 가능한 이익목표로 이익계획이나 경영전략에 근거하여 추정하게 된다. 목표이익은 투하자본에 대한 성과를 나타내는 목표자본이익률에 반영되는데 이는 목표매출이익률과 목표자본회전율로 세분하여 분석한다.

$$\text{목표자본이익률} = \text{목표매출이익률} \times \text{자본회전율}$$

$$\frac{\text{목표이익}}{\text{자본}} = \frac{\text{목표이익}}{\text{매출액}} \times \frac{\text{매출액}}{\text{자본}}$$

기업 전체의 목표이익은 기업들이 복수제품을 생산, 판매하고 있으므로 제품결합(product mix)에 따라 목표이익을 세분화해야 한다.

③ 목표원가계산

목표원가계산 방법은 공제법과 가감법이 있다. 공제법은 예상판매가격에서 이익계획에 의한 목표이익을 차감하여 목표원가(예상판매가격 - 목표이익)를 계산하는 방법으로 신제품을 개발할 때 적합한 적용 방법이다. 가감법은 제품의 현행원가 및 추가원가에서 절감가능원가를 차감하여 목표원가(현행제품원가 + 추가원가 - 절감가능원가)를 계산하는 방법이다. 새로운 기능을 추가하거나 개선함으로써 발생하는 추가원가는 현행제품원가를 전제한 원가이며, 절감가능원가는 제품원가 중 비능률 요인이나 낭비 요인 등으로 발생하는 원가이다.

목표원가계산 방법

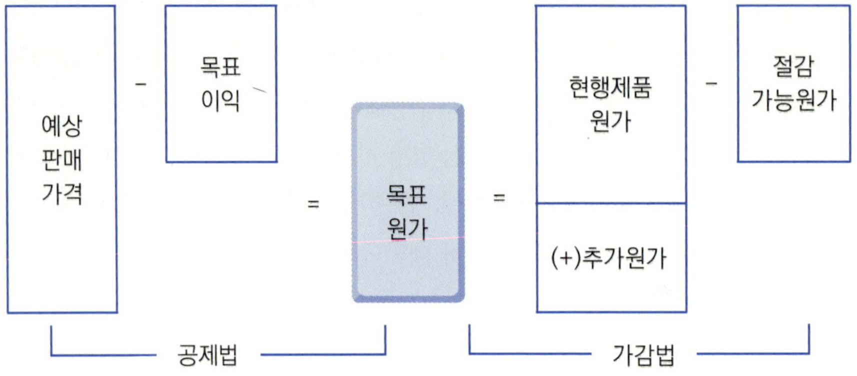

(3) 목표원가와 가치공학

가치공학(value engineering: VE)은 목표원가를 달성하기 위해 제품의 기능 및 효용, 목표원가 등이 균형을 이루도록 분석하고 연구하는 방법이다.

$$V(\text{가치}) = \frac{F(\text{기능})}{C(\text{원가})}$$

가치공학 활동은 제품기획, 개발 및 설계, 설계완료 등의 제품생산이전 단계, 생산 단계, 판매 및 사후관리 단계 등 제품의 수명주기 전체에 걸쳐 이루어지는데 각 부문의 활동별 목표원가를 배분하고, 목표원가의 절감액과 기능 향상과의 관계를 감안하여 가치를 증대시킨다.

가치증대는 동일한 원가 수준에서 기능을 향상시키거나, 동일한 기능 수준에서 원가를 절감하는 것이다. 구체적으로는 제조공정에 투입되는 원재료 대체, 생산 방법의 변경, 생산공정의 재설계, 제품설계의 변경 등을 통해 원가를 절감하고 제품의 기능을 향상시키는 것이다.

2. 목표원가의 단계적 관리

원가의 확정은 원가기획 활동 과정에서 결정되는데, 그 과정은 고객의 니즈(needs) 분석, 상품기획, 시스템설계, 세부(parameter)설계, 공차(치수)설계 등의 순서로 진행된다. 원가기획 활동 과정에서 총원가의 약 80%가 결정되기 때문에 목표원가의 달성에 적합한 각 단계별 관리가 필요하다.

원가기획 활동 과정

구 분	유용성
상품기획	• 고객의 Needs를 충분히 분석하여 상품화 • 고객의 Needs를 직접 분석하기 위해 개발설계 부분의 정보수집
시스템설계	• 고객 Needs, Timing 등의 적절성 • 경쟁사 제품의 복사는 시장성에 한계 • 시장에서 제품을 확대하기 위해 기획력 중요 • 경쟁사와 차별화된 상품 기획 • System 설계에서는 고객의 요구(품질, 기능, 가격 등)를 만족시키기 위한 전체적 구상 • 최적 시스템설계는 SE, GE 활동 강화
세부(parameter) 설계	• 세부설계는 사용하는 부품, 단위별 특성치를 검토하여 중심값 결정 • 필요한 특성(품질, 기능)을 경제적 부품개발과 최적의 가공 방법을 파악하기 위해 VE, 실험계획법 등을 충분히 활용 • 원가의 70% 수준은 확정
공차(치수)설계	• 공차설계는 부품의 허용치, 가공 정도를 검토하여 분산의 폭 결정 • 불필요한 공차 및 가공 정도가 되면 공정 수의 증가, 가공시간 증가, 불량품 과다 발생 등으로 원가 상승 • 치수 정도가 결정되면 원가의 80% 수준은 확정

3. 목표원가계산의 유용성과 한계

목표원가계산은 목표이익을 계획적이고 조직적으로 달성하기 위한 활동의 하나로 행해지는 시장 지향적인 사전 원가계산이다.

(1) 목표원가계산의 유용성

① 조직이나 조직구성원들에게 목표의식을 고취시켜 조직 활동을 활성화시킬 수 있고, 원활한 의사소통으로 개인과 조직의 목표가 일치되어 동기부여 및 성과를 증대시킨다.

② 목표원가계산은 시장에서 달성 가능한 이익목표를 우선적으로 설정한 후에 원가를 계산하므로 제반 환경의 변화를 능동적으로 반영하게 되어 기업의 경쟁력을 높이게 된다.

③ 목표원가계산은 기업의 각 부문이나 구성원들로 하여금 원가개선과 유지 활동이 전사적으로 강조된다. 특히 제품기획이나 설계단계에서부터 원가관리가 가능해지면서 원가의식의 변화를 유도할 수 있다.

④ 목표원가계산을 통한 가치증대를 위해서는 기능의 향상이 필수적이므로 연구개발로 제품의 기능개선, 품질향상, 기업 고유의 관리기술 등의 발전을 유도한다.

(2) 목표원가계산의 한계

① 목표원가계산은 달성 가능하며 현실성 있는 목표이익의 설정을 전제로 하는데 이것이 과도하게 설정될 경우 조직구성원들 간의 갈등을 유발하여 사기를 저하시킬 수 있다.

② 목표원가 설정 후, 각 부문이나 제품에 목표원가를 배정하여 가치공학 활동이 전개되는데, 각 부문이나 제품의 책임자가 목표원가를 수용하지 않을 경우 기업 전체의 경쟁력 저하를 가져 올 수 있다.

③ 목표원가계산에 의한 가치증대는 목표원가와 기능 향상 간의 균형으로 이루어 질 수 있는데, 목표원가를 달성했다 하더라도 기능이나 품질개선 등에 많은 시간이 소요될 경우 제품 출시의 적시성을 상실하게 되어 경영전략 추진에 심각한 타격이 초래될 수 있다.

2절 수명주기원가계산

제품수명주기원가계산(product life-cycle costing)은 제품의 수명주기 전체에 걸쳐 발생하는 기획, 연구개발, 설계, 생산, 유통, 폐기 등의 모든 원가를 측정하여 관리하는 원가시스템이다.

전통적인 원가계산은 제품 생산단계에서의 정확한 원가 측정과 배분만을 고려하고, 생산이전 및 이후단계에서는 원가를 전혀 인식하지 않았다. 현대 기업의 생산환경은 공장자동화, 전산화 등으로 생산단계의 원가가 감소하는 반면, 생산이전의 제품기획, 설계, 연구개발 등의 원가는 지속적으로 증가하고 있다. 그리고 컴퓨터, 전자, 자동차산업에서와 같이 제품의 수명주기가 과거에 비해 훨씬 단축되고 있고, 이들 자산의 운용, 보수, 철거, 폐기 등과 관련된 원가가 급증하고 있어 제품의 전체 수명주기에 걸쳐 원가를 수집하고 측정할 필요성이 제기되고 있다.

1. 수명주기원가계산의 목적

첫째, 제품의 기획에서부터 폐기까지 제품수명과 관련된 모든 원가를 파악하고 관리함으로써 효율적인 원가절감을 꾀할 수 있다. 제품원가는 과거에는 생산원가를 의미하였으나, 현대에는 급격한 기술혁신, 제품수명의 단축, 시장경쟁의 격화 등으로 생산이전과 이후의 제품원가 비중이 증대하고 있는데, 전체의 수명주기원가를 기획하고 확정하는 생산이전 단계에서 원가를 효율적으로 관리함으로써 생산 및 생산이후 단계의 원가를 절감할 수 있다.

둘째, 제품원가를 정확히 계산할 수 있다. 제품의 수명주기원가에는 생산원가 이외에 생산 이전 및 이후의 원가를 모두 측정하고 인식하므로 전통적인 제품원가보다 원가계산이 정확해진다. 이와 같이 제품원가의 정확한 측정은 제품가격 결정에 유용한 의사결정 정보를 제공하고, 원가절감의 동기를 제공하기도 한다.

셋째, 제품별 수익성을 정확하게 평가할 수 있다. 제품별 수익성은 기업 전체의 수익성을 결정하는 중요한 요인이다. 전통적 원가계산 하에서 수익성이 있는 것으로 파악되었던 제품이 수명주기원가계산 하에서는 수익성이 낮은 것으로 분석될 수도 있다. 이는 전통적으로 생산원가만을 제품원가로 인식하는 경우에는 수익성이 과대 평가될 수 있기 때문이다. 제품별 수익성에 대한 올바른 평가로 기존의 제품결합(product mix)을 변경시킬 수 있고 이는 기업의 수익성 증대에 기여하게 된다.

넷째, 고객 중심의 원가계산을 지향하게 한다. 전통적으로 원가계산의 주된 대상은 생산 활동이었으나, 수명주기원가계산은 그 범주를 생산이전과 이후로 확대하였다. 특히 제품의 생산이전에 확정되는 원가(전체 발생원가의 약 80 ~ 90%)를 절감하고자 하며, 생산이후에 고객이 제품을 구입하여 사용하는 과정에서 발생되는 원가도 인식함으로써 제품 및 용역에 대한 고객만족을 극대화하고 제품의 시장경쟁력을 제고시킨다.

2. 수명주기원가의 구성

수명주기원가는 생산이전단계 원가, 생산단계 원가, 생산이후단계 원가로 구성된다. 따라서 광의의 수명주기원가에는 제품이나 용역의 생산과 관련하여 생산자가 발생시키는 원가뿐만 아니라 제품이나 용역의 설치, 운영, 유지, 보수, 폐기 등과 같은 소비자 측면에서 발생하는 원가도 포함된다.

생산 이전단계 원가에는 제품기획비, 연구개발비, 제품설계비, 시험비 등이 있고, 생산단계 원가에는 직접재료원가, 직접노무원가, 제조간접원가 등이 있다. 그리고 생산 이후단계 원가에는 마케팅비, 배송비, 보증비, 고객서비스비, 철거 및 처분비 등이 있다.

수명주기원가 구성

구 분	원가의 내용
생산이전단계 원가	제품기획비, 연구개발비, 시험연구비, 예비설계비, 상세설계비
생산단계 원가	직접재료원가, 직접노무원가, 제조간접원가
생산이후단계 원가	마케팅비, 배송비, 우송비, 보증비, 고객서비스비, 소비자의 유지 · 보수비, 폐기 및 처분비

수명주기원가관리(life-cycle cost management)는 제품의 수명주기원가를 회수하고 목표이익

을 달성하기 위한 원가관리기법을 말한다. 수명주기원가는 시장경쟁의 심화, 급속한 기술혁신 등으로 제품수명의 단축, 고객만족경영 등의 경영이념이 등장하면서 발생한 원가 개념이다. 수명주기원가를 수명주기단계별로 분석하면, 제품의 생산이전 단계에서 수명주기원가의 약 80%가 확정원가로 결정되고, 생산 및 생산이후 단계에서 발생되는 확정원가는 약 20%로 매우 낮은 구성을 나타내고 있다. 현대의 시장 상황에서와 같이 제품수명이 지속적으로 단축될 경우에는 생산단계에서 제품결합의 변경, 제품 재설계, 원가절감, 가격변동 등이 곤란하므로 생산이전 단계에서 전체 수명주기원가를 효율적으로 관리함으로써 수명주기원가를 적용한 원가절감이 목표이익 달성에 효과적이다.

3. 수명주기원가의 종류

제품의 수명주기는 제품이 고안된 시점부터 폐기되는 시점까지를 포함한 제품의 존속기간을 의미하는 것으로 생산자 관점과 사용자 관점으로 나누어 정의할 수 있다.

생산자 관점의 수명주기는 수익창출에 기여하는 수명주기(revenue-producing life-cycle)로 생산이전 단계, 생산 단계, 생산이후 단계 등으로 구분할 수 있고, 소비자 관점의 수명주기는 제품이 소비자의 욕구를 충족시키는 기간으로 사용 가능 수명주기(consumable life-cycle)라 하는데, 제품의 최초 구입과 운영, 유지, 폐기, 처분 등으로 구분할 수 있다. 전체 수명주기원가는 고객의 관점까지 반영하는 원가개념으로 제품수명주기원가에 고객이 제품을 구입한 후에 지급하게 되는 원가를 포함한다.

전체 수명주기원가 = 생산자 관점의 제품수명주기원가 + 고객의 제품구입 후 지급원가

(1) 생산자 관점의 수명주기원가

① 마케팅 측면의 수명주기

마케팅 측면의 제품수명주기는 시장에서 판매되는 제품의 수명주기로 도입기, 성장기, 성숙기, 쇠퇴기 등으로 구분한다.

• 도입기

제품이 시장에 출시되는 단계로 경쟁이 심하지 않고 판매가 점차 증가한다. 가격전략은 저가정책을 설정하는 시장침투가격(penetrating price)이나, 고가정책을 설정하는 고가가격(skimming price) 중에서 하나를 선택하게 된다. 도입기의 제품 수익성은 초기의 거액 설비투자비, 연구개발비, 시장개척비 등의 마케팅 비용으로 낮은 편이므로 조속히 시장점유율을 확보하는 것이 중요하다.

마케팅 측면의 제품수명주기

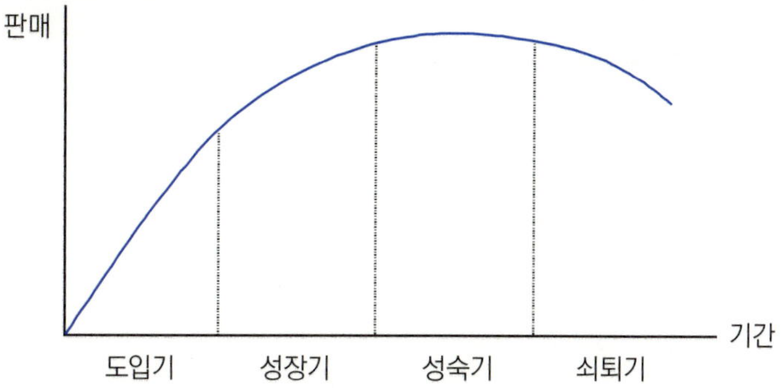

• 성장기

제품의 수요 증가로 판매가 급증하고 대량생산, 기술개발, 공정개선 등으로 제조원가는 낮아져, 시장점유율 및 제품의 수익성이 개선되는 시점이다. 그러나 성장기 후반부터는 많은 기업들이 시장에 참여하게 되어 제품가격이나 서비스의 경쟁이 심화되고, 결국 제품의 수익성이 악화될 수 있으므로 차별화된 제품가격, 품질향상, 서비스 개선 등의 대응전략을 마련하는 것이 중요하다.

• 성숙기

판매는 증가하지만 시장점유율은 경쟁이 심화되면서 정체되고, 가격인하로 제품 수익성은 완만하게 감소하는 시기이다. 이 시기에는 제품차별화 전략보다는 신제품의 개발이나 다품종 소량 생산방식을 도입하여 고객의 요구에 부응해야 제품의 수익성을 유지할 수 있다.

• 쇠퇴기

시장에서의 판매가 급감하지만 경쟁자의 수도 감소하기 시작하므로 다시 제품차별화 전략을 채택하는 것이 바람직하다. 이 단계까지 생존하고 있는 기업은 제품과 관련된 고정비 등을 모두 회수한 상태이므로 변동원가를 회수할 수 있는 최저가격으로 판매하는 기업이 발생한다. 따라서 쇠퇴기에는 판매경쟁이 가속화되는 단계이기 때문에 새로운 시장 및 수요의 개척, 제품의 개선 등으로 시장유지전략을 구사하면서 기존 시장에서 철수하는 방안 등도 다각적으로 검토하여야 한다.

② 생산 측면의 수명주기

생산 측면의 제품수명주기는 생산이전 단계, 생산 단계, 생산이후 단계 등으로 구분한다. 전체 제품원가 중 기획, 연구개발, 설계 등 생산이전 단계의 원가는 확정원가 비중이 매우 높게 나타나므로 수명주기원가를 절감하기 위해서는 기획, 설계 등 생산이전 단계의 활동에 관심을 갖고 많은 노력을 기울여야 한다.

생산 측면의 수명주기원가

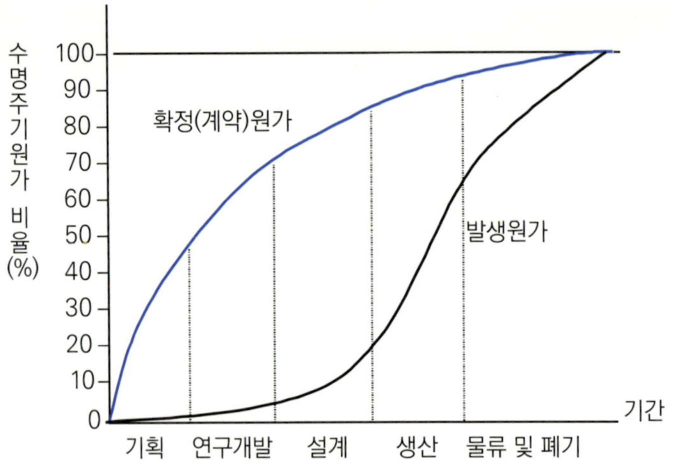

확정원가(committed cost)는 계약원가라고도 하는데 제품기획, 연구개발, 예비설계, 상세설계, 제조준비 활동 등과 관련되어 제품원가결정에 공헌하게 된다. 이 원가들은 대부분 생산이전 단계에서 발생하므로 통제를 함으로써 많은 원가절감을 꾀할 수 있다. 발생원가는 실제 발생된 제품원가로 생산이전 단계에서는 원가 발생 비중이 적지만, 생산단계 이후에서는 원가 발생 비중이 급격히 증가하는 원가이다. 발생원가에는 제품이 고객에게 인도될 때 발생하는 물류비용(유통비, 발송비, A/S비 등) 및 설치비, 고객이 제품을 사용한 이후에 발생하는 폐기원가나 처분원가 등도 포함된다.

(2) 소비자 관점의 수명주기원가

신규 자본설비에 투자하거나 자동차, 냉장고 등 내구재를 구매하는 소비자 관점에서도 제품의 수명주기를 고려할 수 있다. 소비자의 관점에서 고려하여야 할 수명주기원가로는 최초 투자(구입)액, 구입 이후에 지출되는 운영비, 유지비, 제품수명 종료 시의 폐기비와 처분비 등이 있다.

이 경우 품질이나 성능이 우수한 자본설비나 내구재를 적정가격에 구입하면, 운영 및 유지비나 처분비용 등이 적게 들어 자원의 낭비를 절감할 수 있다. 반면에 품질이나 성능이 낮은 자본설비나 내구재를 저렴하다는 이유로 구입하게 되면, 운영비나 처분비용 등의 유지관리비용이 시간이 경과되면서 증대되어 결과적으로 자원의 낭비를 초래하게 되는 것이다. 그러므로 소비자 관점에서의 수명주기원가에는 다음 그림과 같은 상충관계가 발생한다.

소비자 관점의 수명주기원가

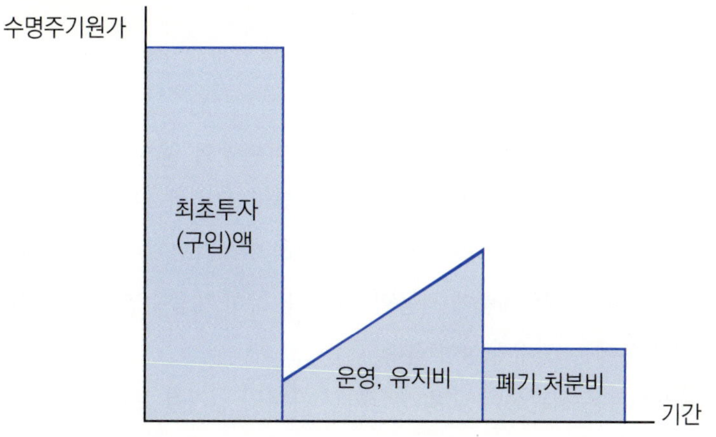

소비자 수명주기원가의 기간별 분석

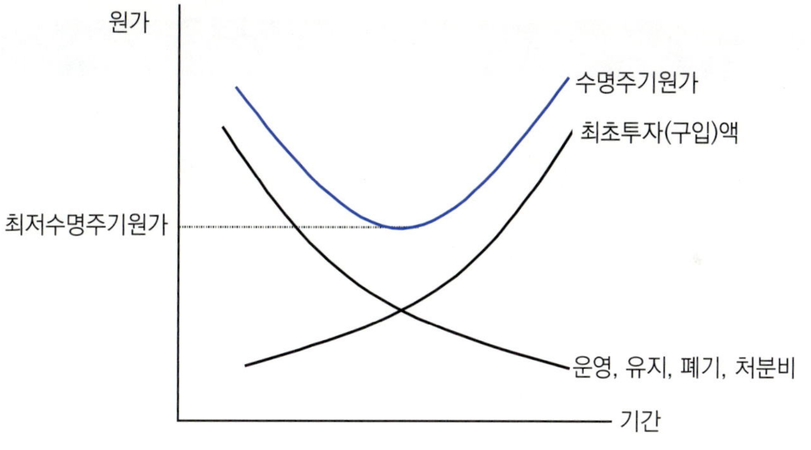

4. 수명주기원가계산의 유용성과 한계

(1) 수명주기원가계산의 유용성

① 수명주기원가계산은 기업의 가치사슬원가를 식별하고 인식함으로써 전략적 원가관리에 유용한 정보를 제공한다.

② 수명주기원가계산은 수명주기에서 발생하는 모든 원가를 분석할 수 있기 때문에 제품과 관련된 의사결정에 도움을 준다.

③ 확정원가는 제품개발 및 설계단계에서 대부분 결정되므로 제품개발 및 설계단계부터 지속적으로 원가절감을 위한 노력을 기울여야 한다는 것을 알려준다.

④ 수명주기에서 발생하는 원가들 간의 상호관계를 분석할 수 있기 때문에 원가를 절감할 수 있는 방안을 강구할 수 있다.

(2) 수명주기원가계산의 한계

① 수명주기원가계산 시 수명주기원가에는 생산이전 단계의 원가인 연구개발원가, 설계원가 등과 생산원가 그리고 생산이후 단계의 원가인 유통비, 보증비, 처분비 등이 포함되어 있기 때문에 모든 제품수명주기원가를 각 단계별로 정확히 인식하고 측정하는 것에 어려움이 있다.
② 수명주기원가계산은 모든 제품에 적용할 수 없다. 특히 제품수명이 길고 기술 수준이 높지 않은 제품의 경우에는 그 유용성이 적다.
③ 수명주기원가계산은 객관성이 낮은 생산이전 단계의 원가를 포함하기 때문에 재무회계에서는 인정하지 않는다.

3절 변동원가계산

변동원가계산[1](variable costing)은 제품원가를 행태(behavior)에 따라 변동원가 · 고정원가로 구분한 후, 변동원가만을 제품원가로 계산하고, 고정원가는 발생한 기간의 기간비용으로 계산하는 방법이다. 따라서 직접재료원가, 직접노무원가, 변동제조간접원가 등의 변동제조원가만을 제조원가에 포함시키고, 고정제조간접원가는 기간비용으로 회계처리하는 것이다.

변동원가계산이 오늘날 실무상 주목을 끌게 된 것은 전통적인 전부원가계산에서 다음과 같은 문제점이 발생했기 때문이다.

첫째, 현대의 기업들은 생산자동화로 제조간접원가의 원가 구성비율이 높아진 것이 특징이다. 그 결과 전부원가계산의 조업도에 따른 제품단위당 제조간접원가 부담액이 부정확해짐으로써 판매가격정책을 수립하는 데 문제가 발생할 개연성이 커졌다.

둘째, 종래 전부원가계산에 의하면 통제 불가능한 고정원가를 배부하게 되는데, 이는 원가통제의 관점에서 문제가 있다.

셋째, 제조간접원가 배부액의 정확성에 대한 의문과 대부분의 고정간접원가가 통제 불가능하다는 점이 간접원가 배부계산을 하지 않는 변동원가계산을 이용하게 되었다.

---

1) 변동원가계산은 변동제조원가만으로 제품원가계산을 하므로 직접원가계산(direct costing)이란 용어보다 정확한 표현이다. 왜냐하면 직접원가 개념에는 직접재료원가와 직접노무원가만이 포함되기 때문이다. 변동원가계산은 공헌(한계)원가계산이라고도 하는데, 공헌손익계산서는 매출액에서 변동원가를 차감하여 공헌(한계)이익을 계산하고, 공헌이익에서 고정원가를 차감하여 영업이익을 산출한다.

1. 변동원가계산과 전부원가계산

변동원가계산은 전부원가계산과 비교하여 볼 때 다음과 같은 세 가지 점에서 차이가 있다.

첫째, 전부원가계산은 원가의 기능별 구분(재료원가, 노무원가, 경비, 판매비 및 일반관리비)을 위주로 하나, 변동원가계산은 원가의 행태별 구분(변동비, 고정비)을 위주로 한다.

둘째, 변동원가계산은 매출액에서 변동원가를 차감하여 공헌(한계)이익을 계산한 후, 고정원가를 차감하여 영업이익을 계산하므로, 전부원가계산과 수익에 대한 원가 대응 방법에 있어서 상호 차이가 있다.

셋째, 전부원가계산에서 고정원가는 매출원가 및 재고자산의 일부를 구성하나, 변동원가계산에서는 모든 고정원가가 기간비용으로 처리되어 재고자산에 포함되지 않는다.

(1) 원가회피와 원가부착

자산의 용역잠재력 논쟁[2) 측면에서, 변동원가계산에서는 자산을 원가회피(cost avidance) 개념에 근거하여 정의한다. 이 원가회피 개념은 자산에는 미래에 다시 발생하지 않는 원가인 변동원가만이 포함되어야 하며, 고정제조간접원가는 미래원가 회피능력이 없으므로 제품원가에 포함하지 않고 발생 즉시 기간비용으로 회계처리 해야 한다는 것이다.

반면에 전부원가계산은 제품을 생산하기 위해 투입된 모든 경제적 가치를 자산으로 간주하여야 한다는 자산의 원가부착(cost attach) 개념에 근거한다. 이 원가부착 개념은 생산 과정에 투입된 고정제조간접원가도 미래의 수익을 창출할 수 있는 용역잠재력을 갖고 있으므로, 그 자산성을 인정하여 변동원가와 같이 제품원가에 포함(= 포괄적으로 인정)하여야 한다는 것이다.

결국 고정제조간접원가의 기간귀속 인식상의 차이로 인하여 양 방법 간에 제품원가를 구성하는 원가 요소에 차이가 생기며, 그 결과 재고자산 평가액이 다르게 되고 이는 기간이익의 차이를 가져온다.

---

2) 고정제조간접원가를 제품원가에 포함시켜야 하는가 아니면 배제해야 하는가 하는 용역잠재력 논쟁은 바로 전부원가계산과 변동원가계산의 문제와 직결된다. 전부원가계산을 둘러싼 논쟁을 검토해 보면, 변동원가계산은 단기간의 영업활동을 계획하고 단기적 의사결정의 결과를 평가하는데 유용한 정보를 제공하는 기법인 반면, 전부원가계산은 외부보고 및 조세목적을 위해 일반적으로 인정되는 기법이라고 결론지을 수가 있다. 이와 같이 상이한 목적을 위해서는 상이한 원가자료가 필요함에도 불구하고, 전부원가계산과 변동원가계산 간의 우월성에 관한 논쟁은 20세기 초에 수 십년간 계속되었다. 두 방법에 대한 견해차이는 외부공표 재무제표에 표시되는 재고자산의 가격을 결정하고 순이익을 측정하는 데 있어서 논리적으로 타당한 방법이 무엇인지를 찾는 데서 논쟁이 시작되었으며, 이러한 관점에서 전부원가계산이 제품원가를 측정하는 데 도움을 줄 수 있다는 타당한 근거가 제시되지 않는 한, 고정제조간접원가를 제품원가에 포함시키는 전부원가계산 측의 회계처리는 이론적 근거가 없는 관행에 기초한 실무라 할 수 있다. 어떻게 됐든 어떤 원가계산 방법이 특정 상황의 의사결정자들에게 보다 유용한 정보를 제공할 수 있는가 하는 관점에 따라 향후 양자에 대한 타당성의 평가가 이루어질 것이다.

전부원가계산의 원가흐름

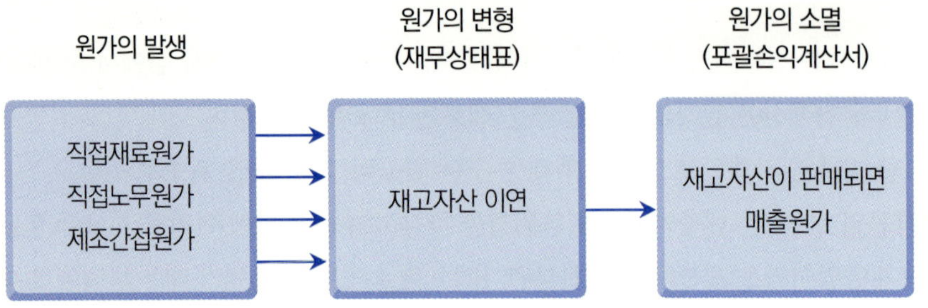

변동원가계산의 원가흐름

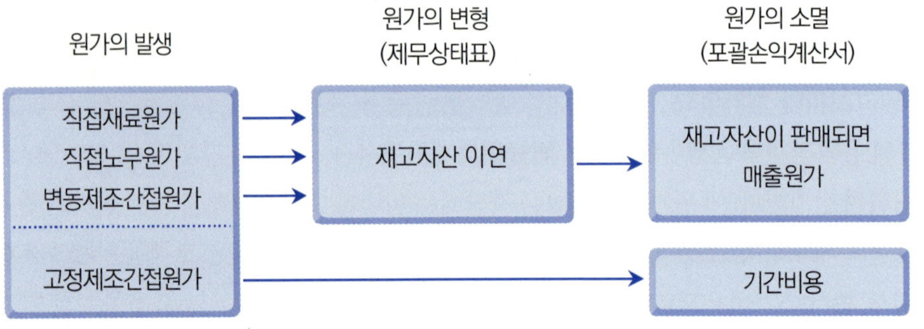

(2) 손익계산서

전부원가계산과 변동원가계산을 비교하면, 고정제조간접원가의 회계처리가 다르기 때문에 작성되는 손익계산서의 양식에도 차이가 있다. 전부원가계산에 의해 작성된 손익계산서를 포괄손익계산서라 하고, 변동원가계산에 의해 작성된 손익계산서를 공헌손익계산서라고 한다.

공헌손익계산서는 내부보고 목적으로 이용되며 원가 및 비용을 원가 행태별로 구분한 후, 매출액에서 변동원가를 차감하여 공헌이익(contribution margin)을 계산하고, 공헌이익에서 고정원가를 차감하여 영업이익을 계산한다. 포괄손익계산서는 일정 기간 동안의 총수익과 총비용을 대응하여 경영 성과를 보고하는데, 매출액에서 매출원가를 차감하여 매출총이익을 계산하고 매출총이익에 기타수익을 가산하고 판매비와 관리비, 기타비용을 차감하여 법인세차감전순이익을 산출한다.

포괄손익계산서와 공헌손익계산서

포괄손익계산서		
Ⅰ. 매출액		×××
Ⅱ. 매출원가(변동 + 고정)		
1. 기초제품재고액	×××	
2. 당기제품제조원가	×××	
3. 기말제품재고액	(×××)	(×××)
Ⅲ. 매출총이익		×××
Ⅳ. 기타수익		××
Ⅴ. 판매비와 관리비		(××)
Ⅵ. 기타비용		(××)
Ⅶ. 법인세차감전순이익		×××

공헌손익계산서		
Ⅰ. 매출액		×××
Ⅱ. 변동매출원가		
1. 기초제품재고액	×××	
2. 당기제품제조원가	×××	
3. 기말제품재고액	(×××)	(×××)
Ⅲ. 변동판매비와 관리비		(××)
Ⅳ. 공헌이익		×××
Ⅴ. 고정원가		
1. 고정제조간접원가	(××)	
2. 고정판매비와 관리비	(××)	(××)
Ⅵ. 영업이익		×××

2. 영업이익 비교

전부원가계산과 변동원가계산에서 영업이익에 차이가 나는 주된 이유는 재고자산에 포함되어 이연되는 고정제조간접원가의 회계처리(손익귀속시점)의 차이 때문이다. 즉, 전부원가계산의 매출원가는 변동제조원가와 고정제조간접원가까지 포함된 것이나, 변동원가계산의 매출원가는 변동제조원가로만 구성된 것이고, 고정제조간접원가는 기간비용으로 처리되어 공헌이익에서 차감되고 있다.

결과적으로 변동원가계산과 전부원가계산의 포괄손익계산서를 분석하면, 양자 간에 산출된 영업이익에 차이가 발생하게 된다.

변동원가계산과 전부원가계산의 영업이익 비교

상 황	재고자산 영향	비용화되는 고정제조간접원가			영업이익		
생산량 > 판매량	기말재고자산 > 기초재고자산	전부원가계산 하에서 비용화되는 고정제조간접원가	<	변동원가계산 하에서 비용화되는 고정제조간접원가	전부원가 계산의 영업이익	>	변동원가 계산의 영업이익
생산량 < 판매량	기말재고자산 < 기초재고자산	전부원가계산 하에서 비용화되는 고정제조간접원가	>	변동원가계산 하에서 비용화되는 고정제조간접원가	전부원가 계산의 영업이익	<	변동원가 계산의 영업이익
생산량 = 판매량	기말재고자산 = 기초재고자산	전부원가계산 하에서 비용화되는 고정제조간접원가	=	변동원가계산 하에서 비용화되는 고정제조간접원가	전부원가 계산의 영업이익	=	변동원가 계산의 영업이익

(1) 생산량이 판매량을 초과한 경우(생산량 > 판매량)

생산량이 판매량을 초과하면 초과분만큼 기말제품재고량이 증가하게 되므로, 전부원가계산의 영업이익이 변동원가계산의 영업이익보다 크게 된다. 그 이유는 변동원가계산과 비교하면 전부원가계산의 기말제품재고액에 포함된 고정제조간접원가가 차기의 비용으로 이연되므로, 매출원가가 감소되며 이는 영업이익의 증가를 가져오기 때문[3]이다.

반면 변동원가계산에서는 당기에 발생한 고정제조간접원가 전액을 당기에 기간비용으로 처리하므로, 전부원가계산에 비해 고정제조간접원가 만큼 기말제품재고액이 감소하여 매출원가가 증가하고 영업이익이 감소하게 된다. 결국 양 방법 간의 영업이익차이는 기말제품재고량에 단위당 고정제조간접원가를 곱한 금액이다.

예제 SOLVE PRACTICE PROBLEM

삼성기업의 20×1년 4/4분기의 생산 및 판매 활동에 관한 자료는 다음과 같다.

(1) 생산 및 판매 자료

	10월	11월	12월	합 계
생산량	1,200개	800개	800개	2,800개
판매량	1,000	900	800	2,700
단위당 판매가격(@)	₩100	₩100	₩100	

(2) 원가 자료

	10월	11월	12월	합 계
변동제조원가	₩48,000	₩32,000	₩32,000	₩112,000
고정제조간접원가	20,000	20,000	20,000	60,000
변동판매관리비	5,000	4,500	4,000	13,500
고정판매관리비	6,000	6,000	6,000	18,000

물음 10월의 변동원가계산에 의한 공헌손익계산서와 전부원가계산에 의한 포괄손익계산서를 작성하고 영업이익의 차이를 조정하시오.

3) 전부원가계산으로 성과평가를 할 경우에 전부원가계산에 의하면 판매량이 동일하더라도 생산량이 증가할수록 영업이익은 증가하는데, 이유는 아래와 같다.

생산량 증가 시: 단위당 고정제조간접원가↓ 제품단위원가↓ 매출원가↓ 영업이익↑

만일 판매량이 동일하더라도 생산량이 증가하면, 비용처리되는 고정제조간접원가가 작아지므로 ① 전부원가계산의 영업이익 증가 ② 과잉생산으로 인한 재고의 누적을 초래하는 등 여러 문제점이 발생될 수 있다.

해답

① 공헌손익계산서와 포괄손익계산서

공헌손익계산서(변동원가계산)			포괄손익계산서(전부원가계산)		
매 출 액		₩100,000	매 출 액		₩100,000
변동매출원가			매출원가		
기초제품재고액	-		기초제품재고액	-	
당기제품제조원가	₩48,000		당기제품제조원가	₩68,000	
기말제품재고액	(8,000)	(₩40,000)	기말제품재고액	(11,340)	(₩56,660)
변동판매관리비		(5,000)	매출총이익		₩43,340
공헌이익		₩55,000	판매관리비		(11,000)
고정원가			영업이익		₩32,340*
고정제조간접원가	₩20,000				
고정판매관리비	6,000	(₩26,000)			
영업이익		₩29,000			

② 영업이익의 조정

* 전부원가계산 영업이익 = 변동원가계산 영업이익 + 기말제품재고액에 포함된 고정제조간접원가

₩32,340 = ₩29,000 + (200개 × @₩16.7)

(2) 판매량이 생산량을 초과한 경우(생산량 < 판매량)

판매량이 생산량을 초과하면 초과분만큼 기초제품재고량이 감소하게 되므로, 결과적으로 전부원가계산의 영업이익이 변동원가계산보다 적게 된다. 왜냐하면 전부원가계산 하에서는 기초제품재고액에 포함된 전기에서 이연되어 온 고정제조간접원가가 매출원가의 증대를 가져와 영업이익의 감소를 초래하기 때문이다.

반면 변동원가계산에서는 고정제조간접원가 발생액을 기간비용으로 처리하므로, 전부원가계산에 비해 고정제조간접원가 만큼 기초제품재고액이 감소하여 매출원가가 감소하고 영업이익이 증가된다. 결국 양 방법 간의 영업이익차이는 기초 및 기말제품재고량에 단위당 고정제조간접원가를 곱한 금액의 차액이 된다.

예제

SOLVE PRACTICE PROBLEM

삼성기업의 20×1년 4/4분기의 생산 및 판매 활동에 관한 자료는 다음과 같다.

(1) 생산 및 판매 자료

	10월	11월	12월	합 계
생산량	1,200개	800개	800개	2,800개
판매량	1,000	900	800	2,700
단위당 판매가격(@)	₩100	₩100	₩100	

(2) 원가 자료

	10월	11월	12월	합 계
변동제조원가	₩48,000	₩32,000	₩32,000	₩112,000
고정제조간접원가	20,000	20,000	20,000	60,000
변동판매관리비	5,000	4,500	4,000	13,500
고정판매관리비	6,000	6,000	6,000	18,000

물음 11월의 변동원가계산에 의한 공헌손익계산서와 전부원가계산에 의한 포괄손익계산서를 작성하고 영업이익의 차이를 조정하시오.

해답

① 공헌손익계산서와 포괄손익계산서

공헌손익계산서(변동원가계산)

매 출 액		₩90,000
변동매출원가		
기초제품재고액	₩8,000	
당기제품제조원가	32,000	
기말제품재고액	(4,000)	(₩36,000)
변동판매관리비		(4,500)
공헌이익		₩49,500
고정원가		
고정제조간접원가	₩20,000	
고정판매관리비	6,000	(₩26,000)
영업이익		₩23,500

포괄손익계산서(전부원가계산)

매 출 액		₩90,000
매출원가		
기초제품재고액	₩11,340	
당기제품제조원가	₩52,000	
기말제품재고액	(6,500)	(₩56,840)
매출총이익		₩33,160
판매관리비		(10,500)
영업이익		₩22,660*

② 영업이익의 조정

전부원가계산 영업이익 = 변동원가계산 영업이익 − 기초제품재고액에 포함된 고정제조간접원가
+ 기말제품재고액에 포함된 고정제조간접원가

* 선입선출법에 의해 재고자산을 평가할 경우

₩22,660 = ₩23,500 − (200개 × @₩16.7) + (100개 × @₩25)

(3) 생산량과 판매량이 같은 경우(생산량 = 판매량)

생산량과 판매량이 같을 때는 전부원가계산의 영업이익과 변동원가계산의 영업이익은 일치한다. 고정제조간접원가가 전부원가계산에서는 매출원가로 처리되고, 변동원가계산 시에는 기간비용으로 처리되는 차이가 있을 뿐 어느 방법에 의하든 장기적으로는 매출이라는 기간수익에 대응되기 때문이다.

예제 SOLVE PRACTICE PROBLEM

삼성기업의 20×1년 4/4분기의 생산 및 판매 활동에 관한 자료는 다음과 같다.

(1) 생산 및 판매 자료

	10	11월	12월	합 계
생산량	1,200개	800개	800개	2,800개
판매량	1,000	900	800	2,700
단위당 판매가격(@)	₩100	₩100	₩100	

(2) 원가 자료

변동제조원가	₩48,000	₩32,000	₩32,000	₩112,000
고정제조간접원가	20,000	20,000	20,000	60,000
변동판매관리비	5,000	4,500	4,000	13,500
고정판매관리비	6,000	6,000	6,000	18,000

물음 12월의 변동원가계산에 의한 공헌손익계산서와 전부원가계산에 의한 포괄손익계산서를 작성하고 영업이익의 차이를 조정하시오.

해답

① 공헌손익계산서와 포괄손익계산서

공헌손익계산서(변동원가계산)

매 출 액		₩80,000
변동매출원가		
기초제품재고액	₩4,000	
당기제품제조원가	32,000	
기말제품재고액	(4,000)	(₩32,000)
변동판매관리비		(4,000)
공헌이익		₩44,000
고정원가		
고정제조간접원가	₩20,000	
고정판매관리비	6,000	(26,000)
영업이익		₩18,000

포괄손익계산서(전부원가계산)

매 출 액		₩80,000
매출원가		
기초제품재고액	₩6,500	
당기제품제조원가	52,000	
기말제품재고액	(6,500)	(₩52,000)
매출총이익		₩28,000
판매관리비		(10,000)
영업이익		₩18,000*

② 영업이익의 조정: 필요 없음

* 전부원가계산 영업이익(₩18,000) = 변동원가계산 영업이익(₩18,000)

3. 영업이익의 차이 조정

변동원가계산과 전부원가계산 간의 영업이익차이는 제품재고액에 포함된 고정제조간접원가의 회계처리차이에서 비롯된 것이므로, 기초와 기말의 제품재고액에 포함된 고정제조간접원가로 영업이익의 차이를 조정할 수 있다. 즉, 두 원가계산 방법에서 영업이익의 차이는 간단하게 고정제조간접비에서 비용화 정도의 차이만 조정해 주면 되므로, 전부원가계산의 재고자산에 포함되어 자산으로 처리된 고정제조간접원가 금액만큼 변동원가계산에서 조정하면 된다. 이유는 전부원가계산의 고정제조간접원가가 변동원가계산에서는 당기 비용으로 처리되었기 때문이다.

변동원가계산의 영업이익을 전부원가계산의 영업이익으로 차이 조정

변동원가계산의 영업이익	×××
기말재고자산에 포함된 고정제조간접원가(+)	×××
기초재고자산에 포함된 고정제조간접원가(−)	(×××)
전부원가계산의 영업이익	×××

변동원가계산과 전부원가계산 비교

항 목	변동원가계산	전부원가계산
주요 보고목적	내부보고 (계획 · 통제)	외부보고 (재무제표 보고)
이론 근거	원가회피 개념	원가부착(포괄) 개념
원가의 분류	행태별 분류	기능별 분류
제품원가	변동제조원가	총제조원가
기간비용	고정제조간접원가 변동판매비와 관리비 고정판매비와 관리비	판매비와 관리비
고정제조간접원가 비용처리 시기	발생시점에 전액 비용화	제품판매시점에 부분 비용화
손익 구분 (손익계산서)	• 매출액 - 변동원가 = 공헌이익 • 공헌이익 - 고정원가 = 영업이익 (공헌손익계산서)	• 매출액 - 매출원가 = 매출총이익 • 매출총이익 - 판매비와 관리비 = 영업이익 (포괄손익계산서)
영업이익의 비교 생산량 >판매량 생산량 <판매량 생산량 = 판매량 장 기	 작다 크다 같다 같다	 크다 작다 같다 같다
이익함수	이익 = f (판매량)	이익 = f (판매량 및 생산량)

4. 변동원가계산과 전부원가계산의 유용성과 한계

변동원가계산은 내부보고목적으로 작성되고 있고, 전부원가계산은 재무제표 작성 정보로 이용되고 있다. 특히 변동원가계산은 공헌이익에 바탕을 둔 공헌이익접근법을 이용하므로 관리회계 분야에 유용하며 주로 손익분기점분석, 변동예산, 책임회계, 특별의사결정, 제품가격결정 등에 유용한 정보를 제공한다.

	변동원가계산	전부원가계산
유용성	① 변동원가계산의 영업이익은 생산량과 관계없으므로 경영자는 생산량 증가를 통한 이익조작의 가능성 감소(바람직하지 않은 재고누적 가능성 감소) ② 계획수립, 의사결정 등에 유용 원가를 변동원가와 고정원가로 분류하므로 이익이 판매량에만 영향을 받음 ③ 고정제조간접원가가 기간비용으로 처리되므로 고정제조간접원가 배부의 문제가 발생하지 않음 (고정제조간접원가에 대한 조업도차이가 발생하지 않음)	① GAAP의 재무제표정보, 세법상 인정 ② 제조간접원가를 변동제조간접원가와 고정제조간접원가로 구분할 필요가 없음 ③ 대규모 시설투자로 고정제조간접원가의 비중이 높아지고 있음 (장기적인 관점에서는 고정제조간접원가도 회수되어야 하므로 가격정책과 이익계획을 수립하는데 유용함)
한계	① 외부보고목적으로는 이용할 수 없고 세법상 불인정 ② 모든 비용을 변동원가와 고정원가로 구분한다는 것은 현실적으로 어려움 ③ 대규모의 시설투자로 고정제조간접원가의 비중이 높아지고 있음 (장기적인 관점에서는 고정제조간접원가도 회수되어야 하므로 가격정책과 이익계획을 오도할 수 있음)	① 전부원가계산의 영업이익이 생산량에도 영향을 받음. 이 결과 경영자가 생산량 증가를 통한 이익조작의 가능성이 존재하고, 바람직하지 않은 재고 누적 초래 ② 고정제조간접원가가 제품원가에 포함되고 제품 단위당 고정제조간접원가는 생산량에 영향을 받음(판매량과 생산량이 비용처리되는 고정제조간접원가에 영향을 미침), 결과적으로 계획수립과 의사결정 등에 이용하기 어려움 ③ 고정제조간접원가가 제품원가에 포함되므로 고정제조간접원가 배부의 문제발생(고정제조간접원가에 대한 조업도차이 발생)

보 론 초변동원가계산

- 변동원가계산: 직접재료원가와 직접노무원가 및 변동제조간접원가를 제조원가로 처리, 고정제조간접원가는 당기 비용 처리함

- 초변동원가계산: 노무원가와 제조간접원가의 고정비화로 인한 내부보고 목적으로 출현, 직접재료원가만을 제조원가로 보고 직접노무원가와 제조간접원가는 전부 당기 비용으로 처리함
- 당기 생산량이 모두 판매되면(즉, 기말재고자산 없음) 초변동원가계산과 변동원가계산에 의한 영업이익은 같게 되나, 기말재고자산이 존재하게 되면 당기에 발생된 직접노무원가와 변동제조간접원가는 매출원가와 기말재고액에 배분되므로 초변동원가계산과 변동원가계산에 의한 영업이익에 차이가 발생함

- 영업이익의 조정

- 초변동원가계산의 영업이익	×××
(−) 기초재고자산에 포함된 직접노무원가와 변동제조간접원가	××
(+) 기말재고자산에 포함된 직접노무원가와 변동제조간접원가	××
- 변동원가계산의 영업이익	×××

예제

SOLVE PRACTICE PROBLEM

삼성기업의 20×1년 4/4분기의 생산 및 판매 활동에 관한 자료는 다음과 같다.

(1) 생산 및 판매 자료

	10월	11월	12월
생산량	1,200개	800개	800개
판매량	1,000	900	800

(2) 원가 자료

직접재료원가	₩24,000	₩16,000	₩20,000
직접노무원가	13,200	8,000	6,000
변동제조간접원가	10,800	8,000	6,000
고정제조간접원가	20,000	20,000	20,000
변동판매관리비	5,000	4,500	4,000
고정판매관리비	6,000	6,000	6,000

물음 4/4분기의 초변동원가계산에 의한 공헌손익계산서를 작성하고, 영업이익의 차이를 조정하시오. p. 386 [예제]의 원가 자료에서 각 월의 변동제조원가를 직접재료원가와 직접노무원가, 변동제조간접원가로 세분하였음.

해답

① 4/4분기의 공헌손익계산서(초변동원가계산)

		10월		11월		12월
매 출 액		₩100,000		₩90,000		₩80,000
변동매출원가						
기초제품재고액	-		4,000		2,000	
당기직접재료원가	24,000		16,000		20,000	
기말제품재고액	(4,000)	(₩20,000)	(2,000)	(₩18,000)	(2,500)	(₩19,500)
변동판매관리비		(5,000)		(4,500)		(4,000)
공헌이익		₩75,000		₩67,500		₩56,500
고정원가						
직접노무원가	13,200		8,000		6,000	
변동제조간접원가	10,800		8,000		6,000	
고정제조간접원가	20,000		20,000		20,000	
고정판매관리비	6,000	(₩50,000)	6,000	(₩42,000)	6,000	(₩38,000)
영업이익		₩25,000		₩25,500		₩18,500

② 영업이익 차이의 조정

	10월	11월	12월
초변동원가계산 영업이익	₩25,000	₩25,500	₩18,500
(−) 기초재고자산에 포함된 직접노무원가와 변동제조간접원가	-	4,000*	2,000**
(+) 기말재고자산에 포함된 직접노무원가와 변동제조간접원가	4,000*	2,000**	1,500***
변동원가계산 영업이익	₩29,000	₩23,500	₩18,000

* 200개 × @20　　** 100개 × @20　　*** 100개 × @15

연습문제

REVIEW EXERCISES

주관식

01 목표원가계산의 목적과 특성을 논술하시오.

02 목표원가계산의 방법과 절차를 설명하시오.

03 목표원가계산의 유용성과 한계점을 설명하시오.

04 수명주기원가계산의 목적과 구성을 논술하시오.

05 생산자 관점의 수명주기원가와 경영전략을 논술하시오.

06 사용자 관점의 수명주기원가와 특성을 논술하시오.

07 수명주기원가계산의 유용성과 한계를 설명하시오.

08 변동원가계산의 의의와 생성 배경을 설명하시오.

09 변동원가계산과 전부원가계산을 비교 · 설명하시오.

10 변동원가계산의 유용성과 한계점을 설명하시오.

11 판매량이 일정하고 생산량이 변동하는 경우의 양 방법 비교

다음 자료는 ㈜삼화의 분기별 생산과 원가 및 판매에 관련된 자료이다.

〈가격 및 비용〉

판매단가(분기별 동일)	@₩100
변동판매비와 관리비	@₩4
고정제조간접원가 총액(분기별 동일)	₩240,000
고정판매비와 관리비 총액(분기별 동일)	₩100,000

〈수량 자료: 선입선출법 적용〉

	1분기	2분기	3분기
기초제품재고량	-	2,000톤	2,000톤
제품생산량	12,000톤	10,000	8,000
제품판매량	10,000	10,000	10,000
기말재품재고량	2,000	2,000	-

〈단위당 제조원가〉

변동제조원가	₩50	₩50	₩50
고정제조간접원가	20	24	30

물음 (1) 전부원가계산에 의한 포괄손익계산서를 분기별로 작성하시오.
(2) 변동원가계산에 의한 공헌손익계산서를 분기별로 작성하시오.
(3) 각 방법에 의한 영업이익차이를 분기별로 조정하시오.
(4) 생산 · 판매량과 관련하여 각 방법에 의한 이익의 함수관계를 설명하시오.

12 표준원가를 이용한 손익계산서 비교

표준원가시스템을 채택하고 있는 ㈜한강의 20×1년도 연간예산에 관한 자료는 다음과 같다.

판매가격	@₩25
변동제조원가	@₩10
변동판매비와 관리비	@₩4
고정제조간접원가	₩200,000
고정판매비와 관리비	₩65,000
정상조업도(생산량)	40,000개

20×1년도 연간실적은 다음과 같다.

기초제품재고량	5,000개
당기제품생산량	40,000개
기말제품재고량	10,000개
고정제조간접원가	₩210,000
고정판매비와 관리비	₩65,000

변동제조원가에 대한 원가차이는 순액으로 ₩5,000(유리)이었으며, 모든 원가차이는 표준매출원가에서 조정한다. 판매가격은 예산과 동일하였다.

물음 (1) 전부원가계산제도 하의 포괄손익계산서를 작성하시오.
(2) 변동원가계산제도 하의 공헌손익계산서를 작성하시오.
(3) 양 방법의 영업이익차이를 조정하고 설명하시오.

13 변동원가계산

▸ 세무사

㈜대한의 20×1년 손익계산서와 추가 자료는 다음과 같다.

손 익 계 산 서
(20×1. 1. 1. ~ 20×1. 12. 31.)

매출액(12,000개, 판매단가 ₩5,500)	₩66,000,000
매출원가	(45,000,000)
매출총이익	₩21,000,000
판매비와 관리비	(15,000,000)
영업이익	₩6,000,000

〈추가 자료〉

1. 20×1년도 총생산수량은 15,000개이며, 기초와 기말재공품은 없다.
2. 개당 변동제조원가는 ₩2,500이고, 개당 변동판매관리비는 ₩550이다.

물음 (1) 20×1년 중 발생된 총고정제조간접원가는 얼마인가?
(2) 20×1년 중 발생된 총변동원가는 얼마인가?
(3) 변동원가계산에 의한 20×1년 영업이익은 얼마인가?
(4) 변동원가계산제도와 전부원가계산제도의 중요한 차이는 무엇인가?
(5) 경영자는 내부관리목적상, 전부원가계산제도보다 변동원가계산제도를 선호하는 이유는 무엇인가?

객관식

01 다음은 변동원가계산에 관한 설명이다. 틀린 것은? ▸ 경영지도사

① 조업도차이가 발생하지 않는다.
② 전부원가계산에 비해 기말재고가 과소 평가된다.
③ 순이익은 생산량과 판매량의 변화에 영향을 받는다.
④ 기말재고의 증감을 통한 순이익의 조작이 방지된다.
⑤ 고정제조간접비의 배부문제가 발생하지 않는다.

02 다음 중 변동원가계산의 목적 내지 유용성에 해당하지 않는 것은? ▸ 경영지도사

① 원가 - 조업도 - 이익분석(CVP 분석)과 같은 단기의사결정에 유용함
② 순이익이 생산량에 영향을 받지 않고 판매량에 따라 결정됨
③ 제조하려고 하는 제품의 합리적인 평가
④ 판매 부문의 업적에 대한 적정성 평가
⑤ 조업도에 의한 원가배부차이의 발생을 인정함

03 어떤 회사가 변동원가계산과 전부원가계산을 모두 사용한다. 실제 매출액, 매출총이익 및 총공헌이익은 두 방법 모두 예산과 비슷하였으나 순이익은 예산에 훨씬 미달하였다. 기초 및 기말재고는 없었다. 예산과 비교하여 순이익이 하락한 원인은 다음 어느 것에 기인하고 있는가? ▸ 공인회계사

① 실제판매가격 및 변동비가 비례적으로 하락하였다.
② 실제판매가격이 변동비보다 더욱 하락하였다.
③ 실제고정제조간접비가 증가하였다.
④ 실제고정판매비 및 관리비가 증가하였다.
⑤ 위 자료로는 원인을 알 수 없다.

04 단위당 판매가격과 단위당 변동원가가 불변이며, 총고정원가가 증가할 경우, 다음 중 옳은 것은? ▸ 경영지도사

① 총공헌이익은 감소하고, 손익분기점 총매출액이 증가한다.
② 총공헌이익은 감소하고, 손익분기점 총매출액이 감소한다.
③ 총공헌이익은 불변이며, 손익분기점 총매출액은 증가한다.
④ 총공헌이익은 불변이며, 손익분기점 총매출액은 감소한다.
⑤ 총공헌이익은 증가하고, 손익분기점 총매출액이 감소한다.

05 다음은 변동원가계산과 전부원가계산에 대한 설명이다. 이들을 해당되는 사항들로만 적절히 분류한 것은?

▸ 세무사

ⓐ 행태별 원가분류가 필요하다.
ⓑ 기간손익이 재고 수준의 변동에 영향을 받는다.
ⓒ 단기적인 계획과 통제에 유용하지 못하다.
ⓓ GAAP에서 인정하지 않는다.

	변동원가계산	전부원가계산		변동원가계산	전부원가계산
①	ⓐ, ⓒ	ⓑ, ⓓ	②	ⓑ, ⓒ	ⓐ, ⓓ
③	ⓒ, ⓓ	ⓐ, ⓑ	④	ⓐ, ⓑ	ⓒ, ⓓ
⑤	ⓐ, ⓓ	ⓑ, ⓒ			

06 ㈜대연의 당기 원가 자료는 다음과 같다. 변동원가계산과 전부원가계산에 의한 이익차이는?

▸ 공인회계사

기초제품수량	1,000단위	기말제품수량	1,500단위
당기판매량	9,000단위	기준조업도	10,000단위
조업도차이	₩5,000(불리)		

① ₩1,000 ② ₩5,000 ③ ₩10,000 ④ ₩15,000 ⑤ ₩20,000

07 전기와 당기의 단위당 고정제조간접비가 동일한 경우 ㈜영일합판의 영업 활동에 관한 자료이다.

• 생산수량	10,000개
• 판매수량	8,000개
• 기초제품	1,000개
• 단위당 판매가격	@₩200
• 단위당 변동제조원가	@₩80
• 단위당 변동판매관리비	@₩10
• 고정제조간접비	₩100,000
• 고정판매관리비	₩20,000

위 자료에 의할 때 순이익의 차이를 설명한 것으로 적합한 것은? ▸ 기업회계 1급

① 전부원가계산 하의 순이익이 ₩24,000 더 많다.
② 변동원가계산 하의 순이익이 ₩24,000 더 많다.
③ 전부원가계산 하의 순이익이 ₩20,000 더 많다.
④ 변동원가계산 하의 순이익이 ₩20,000 더 많다.

08 다음은 ㈜한강의 원가 자료이다. 전부원가계산방법에 의한 당기순이익이 직접원가계산방법에 의한 당기순이익보다 ₩200이 많은 경우 당기의 재고 증감량은 몇 개인가? ▸ 세무사

당기생산량	1,000개	기초재고수량	?
기말재고수량	100개	판매가	@₩15
변동제조간접비	@₩5	고정제조간접비	₩2,000
변동판매비	@2	고정판매비	300

① 100개 증가 ② 50개 증가 ③ 10개 증가 ④ 50개 감소 ⑤ 변동 없음

※ 다음 자료는 문제 9번, 10번과 관련된 내용이다. ▸ 기업회계 1급

㈜청산은 20×1년 초에 영업을 개시하여 A제품을 생산 · 판매하고 있다.
20×1년의 생산량은 2,000단위였으며 생산과 판매에 관한 자료는 다음과 같다.

	단위당 변동비	고정비
직접재료비	₩300	-
직접노무비	250	-
제조간접비	100	₩400,000
판매관리비	150	200,000

제품단위당 판매가격은 ₩1,800이다.

09 20×1년의 판매량이 1,200단위일 경우, 20×1년 12월 31일 외부보고용 대차대조표에 계상될 제품재고액은 얼마인가?

① ₩520,000 ② ₩680,000 ③ ₩780,000 ④ ₩640,000

10 ㈜청산이 20×1년에 1,500단위를 판매하였다면, 변동원가계산의 순이익은 얼마인가?

① ₩1,125,000 ② ₩1,300,000 ③ ₩700,000 ④ ₩900,000

11 다음은 ㈜동양금속의 제조원가와 생산 및 판매량에 관한 자료이다.

제조간접원가	
단위당 변동원가	₩1,000
고정원가	₩3,000,000
생산 및 판매량	
기초제품재고량	2,000개
생산량	18,000개
판매량	19,000개

고정제조간접원가 배부율을 계산하기 위한 기준조업도는 20,000개이며, 과대 또는 과소 배부된 제조간접원가는 전액 매출원가에서 조정된다. 변동원가계산에 의한 순이익이 ₩6,000,000일 때 전부원가계산에 의한 순이익은 얼마인가? 단, 고정제조간접원가배부율은 기초제품과 당기제품에 동일하게 적용된다. ▸ 공인회계사

① ₩5,850,000 ② ₩5,950,000 ③ ₩6,050,000 ④ ₩6,150,000 ⑤ ₩6,250,000

12 20×1년 3월에 영업을 시작한 서울회사는 선입선출법에 의한 실제원가계산제도를 채택하고 있으며, 3월과 4월의 생산과 판매에 관한 자료는 다음과 같다.

	3월	4월
생 산 량	8,000단위	9,000단위
판 매 량	7,000단위	10,000단위
고정제조간접비	₩1,600,000	₩1.620,000
고정판매비	800,000	900,000

4월 중 변동원가계산에 의한 영업이익이 ₩1,200,000이라고 할 때, 전부원가계산에 의한 영업이익은 얼마인가? ▸ 세무사

① ₩800,000 ② ₩700,000 ③ ₩980,000 ④ ₩1,400,000 ⑤ ₩1,000,000

13 다음의 자료를 이용하여 계산된 변동원가계산의 기말재고액과 전부원가계산의 기말재고액과의 차이는 얼마인가? ▸ 감정평가사

기초재고수량		0개	
생산량		1,200개	
판매량	1,000개	매출액 ₩100,000	
총변동재료원가			₩12,000
총변동가공원가			24,000
총고정제조간접원가			18,000
총고정마케팅원가			20,000

① ₩3,000 ② ₩2,000 ③ ₩7,000 ④ ₩10,334 ⑤ ₩5,600

14 ㈜크로바는 정상원가계산(normal costing)을 사용하고 있다. 다음 자료를 이용하여 변동원가계산(variable costing)과 전부원가계산(absorption costing) 하에서의 손익분기점을 구하면 각각 얼마인가? (단, 단위원가는 일정하고 가격차이, 소비차이, 능률차이 그리고 조업도차이는 없다고 가정한다.) ▸ 공인회계사

기초재고수량	300단위
기말재고수량	200단위
실제판매량	4,100단위
단위당 판매가격	₩10,000
고정제조간접원가	₩4,000,000
고정판매 및 관리비	₩6,000,000
단위당 직접재료원가	₩2,600
단위당 직접노무원가	₩2,400

	변동원가계산	전부원가계산		변동원가계산	전부원가계산
①	2,000단위	2,800단위	②	800단위	2,000단위
③	2,000단위	2,800단위	④	2,000단위	1,500단위
⑤	800단위	1,500단위			

15 변동원가계산, 전부원가계산 및 초변동원가계산에 대한 설명으로 옳지 않은 것은? ▸ 세무사

① 원가계산과 관련된 표준은 변동원가계산에는 사용될 수 없고 전부원가계산에서만 사용된다.

② 전부원가계산에서 계산된 영업이익은 판매량뿐만 아니라 생산량의 변화에도 영향을 받는다.

③ 변동원가계산에서는 고정제조간접원가를 기간비용으로 인식하지만 전부원가계산에서는 고정제조간접원가를 제품원가로 인식한다.

④ 초변동원가계산은 직접재료원가만을 제품원가에 포함하고 나머지 제조원가는 모두 기간비용으로 처리한다.

⑤ 초변동원가계산은 판매가 수반되지 않는 상황에서 생산량이 많을수록 영업이익이 낮게 계산되므로 불필요한 재고의 누적을 방지하는 효과가 변동원가계산보다 훨씬 크다.

16 ㈜청솔의 신제품 PS에 대한 자료는 다음과 같으며, 이 회사는 변동원가계산(variable costing)을 적용하고 있다.

단위당 직접재료원가	₩150
단위당 직접노무원가	100
단위당 변동제조간접원가	50
총고정제조간접원가	1,000,000

PS를 생산 · 판매하는 경우 적절한 수준의 재고자산을 유지해야 하기 때문에 추가적인 연간 고정재고유지원가가 발생한다. 연간 고정재고유지원가는 평균재고자산의 20%로 추정된다. PS의 직접재료, 재공품, 제품의 평균재고수준은 1개월분의 생산량이며 재공품의 평가에 적용되는 완성도는 직접재료원가는 100%, 직접노무원가와 변동제조간접원가는 50%로 추정한다. PS가 생산 · 판매되면 공헌이익률이 20%인 기존 제품의 매출액은 ₩3,000,000 감소할 것이다. ㈜청솔이 12,000단위의

PS를 단위당 ₩500에 판매하는 경우의 연간 영업손익은 얼마인가? ▸ 공인회계사

① 영업손실 ₩135,000 ② 영업이익 ₩665,000 ③ 영업이익 ₩1,665,000
④ 영업이익 ₩440,000 ⑤ 영업이익 ₩800,000

17 대한회사의 당기 제품제조 및 영업 활동과 관련한 다음의 자료를 토대로 하여 변동제조원가 발생액과 고정판매관리비 발생액을 구하면 각각 얼마인가? ▸ 세무사

- 매출액: ₩2,000,000
- 고정제조원가 당기발생액: ₩600,000
- 변동판매관리비 당기발생액: ₩200,000
- 당기 제품생산량: 70,000개
- 당기 제품판매량: 65,000개
- 변동매출원가는 ₩780,000이고 변동원가계산에 의한 영업이익은 ₩300,000이다.
- 기초제품재고와 기초 및 기말재공품재고는 없다.

	변동제조원가	고정판매관리비		변동제조원가	고정판매관리비
①	₩780,000	₩120,000	②	₩840,000	₩120,000
③	780,000	180,000	④	840,000	180,000
⑤	840,000	60,000			

18 다음은 단일제품을 생산하는 ㈜태양에 대한 20×4년 자료이다.

기초재고	0개
당기중 생산량	20,000개
당기중 판매량	19,000개
단위당 판매가	₩100
단위당 변동원가 자료:	
직접재료비	₩12
직접노무비	₩25
제조간접비	₩3
판매관리비	₩2
연간 고정원가 자료:	
고정제조원가	₩500,000
고정판매관리원가	₩600,000

㈜태양이 변동원가계산시스템을 사용한다고 할 때 위의 자료를 사용하여 계산한 20×4년의 영업이익은? ▸ 감정평가사

① ₩12,000 ② ₩57,000 ③ ₩2,000 ④ ₩27,000 ⑤ ₩30,000

19 변동원가계산의 유용성에 대한 다음의 설명 중 옳지 않은 것은? ▸ 공인회계사

① 변동원가계산 손익계산서에는 이익계획 및 의사결정 목적에 유용하도록 변동비와 고정비가 분리되고 공헌이익이 보고된다.
② 변동원가계산에서는 일반적으로 고정제조간접원가를 기간비용으로 처리한다.
③ 변동원가계산에서는 판매량과 생산량의 관계에 신경을 쓸 필요 없이 판매량에 기초해서 공헌이익을 계산한다.
④ 변동원가계산에 의해 가격을 결정하더라도 장기적으로 고정비를 회수하지 못할 위험은 없다.
⑤ 제품의 재고 수준을 높이거나 낮춤으로써 이익을 조작할 수 있는 가능성은 없다.

20 ㈜삼일은 20×1년 영업을 개시한 회사이다.

직접재료비	₩500,000	생산수량	100,000단위
직접노무비	200,000	판매수량	80,000단위
변동제조간접비	100,000	기말재고	20,000단위
고정제조간접비	200,000		

전부원가계산에 의해 20×1년 순이익이 ₩1,200,000일 때, 변동원가계산에 의한 당기순이익은?
▸ 서울시 9급

① ₩1,000,000 ② ₩1,160,000 ③ ₩1,200,000 ④ ₩1,240,000 ⑤ ₩1,720,000

객관식 해답

1	2	3	4	5	6	7	8	9	10
③	⑤	④	③	⑤	②	③	①	②	④
11	12	13	14	15	16	17	18	19	20
①	⑤	①	④	①	②	②	③	④	②

Up to Date
Cost Accounting

부 록

1. 원가계산준칙

제정 1998. 4. 1.

개정 1999. 12. 8.

제1장 총 칙

제1조(목적) 이 준칙은 기업회계기준 제90조의 규정에 의하여 회사가 재무제표를 작성하기 위하여 제품의 원가를 산정함에 있어 준거해야 할 세부사항에 관하여 정함을 목적으로 한다.

제2조(적용범위) 이 준칙은 회사가 제품의 생산과 관련하여 발생한 원가(이하 "제조원가"라 한다)를 산정하는데 적용한다.

제3조(원가계산제도의 확립 등)

① 회사는 제조원가를 계속적으로 수집 · 측정 · 배분 · 보고하기 위한 계산절차로서 실제원가계산제도 또는 표준원가계산제도를 확립하여야 한다.

② 회사가 채택한 원가계산제도는 매기 계속하여 적용하여야 하며, 정당한 이유없이 이를 변경하여서는 아니 된다.

제4조(제조원가의 범위)

① 제조원가는 제품의 생산과 관련하여 소비된 경제적 자원의 가치만을 포함한다.

② 비정상적으로 발생한 경제적 자원의 소비는 제조원가에 포함하지 아니한다.

제5조(원가계산기간) 원가계산기간은 회사의 회계연도와 일치하여야 한다. 다만, 필요한 경우에는 월별 또는 분기별 등으로 세분하여 원가계산을 실시할 수 있다.

제6조(원가계산의 일반원칙) 제조원가의 계산은 다음 각호에 따른다.

1. 제조원가는 일정한 제품의 생산량과 관련시켜 집계하고 계산한다.
2. 제조원가는 신뢰할 수 있는 객관적인 자료와 증거에 의하여 계산한다.
3. 제조원가는 제품의 생산과 관련하여 발생한 원가에 의하여 계산한다.
4. 제조원가는 그 발생의 경제적 효익 또는 인과관계에 비례하여 관련제품 또는 원가 부문에 직접부과하고, 직접부과가 곤란한 경우에는 합리적인 배부기준을 설정하여 배부한다.

제7조(제조원가 요소의 분류)

① 제조원가 요소는 재료비, 노무비 및 경비로 분류하거나, 회사가 채택하고 있는 원가계산방법에 따라 직접재료비, 직접노무비 및 제조간접비 등으로 분류할 수 있다.

② 제조원가 요소와 판매비와 일반관리비 요소는 구분하여 집계한다. 다만, 그 구분이 명확하지 아니

한 경우에는 발생원가를 비목별로 집계한 후, 일정한 기준에 따라 제조원가와 판매비와 일반관리비로 구분하여 배부할 수 있다.

제2장 실제원가계산제도

제8조(실제원가계산의 절차) 실제원가계산은 원가 요소의 실제발생액을 비목별 계산을 거쳐 원가 부문별로 계산한 후 제품별로 제조원가를 집계한다.

제9조(재료비의 계산)

① 재료비는 기초재료재고액에 당기재료매입액을 가산하고 기말재료재고액을 차감하여 계산한다.

② 재료의 소비수량은 계속기록법에 의하여 계산하며 필요한 경우에는 실지재고조사법 또는 역산법에 의하여 계산할 수 있고, 2 이상의 방법을 병행하여 적용할 수 있다.

③ 재료의 소비가격은 취득원가에 의하여 계산하며, 동일재료의 취득원가가 다를 경우에는 개별법 · 선입선출법 · 후입선출법 · 이동평균법 또는 총평균법 등의 방법을 적용하여 계산한다.

제10조(노무비의 계산)

① 노무비는 그 지급기준에 기초하여 당해 기간에 실제로 발생한 비용을 집계하여 계산한다.

② 작업시간 또는 작업량에 비례하여 발생하는 노무비는 실제작업시간 또는 실제작업량에 임률을 곱하여 계산한다. 이 경우 임률은 개별임률 또는 평균임률에 의한다.

③ 상여금 또는 특별수당 등과 같이 월별 · 분기별로 지급금액 또는 지급시기가 일정하지 아니한 노무비는 회계연도중의 원가계산기간에 안분하여 계산한다.

제11조(경비의 계산)

① 경비는 제조원가중 재료비와 노무비를 제외한 모든 비용을 포함하고 그 내용을 표시하는 적절한 세부과목으로 구분하여 기재한다.

② 경비는 당해기간에 실제로 발생한 비용을 집계하여 계산한다.

③ 시간 또는 수량에 비례하여 발생하는 경비는 실제시간 또는 실제수량에 단가를 곱하여 계산한다.

제12조(외주가공비의 계산)

① 당기제품제조와 관련하여 발생한 외주가공비는 당해기간에 실제로 발생한 비용을 집계하여 계산한다.

② 외주가공비는 그 성격에 따라 재료비 또는 경비에 포함하여 계상할 수 있으며, 그 금액이 중요한 경우에는 별도의 과목으로 기재할 수 있다.

제13조(예정가격 등의 적용 특례) 제8조의 규정에 불구하고 제조원가는 재료의 가격, 임률 및 경비를 예정가격 또는 예정액으로 계산할 수 있으며, 제조간접비는 예정배부율을 적용하여 계산할 수 있다.

제14조(원가 부문별 계산)

① 원가계산은 원가의 발생을 관리하고 제품원가의 계산을 정확히 하기 위하여 부문별로 계산할 수 있다. 이 경우 원가의 비목별 계산에서 집계된 원가 요소는 그 전부 또는 일부를 다시 원가 부문별

로 집계한 후, 이를 다시 제품별로 배분할 수 있다.

② 원가 부문은 원가 요소를 분류 · 집계하는 계산상의 구분으로서 제조 부문과 보조 부문으로 구분한다.

③ 제조 부문은 직접 제조작업을 수행하는 부문을 말하며 제조 활동 등에 따라 세분할 수 있다.

④ 보조 부문은 직접 생산 활동을 수행하지 아니하고 제조 부문을 지원 · 보조하는 부문으로서 그 수행하는 내용에 따라 세분할 수 있다.

제15조(부문비 계산의 절차)

① 원가의 부문별 계산은 원가 요소를 제조 부문과 보조 부문에 배부하고, 보조부문비는 직접배부법 · 단계배부법 또는 상호배부법 등을 적용하여 각 제조 부문에 합리적으로 배부한다.

② 제조 부문에 집계된 원가 요소는 필요에 따라 그 부문의 소공정 또는 작업단위별로 집계할 수 있다.

제16조(부문개별비와 부문공통비)

① 원가 요소는 발생한 원가의 직접적인 집계가능성 여부에 따라 부문개별비와 부문공통비로 구분한다.

② 부문개별비는 원가발생액을 당해 발생 부문에 직접부과하고, 부문공통비는 인과관계 또는 효익관계 등을 감안한 합리적인 배부기준에 의하여 관련 부문에 배부한다.

제17조(원가의 제품별 계산 방법) 원가의 제품별 계산은 원가 요소를 제품단위에 집계하여 단위 제품의 제조원가를 산정하는 절차를 말하며, 이는 생산 형태에 따라 개별원가계산 방식과 종합원가계산 방식 등으로 분류한다.

제18조(개별원가계산)

① 개별원가계산은 다른 종류의 제품을 개별적으로 생산하는 생산 형태에 적용하며, 각 제조지시서별로 원가를 산정한다.

② 제조간접비의 제품별 배부액은 각 제조 부문별 · 소공정별 또는 작업단위별로 예정배부율 또는 실제배부기준에 의하여 배부한다. 다만, 필요한 경우에는 제조 부문에 배부하지 않고 직접 제품에 부과할 수 있다.

제19조(종합원가계산)

① 종합원가계산은 동일 종류 또는 다른 종류의 제품을 연속하여 반복적으로 생산하는 생산형태에 적용한다.

② 종합원가계산의 단위당 원가는 발생한 모든 원가 요소를 집계한 당기총제조비용에 기초재공품원가를 가산한 후 그 합계액을 완성품과 기말재공품에 안분계산함으로써 완성품총원가를 계산하고, 이를 제품단위에 배분하여 산정한다.

③ 종합원가계산에 있어서 완성품원가와 기말재공품원가는 완성품환산량에 의하여 선입선출법 · 후입선출법 또는 총평균법 등 기타 합리적인 방법을 적용하여 계산한다.

④ 기말재공품의 완성품환산량은 재료의 투입정도 또는 가공정도 등을 고려하여 직접재료비와 가공비로 구분하여 산정할 수 있다.

⑤ 종합원가계산은 생산되는 제품의 형태 및 공정에 따라 공정별원가계산, 조별원가계산, 등급별원가계산 및 연산품원가계산 등으로 분류한다.

제20조(공정별원가계산)

① 공정별원가계산은 제조공정이 2 이상의 연속되는 공정으로 구분되고 각 공정별로 당해 공정제품의 제조원가를 계산할 경우에 적용한다.

② 전공정에서 다음 공정으로 대체되는 제조원가는 전공정대체원가로 하여 다음 공정의 제조원가에 가산한다.

③ 재료가 최초 공정에 전량 투입되고 다음 공정 이후에는 단순히 가공비만이 발생하는 경우 완성품총원가는 각 공정별로 가공비를 집계하고 여기에 재료비를 가산하여 계산할 수 있다.

제21조(조별원가계산)

① 조별원가계산은 다른 종류의 제품을 조별로 연속하여 생산하는 생산형태에 적용한다.

② 조별원가계산에서는 당해기간의 제조원가를 조직접비와 조간접비로 구분하여 조직접비는 각 조에 직접부과하고, 조간접비는 일정한 배부기준에 의하여 각 조별로 배부하여 조별총제조원가를 산출한다.

제22조(등급별원가계산)

① 등급별원가계산은 동일 종류의 제품이 동일공정에서 연속적으로 생산되나 그 제품의 품질 등이 다른 경우에 적용한다.

② 등급품별단위당 원가는 각 등급품에 대하여 합리적인 배부기준을 정하고, 당해 기간의 완성품총원가를 동 배부기준에 따라 안분하여 계산한다.

③ 등급품별로 직접원가를 구분하는 것이 가능할 경우 직접원가는 당해 제품에 직접부과하고 간접원가는 제2항의 배부기준에 따라 배부할 수 있다.

제23조(연산품원가계산)

① 연산품원가계산은 동일재료로 동일공정에서 생산되는 다른 종류의 제품으로서 주산물과 부산물을 명확히 구분하기 곤란한 경우에 적용한다.

② 연산품원가계산은 제22조제2항 및 제3항의 규정을 준용한다.

제24조(부산물과 작업폐물의 평가)

① 부산물은 제22조의 규정을 준용하여 평가하거나, 다음 각호의 방법에 의하여 그 가액을 산정하여 이를 발생 부문의 주산물 총원가에서 안분하여 차감한다.

1. 부산물을 그대로 외부에 매각할 수 있는 경우에는 추정매각가격에서 판매비와 일반관리비 및 정상이윤을 공제한 가액
2. 부산물로서 추가가공 후 매각하는 경우에는 가공제품의 추정매각가격에서 추가가공비, 판매비와 일반관리비 및 정상이윤을 공제한 가액
3. 부산물을 그대로 자가소비하는 경우에는 그 추정매입가격
4. 부산물로서 추가가공 후 자가 소비하는 것은 그 추정매입가격에서 추가가공비 발생액을 공제한 가액

② 부산물의 추정매각가격 또는 추정매입가격은 최근의 거래가격 또는 권위 있는 물가조사기관의 물가조사표에 의한 시가를 적용한다.

③ 판매비와 일반관리비 및 정상이윤은 유사제품의 최근 평균매출원가율을 적용하여 계산한다.

④ 작업폐물은 제1항 내지 제3항의 규정을 준용하여 평가하고, 이를 발생 부문의 제조원가에서 차감하거나 필요에 따라 당해 제품의 제조원가에서 차감할 수 있다.

제25조(공손비의 계산)

① 공손비는 다음 각호에 따라 계산하여 당해 제품의 제조원가에 부과하거나 원가발생부문의 간접비용으로 한다. 다만, 비정상적인 공손비는 영업외비용으로 한다.

1. 공손이 보수에 의하여 회복될 경우 공손비는 그 보수비용으로 한다.
2. 공손이 보수로서 회복되지 않고 그 전부를 다시 생산할 경우 공손비는 기발생된 공손품 제조원가에서 공손품의 평가액을 차감한 가액으로 한다.
3. 공손이 보수로서 완전 회복되지 않고 그 일부를 다시 생산할 경우 공손비는 추가적으로 발생하는 제조원가에서 공손품의 평가액을 차감한 가액으로 한다.

② 제1항 제2호 및 제3호의 규정에 의한 공손품의 평가는 제24조의 규정을 준용한다.

제3장 표준원가계산제도

제26조(표준원가계산의 적용)

① 표준원가계산은 사전에 객관적이고 합리적인 방법에 의하여 산정한 원가(이하 "표준원가"라 한다)를 이용하여 제조원가를 계산하는 경우에 적용한다.

② 표준원가는 회사의 제반사정을 고려하여 현실적으로 달성 가능하도록 설정한다.

제27조(표준원가의 산정)

① 표준원가는 직접재료비, 직접노무비 및 제조간접비에 대하여 산정하고, 다시 제품원가에 대하여 설정한다.

② 원가 요소의 표준은 수량과 가격에 대하여 각각 설정한다.

제28조(표준직접재료비)

① 표준직접재료비는 직접재료의 종류별로 재품단위당 표준소비수량과 표준소비가격을 설정하고, 이 양자를 곱하여 산정한다.

② 표준소비수량은 과학적 · 통계적 조사에 의하여 제품의 생산에 필요한 각종 재료의 종류, 품질, 가공 방법 등을 고려하여 정한다. 이 경우 표준소비수량에는 정상적인 공손 및 감손을 포함한다.

③ 동일한 기능을 수행하는 여러 종류의 재료가 대체적으로 사용되는 경우 표준직접재료비는 각 재료의 표준배합비율을 설정하고, 이에 각 재료의 표준소비수량과 표준소비가격을 곱하여 산정한다.

④ 표준소비가격은 과거 및 현재의 시장가격과 장래에 예측되는 가격동향이나 거래관습 등 제반 경제적 여건을 고려하여 정한다.

제29조(표준직접노무비)

① 표준직접노무비는 직접작업의 구분마다 제품단위당 표준작업시간과 표준임률을 설정하고, 이 양자를 곱하여 산정한다.

② 표준작업시간은 과학적 · 통계적 조사에 의하여 작업의 종류, 사용기계공구, 작업방식, 노동의 등급 등을 고려하여 정한다.

③ 표준임율은 과거 및 현재의 임률과 장래에 예측되는 변동 등 제반 여건을 고려하여 정한다.

제30조(제조간접비의 표준)

① 제조간접비의 표준은 부문별 또는 작업단위별로 일정기간에 발생할 제조간접비의 예정액으로 산정한다.

② 부문별 제조간접비 표준의 산정방법은 제14조 내지 제16조의 규정을 준용한다.

제31조(표준원가의 수정) 표준원가는 생산의 조건 등에 변화가 있는 경우 이를 적절히 수정한다.

제32조(원가차이의 산정) 표준원가와 실제발생원가와의 차액(이하 "원가차이"라 한다)은 원가계산기간별로 산정한다. 이 경우 실제발생원가의 산정은 제8조 내지 제16조의 규정에 의한다.

제33조(원가차이의 회계처리)

① 원가차이는 일정한 기준에 따라 회계연도의 매출원가와 기말재고자산에 배부하며, 원가차이의 배부를 보다 정확히 하기 위하여 원가 요소별로 다른 배부기준을 적용할 수 있다.

② 비정상적으로 발생한 원가차이는 영업외수익 또는 영업외비용으로 한다.

③ 실제원가계산제도에 있어서 원가의 일부를 예정가격 등으로 계산할 경우 발생한 원가차이는 제1항 및 제2항의 규정을 준용하여 처리한다.

제4장 보 칙

제34조(준용규정) 이 준칙은 제조업 이외의 업종을 영위하는 회사가 원가계산을 함에 있어서도 이를 준용할 수 있다.

부 칙

제1조(시행일) 이 준칙은 1998년 4월 1일부터 시행한다.

제2조(종전준칙의 폐지 및 이에 따른 경과조치)

① 종전 증권관리위원회의 원가계산준칙(이하 "종전준칙"이라 한다)은 이 준칙 시행일부터 이를 폐지한다.

② 이 준칙 시행 전에 종전준칙에 의하여 회계처리한 경우에는 이 준칙을 적용한 것으로 본다.

제3조(다른 규정과의 관계) 이 준칙 시행당시 다른 규정에서 종전준칙을 인용하고 있는 경우에 이 준칙 중 그에 해당하는 규정이 있는 경우에는 종전준칙에 갈음하여 이 준칙 또는 이 준칙의 해당규정을 인

용한 것으로 본다.

부 칙

이 준칙은 1999년 12월 9일부터 시행한다.

2. 기업회계기준서 제1002호 재고자산

한국회계기준원 회계기준위원회 의결 2011. 11. 18.

목 적

1. 이 기준서의 목적은 재고자산의 회계처리를 정하는 데 있다. 재고자산 회계에서 중요한 주제는 자산으로 인식하고 이와 관련된 수익이 인식될 때까지 장부에 표시하는 원가 금액을 적절하게 결정하는 것이다. 이 기준서는 재고자산의 원가결정 및 순실현가능가치로 감액하는 것을 포함한 후속적 비용인식에 대한 지침을 제공한다. 또한 재고자산의 원가를 배분하는 원가공식에 대한 지침을 제공한다.

적 용

한2.1 이 기준서는 '주식회사의 외부감사에 관한 법률'에서 정하는 한국채택국제회계기준 의무적용대상 주식회사의 회계처리에 적용한다. 또한 이 기준서는 재무제표의 작성과 표시를 위해 한국채택국제회계기준의 적용을 선택하거나 다른 법령 등에서 적용을 요구하는 기업의 회계처리에도 적용한다.

적용범위

2. 이 기준서는 다음을 제외한 모든 재고자산에 적용한다.
   (1) 건설계약 및 건설공사와 직접적으로 관련된 용역제공계약에서 발생하는 미성공사(기업회계기준서 제1011호 '건설계약' 참조)
   (2) 금융상품(기업회계기준서 제1032호 '금융상품: 표시' 및 제1039호 '금융상품: 인식과 측정' 참조)
   (3) 농림어업활동과 관련된 생물자산과 수확시점의 농림어업 수확물(기업회계기준서 제1041호 '농림어업' 참조)
3. 이 기준서는 다음의 경우에 해당하는 재고자산의 측정에는 적용하지 않는다.
   (1) 생산자가 해당 산업의 합리적인 관행에 따라 순현실가능가치로 측정하는 농림어업과 삼림 제품, 수확한 농림어업 제품 및 광물자원과 광업 제품. 이 경우 순현실가능가치의 변동분은 변동이 발생한 기간의 손익으로 인식한다.

(2) 순공정가치(공정가치에서 매각부대원가를 차감한 금액)로 측정한 일반상품 중개기업의 재고자산. 이 경우 순공정가치의 변동분은 변동이 발생한 기간의 손익으로 인식한다.

4. 문단 3(1)에 해당하는 재고자산은 생산 과정 중 특정시점에 순실현가능가치로 측정된다. 예를 들어, 곡물이 수확되거나 광물이 추출되었는데 선도계약이나 정부의 보증으로 매출이 확실시 되거나, 활성시장이 존재하여 판매되지 않을 위험이 무시할 수 있을 정도로 작은 경우이다. 이러한 재고자산에는 이 기준서의 측정부분만 적용이 제외되는 것이다.

5. 중개기업은 타인을 위하여 또는 자기의 계산으로 일반상품을 매입하거나 매도한다. 문단 3(2)에 해당하는 재고자산은 주로 단기간 내에 매도하여 가격변동이익이나 중개이익을 얻을 목적으로 취득한다. 이러한 재고자산을 순공정가치로 측정할 때, 이 기준서의 측정부분만 적용이 제외되는 것이다.

용어의 정의

6. 이 기준서에서 사용하는 용어의 정의는 다음과 같다.

재고자산: 다음의 자산을 말함

(1) 정상적인 영업 과정에서 판매를 위하여 보유중인 자산

(2) 정상적인 영업 과정에서 판매를 위하여 생산중인 자산

(3) 생산이나 용역제공에 사용될 원재료나 소모품

순실현가능가치: 정상적인 영업 과정의 예상 판매가격에서 예상되는 추가 완성원가와 판매비용을 차감한 금액

공정가치: 측정일에 시장참여자 사이의 정상거래에서 자산을 매도하면서 수취하거나 부채를 이전하면서 지급하게 될 가격(기업회계기준서 제1113호 '공정가치측정' 참조).

7. 순실현가능가치는 정상적인 영업 과정에서 재고자산의 판매를 통해 실현할 것으로 기대하는 순매각금액을 말한다. 공정가치는 측정일에 재고자산의 주된 (또는 가장 유리한) 시장에서 시장참여자 사이에 일어날 수 있는 그 재고자산을 판매하는 정상거래의 가격을 반영한다. 전자는 기업특유가치이지만, 후자는 그러하지 아니하다. 재고자산의 순실현가능가치는 순공정가치와 일치하지 않을 수도 있다.

8. 재고자산은 외부로부터 매입하여 재판매를 위해 보유하는 상품, 토지 및 기타 자산을 포함한다. 또한 재고자산은 완재품과 생산중인 재공품을 포함하며, 생산에 투입될 원재료와 소모품을 포함한다. 문단 19에서 설명하듯이, 용역제공기업의 재고자산에는 관련된 수익이 아직 인식되지 않은 용역원가가 포함된다(기업회계기준서 제1018호 '수익' 참조)

재고자산의 측정

9. 재고자산은 취득원가와 순실현가능가치 중 낮은 금액으로 측정한다.

재고자산의 취득원가

10. 재고자산의 취득원가는 매입원가, 전환원가 및 재고자산을 현재의 장소에 현재의 상태로 이르게 하는데 발생한 기타 원가 모두를 포함한다.

매입원가

11. 재고자산의 매입원가는 매입가격에 수입관세와 제세금(과세당국으로부터 추후 환급받을 수 있는 금액은 제외), 매입운임, 하역료 그리고 완제품, 원재료 및 용역의 취득과정에 직접 관련된 기타 원가를 가산한 금액이다. 매입할인, 리베이트 및 기타 유사한 항목은 매입원가를 결정할 때 차감한다.

전환원가

12. 재고자산의 전환원가는 직접노무원가 등 생산량과 직접 관련된 원가를 포함한다. 또한 원재료를 완제품으로 전환하는데 발생하는 고정 및 변동 제조간접원가의 체계적인 배부액을 포함한다. 고정제조간접원가는 공장 건물이나 기계장치의 감가상각비와 수선유지비 및 공장 관리비처럼 생산량과는 상관없이 비교적 일정한 수준을 유지하는 간접제조원가를 말한다. 변동제조간접원가는 간접재료원가나 간접노무원가처럼 생산량에 따라 직접적으로 또는 거의 직접적으로 변동하는 간접 제조원가를 말한다.
13. 고정제조간접원가는 생산설비의 정상조업도에 기초하여 전환원가에 배부하는데, 실제조업도가 정상조업도와 유사한 경우에는 실제조업도를 사용할 수 있다. 정상조업도는 정상적인 상황에서 상당한 기간 동안 평균적으로 달성할 수 있을 것으로 예상되는 생산량을 말하는데, 계획된 유지 활동에 따른 조업도 손실을 고려한 것을 말한다. 생산단위당 고정제조간접원가 배부액은 낮은 조업도나 유휴설비로 인해 증가되지 않으며, 배부되지 않은 고정제조간접원가는 발생한 기간의 비용으로 인식한다. 그러나 비정상적으로 많은 생산이 이루어진 기간에는, 재고자산이 원가 이상으로 측정되지 않도록 생산단위당 고정제조간접원가 배부액을 감소시켜야 한다. 한편, 변동제조간접원가는 생산설비의 실제 사용에 기초하여 각 생산단위에 배부한다.
14. 연산품이 생산되거나 주산물과 부산물이 생산되는 경우처럼 하나의 생산 과정을 통하여 동시에 둘 이상의 제품이 생산될 수도 있다. 이 경우, 제품별 전환원가를 분리하여 식별할 수 없다면, 전환원가를 합리적이고 일관성 있는 방법으로 각 제품에 배부한다. 예를 들어, 각 제품을 분리하여 식별 가능한 시점 또는 완성 시점의 제품별 상대적 판매가치를 기준으로 배부할 수 있다. 한편 대부분의 부산물은 본래 중요하지 않은데, 이 경우 부산물은 흔히 순실현가능가치로 측정하며 주산물의 원가에서 차감된다. 따라서 주산물의 장부금액은 원가와 중요한 차이가 없다.

기타 원가

15. 기타 원가는 재고자산을 현재의 장소에 현재의 상태로 이르게 하는 데 발생한 범위 내에서만 취득

원가에 포함된다. 예를 들어 특정한 고객을 위해 비제조 간접원가 또는 제품 디자인원가를 재고자산의 원가에 포함하는 것이 적절할 수도 있다.

16. 재고자산의 취득원가에 포함할 수 없으며 발생기간의 비용으로 인식하여야 하는 원가의 예는 다음과 같다.

(1) 재료원가, 노무원가 및 기타 제조원가 중 비정상적으로 낭비된 부분

(2) 후속 생산단계에 투입하기 전에 보관이 필요한 경우 이외의 보관원가

(3) 재고자산을 현재의 장소에 현재의 상태로 이르게 하는데 기여하지 않은 관리간접원가

(4) 판매원가

17. 기업회계기준서 제1023호 '차입원가'는 차입원가가 재고자산의 취득원가에 포함되는 제한된 상황을 규정하고 있다.

18. 재고자산을 후불조건으로 취득할 수도 있다. 계약이 실질적으로 금융요소를 포함하고 있다면, 해당 금융 요소(예: 정상신용조건의 매입가격과 실제 지급액 간의 차이)는 금융이 이루어지는 기간 동안 이자비용으로 인식한다.

용역제공기업의 재고자산 취득원가

19. 용역제공기업이 재고자산을 가지고 있다면, 이를 제조원가로 측정한다. 이러한 원가는 주로 감독자를 포함한 용역제공에 직접 관여된 인력에 대한 노무원가 및 기타원가와 관련된 간접원가로 구성된다. 판매와 일반관리 인력과 관련된 노무원가 및 기타원가는 재고자산의 취득원가에 포함하지 않고 발생한 기간의 비용으로 인식한다. 일반적으로 용역제공기업이 가격을 산정할 때 고려하는 이윤이나 용역과 직접 관련이 없는 간접원가는 재고자산의 취득원가에 포함하지 아니한다.

생물자산에서 수확한 농림어업 수확물의 취득원가

20. 기업회계기준서 제1041호에 따라 생물자산에서 수확한 농림어업 수확물로 구성된 재고자산은 순공정가치로 측정하여 수확시점에 최초로 인식한다. 당해 그 금액이 최초인식시점에 이 기준서에 따른 해당 재고자산의 취득원가이다.

원가측정 방법

21. 표준원가법이나 소매재고법 등의 원가측정방법은 그러한 방법으로 평가한 결과가 실제 원가와 유사한 경우에 편의상 사용할 수 있다. 표준원가는 정상적인 재료원가, 소모품원가, 노무원가 및 효율성과 생산능력 활용도를 반영한다. 표준원가는 정기적으로 검토하여야 하며 필요한 경우 현재 상황에 맞게 조정하여야 한다.

22. 소매재고법은 이익률이 유사하고 품종변화가 심한 다품종 상품을 취급하는 유통업에서 실무적으로 다른 원가측정법을 사용할 수 없는 경우에 흔히 사용한다. 소매재고법에서 재고자산의 원가는 재고자산의 판매가격을 적절한 총이익률을 반영하여 환원하는 방법으로 결정한다. 이때 적용되는

이익률은 최초판매가격 이하로 가격이 인하된 재고자산을 고려하여 계산하는데, 일반적으로 판매 부문별 평균이익률을 사용한다.

단위원가 결정방법

23. 통상적으로 상호 교환될 수 없는 재고자산항목의 원가와 특정 프로젝트별로 생산되고 분리되는 재화 또는 용역의 원가는 개별법을 사용하여 결정한다.

24. 개별법은 식별되는 재고자산별로 특정한 원가를 부과하는 방법이다. 이 방법은 외부 매입이나 자가제조를 불문하고, 특정 프로젝트를 위해 분리된 항목에 적절한 방법이다. 그러나 통상적으로 상호교환 가능한 대량의 재고자산 항목에 개별법을 적용하는 것은 적절하지 아니하다. 그러한 경우에는 기말 재고로 남아있는 항목을 선택하는 방식을 이용하여 손익을 자의적으로 조정할 수도 있기 때문이다.

25. 문단 23이 적용되지 않는 재고자산의 단위원가는 선입선출법이나 가중평균법을 사용하여 결정한다. 성격과 용도 면에서 유사한 재고자산에는 동일한 단위원가 결정방법을 적용하여야 하며, 성격이나 용도 면에서 차이가 있는 재고자산에는 서로 다른 단위원가 결정 방법을 적용할 수 있다.

26. 예를 들어 동일한 재고자산이 동일한 기업 내에서 영업부문에 따라 서로 다른 용도로 사용되는 경우도 있다. 그러나 재고자산의 지역별 위치나 과세방식이 다르다는 이유만으로 동일한 재고자산에 다른 단위원가 결정 방법을 적용하는 것이 정당화될 수는 없다.

27. 선입선출법은 먼저 매입 또는 생산된 재고자산이 먼저 판매되고 결과적으로 기말에 재고로 남아있는 항목은 가장 최근에 매입 또는 생산된 항목이라고 가정하는 방법이다. 가중평균법은 기초 재고자산과 회계기간 중에 매입 또는 생산된 재고자산의 원가를 가중평균하여 재고항목의 단위원가를 결정하는 방법이다. 이 경우 평균은 기업의 상황에 따라 주기적으로 계산하거나 매입 또는 생산할 때마다 계산할 수 있다.

순실현가능가치

28. 다음의 경우에는 재고자산의 원가를 회수하기 어려울 수 있다.
(1) 물리적으로 손상된 경우
(2) 완전히 또는 부분적으로 진부화된 경우
(3) 판매가격이 하락한 경우
(4) 완성하거나 판매하는 데 필요한 원가가 상승한 경우
재고자산을 취득원가 이하의 순실현가능가치로 감액하는 저가법은 자산의 장부금액이 판매나 사용으로부터 실현될 것으로 기대되는 금액을 초과하여서는 아니 된다는 견해와 일관성이 있다.

29. 재고자산을 순실현가능가치로 감액하는 저가법은 항목별로 적용한다. 그러나 경우에 따라서는 서로 유사하거나 관련 있는 항목들을 통합하여 적용하는 것이 적절할 수 있다. 이러한 경우로는 재고자산 항목이 유사한 목적 또는 용도를 갖는 동일한 제품군과 관련되고, 동일한 지역에서 생산되어

판매되며, 실무적으로 동일한 제품군에 속하는 다른 항목과 구분하여 평가할 수 없는 경우를 들 수 있다. 그러나 예를 들어 완제품 또는 특정 영업부문에 속하는 모든 재고자산과 같은 분류에 기초하여 저가법을 적용하는 것은 적절하지 아니하다. 용역제공기업은 일반적으로 용역대가가 청구되는 용역별로 원가를 집계한다. 그러므로 그러한 각 용역은 별도의 항목으로 취급되어야 한다.

30. 순실현가능가치를 추정할 때에는 재고자산으로부터 실현가능한 금액에 대하여 추정일 현재 사용가능한 가장 신뢰성 있는 증거에 기초하여야 한다. 또한 보고기간 후 사건이 보고기간 말 존재하는 상황에 대하여 확인하여 주는 경우에는, 그 사건과 직접 관련된 가격이나 원가의 변동을 고려하여 추정하여야 한다.

31. 순실현가능가치를 추정할 때 재고자산의 보유 목적도 고려하여야 한다. 예를 들어 확정판매계약 또는 용역계약을 이행하기 위하여 보유하는 재고자산의 순실현가능가치는 계약가격에 기초한다. 만일 보유하고 있는 재고자산의 수량이 확정판매계약의 이행에 필요한 수량을 초과하는 경우에는 그 초과 수량의 순실현가능가치는 일반 판매가격에 기초한다. 재고자산 보유 수량을 초과하는 확정판매계약에 따른 충당부채나 확정매입계약에 따른 충당부채는 기업회계기준서 제1037호 '충당부채, 우발부채 및 우발자산'에 따라 회계처리 한다.

32. 완성될 제품이 원가 이상으로 판매될 것으로 예상하는 경우에는 그 생산에 투입하기 위해 보유하는 원재료 및 기타 소모품을 감액하지 아니한다. 그러나 원재료 가격이 하락하여 제품의 원가가 순실현가능가치를 초과할 것으로 예상된다면 해당 원재료를 순실현가능가치로 감액한다. 이 경우 원재료의 현행대체원가는 순실현가능가치에 대한 최선의 이용 가능한 측정치가 될 수 있다.

33. 매 후속기간에 순실현가능가치를 재평가 한다. 재고자산의 감액을 초래했던 상황이 해소되거나 경제상황의 변동으로 순실현가능가치가 상승한 명백한 증거가 있는 경우에는 최초의 장부금액을 초과하지 않는 범위 내에서 평가손실을 환입한다. 그 결과 새로운 장부금액은 취득원가와 수정된 순실현가능가치 중 작은 금액이 된다. 판매가격의 하락 때문에 순실현가능가치로 감액한 재고항목을 후속기간에 계속 보유하던 중 판매가격이 상승한 경우가 이에 해당한다.

비용의 인식

34. 재고자산의 판매 시, 관련된 수익을 인식하는 기간에 재고자산의 장부금액을 비용으로 인식한다. 재고자산을 순실현가능가치로 감액한 평가손실과 모든 감모손실은 감액이나 감모가 발생한 기간에 비용으로 인식한다. 순실현가능가치의 상승으로 인한 재고자산 평가손실의 환입은 환입이 발생한 기간의 비용으로 인식된 재고자산 금액의 차감액으로 인식한다.

35. 자가건설한 유형자산의 구성 요소로 사용되는 재고자산처럼 재고자산의 원가를 다른 자산계정에 배분하는 경우도 있다. 이처럼 다른 자산에 배분된 재고자산 원가는 해당 자산의 내용연수 동안 비용으로 인식한다.

공시

36. 재무표시에 다음 사항을 공시한다.
   (1) 재고자산의 단위원가 결정 방법 등 재고자산을 측정하는 데 적용된 회계정책
   (2) 재고자산의 총 장부금액과 적절한 분류별 금액
   (3) 순공정가치로 보고하는 재고자산의 장부금액
   (4) 당기에 비용으로 인식한 재고자산의 금액
   (5) 문단 34에 따라 당기에 비용으로 인식한 재고자산 평가손실 금액
   (6) 문단 34에 따라 당기에 비용으로 인식한 재고자산 금액의 차감액으로 인식한 재고자산 평가손실 환입액
   (7) 문단 34에 따라 재고자산 평가손실환입을 초래한 상황이나 사건
   (8) 담보로 제공된 재고자산의 장부금액

37. 재고자산의 분류별 장부금액과 기중 증감액에 대한 정보는 재무제표이용자에게 유용하다. 일반적으로 재고자산은 상품, 소모품, 원재료, 재공품, 제품 등으로 분류한다. 용역제공기업의 재고자산은 재공품으로 분류할 수 있다.

38. 당기에 비용으로 인식하는 재고자산 금액은 일반적으로 매출원가로 불리우며, 판매된 재고자산의 원가와 배분되지 않은 제조간접원가 및 제조원가 중 비정상적인 부분의 금액으로 구성된다. 또한 기업의 특수한 상황에 따라 물류원가와 같은 다른 금액들도 포함될 수 있다.

39. 일부 기업은 당기에 비용으로 인식하는 재고자산원가 대신에 다른 금액을 공시하는 손익계산서 양식을 채택하고 있다. 이러한 손익계산서 양식에서는 비용의 성격별 분류방식에 기초한 비용 분석을 표시한다. 그러한 경우에는 당기의 재고자산 순변동액과 함께 비용으로 인식한 원재료 및 소모품, 노무원가와 기타원가를 공시한다.

시행일

40. [한국회계기준원 회계기준위원회가 삭제함]

한40.1 이 기준서는 2011년 1월 1일 이후 최초로 개시하는 회계연도부터 적용한다. 다만, 2009년 1월 1일 이후 개시하는 회계연도부터 적용할 수 있다.

40A [국제회계기준위원회에 의해 삭제됨]

40B[1)]

40C 2011년 12월에 발표된 기업회계기준서 제1113호에 따라 문단 6의 공정가치 정의와 문단 7이 개정되었다. 이러한 개정내용은 기업회계기준서 제1113호를 적용할 때 적용한다.

---

1) 2011년 12월 31일 현재 IFRS 9 'Financial Instruments'에 대응되는 (가칭) 기업회계기준서 제1109호 '금융상품'은 공표되지 않은 상태이므로, 이 문단은 반영하지 아니함.

기준서 등의 대체

41. [한국회계기준원 회계기준위원회가 삭제함]

42. [한국회계기준원 회계기준위원회가 삭제함]

찾아보기

[ㄴ]

[ㄷ]

[ㅁ]

[ㅅ]

[ㅇ]

[ㅈ]

[ㅊ]

[ㅋ]

[ㅌ]

[ㅍ]

저자약력

정재권(鄭在權)

- 건국대학교 경영학과 졸업
- 서울대학교 대학원 경영학과 수료(경영학석사)
- 건국대학교 대학원 경영학과 수료(경영학박사)
- 미국 일리노이대학교 객원교수
- (사)글로벌경영학회 회장
- 충북대학교 경영대학장 겸 경영대학원장

현) 충북대학교 경영대학 경영학부 교수
(사)글로벌경영학회 법인이사장

〈저서 및 주요 논문〉

- 의사결정회계, 무역경영사, 2011
- 쉽고 재미있는 회계, 무역경영사, 2012
- 최신 관리회계, 도서출판 하림, 2015
- 쉽고 재미있는 창업회계, 무역경영사, 2019
- "리스원가의 분석 및 평가에 관한 연구" 외 논문 다수

서한결(徐한결)

- 연세대학교 기계공학과 졸업
- 카이스트 기술경영학과박사(통) 졸업 (관리회계 전공)
- 한국전자통신연구원 기술정책연구본부 연구원
- 한국회계정책학회 사무국장, 한국관리회계학회 편집위원 등

현) 충북대학교 경영학부 조교수

〈저서 및 주요 논문〉

- 관리 및 원가회계 관련 국내외 논문 다수

곽종민(郭鍾旻)

- 국민대학교 경영학과 졸업
- 충북대학교 대학원(경영학석사 및 박사)
- 기술신용보증기금
- 충북대학교 초빙교수

현) 글로벌경영학회 부회장
충북대학교 국가미래기술경영연구소 편집위원장(기술경영)
경영지도사(재무)

〈저서 및 주요 논문〉

- 의사결정회계, 무역경영사, 2011
- 최신 관리회계, 도서출판 하린, 2015
- 기술경영, 도서출판 하린, 2017
- 쉽고 재미있는 창업회계, 무역경영사, 2019
- The Validation of Correlation between Firm Value of KOSPI Listed Companies and Global Value Chain 외 다수

저자와의
협의하에
인지생략

최신원가회계 【정가 : 28,000원】

2021년 2월 20일 1판 1쇄 인쇄
2021년 2월 25일 1판 1쇄 발행

저 자 정재권 · 서한결 · 곽종민
발행자 채 규 호

발행처 **무 역 경 영 사**

서울특별시 영등포구 양평로 21길
26(2504호)
전화: (719) 3621 ~ 4
FAX: (719) 3 6 2 5
E-mail: muyok@unitel.co.kr
홈페이지: www.muyokpub.co.kr
등록: 1992년 2월 19일 제10-675호

ISBN: 978-89-468-0719-8